尼山世界儒学中心
中国孔子基金会
丛书

陈来　王志民　主编

四书解读

论语解读（下）

齐鲁书社
·济南·

先进第十一

杨海文 解读

《论语》第十一篇叫作《先进》,第十二篇叫作《颜渊》。这两篇的字数都不多,包括标点符号在内,《先进》篇约有一千六百字,《颜渊》篇约有一千五百字。这两篇的章数,《先进》篇有二十六章,《颜渊》篇有二十四章。"先进""颜渊"是两个很好的名称,将两者联系在一块,可以产生这样的联想:我们要立志做先进,我们的境界要像颜渊那样。志向为儒门之先进,境界为圣贤之颜渊,是这两篇的基本思想。学做颜渊、争当先进,是我们学习《先进》《颜渊》篇应有的理想与抱负。

《论语·先进》对司马迁写《史记·仲尼弟子列传》有很大的影响。《仲尼弟子列传》的开篇写道:

> 孔子曰"受业身通者七十有七人",皆异能之士也。德行:颜渊,闵子骞,冉伯牛,仲弓。政事:冉有,季路。言语:宰我,子贡。文学:子游,子夏。师也辟,参也鲁,柴也愚,由也喭,回也屡空。赐不受命而货殖焉,亿则屡中。

这段话大体取材于《先进》篇中的三章,即分为德行、言语、政事、文学四科的"十哲"(第三章),孔门四个弟子的不同性格(第十八章),颜渊与子贡的比较(第十九章)。司马迁写《仲尼弟子列传》的时候,心里是有《先进》篇的。我们可以说,《先进》篇是《仲尼弟子列传》的前世,《仲尼弟子列传》是《先进》篇的今生。《史记·仲尼弟子列传》的这种写作手法,将加深我们对《论语·先进》的印象。

朱熹为《先进》篇做过解题。他说:"此篇多评弟子贤否。"又引用胡寅的话说:"此篇记闵子骞言行者四,而其一直称闵子,疑闵氏门人所记也。"朱熹认为《先进》篇记载孔门弟子的性格、品行,主旨是道德评判。胡寅认为《先进》篇有四章讲闵子骞,猜想它是闵子骞的学生记录下来的。这是两宋思想家对《先进》篇的看法。

学者们对《先进》篇的分章不尽一致。例如,朱熹的《论语集注》分为二十五章,刘宝楠的《论语正义》分为二十四章,杨伯峻的《论语译注》分为二十六章。下面依据杨伯峻的分章,对《先进》篇的二十六章进行逐一解读。

11·1 子曰:"先进于礼乐,野人也;后进于礼乐,君子也。如用之,则吾从先进。"

对于这一章的每个字,我们都认识;关于这一章的解释,却有很大的不同。

先看"君子""野人"。《孟子·滕文公上》说:"无君子,莫治野人；无野人，莫养君子。"没有官吏，不能治理老百姓；没有老百姓，不能供养官吏。两者是相对而言的，"君子"就是官吏，"野人"就是老百姓。这一解释也大体适用于本章："野人"就是老百姓、平民子弟，"君子"就是官吏、贵族子弟。

什么是"先进""后进"？在日常生活当中，它们的意义很明确。所谓"先进"，就是先我而进步的人；所谓"后进"，就是后我而进步的人。日常生活中与本章讲的"先进""后进"，意思是相同还是相反呢？我觉得，相同的成分高于相反的成分。

这里我想特别推出一种对古代经典进行白话文翻译的方法——如字组词法，就是拿原文的某个字进行组词、直译。比如，如何用白话文翻译"先""进"与"后""进"？"先"是优先、率先，"进"是进步、进学，而"先进"指率先进步，早一些在学习上下功夫；"后"是滞后、延后，"进"是进步、进学，而"后进"指延后进步，晚一些在学习上下功夫。如此，就慢慢切近了这一章的第一种解释："先进于礼乐，野人也"，先学习礼乐文明再做官的是野人，他们是老百姓、平民子弟；"后进于礼乐，君子也"，先做官再学习礼乐文明的是君子，他们是官吏、贵族子弟。

以上是对"先进""后进"的第一种解释，这种解释比较符合《论语》本身。子夏曾说："仕而优则学，学而优则仕。"（《论语·子张》）意思是说，做官而有余力就学习，学习而有余力就做官。平民子弟最初不在贵族的位置上，所以先学习礼乐文明，再去做官。贵族子弟在起跑线上高于平民子弟，所以先做官,再去学习礼乐文明。有了这种区分之后,孔子说:"如用之,则吾从先进。"如果选用人们来做事,那么,在平民子弟与贵族子弟之间,我选择野人,也就是那些先学习礼乐文明再做官的平民子弟。

对"先进""后进"的第二种解释,以程颢、程颐、朱熹为代表。朱熹《论语集注》说:

> 先进后进,犹言前辈后辈。野人,谓郊外之民。君子,谓贤士大夫也。程子曰:"先进于礼乐,文质得宜,今反谓之质朴,而以为野人。后进之于礼乐,文过其质,今反谓之彬彬,而以为君子。盖周末文胜,故时人之言如此,不自知其过于文也。"

按照程朱理学的解释,"先进"指前辈,"后进"指晚辈,而且礼乐文明从西周到东周发生了重大的变化。西周时期,礼乐文明在质朴的方面比较鲜明;东周时期,礼乐文明在文采的方面比较鲜明。西周礼乐文明看重质朴,可在人们看来,它显得粗野,就像野人一样;东周礼乐文明看重文采,而被人们视作文质彬彬,就像君子一样。将这一章翻译为白话文,孔子说:"前辈在礼乐方面就像粗野之人,后辈在礼乐方面就像彬彬君子。如果施行礼乐,我跟从前辈。"

前面讲了"先进""后进"的两种解释。平民子弟先学习礼乐文明再做官,贵族子弟先做官再学习礼乐文明,孔子选择平民子弟。这是第一种解释,比较好理解。第二种解释关联了很多历史知识,有点迂回,不一定接地气。我倾向于第一种解释。

11·2 子曰:"从我于陈、蔡者,皆不及门也。"

"陈、蔡"是两个国家。"从我于陈、蔡者"的字面意义很简单,就是当年跟随孔子在陈国、蔡国周游的学生。"皆不及门也",有两种不同的解释。第一种解释是孔子说:当年跟随我在陈国、蔡国的那些学生,如今都已不在门下。第二种解释是孔子说:当年跟随我在陈国、蔡国的那些学生,如今都已不再做官。比较而言,第一种解释比第二种解释好。

孔子五十余岁开始周游列国,历经磨难,饱经风霜,而"厄于陈蔡"是一个标志性事件。《史记·孟子荀卿列传》说:"其游诸侯见尊礼如此,岂与仲尼菜色陈蔡,孟轲困于齐梁同乎哉?"司马迁将孔子在陈国、蔡国的经历与孟子在齐国、梁国的经历相提并论。明代的张岱既是文学家,又是思想家。他曾在《四书遇》一书中引用别人的话说:"唐虞之际有君臣,成周之间有父子,夫子陈蔡之厄有师友,皆千古奇会。"唐虞之际,尧与舜是君臣关系;成周之间,周文王与周武王是父子关系;陈蔡之厄,孔子与弟子是师友关系。这三件事可谓千古奇会,都是足以彪炳千秋的历史性事件。

很多学者对孔子"厄于陈蔡"这件事进行过考证,具体的考证成果难以罗列,这里也就不再赘述。但是,我们要记住:"厄于陈蔡"是孔子一生当中的大事件,是孔子历经磨难、饱经风霜的典型体现。

11·3 德行:颜渊,闵子骞,冉伯牛,仲弓。言语:宰我,子贡。政事:冉有,季路。文学:子游,子夏。

这一章涉及十个人,分为四类。第一类是"德行"。"德"指道德,"行"指品行,"德行"指道德品行。德行类有四个代表人物:颜渊(颜回)、闵子骞(闵损)、冉伯牛(冉耕)、仲弓(冉雍)。第二类是"言语"。"言"指言说,"语"指语辞,"言语"指言说语辞。言语类有两个代表人物:宰我(宰予)、子贡(端木赐)。第三类是"政事"。"政"指政府,"事"指事务,"政事"指政府事务。政事类有两个代表人物:冉有(冉求)、季路(仲由,字子路)。第四类是"文学"。这里的"文学"不是指与史学、哲学相对的文学,不是指诗情画意、抒情吟唱的文学,而是指文献学问,尤其是指《诗经》《尚书》这些文献是如何一代代传承下来的。"文"指文献,"学"指学问,"文学"指文献学问。文学类有两个代表人物:子游(言偃)、子夏(卜商)。

以上十个人的经历在《论语》中有很多体现,《先进》篇涉及较多的是颜渊、闵子骞、子路、冉有、子贡。

这里我想特别讲讲古人的名、字以及如何称呼的问题。比如颜渊的"渊",到底是其名还是其字?孔子称呼学生,到底是称呼其名还是称呼其字?《史记·仲尼弟子列传》这样介绍颜渊:"颜回者,鲁人也,字子渊。"可见"回"是其名,"子渊"是其字。称呼"颜渊"的时候,是称呼其字;称呼"颜回"的时候,是称呼其名。孔子如何称呼颜渊呢?回到日常生活当中,长辈对晚辈可以直呼其名,晚辈对长辈就不能直呼其名。所以,孔子称呼颜渊,必定称呼其名。孔子绝对不会说:"颜渊,你过来一下!"孔子只会这样说:"回,你到我这里来一下。"依据以上原则,我们就能准确判断《论语》的某一章究竟是孔子说的,还是编者记载的。如果称呼其名,这一章大体就是孔子的言语。如果称呼其字,比如称"颜渊""子路",这一章大体就是同辈或者晚辈的记载。对古人的称呼问题有所了解,也是我们读《论语》的一个方法。

这一章涉及的四类十人,后来被称为"四科十哲"。德行、言语、政事、文学,被称为"四科"。就像称某人为科长、副科长,说某人是副科级、正科级,科的意思是类别。四科是四个不同的类别。四者虽然是并列的,但也有等级之分,一般认为德行科排在第一,等级最高。颜渊等十个优秀的学生,被称为"十哲"。西方认为哲学就是爱智慧,所以"哲"有智慧的意思。朱熹《论语集注》说:"弟子因孔子之言,记此十人,而并目其所长,分为四科。孔子教人各因其材,于此可见。"归结起来,"四科十哲"是说孔门这十个弟子各有特长。

如何从四科的角度理解各自的特长呢?各科不仅有小境界,更有大境界。德行科的小境界是亲爱自己的父母,尊敬自己的长辈,即亲亲敬长;大境界是成就自身的品德,抵达至高的良善,即止于至善。言语科的小境界是不仅表达准确,而且能说会道,即能言善辩;大境界是出使国外,借助辞令,打赢外交仕,即使于四方。政事科的小境界是案件能够判好,财富能够理好,即断狱理财;大境界是让国家强大,使人民幸福,即富国强兵。文学科的小境界是识字断句,进而传承经典,即诵诗读书;大境界是守正创新,进而代圣贤立言,即文以载道。正所谓各个积小而成大,步步提升,优入圣域。

对于"四科十哲",人们还能提出疑惑吗?程颢曾说:"四科,乃从夫子于陈、蔡者尔。门人之贤者,固不止此。曾子传道而不与焉,故知十哲,世俗之论也。"(《河南程氏外书》卷六《罗氏本拾遗》)这段话有三层含义:第一,"四科十哲"都跟随孔子在陈国、蔡国经历过厄难,理由是上一章说的"从我于陈、蔡者";第二,孔子有弟子三千、贤者七十二人,优秀的弟子肯定不止这十人;第三,曾参这么有名,居然没有进入名单,可见"十哲"的说法是不完全归纳得出的结论,只是《论语》的编者一时兴起的片面之论。曾参不在"十哲"之列,不仅是程颢质疑的重心之所在,更使得这一章在后人那里充满无穷无尽的解释学魅力,这是我们要知道的。

11·4 子曰:"回也非助我者也,于吾言无所不说。"

这一章开始具体讲四科人物,比如颜渊。后面的章节还会慢慢讲到闵子骞等人。

这一章的"回也",是孔子直呼颜渊之名。我们读《论语》,凡是看到称颜渊为"回"的,说话人肯定是颜渊的长辈,而其他人不可能直接称呼"回"。"说"同"悦",义即心悦诚服。孔子说:"颜渊不是能够帮助我的人,因为他对我讲的一切没有不高兴的。"光凭字面意思,颜渊在孔子面前就是唯唯诺诺的形象。其实背后的含义很深刻。因为孔子的思想在当时代表了正确的一方,孔子的观点在一般情形下具有正确性,所以,颜渊对孔子的任何言论只会言听计从,没有任何理由不心悦诚服。

"回也非助我者也,于吾言无所不说",究竟是在批评颜渊,还是在表扬颜渊呢?朱熹《论语集注》说:"颜子于圣人之言,默识心通,无所疑问,故夫子云然。其辞若有憾焉,其实乃深喜之。"孔子的内心恰恰是喜悦的。他觉得招到颜渊这么一个学生,能够准确地理解自己的言论,能够完整地接受自己的思想,此生足矣!理解了这层意思,就会明白孔子讲这句话,不但不是批评颜渊,反而是窃喜于颜渊对自己说的话无不悦服。

11·5 子曰:"孝哉闵子骞!人不间于其父母昆弟之言。"

这一章讲闵子骞。德行科排名第一的是颜渊,排名第二的是闵子骞。后人有"颜闵之徒"的说法,极言颜渊、闵子骞的道德高尚。

孔子说"孝哉闵子骞",意思是闵子骞很孝顺。"人不间于其父母昆弟之言",这句话有点不太好理解。"间"的意思是怀疑、猜测。孔子先讲闵子骞很孝顺,再讲人们不怀疑闵子骞的父母兄弟称赞他的话,"父母昆弟之言"有何深意呢?闵子骞很孝顺,而最有资格认定这事的人,自然是他的父母与亲兄弟。所以,对于闵子骞的父母兄弟称赞闵子骞孝顺的话,没有任何人质疑。

闵子骞的孝顺究竟如何体现?我们读《论语》《孟子》,知道有两个人,一个是舜,另一个是闵子骞,都是生母很早过世,父亲又娶了后母。闵子骞面对后母,如何体现孝道呢?

有这样一个记载:闵子骞的母亲过世后,父亲娶了后妻,又生了三个儿子(一说为"生二子")。后母对闵子骞很不好。冬天很冷,后母用棉絮给自己的亲生小孩做衣服,用芦花给闵子骞做衣服。棉絮做的衣服很暖和,而芦花做的衣服根本不保暖。闵子骞的父亲知道后,觉得这个后母做得太过分,准备将她休了。闵子骞对父亲说:"您千万不要赶走后母!因为您赶走了后母,我的另外三个兄弟以后就会忍饥挨饿;而后母留下来,就只有我一人受苦受难。"闵子骞宁愿自己受苦受难,也不愿让后母生的三个小孩受冻挨饿。后母听了闵子骞的话深受感动,终于变成慈母。

这就是"孝哉闵子骞!人不间于其父母昆弟之言"背后的故事,后来演变为古代"二十四孝"中的一孝——单衣顺母。就像舜一样,闵子骞也是生母早逝的孩子,后母对他不好。尽管如此,闵子骞恪守孝道,感化了后母,后母最终变成了慈母。孝道的力量伟大,由此可见一斑。

《先进》篇有四章讲闵子骞。前面提到宋代的胡寅推测《先进》篇是闵子骞的学生记录下来的,不过这也从一个侧面表明闵子骞的德行相当不错。

11·6 南容三复白圭，孔子以其兄之子妻之。

南容是孔子的学生。"三复"指反复多次。"白圭"指《诗·大雅·荡之什·抑》讲的"白圭之玷，尚可磨也。斯言之玷，不可为也"。意思是白圭的上面有污点，尚且可以将它磨掉。言辞的上面有污点，却是很难补救的。南容"三复白圭"，每天反复多次地吟诵《诗经》里面那首讲白圭的诗，提醒自己慎于言行。"孔子以其兄之子妻之"，孔子将自己大哥的女儿嫁给了他。《孔子家语》说孔子的大哥叫作孟皮，而且脚有点不好。这时孟皮可能已死，所以孔子替侄女主婚。

孔子将大哥的女儿许配给了南容，那么，将自己的女儿许配给了谁呢？读到此章，我们要联想到前面《论语·公冶长》的第一章和第二章。第一章讲的是公冶长，公冶长成了孔子的女婿；第二章讲的是南容，南容成了孔子的侄女婿。公冶长的人品没有南容好，所以后来人们有这样的困惑：孔子这样做，是不是有点不太恰当？南容这么好的一个人，孔子居然没有将自己的女儿嫁给他，而是将哥哥的女儿嫁给他。公冶长这人不太好，孔子却将自己的女儿嫁给他，是不是有点大义灭亲或者偏爱哥哥的女儿？

有人持这种看法，也有人反驳。他们认为：孔子大哥的女儿跟他的女儿可能不是同一个年龄阶段的，公冶长与南容也可能不是同一个年龄阶段的。男大当婚，女大当嫁。公冶长要结婚了，恰好孔子的女儿长大了，于是孔子就将女儿嫁给了公冶长。当大哥的女儿长大要嫁人的时候,南容也到了结婚的年龄,于是孔子就将大哥的女儿嫁给了南容。

我觉得反驳者的解释更为合理。孔子不管是对待自己的女儿,还是对待哥哥的女儿,肯定都会一碗水端平。之所以将自己的女儿嫁给品行不是特别好的学生,将哥哥的女儿嫁给品行特别好的学生,其实是时间、地点不同罢了。在时间、地点发生变化的情况下,孔子才这么做的。所以,围绕孔子如何选女婿、侄女婿,本章与《论语·公冶长》第一、第二章是可以做对比的,也为人们提供了某些参考。

11·7 季康子问:"弟子孰为好学?"孔子对曰:"有颜回者好学,不幸短命死矣!今也则亡。"

季康子当时把持鲁国的朝政。他问孔子:"弟子孰为好学?"意思是,你的学生里面,哪个是最好学的?孔子回答:"有颜回者好学,不幸短命死矣!今也则亡。"意思是,我的学生里面,最好学的是颜回。可惜颜回短命早死了,现在再也找不到像颜回这样的人了。

这一章可与《论语·雍也》相比较:

> 哀公问:"弟子孰为好学?"孔子对曰:"有颜回者好学,不迁怒,不贰过。不幸短命死矣!今也则亡,未闻好学者也。"

这两章的提问都是"弟子孰为好学",区别在于《雍也》篇是鲁哀公问,本章是季康子问;孔子的回答也差不多,区别在于回答鲁哀公详细一些,回答季康子简单一些。同样的问题,不同的人来问,孔子的回答为什么不太一样呢?鲁哀公是一国之君,他提问,孔子必须正儿八经地回答他。季康子虽然把持鲁国的朝政,但毕竟没有名分,不是光明正大的。所以,对于季康子的提问,孔子只做了简单的回答。由此可见,孔子的回答具有鲜明的政治站位意识。

这里要特别说明一下:整部《论语》有二十一章提到颜渊,而《先进》篇占了九章。如果这一篇叫作《颜渊》篇,不是更合理吗?如果由我来命名,肯定将它命名为《颜渊》篇,因为这一篇总共二十六章,却有九章提到颜渊。为什么叫作《先进》篇,而不是《颜渊》篇呢?这是因为《论语》各篇都是以其第一章的开头几个字命名的。这一篇第一章的开头是"子曰:'先进于礼乐,野人也'",所以命名为《先进》篇。通过《先进》篇,我们可以比较集中地了解颜渊,尤其是其中有五章提到颜渊之死。《先进》篇是我们情深颜渊其人、悯悼颜渊之死最重要的篇章。接下来,我们看《先进》篇是如何一再地描述颜渊之死的。

11·8 颜渊死,颜路请子之车以为之椁。子曰:"才不才,亦各言其子也。鲤也死,有棺而无椁。吾不徒行以为之椁。以吾从大夫之后,不可徒行也。"

颜路是颜渊的父亲、孔子的学生。颜渊究竟多大年纪过世，历史上有很多不同的说法。一般认为颜渊三十二岁而卒，我们暂且沿袭这一说法。

颜渊死了，家里很穷，连棺材的外椁都买不起。于是，颜路"请子之车以为之椁"。颜路对孔子说："您是我的老师，也是我儿子的老师。现在我儿子死了，家里买不起外椁。请求您卖掉您那辆马车，给我儿子买外椁。"孔子如何回应呢？他讲了三个理由。

首先，孔子说："才不才，亦各言其子也。"颜渊确实有才华，而我儿子孔鲤的才华逊色得多。不管有没有才华，各自而言，总归是自己的儿子。这是从人情角度给出的第一个理由。然后，孔子说："鲤也死，有棺而无椁。"棺椁的里面是棺，外面是椁。内棺是必须有的，但外椁的有无以及厚度，要根据自身的地位、财力来决定。孔子对颜路说："你看孔鲤死了，只有里面的棺，没有外面的椁。我没有超出自身财力，给他厚葬。"这是从财力角度给出的第二个理由。最后，孔子说："吾不徒行以为之椁。以吾从大夫之后，不可徒行也。"我是不能徒步出行的，所以不会卖掉马车而为颜渊购买外棺。孔子为什么这样说？因为孔子从属大夫的行列，而按照礼制的规定，大夫必须坐车出行，不能徒步出行。这是从礼制角度给出的第三个理由。

颜路、颜渊父子确实太穷了，正所谓"一箪食，一瓢饮，在陋巷"（《论语·雍也》）。最得意的学生颜渊英年早逝，作为老师，孔子为什么就不肯将自己的马车卖掉，让颜渊死后也风光一场呢？说到底，这是孔子坚定的政治站位意识使然。孔子始终相信礼乐文明是一种政治生活，它的每个细节都有具体的规定。那些貌似促进感情而违反规定的事，孔子绝对不会做。所以，基于人情、财力、礼制的理由，孔子没有卖掉自己的马车而给颜渊购买外椁。

11·9 颜渊死。子曰:"噫！天丧予！天丧予！"

颜渊死了，孔子连连说道："噫！天丧予！天丧予！"意思是，这是老天要我的命啊！这是老天要我的命啊！面对颜渊之死，孔子倍感一种彻底的悲凉，甚至有一种彻底的悲绝。后来，孔子的另一个学生子路也死了。子路死的时候，孔子说："噫！天祝予！"(《春秋公羊传·哀公十四年》)意思是，这是老天不让我活啊！后来，晚辈过世，前辈写悼文，经常使用"祝予"一词。

孔子晚年，痛失两大最得意的弟子。颜渊死了，孔子说："天丧予！天丧予！"子路死了，孔子说："天祝予！"这是老天要我的命啊！这是老天不让我活啊！孔子"吾道穷矣"的悲凉与悲绝油然而生。此后，孔子身体每况愈下，几年后溘然长逝，终于可以与颜渊、子路在另一个世界中重续旷绝千古的师生之情。

11·10 颜渊死，子哭之恸。从者曰:"子恸矣！"曰:"有恸乎？非夫人之为恸而谁为？"

颜渊死了,"子哭之恸"。孔子痛不欲生,哭得极其伤心,以致过分了。随从的人对孔子说:"子恸矣!"您过分悲伤了!孔子回答:"有恸乎?非夫人之为恸而谁为?"我有过分悲伤吗?如果我不为颜回这个人过分悲伤,我还能为谁过分悲伤呢?《论语》有一万多字,"恸"字出现四次,而且都在本章。孔子为颜渊之死而恸哭,既是情不自禁,又是性情之正。刘宗周在《经术》中说:"颜子之死,惜哉!夫人一恸,万古余情。"

以上三章都是讲颜渊之死。一方面,颜路想让孔子卖掉马车而为颜渊购买外椁,但孔子坚决不同意;另一方面,孔子说"这是老天要我的命",恸哭得伤心欲绝。这一前一后,是不是有些矛盾呢?个中缘由,留待下一章再说。

11·11 颜渊死,门人欲厚葬之。子曰:"不可。"

门人厚葬之。子曰:"回也视予犹父也,予不得视犹子也。非我也,夫二三子也。"

颜渊死了,"门人欲厚葬之",他的那帮同学想要厚葬颜渊。孔子说"不可",这是不可以的。"门人厚葬之",同学们还是厚葬了颜渊。面对弟子们的所作所为,孔子说:"回也视予犹父也,予不得视犹子也。"意思是,颜渊将我当作父亲一样看待,我却不能将颜渊当作儿子一样看待。前面,同学们想要厚葬颜渊,孔子不同意;现在,同学们已经厚葬颜渊,孔子深深地感叹。孔子这一前一后的两种表现,有什么含义呢?接着,孔子说:"非我也,夫二三子也。"意思是,厚葬颜渊,这并不是我的主意,而是你们学生们做的。

将这一章与前面三章结合起来看,总有一些让我们感觉与平时不太一样的地方,或者说是理不顺、不太通情达理的地方,而这正是值得我们思考的。对于《先进》篇讲颜渊之死的这四章,需要做一点简单的分析。

《先进》篇讲颜渊之死的四章,属于人文顺序;但颜渊之死还有一个自然而然发生的顺序,属于自然顺序。既有人文顺序,又有自然顺序,两者的差别在哪里呢?

《先进》篇讲颜渊之死的人文顺序是:"请车"(第八章)→"天丧"(第九章)→"哭之恸"(第十章)→"厚葬"(第十一章)。如果按照自然的顺序,应当如何排列?颜渊过世的消息一传来,孔子肯定会说:"天丧予!天丧予!"所以,"天丧"这一章应当排在第一。孔子讲完"天丧予!天丧予",才会"哭之恸",过分地哀伤。所以,"哭之恸"这一章应当排在第二。接下来,排在第三的应当是"请车"这一章,排在第四的应当是"厚葬"这一章。归结起来,颜渊之死的自然顺序是:"天丧"→"哭之恸"→"请车"→"厚葬"。

关于颜渊之死,《先进》篇的人文顺序与客观事实的自然顺序是有区别的。其中,最大的区别是"请车"一章在自然顺序当中排在第三,而在人文顺序当中排在第一。颜路为颜渊"请车",孔子没有答应;"厚葬"颜渊,孔子也没有答应,但颜渊的同学们还是将他厚葬了。显而易见,孔子在师生情感层面对颜渊彻底认同,在礼乐制度层面却不留情面。如何理解二者之间的矛盾?换一种提问方式,《先进》篇的编者为什么将"请车"放在最前,将"天丧""哭之恸"放在中间,而将"厚葬"放在最后呢?

钱穆在《论语新解》中解释说:"或曰:颜渊死凡四章,以次第言,当是天丧第一,哭之恸第二,请车第三,厚葬第四,而特记请车在前,因若连记请车厚葬,使人疑孔子不予车,即为禁厚葬,故进请车章在前,使人分别求之。"按照这一解释,《先进》篇的编者这样排列章次的用意在于:尽量让一代一代的读者,更少乃至不在孔子不卖马车与反对厚葬二者之间建立联系、产生联想。钱穆又说:"墨家后起,以提倡厚葬非儒。观此诸章,见其不然。"其实,孔子并不反对厚葬,只是认为像颜渊这样家里穷的人,要视自身财力而定罢了。《先进》篇涉及的儒家厚葬问题,再怎么说,也不会变成墨家所谓的薄葬。尽管如此,凡事有其风生水起、瓜熟蒂落的自然顺序,而经典叙事有其安身立命、澡雪精神的人文顺序,这也是我们解读颜渊之死不可不知的。

孔子看重师生情感的真诚与坚守礼乐文明的真诚,这两者既是统一的,但有时也可以适当分离。换句话说,面对得意门生颜渊之死,孔子哭得无比伤心,这是其真诚看重师生情感的体现;孔子不卖掉马车,反对超出自身能力的厚葬,而面对弟子们厚葬颜渊,只是一笑了之,说"非我也,夫二三子也",就这么过去了,这是其真诚坚守礼乐文明的体现。孔子坚守原则,同时看重情感,所以既有坚持的一面,又有迂回的一面。孔子对待颜渊之死的整个过程,就是一部活生生的教材。从中,我们将深切体会到如何在理性与情感的张力之间做人做事。

颜渊之死不仅是孔门的标志性事件,而且是整个儒家经典史上的标志性事件。所以《先进》篇第八至十一章,有着重大的思想史意义。或许是因为这里连续讲到颜渊之死,下面一章就讲子路问事鬼神。

11·12 季路问事鬼神。子曰:"未能事人,焉能事鬼?"曰:"敢问死。"曰:"未知生,焉知死?"

季路就是子路。子路说:"怎么侍奉鬼神?"孔子对他说:"未能事人,焉能事鬼?"你连人都没有侍奉好,哪有能力侍奉鬼呢?这是人鬼之辨。子路又说:"我可以问一下死是怎么回事吗?"孔子对他说:"未知生,焉知死?"你连生都不知道,怎么可能知道死呢?这是生死之辨。

这一章提出两个问题:一个是人鬼之辨,一个是生死之辨。这两者在中国传统文化里面是联系在一块的。人鬼一理、生死一体,古人大凡是这么看的。孔子的回答告诉我们:内在地敬畏人与生,这是第一步;超越地敬畏死与鬼,这是第二步。只有内在地敬畏人与生,才能超越地敬畏死与鬼,此可谓中国传统生死哲学的基本轮廓。

子路这两个问题,也是石破天惊之问。人人都会死,但并不是每个人都真正有意义地活过。死对我们来说,是绝对不可知的东西。没有任何人经历过真正的死,没有任何人经历过生理意义上的死亡之后还能活下来。生死问题至大无比,世界上没有多少事情能够大得过生死。面对生死问题,每个人的思考都是必要的。说到底,所有人都是向死而生的。

11·13 闵子侍侧,訚訚如也;子路,行行如也;冉有、子贡,侃侃如也。子乐。"若由也,不得其死然。"

这一章的重点是描写孔子门下四位弟子的三种神态。这四位弟子分别是闵子、子路、冉有、子贡,都在四科之列。闵子就是闵子骞。这四位弟子的三种神态,在本章中的表达,都是两个字之后加上"如也"。"如也"的意思是"……的样子"。我们先搞清楚表达神态的这三个关键词的含义:第一个是"訚訚",两个字皆读 yín,意思是谦逊而含蓄;第二个是"行行",两个字皆读 hàng,意思是好胜而刚强;第三个是"侃侃",意思是自信而通畅。闵子骞侍立在孔子的身旁"訚訚如也",是谦逊而含蓄的样子;子路"行行如也",是好胜而刚强的样子;冉有、子贡"侃侃如也",是自信而通畅的样子。

以上三种神态,谦逊而含蓄的"訚訚如也"、自信而通畅的"侃侃如也"都是好的神态,但好胜而刚强的"行行如也"有点负面的意味。所以孔子说:"若由也,不得其死然。"仲由是子路的姓名,仲是其姓,由是其名。孔子是子路的老师,可以直呼其名——由。"不得其死然"的意思是不得善终,通俗一点的意思是不得好死。孔子说:"像仲由这样,肯定是不得好死的。"

但是,这一章讲三种神态与子路不得善终的中间,还有

"子乐"二字。它有三种解释。第一种解释是：孔子看到四位弟子的不同神态，觉得很快乐。这也是通解。第二种解释是："子乐"后面掉了一个"曰"字，应当写作"子乐曰"，就是孔子很快乐，然后说"若由也，不得其死然"。第三种解释是："子乐"的"乐"字写错了，应当写作"曰"字。

孔子为什么说子路不得好死呢？因为子路"行行如也"，争强好胜，可见他在这四人里面最有自己鲜明的特点。而且，孔子说子路会不得好死，居然一语成谶。前面重点讲了颜渊之死，顺带讲过子路之死。面对颜渊、子路之死，孔子曾说："天丧予！""天祝予！"下面，再简单讲讲子路之死。

鲁哀公十五年（前480）冬天，子路死于卫国孔悝（kuī）之乱，享年六十三岁。颜渊是自然死亡，而子路是非正常死亡。关于子路之死，我们看看《左传》《礼记》《史记》的记载。

据《左传·哀公十五年》记载，卫国发生孔悝之乱，子路前往参加平乱，不幸被打败，对方要杀死他。生死关头，子路没有仓皇逃命，而是临危不惧地说："君子死，冠不免。"子路说："君子即使要死，也必须衣着端庄。你让我将帽子戴好，再杀死我吧！"所以子路是"结缨而死"，戴好帽子，系好帽缨，从容就义。对方极其凶残，杀死子路后，又将他的尸体剁成肉酱。

《礼记·檀弓上》有孔子参加子路丧礼的记载："孔子哭子路于中庭。有人吊者，而夫子拜之。既哭，进使者而问故。使者曰：'醢之矣。'遂命覆醢。""醢（hǎi）"就是肉酱。孔子参加子路的丧礼，号啕大哭。因为子路死后被剁成肉酱，所以孔子让人们将肉酱这种食物全部倒掉。

颜渊死了,子路也死了。两个最得意的学生都死了,而孔子离自己的生命大限也越来越近。《史记·孔子世家》的结尾说:"明岁,子路死于卫。孔子病……"子路死于卫国以后不久,孔子病倒了。又说:"孔子年七十三,以鲁哀公十六年四月己丑卒。"孔子的生命大限最终来了,享年七十三岁。司马迁写子路之死与孔子之死,字里行间最靠近。在我看来,这种写法无比意味深长。

11·14 鲁人为长府。闵子骞曰:"仍旧贯,如之何?何必改作?"子曰:"夫人不言,言必有中。"

"长府"相当于今天的银行、粮仓、货仓。"鲁人为长府",是说鲁国人准备重新修建储藏钱物的仓库。闵子骞对这件事的评价是:"仍旧贯,如之何?何必改作?"意思是,以前的仓库不是好好的吗?为什么还要重新修建呢?这难道不是劳民伤财吗?孔子听了之后,对闵子骞这番话做了一个评价:"夫人不言,言必有中(zhòng)。"孔子说:"闵子骞这个人要么不说话,要么一说话就说到点子上,能够切中要害。"前面讲到"孝哉闵子骞",这里又讲他"言必有中"。闵子骞既孝顺,看问题又能抓住关键,所以能够成为德行科的代表人物。

鲁国人为什么不惜劳民伤财,硬要重新修建长府呢?说到底,就是想增加赋税。增加赋税后,征收的东西放在哪里?就准备放在重新修建的长府里面。我们看看下面这篇获得

"××年度最佳纪实文学征文"一等奖的文章,可以心领神会"鲁人为长府"的个中秘密。这篇获奖的文章写道:

儿子问老爸:"爸爸,街上的路怎么老是挖了又铺,铺好了又挖?路边的花木好好的,为什么挖了又栽,栽了又挖?"

老爸想了一会儿说:"你去将冰箱里的那块肥肉拿出来。"

儿子听话,将肉从冰箱里拿出来。

老爸又说:"你将肉再放回冰箱去。"

儿子听话,就放了回去。连续几次……

儿子不解。

老爸问儿子:"看看你手上有什么?"

儿子看了一下自己的手,说道:"有油水!"

鲁人重新修建长府,实质是中饱私囊的惯用伎俩,假借基础设施建设的由头而捞油水。闵子骞说以前的仓库好好的,改来改去完全没有必要。孔子对他说的这话充分肯定,说是"言必有中"。这一章对于时下的廉政建设极具启发性。

11·15 子曰:"由之瑟,奚为于丘之门?"门人不敬子路。子曰:"由也升堂矣,未入于室也。"

这一章讲子路(仲由)弹瑟。瑟是古代的乐器,与琴同类。子路虽然是一介莽夫,但也喜欢弹瑟。孔子说:"由之瑟,奚为于丘之门?"孔子感叹:"像子路这样弹瑟,怎么会出自我的门下呢?"孔子对子路弹瑟的评价并不高,甚至持批评态度。其他弟子听了这一评价,就觉得子路这人弹瑟是不行的,于是不尊敬子路。这时,孔子又说:"由也升堂矣,未入于室也。"这是反过来给子路一个新的评价。意思是,子路弹瑟已经登上正堂,只是没有入室。从"升堂入室"这一成语看,"堂"指家里的正堂,"室"指家里的内室;"升堂"指水平、境界不错,"入室"指水平、境界极高。孔子其实认为子路弹瑟的水平是不错的,但境界如何呢?它是这一章较难理解的地方。

子路弹瑟的水平并不低,孔子为什么还要批评他?这与子路的境界有关,更具体地说,与子路的个性及其弹瑟的音调有关。琴为心声,琴声是内在的传情。弹瑟也是这样。弹瑟者有什么样的个性,都会在瑟声里面有所体现。子路这人"行行如也",刚强而好胜。他的这种个性,必定在弹出的瑟声里面有所体现。所以,子路弹瑟呈现出来的音调,就不符合孔子门下那种端庄、大方、和谐、温柔的乐教气象,这才引起孔子的批评。孔子不是不高兴子路弹瑟,而是不满意子路弹瑟呈现出来的音调。这也表明境界与水平是两回事:即使水平再高,境界也未必高;唯有境界高,才会让水平得到真正的提高。

下面再讲一讲境界与水平如何相得益彰的问题。在《先进》篇第二章孔子说过:"从我于陈、蔡者,皆不及门也。""及门"除了前面所说的在门下之义,还可以和本章说的"升堂""入室"一起表示做人、做学问的三种水平与境界。"及门"是最初的水平与境界,"升堂"是中间的水平与境界,"入室"是最高的水平与境界。古代老师带学生,有及门弟子,有升堂弟子,有入室弟子;其中,入室弟子是水平和境界最高的弟子。按照"及门""升堂""入室"这个标准,孔子有弟子三千,就是及门弟子;贤者七十二人,则是升堂弟子;"四科十哲"那十大弟子,可以说是入室弟子。及门弟子属于可资深造之才,升堂弟子可达正大高明之域,入室弟子足以深入精微之奥。"及门""升堂""入室"是我们领悟经典、领悟做人做学问、领悟境界如何夯实的三部曲。

11·16 子贡问:"师与商也孰贤?"子曰:"师也过,商也不及。"

曰:"然则师愈与?"子曰:"过犹不及。"

师指颛(zhuān)孙师,字子张;商指卜商,字子夏。二人都是孔门弟子。子贡也是孔子的弟子,年龄比子张、子夏大很多,所以直呼其名。孔子作为师长,自然也是对子张、子夏直呼其名。

子贡问孔子:"师与商也孰贤?"子张与子夏这两个人,谁更好一些?孔子的回答是:"师也过,商也不及。"子张做人做事过分、过头了,而子夏做人做事不足够、达不到标准。子贡又问:"然则师愈与?"既然您这样说,意思是子张比子夏好一点吗?孔子的回答是:"过犹不及。"做人做事过头与做人做事不足够,同样都是不好的。

"过犹不及"是一个成语。"过"指过分,"不及"指不足够,两者都是不好的。什么是好的呢?就是"归于中道"。张岱在《四书遇》中点评这一章说:"语下暗暗有一'中'字,然'中'字却未说破。"这一章始终没有出现"中"字,但每句话里面都暗含这个字,只是没有说破。"过"与"不及"这两种方式都不好,我们做人做事应该秉持、恪守"中道"。

11·17 季氏富于周公,而求也为之聚敛而附益之。子曰:"非吾徒也,小子鸣鼓而攻之可也。"

这里的"周公",有人认为实指周文王、周武王一系的周公,也有人认为泛指周朝的公卿大夫。其确切所指,在此不深究。"季氏富于周公",是说季氏作为窃夺名分的鲁国专权者,比周公或者周朝的公卿大夫还富有。"求"指冉求(字子有),是政事科里面的孔门弟子,正在季氏那里做大管家。"而求也为之聚敛而附益之",是说季氏已经很富有,而冉有这个大管家还不断地横征暴敛,使季氏的财富变得更多。面对此情此景,孔子愤慨地说:"非吾徒也,小子鸣鼓而攻之可也。"冉有已经不再是我的学生了!同学们可以敲响锣鼓,准备一套说法,好好去声讨他!

下面从历史的角度,介绍一下本章的来龙去脉。"非吾徒也,小子鸣鼓而攻之可也",这是孔子在事情发生后做的评价。那么,事前是怎么回事?事中是怎么回事?事后除了孔子做过评价,孟子是如何看待的?

事前之事,《左传》《国语》有记载。大意是,公元前484年(鲁哀公十一年),季氏想增加田赋,于是派冉有去问孔子,但孔子反对。事中之事,《左传》有记载。大意是,虽然孔子反对增加田赋,但无法阻止季氏。公元前483年(鲁哀公十二年),季氏果然增加了田赋。事后之事,《孟子·离娄上》有记载。原文为:"求也为季氏宰,无能改于其德,而赋粟倍他日。孔子曰:'求非我徒也,小子鸣鼓而攻之可也。'由此观之,君不行仁政而富之,皆弃于孔子者也,况于为之强战?"

这一章关联的历史事实是冉有蓄意帮季氏增加田赋,孔子让学生们对冉有鸣鼓而攻之。可孔子对冉有究竟是什么态度呢?是真的严厉批评冉有,还是借此指桑骂槐?一种观点认为孔子是真的严厉批评冉有。在程朱理学看来,冉有助纣为虐,帮季氏横征暴敛,这件事做得不对,所以被孔子直截了当地批评。还有一种观点认为冉有的做法固然应该批评,但背后支持冉有这么做的那只手更应该被斩断;孔子嘲笑、讥讽自己的学生冉有,这只是表面的,而实质上是借冉有这个靶子,迂回、指桑骂槐地批判季氏。我们带着以上两种观点来读这一章,体会可能会更深一些。

11·18 柴也愚,参也鲁,师也辟,由也喭。

这一章刻画了孔门四位弟子的四种不同的性格:第一位是高柴,字子羔,"柴也愚"是说高柴的性格愚直;第二位是曾参(shēn),通称曾子,字子舆,"参也鲁"是说曾参的性格迟钝;第三位是颛孙师,字子张,"师也辟(pì)"是说子张的性格偏激;第四位是仲由,字子路,"由也喭(yàn)"是说子路的性格粗俗。

孔子这四位弟子的性格各有不同,要么愚直,要么迟钝,要么偏激,要么粗俗。面对这四种不同的性格,我们如何深入理解呢?愚直是一个人的性格,但显然不是人性的全部。他有优点吗?如果他有缺点,又如何改进呢?对于迟钝、偏激、粗俗,提问也是一样的。

清代学者汪烜认为:虽然愚、鲁、辟、喭是四种病,但它们也有好的一面。比如愚直,好的一面是厚重;迟钝,好的一面是质朴;偏激,好的一面是有才;粗俗,好的一面是耿直。这四种病都有好的一面,也就可以通过自我努力而变好。比如对于愚直这种病,要多拿学问来补充;对于迟钝这种病,要学着灵敏一些;对于偏激这种病,要变得诚实一点;对于粗俗这种病,要多用礼乐来修饰。(参程树德《论语集释》)综合上面的分析,这一章只有十二个字,看似简单,其实包含了很深的含义。

前面讲的"四科"是指德行、言语、政事、文学,"十哲"是说孔子的十位学生各有特长,属于正面评价。这一章讲四种毛病,孔子这四位学生有四种毛病,似乎属于贬义多过褒义的负面评价。但是,为什么同一个人,比如子路,既在四科之列,又在四病之列?从哲学的角度看,一个人既有特长又有毛病,这是怎么一回事?

按照理学家的看法,之所以每个人都有特长,是跟他的才性密切相关的;之所以每个人都有毛病,是跟他的气质密切相关的。才性与特长这样联系起来:上天给了你才性,你的才性虽然有所偏向,但又没有被世俗社会污染,于是就形成了一些特长。气质与毛病这样联系起来:上天给了你气质,你的气质虽然有所偏向,但又没有被世俗社会污染,于是就形成了一些毛病。所谓"毛病"只是通俗的说法,也可以称为性格或者个性,比如说某人性格粗犷、个性偏激。才性有所偏向,形成了人的特长;气质有所偏向,形成了人的性格。而且,它们在世俗社会中都没有受到污染。所以,特长需要不断发挥,性格需要悉心呵护。

这一章有四个"也"字。张岱《四书遇》说:"四'也'字,圣人呼名,多少珍重,多少爱惜!"对于任何人来说,特长与性格都是不可或缺的,都是同等重要的。所以,"多少珍重,多少爱惜"表明:愚直、迟钝、偏激、粗俗只是性格方面的问题,既有不好的一面,也有好的一面。没有这些活生生的性格,孔子门下就不会涌现让人珍重、让人爱惜的高柴、曾参、子张、子路。

在这四种性格当中,哪一种更好一点?你是认同偏激、粗俗,还是认同愚直、迟钝?孔子最认同哪一种呢?理学家认为孔子最认同曾参的迟钝。孔子之所以最认同曾参的迟钝,是因为做任何事情,如果能够"吾日三省吾身""三思而后行",肯定会减少错误。"三省""三思"的题中之义,显然少不了迟钝。在宋明理学家那里,"参也鲁"三字得到了重要的发挥。

大程说:"参也,竟以鲁得之。"(《河南程氏遗书》卷三《二先生语三》)小程说:"《语》曰:'参也鲁。'如圣人之门,子游、子夏之言语,子贡、子张之才辨聪明者甚多,卒传圣人之道者,乃质鲁之人。"(《河南程氏遗书》卷十八《伊川先生语四》)二程说:"'参也鲁。'然颜子没后,终得圣人之道者,曾子也。"(《河南程氏遗书》卷九《二先生语九》)曾参能够传承圣人之道,竟是因为性格的迟钝,这个结论何其发人深省!

通过这一章短短十二个字的刻画,孔门四位弟子的不同性格栩栩如生、跃然纸上。我们还了解到,正如"大智若愚""大巧若拙"一样,"鲁"(迟钝)也不是贬义词;如果做到极致,它甚至是人生境界的某种体现。争当先进,是我们学习《先进》篇的想法与抱负。如果能像曾参那样以迟钝工夫来做人做事,我们在这条路上就会走得更远。

11·19 子曰:"回也其庶乎,屡空。赐不受命,而货殖焉,亿则屡中。"

颜渊是德行科的,子贡是言语科的。这一章是孔子对颜渊、子贡进行比较。孔子说:"回也其庶乎,屡空。"颜渊接近大道了,但是每每贫困。孔子又说:"赐不受命,而货殖焉,亿则屡中。"子贡不接受命运的安排,而去做买卖,使得财富不断生殖。"货"即财货,"殖"即生殖。"货殖"的意思是财货生殖,也就是通常说的经商。"亿"的意思是猜测。"亿则屡中",子贡只要猜测,每每都能猜中。这里,颜渊与子贡形成了鲜明的对比：一个是德行无比高尚，却每每贫困；一个是料事如神，能够获得丰厚的物质财富。

"其庶乎"三字比较难解。朱熹《论语集注》说："庶，近也，言近道也。屡空，数至空匮也。不以贫窭动心而求富，故屡至于空匮也。言其近道又能安贫也。"按照这一解释，"庶"是接近，"其庶乎"指接近大道。接近大道的颜渊每每贫困，这是讲颜渊安贫乐道。与子贡相关的"货殖"这个概念很重要。《史记》有一个列传叫作《货殖列传》，"货殖"两个字就来源于本章。我们还须注意：司马迁将"子贡"写成"子赣"。

《史记·货殖列传》专门谈到子贡与孔子的关系。司马迁说："子赣既学于仲尼，退而仕于卫，废著鬻财于曹、鲁之间，七十子之徒，赐最为饶益。"子贡先跟从孔子学习，然后学而优则仕，再下海经商，赚了很多钱，是孔门弟子里面最有钱的。司马迁又评价说："夫使孔子名布扬于天下者，子贡先后之也。此所谓得埶而益彰者乎？"孔子之所以名扬天下，是跟子贡拥有丰厚的财力密不可分的。有人认为子贡之所以有名，是因为他是孔子的学生。司马迁的观点恰恰相反，他认为正是因为子贡的财力，孔子当时的名气才会越来越大。

司马迁的这个说法有一言外之意，就是子贡一生都在经商。到了理学家那里，则有不同的说法。大程认为：子贡经过商，确实不假，但这是他少时的事情；自从接受孔子的教导，尤其是得知并领悟了"性与天道"之后，子贡便不再经商。（参《河南程氏遗书》卷十一《明道先生语一》、朱熹《论语集注》卷六《先进》引程子语）理学家为什么反对《史记》的说法而提出另外的说法?这是颇为值得思考的。哪个说法更符合事实?我认为子贡的一生应该都在经商,《史记》的说法更为可信。

经商其实是很难的一件事,比如大科学家牛顿。据说牛顿晚年出售有英国政府背景的南海公司股票,盈利颇丰;又购买回来,损失巨大。他感叹地说:"我能够准确地计算天体运行的轨迹,却难以预料人们的疯狂。"经商有风险,这也是命运的安排。

我们再思考一个问题:孔子为什么要对颜渊与子贡做这样的比较?张岱《四书遇》说:"回,自'庶乎'说到'屡空',自内说出。赐,自'货殖'说到'屡中',自外说入。此是回、赐优劣。"孔子对于颜渊是从"庶乎"说到"屡空",这是从里面说出来的;对于子贡是从"货殖"说到"屡中",这是从外面说进去的。"内""外"分别对应着"优""劣",所以颜渊、子贡有优劣之分,颜渊优于子贡。"此是回、赐优劣",这样的结论在过去是成立的,但在今天就有点含糊其词。

在今天的时代背景下,我们对于安贫乐道与生财有道两者的关系应持辩证分析的态度。一方面,既需要鼓励像德行科的颜渊那样安贫乐道、重义轻利;另一方面,更应当提倡像言语科的子贡那样生财有道、以财发身。"以财发身"出自《大学》,它同时提到"以身发财"。"以财发身"是将财产当作自我发展的手段而不是目的,这是君子的做法;"以身发财"是将财产当作人生的唯一目的,这是小人的做法。我们应该大力提倡君子的做法——"以财发身",将财产当作自我发展的必要条件。对于小人的做法——"以身发财",像政事科的冉有那样蓄意帮助季氏敛财致富,我们应当鸣鼓而攻之,坚决反对为富不仁的种种行径。

11·20 子张问善人之道。子曰:"不践迹,亦不入于室。"

前面讲到"师也辟",子张是一个偏激的人。"善人之道"指本质善良的人如何进学、如何完善人生的方法。"子张问善人之道",即子张向孔子请教人生怎样才能得以完善。孔子的回答是:"不践迹,亦不入于室。"这句话比较难解。"践迹"就是照葫芦画瓢、亦步亦趋。前面讲过"及门""登堂""入室","入室"就是胸有成竹、直入奥室。孔子的意思是,如果你不能践履圣贤的足迹,不按照圣贤已经做过的那样去做,你就不能胸有成竹地登堂而入室。换句话说,我们完善自己的人生,必须以圣贤为榜样;通过不懈努力,才能达到一定的境界,最后甚至可以达到登堂而入室的境界。

这一章包含三方面的含义:一是人性基础,关键词是"善"。孟子曾说"人皆有不忍人之心",每个人都有不想伤害别人的心,但这颗不忍人之心还要"扩而充之"(《孟子·公孙丑上》)。这是讲人性要以善良作为基础。二是学习能力,关键词是"学"。人的一生其实都在模仿,学习最大的窍门就是模仿。我们从小到大接受的学校教育、社会教育,就是一个个模仿的过程。模仿是最大的崇拜。我们通过经典、圣贤学习如何做人做事,就是通过不断地模仿,逐步地及门、登堂、入室。三是道德目标,关键词是"圣"。如果道德目标不以圣贤为榜样,道德行为就会缺少坚实的根基。圣人是最值得模仿的,只有模仿圣人,人们才能真切地成就自我、成就自身。"人皆可以为尧舜。"(《孟子·告子下》)其前提就是模仿,模仿就是本章说的"践迹","为尧舜"就是"入室"。

11·21 子曰:"论笃是与,君子者乎?色庄者乎?"

这一章是孔子的独白,不太容易理解。明代的张居正在《四书直解》中解释说:"论,如论官论才之论。笃,是笃实。与,是许可的意思。君子,是有德的人。色庄,是内无实德、矜饰外貌的小人。"再系统一点,这一章究竟是什么意思呢?

孔子说:"论笃是与。"笃实的言论自然是值得赞许的。孔子又说:"君子者乎?色庄者乎?"反过来也要问一问:这笃实的言论究竟是君子讲的,还是那些道貌岸然的小人讲的呢?我们读原文,应该特别注意孔子这一质疑。孔子认为,我们现在看到的很多言论方方正正、毫无破绽,但仔细想一想,这些言论究竟是君子还是小人讲的?这就要做具体分析。依据孔子告诉我们的这一道理,下面引申一个问题:如何看待言语与内心的关系?

《论语·公冶长》说:"始吾于人也,听其言而信其行;今吾于人也,听其言而观其行。"孔子说:我开始看人,听到他说什么,就相信他会做什么;我现在看人,不仅仅是听他说什么,更要仔细观察他到底怎么做。这是孔子的识人之法从"听其言而信其行"到"听其言而观其行"的转变。两者的根本区别在于:前者只是一味地相信言语与行为是统一的,后者能够睿智地看到言语与行为很多时候恰恰是分离的。内心真诚,就会言行一致;内心不真诚,就会言行不一致。

《史记·仲尼弟子列传》说:"吾以言取人,失之宰予;以貌取人,失之子羽。"这段话也与孔子的识人之法有关,实质是既不能以貌取人,也不能以言取人。

"以貌取人"是指看到长得好看的,就觉得他的内心也高尚;看到长得不好看的,就觉得他的内心也龌龊。孔子也犯过这样的错误。澹台灭明是孔子的弟子,长得很丑。孔子当年看到澹台灭明,因为他长得丑,便看不起他。后来的事实证明:相貌长得丑的澹台灭明,做人做事却是中规中矩。孔子感叹地说:"我以貌取人,最大的失误就在澹台灭明身上。"

"以言取人"是指听到某人说话顺耳,便认为这人很好;听到某人说话不顺耳,便认为这人不好。孔子同样有过类似的失误。开始的时候,孔子认为宰予讲得很好,便认为他做得也会很好;结果一看,宰予的实际行为与曾经所讲的根本就是两回事。孔子感叹地说:"我以言取人,最大的失误就在宰予身上。"

表面的言语是内心真实的折射,言语与内心的关系比较复杂。唐文治认为这一章讲的是观人之法。他说:"此言观人之法,当审其心术,亦以勉学者修辞立其诚也。"(《唐文治四书大义·论语大义》)观人在于观心,旨在勉励人们"修辞立其诚",只有这样,言语与内心才能统一起来。换句话说,只有你的内心是善良的,你在言语上面才会真诚不伪。"有德者必有言,有言者不必有德。"(《论语·宪问》)观人最根本的是观心,必要手段是观言,"修辞立其诚"是将言语与内心统一起来的必由之路。

11·22 子路问:"闻斯行诸?"子曰:"有父兄在,如之何其闻斯行之?"

冉有问:"闻斯行诸?"子曰:"闻斯行之。"

公西华曰:"由也问闻斯行诸,子曰'有父兄在';求也问闻斯行诸,子曰'闻斯行之'。赤也惑,敢问。"子曰:"求也退,故进之;由也兼人,故退之。"

这一章提到的子路、冉有,都是政事科的孔门弟子。"闻斯行诸"这个问题涉及言语、行为与性格的关系,而上一章讲了言语与内心的关系,这两章是有相关性的。

子路问孔子:"闻斯行诸?"我听到一个好道理之后,可以马上去实行吗?孔子回答:"有父兄在,如之何其闻斯行之?"你的父亲、兄长还在那里,怎么能够听到一个好道理就马上实行呢?可见孔子不赞成子路的做法。冉有向孔子提了同样的问题:"闻斯行诸?"孔子回答:"闻斯行之。"你听到一个好道理之后,可以马上去实行。可见孔子赞成冉有的做法。

同样的问题,提问者不同,孔子给出了完全相反的答案。以上情形被另一个学生公西华(亦即公西赤,字子华)知道后,就问孔子:"由也问闻斯行诸,子曰'有父兄在';求也问闻斯行诸,子曰'闻斯行之'。"意思是,子路询问是否听到就实行,您说"有父亲、兄长健在";冉有询问是否听到就实行,您说"听到就实行"。公西华接着说:"赤也惑,敢问。"我对您这两种相反的回答感到困惑,能够冒昧问一下为什么吗?

　　面对公西华的困惑,孔子回答:"求也退,故进之;由也兼人,故退之。"意思是,冉有的性格怠慢,经常退让不前,所以我要往前推他一把,于是让他听到了就马上去做,否则他还会畏畏缩缩;子路的勇气超过一般人,经常冒冒失失,所以我要朝后拉他一把,于是让他听到了但不能马上去做,还要听取父母、兄长的意见,三思而后行。子路是急性子,敢作敢为,雷厉风行;冉有是慢性子,畏首畏尾,瞻前顾后。孔子对"闻斯行诸"的回答不同,理由就在这里。

　　《论语·公冶长》说:"子路有闻,未之能行,唯恐有闻。"子路听到一个道理,尚未能够实行,唯恐又听到一个道理。《论语·颜渊》说:"子路无宿诺。"子路没有隔夜的承诺,只要答应了别人,就会当日事当日毕。这是子路急性子的体现。据《论语·雍也》记载,冉有对孔子说:"非不说子之道,力不足也。"我不是不喜欢您的思想,我只是感到我的力量不够。孔子说:"力不足者,中道而废。今女画。"力量不够,情有可原。你还得走,直到完全没有力量了再停下来。可你根本没有这样做,你现在只是原地踏步、止步不前!这是冉有慢性子的体现。所以,急性子子路与慢性子冉有提同样的问题,孔子才会给出完全相反的两种回答。这也是孔子教育弟子的策略:对于急性子,要警醒他后退一下;对于慢性子,要鼓励他向前一步。

这一章没有华丽的辞藻,但包含了深邃的人生哲理,写作手法也很高妙。张岱《四书遇》说:"骏马收缰,驽马加策,总见圣人驾驭之法。一叙一述,语意宛然,见记者手笔之妙。"圣人驾驭的方法是:对于骏马,就收缰;对于驽马,就加鞭。子路是骏马,要将他的缰绳收紧一点;冉有是驽马,要对他多抽几鞭子。如果说前面子路、冉有的提问以及孔子的回答是"叙",后面公西华的提问以及孔子的回答就是"述"。"一叙一述"而"语意宛然",足以想见这一章的写作手法之高妙。

11·23 子畏于匡,颜渊后。子曰:"吾以女为死矣。"曰:"子在,回何敢死?"

这一章讲"子畏于匡",孔子被拘禁在匡。"颜渊后",颜渊最后才赶过来。见此情景,孔子说:"吾以女为死矣。"颜渊啊,你怎么现在才赶过来,我还以为你死了呢!听孔子这样说,颜渊回答:"子在,回何敢死?"您老人家还健在,我怎么敢死呢?

为了实现政治抱负,孔子一生吃过很多苦头,最有名的是这一篇讲的"厄于陈蔡"。"子畏于匡"同样有名,《论语·子罕》也记载过这件事:

> 子畏于匡。曰:"文王既没,文不在兹乎?天之将丧斯文也,后死者不得与于斯文也;天之未丧斯文也,匡人

其如予何?"

这是讲孔子在匡被抓起来之后以"斯文"自居,认为再有千难万险,自己也应该将宗周礼乐文明承担下来、传承下去。"天之将丧斯文也"一章排在《论语·子罕》篇第五章,"颜渊后"一章排在《论语·先进》篇第二十三章。对这两章的先后顺序,司马迁会如何排列呢?《史记·孔子世家》说:

> 将适陈,过匡,颜刻为仆,以其策指之曰:"昔吾入此,由彼缺也。"匡人闻之,以为鲁之阳虎。阳虎尝暴匡人,匡人于是遂止孔子。孔子状类阳虎,拘焉五日。颜渊后,子曰:"吾以汝为死矣。"颜渊曰:"子在,回何敢死!"匡人拘孔子益急,弟子惧。孔子曰:"文王既没,文不在兹乎?天之将丧斯文也,后死者不得与于斯文也。天之未丧斯文也,匡人其如予何!"孔子使从者为甯武子臣于卫,然后得去。

司马迁首先介绍了孔子在匡为什么会被抓起来。因为孔子长得和阳虎很像,而阳虎曾对匡人施暴,所以孔子带着学生经过匡的时候,当地人以为阳虎来了,于是将孔子抓了起来。孔子被拘禁了五日后,颜渊才慢慢追赶上来。颜渊追赶上来后,司马迁采用了《论语·先进》篇记载的孔颜对话。然后,司马迁采用了《论语·子罕》篇记载的"天之将丧斯文也"这段话。可见,司马迁认为《论语·先进》篇记载之事发生在前,《论语·子罕》篇记载之事发生在后。

《论语》"子畏于匡"这两章还能以其他方式联系起来。明代的姚舜牧曾说:"'匡人其如予何?'夫子知天意,不必死于匡人之手。'子在,回何敢死?'颜子知夫子必不死于匡人,可见圣贤自信相信处。"(张岱《四书遇》引)姚舜牧认为:孔子之所以说"匡人其如予何",是因为孔子知道天意在我,自己根本就不会死在匡人手上;颜渊之所以说"子在,回何敢死",是因为颜渊知道孔子肯定不会死在匡人手上。姚舜牧总结:这就是圣贤相信、自信的地方。

"圣贤自信相信处"其实就是文化自信与道路自信,它们在颜渊与孔子那里早已成为坚如磐石的精神理念。即便只是读"子畏于匡"这两章,人们也完全可以体味到气势磅礴的精神理念是如何牢固地维系着孔门师生的。

11·24 季子然问:"仲由、冉求可谓大臣与?"子曰:"吾以子为异之问,曾由与求之问。所谓大臣者,以道事君,不可则止。今由与求也,可谓具臣矣。"

曰:"然则从之者与?"子曰:"弑父与君,亦不从也。"

季子然是季氏子弟。他问孔子:"仲由、冉求可谓大臣与?"意思是,你有两个学生,一个叫仲由(子路),一个叫冉求(冉有),都在我们季氏做过管家。他们能够称为大臣吗?孔子回答:"吾以子为异之问,曾由与求之问。"这段话有一些拗口。"异"就是不同。孔子对季子然说:"我还以为你有什么特别不同的问题,原来你问的只是仲由与冉求的事情。"言外之意是,孔子原本以为季子然的提问会让他意想不到,结果不过是提了这么一个简单的问题。

在季子然的提问中,用了"大臣"这个概念;但在孔子的回答中,对"大臣"这个概念重新做了解释。孔子说:"所谓大臣者,以道事君,不可则止。"孔子对季子然说:我所理解的"大臣"就是"以道事君",用道义原则来侍奉君主;如果道义原则在实施过程当中行不通,就应该中止、停下来,离开这个君主。

孔子在重新定义"大臣"的含义之后,又马上对子路、冉有进行了重新定位。孔子说:"今由与求也,可谓具臣矣。"在孔子看来,子路与冉有只能称为"具臣"。何谓"具臣"?后面再详细解释。孔子认为:虽然子路与冉有在季氏那里做过管家,但尚未达到"大臣"的高度。

季子然听了孔子的话后,接着又问:"然则从之者与?"意思是,既然仲由与冉求不属于您讲的大臣,而只是具臣,那么,他们对我们季氏会言听计从吗?孔子说:"弑父与君,亦不从也。"意思是,他们自然会顺从季氏。但是,如果让他们杀害自己的父亲与君主,他们也是不会顺从的。

季子然为什么要孔子评价子路、冉有呢?因为子路、冉有是孔子的弟子,而且是政事科的代表。他们先后做过季氏的管家,而季子然作为季氏子弟,自然为季氏得此两位干才沾沾自喜。孔子回答季子然,特别用了"异"这个字。这不仅是在明面上贬低子路、冉有,更是在暗地里贬低季子然、季氏。孔子对"大臣""具臣"的理解,可以说就是沿着这个基调展开的。

"大臣"是这一章当之无愧的关键词。"大臣"有什么特质?《礼记·内则》说:"四十始仕,方物出谋发虑,道合则服从,不可则去。"古代社会,人到四十,开始出外做官。做官有一个原则,就是"道合则服从,不可则去"。如果我的理念与君主的理念相吻合,我就信服他、跟从他;如果不可行,我就离去。《周易·蛊卦》说:"不事王侯,高尚其事。"这都是说,大臣必须唯义是从,将道德理想摆在首位,绝对不能去做苟且之事。

南宋的王应麟在《困学纪闻》一书中解释"以道事君,不可则止"说:"'四十始仕,道合则服从,不可则去。'古之人,自其始仕,去就已轻。'色斯举矣',去之速也;'翔而后集',就之迟也。故曰:'以道事君,不可则止。'"王应麟认为古人四十岁开始做官,而且从此将做官还是不做官、离去还是不离去看得很轻。他又引用《论语·乡党》的话说:"色斯举矣",一旦君主的脸色有变化,我就赶快离去;"翔而后集",虽然君主有意让我做官,但我三思后行,慢慢而不是匆匆忙忙去就职。

人们通常认为大臣就是臣僚,但大臣同样可以指臣僚当中最优秀的那一部分。所以我认为:这一章的"大臣",无论是在季子然的提问还是在孔子的回答当中,都指的是出类拔萃的臣僚,只是两者有才干、品行之分。

"具臣"的含义是什么呢?西汉的孔安国认为"具臣"就是"言备臣数而已"(《论语集解》)。朱熹《论语集注》也说:

"具臣,谓备臣数而已。""备臣数"究竟是什么意思?用现在的话解释,就是体制内的、有编制的。"具臣"只是说某人已在体制、编制之内,但他能不能有所作为,那就很难说了。在这里我将"具臣"解释为初步具备做官的资格。

将"大臣"解释为出类拔萃的臣僚,将"具臣"解释为初步具备官僚的资格,未必十分恰当,但由此可见两者的鲜明对照。"大臣"之所以大,正是因为他有道义;"具臣"之所以不大,正是因为他仅仅有个编制、有个岗位。"所谓大臣者,以道事君,不可则止",这句话对于古代知识分子的影响特别大。

季子然听了孔子辨析"大臣""具臣"之后,又问子路、冉有会不会顺从季氏。孔子回答:如果要他们杀害自己的父亲,杀害自己的君主,他们是坚决不干的。孔子前面说子路、冉有只是具臣,这是在贬子路、冉有;这里说他们坚决不干弑父弑君之事,已有大臣之意,这是在捧子路、冉有。孔子对子路、冉有先贬后扬,看似矛盾,其实大有深意。前面明贬子路、冉有,是为了暗贬季子然、季氏;这里明扬子路、冉有,更是为了暗贬季子然、季氏。如果臣僚坚决不干弑父弑君之事,他就不再是具臣,而是大臣。子路、冉有何尝不是如此?

11·25 子路使子羔为费宰。子曰:"贼夫人之子。"

子路曰:"有民人焉,有社稷焉。何必读书,然后为学?"

子曰:"是故恶夫佞者。"

子羔就是前面提到的高柴。"子路使子羔为费宰",子路让子羔去做费(bì)这个地方的行政长官。孔子听到这个消息后,对子路说:"贼夫人之子。"你这不是坑害别人家的子女吗?言外之意是说,子羔尚不具备管理一个地方的能力,而你让他去管理,这不仅会害了子羔,更会害了当地人。

面对孔子的批评,子路回答:"有民人焉,有社稷焉。"费这个地方有民众,有土地神、五谷神。他接着又说:"何必读书,然后为学?"为什么非得饱读诗书,才能称为有学问呢?这句话很有名,但它究竟是正面含义还是负面含义呢?孔子听了子路的回答后说:"是故恶夫佞者。""佞"就是狡辩、强词夺理。孔子对子路说:听了你刚才那番回答,我终于明白人们为什么讨厌那些强词夺理、善于狡辩的人。

以上只是这一章的字面含义,它的背后还有很多值得我们琢磨的东西。譬如,子羔后来的发展如何?"何必读书,然后为学"究竟是什么意思?后一个问题尤其重要。

子路让子羔去做费的行政长官。孔子认为子羔还没有通过刻苦学习掌握到一定的技能,所以不能胜任,但并没有否认子羔的本性及其潜在的发展可能性。在孔子看来,子羔的本性是善良的,假以学问,假以时日,他就会成长起来,胜任地方长官的职位。据西汉刘向《说苑》记载,子羔本性善良,后又发奋学习,终于学有所成;在卫国做官时,秉公执法。这是子羔后来发展得较好的体现。

孔子不同意子路让子羔去做费的地方长官。子路是这样辩护的:"费有老百姓,有神明,需要有人去治理。既然需要有人去治理，这个前去治理的人为什么非要饱读诗书呢？他只要有治理能力就可以了。"抽象地看，子路这个回答是成立的。书面知识并不代表实际才能。如果他有实际才能，让他去管理一个地方，有什么不可以呢？

对于"何必读书，然后为学"，孔子其实未必反对。因为有真实本领的人不一定满脑子都是条条框框的知识，实际能力与书面知识有时是可以分离的。那么，孔子为什么说子路的回答是强词夺理呢？子羔虽然本性不错，但确实还没有成长起来。如果他能进一步学习，就会更加完善。子路显然没有想到这一层，反而为自己对子羔的拔苗助长进行狡辩。孔子这才说"是故恶夫佞者"，我讨厌你强词夺理。

人们一般将"何必读书，然后为学"解释为为什么非得饱读诗书，才能称为有学问呢？这里的"学"与"学而优则仕"（《论语·子张》）的"仕"是一样的。东汉许慎的《说文解字》说："仕，学也。"可见"学"与"仕"是同一个意思。所以这句话也可以解释为为什么非得饱读诗书，然后才去做官呢？这种解释对后人的影响较大。

王阳明《答路宾阳（癸未）》说："郡务虽繁，然民人社稷，莫非实学。"意思是，民人社稷都是实学，所以不是非要饱读诗书，才能称为有学问。黄宗羲的老师刘宗周《读书说（示儿）》说："子路曰：'何必读书，然后为学？'信斯言也。孔门明以读书为学，而子路顾反言之云，特其所谓读书者，盖将因此以得吾之心，为求道计耳。"这表明王阳明、刘宗周在一定程度上承认"何必读书，然后为学"的说法。

当然也有不同的观点,比如我们经常听到的"读书无用论"。金克木《古"读书无用论"》认为,"何必读书,然后为学"是古代最早的"读书无用论"。这一观点有望文生义的嫌疑。现在有很多人与金克木一样,认为"何必读书,然后为学"是"读书无用论"的体现。

我们仔细揣摩"何必读书,然后为学"这八个字,再结合王阳明、刘宗周的理解,其实不难发现:有真才实学还是仅有表面文章,这是要做严格区分的;有真才实学的人胜过那些只是饱读诗书的人,这也正是孔子并不反对子路那样说的理由之所在。

11·26 子路、曾皙、冉有、公西华侍坐。

子曰:"以吾一日长乎尔,毋吾以也。居则曰:'不吾知也!'如或知尔,则何以哉?"

子路率尔而对曰:"千乘之国,摄乎大国之间,加之以师旅,因之以饥馑。由也为之,比及三年,可使有勇,且知方也。"

夫子哂之。

"求!尔何如?"

对曰:"方六七十,如五六十,求也为之,比及三年,可使足民。如其礼乐,以俟君子。"

"赤!尔何如?"

对曰:"非曰能之,愿学焉。宗庙之事,如会同,端章甫,愿为小相焉。"

"点！尔何如？"

鼓瑟希,铿尔,舍瑟而作,对曰:"异乎三子者之撰。"

子曰:"何伤乎？亦各言其志也。"

曰:"莫春者,春服既成,冠者五六人,童子六七人,浴乎沂,风乎舞雩,咏而归。"

夫子喟然叹曰:"吾与点也！"

三子者出,曾皙后。曾皙曰:"夫三子者之言何如？"

子曰:"亦各言其志也已矣。"

曰:"夫子何哂由也？"

曰:"为国以礼,其言不让,是故哂之。"

"唯求则非邦也与？"

"安见方六七十如五六十而非邦也者？"

"唯赤则非邦也与？"

"宗庙会同,非诸侯而何？赤也为之小,孰能为之大？"

这一章是《论语》中篇幅最长的一章:不包括标点符号,有三百一十五个字;包括标点符号,有四百三十四个字。无论是从《先进》篇看,还是从《论语》全书看,这一章的思想内涵都是举足轻重的。下面重点串讲原文大意,同时讨论一些相关问题。

(一)子路的轻率与冉有、公西华的谦逊

"子路、曾皙、冉有、公西华侍坐。"这四人都是孔子的弟子,排名也是有讲究的,是按年龄大小而排序的。子路的年龄最大,排在第一;曾皙的年龄第二,排在第二;冉有的年龄第三,排在第三;公西华的年龄最小,排在第四。

说他们四人按年龄大小而排序,是有理据的。清代的刘宝楠在《论语正义》中说:"子路少夫子九岁,冉有少夫子二十九岁,公西华少夫子四十二岁。惟曾晳年无考,其坐次在子路下,是视子路年稍后。"子路比孔子小九岁,冉有比孔子小二十九岁,公西华比孔子小四十二岁,《史记·仲尼弟子列传》也有明确记载。曾晳比孔子小多少岁,没有确切的历史记载。就像刘宝楠一样,人们猜测这里的"子路、曾晳、冉有、公西华"是按年龄大小而排序的。我觉得这一猜测有道理。后面四人畅谈各自的志向,顺序有所打乱。

这一章主要讲孔子与四位学生一起聊天的内容。他们如何聊起来的呢?孔子说:"以吾一日长乎尔,毋吾以也。居则曰:'不吾知也!'如或知尔,则何以哉?"四位学生围着孔子坐在一起。孔子说道:"我虽然比你们的年龄大一点,但你们不要拘谨,不要在乎我是你们的老师。你们平时总说没有人知道你们,这样的感叹我听得多了。今天我要问你们:如果有人想知道你们,你们该怎么办?"

"以吾一日长乎尔,毋吾以也",这是孔子以谦逊的态度引导学生说出自己真实的想法。孔子自身很谦虚,对学生也很谦逊。面对老师这样谦逊的提问,四位学生会以什么样的态度来回答呢?

子路的年龄最大,"率尔而对曰"。"率"的意思是轻率。子路急忙做出回答,这与孔子谦逊的态度形成了鲜明对比。子路急忙回答:"千乘之国,摄乎大国之间,加之以师旅,因之以饥馑。由也为之,比及三年,可使有勇,且知方也。"意思是,拥有千辆兵车的国家,不管它处于什么情况,只要让我来治理,用三年时间,就可以让老百姓充满胆量,而且知道规矩。

子路瞄准的是千乘之国,就是拥有千辆兵车的国家。这个千乘之国还处于三种困境之中:第一种困境是"摄乎大国之间",被很多大国所包围,这是"地利"不行;第二种困境是"加之以师旅",外面还有敌人不断侵犯,这是"人和"不行;第三种困境是"因之以饥馑",天灾人祸接连发生,这是"天时"不行。面对这个天时、地利、人和都不具备的千乘之国,子路竟然说只要让他去治理,三年时间就能治理好,老百姓都会充满阳刚之气,个个循规蹈矩。子路的胆量之大、态度之轻率,可见一斑。

子路的轻率与孔子的谦逊形成鲜明对比,所以听了子路的回答后,"夫子哂(shěn)之"。"哂"的意思是微笑,其中有嘲笑的意味,只是在程度上没有嘲笑厉害。

接着到了冉有(名求)。孔子说:"求!尔何如?"意思是,冉求,你怎么样?我们在前文已经知道子路是急性子,冉有是慢性子。这一章的大语境是孔子提问的态度很谦逊,但子路急性子不改,"率尔而对"遭到孔子的哂笑。原本就是慢性子的冉有,自然更加谦逊了。

冉有回答:"方六七十,如五六十,求也为之,比及三年,可使足民。如其礼乐,以俟君子。""如"的意思是或者。子路的治理目标是千乘之国的大国家,而冉有的治理目标是方圆六七十里或者五六十里的小地方。冉有说:这样的小地方让我来治理,三年之后,我可以保证老百姓都很富足,经济问题可以解决;但要让他们变得文质彬彬、知书达理,我做不到,必须等待以后让其他人来帮忙。冉有的目标不大,但态度很谦逊。

孔子听完冉有的回答,未做任何表示,而是接着问公西华(名赤):"赤!尔何如?"意思是,公西赤,你怎么样?这一章开头说的顺序是"子路、曾皙、冉有、公西华",曾皙排在第二位,他还没有回答,怎么就轮到最小的公西华呢?大家可以思考一下这个问题。

公西华听到老师点名,回答说:"非曰能之,愿学焉。宗庙之事,如会同,端章甫,愿为小相焉。"这里"如"的意思也是或者。公西华说:"我不敢说我能够做到什么,但我愿意好好学习。如果是宗庙祭祀的事情,或者是与外国的会盟,我愿意穿上礼服,戴上礼帽,做一个小司仪。"冉有的治理目标是方圆五六十里或者六七十里的小地方,公西华的治理目标就更小了。冉有已经很谦逊,公西华就更谦逊了。

(二)对于曾皙言志的两种不同意见

孔子听了公西华的回答,同样没有表态,而是转向年龄排在第二的曾皙(名点)说:"点!尔何如?"意思是,曾点,你怎么样?然后,曾皙与孔子有一番对话。这番对话不仅是这一章最精彩的部分,而且是《论语》全书最精彩的部分。

曾皙听到孔子要他回答后,"鼓瑟希,铿尔,舍瑟而作"。"希"指慢慢停下来。曾皙弹瑟的声音慢慢停了下来,然后用手在瑟上划了一下,"铿"的一声戛然而止。"舍瑟而作",

"舍"是放下。曾晳放下瑟，站了起来说："异乎三子者之撰。""三子者"指前面已经回答问题的子路、冉有、公西华。"撰"指才能。至于"异"，我觉得有两种解释：一种解释是不同、不一样，直译是我不同于三位同学的才能，意思是曾晳说我与以上三位的志向不一样；另一种解释是诧异、批评，直译是我诧异于三位同学的才能，意思是曾晳说我对以上三位的志向持批评态度。这两种解释都有道理，暂且并行不悖。

顺着曾晳的"异乎三子者之撰"，孔子说："何伤乎？亦各言其志也。"意思是，有什么伤面子呢？只是各人说说自己的志向。联系这一语境看，第一种解释并不伤及面子，第二种解释显然有伤面子。所以解释"异"的含义，我认为"诧异"比起"不同"更合理一些。

曾晳的志向也确实会让子路、冉有、公西华诧异。他是这样说的："莫春者，春服既成，冠者五六人，童子六七人，浴乎沂，风乎舞雩，咏而归。""莫"同"暮"。"浴乎沂"指哪个季节？"舞雩(yú)"到底在哪里？先贤们进行过很多考证，这里不再赘述。曾晳说："暮春时节，穿着春天的单衣，五六个朋友，六七个小孩，在沂河里面洗洗澡，在舞雩台上吹吹风，然后唱着歌儿回家。"这种做法卸掉了任何负担，十分地恬然，人与天地融为一体。这种态度不像子路那样狂妄，也不像冉有、公西华那样故作谦逊，而是自然而然、浑然天成。

孔子听了曾晳陈述的志向后，不觉"喟然叹曰"，情不自禁地长叹一声。"喟然叹曰"在《论语》(出现两次)、《孟子》(出现一次)中很少出现。这一章用了这四个字，表明孔子被曾晳说的志向深深打动了。孔子说："吾与点也！"我赞成曾点的志向啊！这里的问题在于：曾晳能够说出这样的志向，但他是不是这样做的呢？孔子究竟只是赞成曾晳的志向，还是同时肯定曾晳本人呢？

曾晳言志这一段是本章以及整部《论语》中最精彩的一段，极富独特的文字魅力。朱自清当年在清华大学上"中国歌谣"这门课时，曾将改编自曾晳言志的一段歌谣念给学生们听：

> "点儿点儿你干啥？""我在这里弹琵琶。"
> "嘣"的一声来站起，我可不与你三比。
> ——比不比，各人说的各人理。
> 三月里三月三，各人穿件蓝布衫，
> 也有大，也有小，跳在河里洗个澡。
> 洗洗澡，乘乘凉，回头唱个《山坡羊》。
> 先生听了哈哈喜，"满屋子，学生不如你"。

对于曾晳的志向，肯定意见可以宋明儒学为代表。大程说："孔子'与点'，盖与圣人之志同，便是尧舜气象也，诚'异三子者之撰'，特行有不掩焉者，真所谓狂矣。"（《河南程氏遗书》卷十二《明道先生语二》）朱熹《论语集注》说："曾点之学，盖有以见夫人欲尽处，天理流行，随处充满，无少欠阙。"理学家认为曾晳的志向既代表了"尧舜气象"，又代表了"天理流行"境界，将"尧舜气象""天理流行"表现得淋漓尽致。

围绕这一章,朱熹还写过一首诗,名为《曾点》:"春服初成丽景迟,步随流水玩晴漪。微吟缓节归来晚,一任轻风拂面吹。"客观地说,朱熹这首诗写得并不好。王阳明的诗才比朱熹高,也写过类似的诗,其中的名句是:"铿然舍瑟春风里,点也虽狂得我情。"

对于曾皙的志向,否定意见可以明清学者为代表。张岱《四书遇》说:"曾点因种瓜而伤曾子之额,扑之仆地,如此暴戾,岂是春风沂水襟怀?所以毕竟自信不过。"曾皙是曾参的父亲。曾参因为种菜的事情,被曾皙狠狠打了一顿,打得趴在地上,爬不起来。张岱通过人物个性的分析,得出结论:这么一个充满暴力、脾气暴躁的人,岂能体会到"春风沂水襟怀"?曾皙用文字表达出来的境界,只是"伪"境界,而不是"真"境界。

到了清代,臧庸说:"孔训'撰'为为政之具,是己未言而先轻视三子之长以自取异,较之率尔之形益甚矣。"(程树德《论语集释》引)子路的"率尔而对"固然不好,但曾皙"鼓瑟希,铿尔,舍瑟而作"甚至比不上子路的"率尔而对"。说到底,曾皙的志向比不上子路的志向!程树德《论语集释》说:"曾点在孔门无所表见,其学其才均在三子之下。《朱子语类》中关于此章论述不少,惜皆沿其师'尧舜气象'谬说,并'天理流行'一派套语,多隔靴搔痒之谈,兹故不录。"曾皙在孔子门下并没有特别的表现,才华、品行都在子路、冉有、公西华之下;虽然《朱子语类》对这一章有很多讨论,并且给曾皙戴上"尧舜气象""天理流行"的大帽子,但大多不可信,只是隔靴搔痒之谈。程树德认为程朱理学对曾皙的表彰太过分,不符合事实。

综上所述,对于曾皙的志向,前人既有肯定之词,又有否定之词。如何看这个问题?这是值得我们思考的。

(三)"须是自家做曾点,便见得曾点之心"

如果从肯定曾皙的角度看,这一章写到孔子喟然而叹说"吾与点也"就应该结束,不必再有下文,这样才能让所谓的"曾点气象"固定下来。可是,我们现在看到后面还有很长的一段,包括了若干小节。我每次读后面这一部分,总觉得有狗尾续貂、画蛇添足之嫌,尤其是显得曾皙极不自信。曾皙是不是不自信呢?或者说,"莫春者,春服既成,冠者五六人,童子六七人,浴乎沂,风乎舞雩,咏而归"这种志向,到底只是流于表面的文字,还是深入到了曾皙的骨子里面呢?

紧接"吾与点也"的记述是:"三子者出,曾皙后。"三位同学离开这里,而曾皙跟在孔子后面走。"后"意味着马上有一番文章要做。果然,曾皙问道:"夫三子者之言何如?"曾皙问孔子:"老师,您认为以上三位同学的发言究竟怎么样?"这难道不是曾皙不自信的表现吗?要是心里真有那种"尧舜气象""天理流行",曾皙何必在乎别人的言论,何必多此一问呢?这一章始于"三子者出"的那些文字,给人们批评曾皙留下了足够想象的空间。

设想一下当时有可能发生的情形:其他三位学生看到孔子只表扬了曾皙,就气冲冲地离场了。曾皙于是说:"那三位同学的发言,老师能不能评价一下?"针对曾皙的问题,孔子回答:"亦各言其志也已矣。"意思是,你们四位同学,只不过是各人谈了自己的志向罢了。孔子不说"三子"而说"各",言外之意是不想再多做评论。

退一步说,孔门师生这场对话到此为止,《先进》篇这一章就此打住,本来也还可以,偏偏曾皙接着又问:"夫子何哂由也?"您为什么哂笑子路呢?孔子只好说道:"为国以礼,其言不让,是故哂之。"治理国家必须依靠礼节。子路的志向是"千乘之国,摄乎大国之间,加之以师旅,因之以饥馑。由也为之,比及三年,可使有勇,且知方也",但他是"率尔而对",不讲礼节。孔子说:因为子路不懂谦让,所以我哂笑他。

"为国以礼"是说治理国家要依靠礼节,冉有、公西华的回答也多多少少提到礼节。所以曾皙又问:"唯求则非邦也与?"难道冉有讲的就不是国家吗?孔子回答:"安见方六七十如五六十而非邦也者?"你怎么知道方圆六七十里或者五六十里的地方就不是国家呢?曾皙又问:"唯赤则非邦也与?"难道公西华讲的就不是国家吗?孔子回答:"宗庙会同,非诸侯而何?赤也为之小,孰能为之大?"宗庙祭祀与外国的会盟,不是国家的事情,又是什么?在这种情况下,如果公西华只想去做小司仪,谁又能做大司仪呢?孔子的意思是,公西华的志向太小,他应该有志去做大司仪。

以上是曾皙与孔子讨论子路、冉有、公西华的志向。在这些讨论中,孔子延续了对于子路的批评态度,同时提出一个基本观点,就是"为国以礼",治理国家要依靠礼节。孔子认为:子路的志向还是不错的,缺陷在于说话轻率;冉有想治理的国家有点小,只有六七十里或者五六十里;公西华只想做一个小司仪,志向太小了。说到底,孔子希望他的学生们都能成就一番大事业。

曾晳围绕三位同学的志向而与孔子展开的对话,究竟是其好学的体现,还是其不自信的体现?如果只是写到"吾与点也",或者只是写到"亦各言其志也已矣",这一章是不是更纯粹一点呢?经典的文字是不能随意改变的,但是我们阅读经典,也不妨提出自己的一些看法。我每次读这一章,都觉得曾晳说的志向极好;至于是不是其骨子里的志向,则是心存疑惑。我读"吾与点也"以后的文字,甚至感觉到有点破坏曾晳的形象。这只是我的个人感受,绝对不涉及"疑经"那回事!

古往今来,"吾与点也"一段备受关注。曾晳以文字的方式表达自己的志向,这件事本身是值得肯定的。曾晳能够说出这样的志向,至少表明他跟这种志向结下了深深的缘分。剩下的问题是:我们如何理解曾晳这个人?如何认识曾晳的志向与我们的人生之间的关系?

《朱子语类》说:

> 或问:"曾点之言如何?"曰:"公莫把曾点作面前人看,纵说得是,也无益。须是自家做曾点,便见得曾点之心。"
>
> 问:"曾点浴沂气象,与颜子乐底意思相近否?"曰:"颜子底较恬静,无许多事。曾点是自恁说,却也好;若不已,便成释、老去,所以孟子谓之狂。颜子是孔子称他乐,

他不曾自说道我乐。大凡人自说乐时,便已不是乐了。"

有人问朱熹:曾晳说的那段话如何?朱熹说:你千万不要将曾晳当作面前人看。如果他是你面前的人,无论他说得多好,益处都不大。你唯有将曾晳当作自己看,才能真正体会到曾晳的内心世界。意思是,对于曾晳,你将他当一个外人看,不行;你只有将他变成你自己,才能真有所得。

人们在一阵忙碌之后,需要一丝安静;人们在一片繁华之后,需要一点寂寞。人总是既有社会性的群体要求,又有非社会性的孤独要求。对于每个人的内心而言,对于一种丰富的人生而言,这两者都是必不可少的。曾晳能够说出"莫春者,春服既成,冠者五六人,童子六七人,浴乎沂,风乎舞雩,咏而归"这种志向,表明他已经走在求道的路上;但是说曾晳已经达到"尧舜气象""天理流行",那倒未必。

前人对于曾晳的志向有肯定、有批评,我认为朱熹的"须是自家做曾点,便见得曾点之心"说得极好:绝不要将曾晳当作外人看,而是要将他当作你自己!若是这样,那种自然的、不带功利的、春天一般的人生境界,我们就能离它更近一些,就能对它有更切身的体会。

朱熹这里还比较了曾晳与颜渊的境界,认为颜渊的境界远远高于曾晳。颜渊的境界是孔子给他说出来的,而曾晳的境界是他自己说出来的。境界绝不能"王婆卖瓜,自卖自夸"!朱熹说:一旦你将自己的快乐说了出来,那种快乐就不再是纯粹的快乐。

语言本身有它的边界,一言不发、沉默不语往往是人生的最高境界,但有时候,甚至是很多时候,我们又不得不说话,不得不像曾皙那样表达自己的志向。人总是要有一点超越精神的,这就是曾皙其人其志对于芸芸众生具有的普遍价值!

　　最后,小结一下《先进》篇。《先进》篇与《颜渊》篇的主题是:学做颜渊,争当先进。争当先进,在《先进》篇中,无非就是要在德行、言语、政事、文学这四个方面有自己的特长。问题在于我们如何能够拥有自己的特长?如何能够像德行科的颜渊、闵子骞、冉伯牛、仲弓,言语科的宰我、子贡,政事科的冉有、季路,文学科的子游、子夏那样,做到在某一领域拥有自己的特长?通过学习《先进》篇,我们应该知道:与其羡慕他人,毋宁自我奋斗;与其自我欣赏,毋宁深得人心。自我奋斗,就是依靠自己,一步一个脚印,天道自会酬勤;深得人心,就是不自卖自夸,群众的眼睛是雪亮的,历史的天平是无私的,公道自在人心。《先进》篇教给我们如何做先进的道理,所以我用"争当先进"四个字结束这一篇的解读。

颜渊第十二

杨海文 解读

《颜渊》篇共有二十四章。南朝皇侃的《论语义疏》对这一篇有一个解题:"颜渊,孔子弟子也,又为门徒之冠者也。所以次前者,进业之冠莫过颜渊,故《颜渊》次《先进》也。"皇侃说:颜渊是孔门第一弟子,是"门徒之冠者";《颜渊》篇接着上面的《先进》篇,是因为在孔子所有的学生中,"进业之冠莫过颜渊"。这个解题揭示了《论语》如何从第十一篇《先进》过渡到第十二篇《颜渊》,同时让我们有理由将"境界为圣贤之颜渊"作为《颜渊》篇的主旨。

12·1 颜渊问仁。子曰:"克己复礼为仁。一日克己复礼,天下归仁焉。为仁由己,而由人乎哉?"

颜渊曰:"请问其目。"子曰:"非礼勿视,非礼勿听,非礼勿言,非礼勿动。"

颜渊曰:"回虽不敏,请事斯语矣。"

"颜渊问仁",仁爱问题一直蛰伏在颜渊的心里,所以他向孔子请教。孔子做了一个极其经典的回答:"克己复礼为仁。"其字面意思是克制自己、复归礼数而化为仁爱。"克己"就是克制自己,"复礼"就是复归礼数。这个"礼"字很难解释,我将它解释为礼数。"为仁"的解释很多,我的解释是化为仁爱。孔子又说:"一日克己复礼,天下归仁焉。""一日"的通解是"一旦"。一旦克制自己、复归礼数,天下就会归附仁爱。孔子又说:"为仁由己,而由人乎哉?"化为仁爱本来靠自己,难道要靠别人吗?

颜渊说:"请问其目。"颜渊不太明白孔子这一抽象性很强的纲领,所以请教具体实施的条目。孔子回答了四个"非":"非礼勿视,非礼勿听,非礼勿言,非礼勿动。"凡是不合礼数的,就不要看、不要听、不要说、不要做,亦即"勿视""勿听""勿言""勿动"。颜渊说:"回虽不敏,请事斯语矣。"颜渊终于明白了,他说:"我虽然不够聪明、敏捷,但一定按照您讲的这些格言警语认认真真去做。"

这一章在《颜渊》篇以及整部《论语》中都特别重要。解读这一章,至少有三个问题值得重视:如何多维地理解"仁"这个概念?如何辩证地分析"克己复礼为仁"这个命题?如何内在地敞开这一章的思想价值?《论语》仅有一万多字,但有一百零九个"仁"字;如果加上篇名《里仁》,则有一百一十个"仁"字。以上三个问题,就是为了解决"仁"的问题。

《说文解字》说:"仁,亲也。从人从二。""仁"的意思是相亲相爱。1993年,湖北荆门郭店出土了一批战国中晚期的竹简。在这批竹简中,"仁"字的写法是上下结构,上面一个"身",下面一个"心"。上"身"下"心"这一古老的写法,表明"仁"的意思是身心一如。仁既是相亲相爱,涉及人与人之间的关系;又是身心一如,涉及身体与心灵之间的关系。这是从文字学角度对"仁"做出的直观解读。

我们再看下面这个表:

"仁"之逻辑内涵层次表

众德之目	1+N	单一
诸德之首	1……N,1>N	首一
全德之名	1=N	全一

在中国古代思想文化史上,"仁"这个概念显示了层次分明的逻辑内涵。首先,仁是众德之目,只是所有品德当中的一种,可谓单一。"一"之外还有其他德目,所以用"1+N"表示。其次,仁是诸德之首,在所有品德当中居于首位,可谓首一。"一"之后还有其他德目,所以用"1……N"表示。既然它居于首位,也就大于后面的德目,所以又可称为"1>N"。最后,仁是全德之名,所有的品德都可归结为仁,可谓全一。"一"之外、之后的其他德目再无存在的必要,"一"就是所有,所以称为"1=N"。其中,仁为全德之名最为重要。这是从分类学角度对"仁"做出的逻辑分析。

落实到孔子,落实到《论语》,"仁"是孔子思想中的最高范畴,孔子思想一言以蔽之就是仁学。本篇第二十二章有

"仁者爱人"的说法,这一章又出现"克己复礼为仁"。"仁者爱人"之"仁"与"克己复礼为仁"之"仁",是孔子认为的"仁"最基本的两层含义。这是从《论语》学角度对"仁"做出的基本解析。

孔子回答"颜渊问仁"的第一句话是"克己复礼为仁",它是本章最核心的命题。这个命题是孔子最先提出的吗?我们可以考察一下,当时其他的文献当中是不是也讲过这个命题呢?如果讲过,它会带给我们哪些启发?

《左传·昭公十二年》说:"仲尼曰:'古也有志:克己复礼,仁也。'"孔子说:我从古代文献上面看到过"克己复礼,仁也"这句话。《孔子家语·正论解》说:"孔子读其志,曰:'古者有志:克己复礼为仁。'"孔子说:我从古代文献上面看到过"克己复礼为仁"这句话。

《左传》《孔子家语》的记载大致相同,但又略有区别。《左传》说"克己复礼,仁也",《孔子家语》说"克己复礼为仁",如何解释这一不同?南宋王应麟的《困学纪闻》指出:针对"古也有志:克己复礼,仁也",有人认为"克己复礼,古人所传,非出于仲尼",胡寅甚至认为"夫子以克己复礼为仁,非指克己复礼即仁也"。

孔子毫无疑问守正创新了"克己复礼"与"仁"的关系,胡寅提出的问题尤其值得我们深思。虽然《左传》的"克己复礼,仁也"已经将"克己复礼"与"仁"画上等号,但是《论语》《孔子家语》的"克己复礼为仁"没有将"克己复礼"与"仁"画上等号。我们应该如何区分"克己复礼为仁"与"克己复礼即仁"的不同呢？这需要对"克己复礼"与"仁"的义理结构有一个了解。我认为："克己复礼为仁"是做工夫，"克己复礼即仁"是求境界。两者虽然有分别，但在本质上是统一的。"克己复礼为仁"追求的目标就是"克己复礼即仁"，但在达到目标之前，我们必须好好努力，克制自己、复归礼数而化为仁爱。

孔子回答"颜渊问仁"的第二句话是："一日克己复礼，天下归仁焉。""一日"是副词，义即"一旦"，表示"如果有一天"。有人觉得"一日"这两个字很有意义。譬如张岱《四书遇》说："'一日'字最可味。舍此'一日'不下手，永无下手之期矣。百事都始于'一日'，况为仁乎？"张岱认为："一日"二字最可玩味。如果舍弃这两个字，昨天不下手，今天不下手，明天不下手，天天不下手，那就一辈子不再有下手的机会。万事万物都始于"一日"，何况"克己复礼为仁"呢？

孔子回答"颜渊问仁"的第三句话是："为仁由己，而由人乎哉？""为仁由己"的"己"与"克己复礼"的"己"，有什么不同呢？"为仁由己"的"己"，已经进入自由的状态；"克己复礼"的"己"，是对命运进行突破之后才能达到自由的状态。换句话说，我"为仁由己"了，是一种自由的状态；我要"克己复礼"，是正在克服自己的限制，进而实现自由的状态。"克己复礼""为仁由己"的两个"己"在自由的状态、程度上有所不同，但正如"一日"那样，又和谐地统一在"克己复礼为仁"这个核心命题之中。

对于这一章的思想价值，陆九渊做过精彩的分析。一方面,陆九渊将孔子回答"颜渊问仁"的三句话比作"三鞭":"克己复礼为仁"是一条鞭,"一日克己复礼,天下归仁焉"是一条鞭,"为仁由己,而由人乎哉"是一条鞭。另一方面,陆九渊又将这三句话称作借以明确"为仁"纲领的"三转语"。正因明确了"为仁"的纲领,颜渊才会"请问其目"。而孔子回答的条目是"非礼勿视,非礼勿听,非礼勿言,非礼勿动"。这些条目固然重要,但颜渊说的"请事斯语",我一定好好落实您讲的这些话,"事"更重要。(参《陆九渊集》卷三十四《语录上》)再一方面,陆九渊认为:"某窃尝谓若颜子者,可谓天下之大勇矣。"(《陆九渊集》卷六《与傅全美二》)如果每个人都能做到颜渊那样,那就是所谓的"天下之大勇"。

朱熹《论语集注》认为:"此章问答,乃传授心法切要之言,非至明不能察其几,非至健不能致其决,故惟颜子得闻之,而凡学者亦不可以不勉也。"这一章是孔门传授心法的切要之言,传授了孔门以心传心的不二法门。唯有颜渊能够提出这样的问题,也唯有颜渊能够得到孔子这样的回答,将颜渊提得极高。刘宗周认为:"此孔门授受第一义也,学者体之。"(《刘宗周全集·经术二·论语学案三》)这一章是孔门传授道统的第一要义,儒家学者务必深心体察。这些说法都是为了内在地敞开本章的思想价值。

12·2 仲弓问仁。子曰:"出门如见大宾,使民如承大祭。己所不欲,勿施于人。在邦无怨,在家无怨。"

仲弓曰:"雍虽不敏,请事斯语矣。"

"仲弓问仁",仲弓就是冉雍,在德行科排名第四(见《论语·先进》)。仲弓向孔子请教什么叫作仁,孔子回答了三句话,认为它们都是"仁"在不同情景之中的具体表现。

孔子说:"出门如见大宾,使民如承大祭。"意思是,走出家门的时候,要像去会见重要的宾客那样庄重;差使人民的时候,要像去承办重要的祭祀那样恭敬。无论与人交往,还是管理人民,态度都要庄重,内心都要恭敬。这是孔子回答仲弓什么是"仁"的第一层含义。孔子又说:"己所不欲,勿施于人。"这句话在《论语》中出现过两次。意思是,自己所不想要的,就不要强加给别人。这是孔子回答仲弓什么是"仁"的第二层含义。孔子又说:"在邦无怨,在家无怨。""邦"指的是诸侯,"家"指的是大夫。意思是,在诸侯那里做官没有怨恨,在大夫那里做官没有怨恨。这是孔子回答仲弓什么是"仁"的第三层含义。

"雍虽不敏,请事斯语矣。"仲弓听了孔子的回答后说:"我虽然不够聪明、敏捷,但我一定好好实践这些格言、警语。"

这一章有很多值得思考的问题。例如"出门如见大宾,使民如承大祭",《左传·僖公三十三年》曾说:"出门如宾,承事如祭,仁之则也。"又如"己所不欲,勿施于人",《管子·小问》曾说:"非其所欲,勿施于人,仁也。"孔子对管仲的评价比较高,但孟子对管仲的评价比较低。《论语·卫灵公》说:"子贡问曰:'有一言而可以终身行之者乎?'子曰:'其恕乎!己所不欲,勿施于人。'"子贡问孔子:"有没有一句话可以一生都拿来奉行的?"孔子回答:"如果有,那就是恕道。"然后,孔子将"恕"解释为"己所不欲,勿施于人"。

通过《论语·颜渊》第二章及《论语·卫灵公》第二十四章这两章,可知"己所不欲,勿施于人"是从消极的角度看做人方法。从积极的角度看,做人方法是什么呢?《论语·雍也》说:"夫仁者,己欲立而立人,己欲达而达人。"同样是针对子贡的提问,孔子说:自己想要站得住,也要让别人站得住;自己想要行得通,也要让别人行得通。"己欲立而立人,己欲达而达人",就是从积极的角度看做人方法。

我们现在将这两种做人方法略做比较:积极做法是"己欲立而立人,己欲达而达人",消极做法是"己所不欲,勿施于人";积极做法对应的是"忠",消极做法对应的是"恕"。朱熹对"忠""恕"做过很好的解释:"尽己之谓忠",竭尽自我的本心就是忠,这是向内用力;"推己之谓恕",推扩自己的本心就是恕,这是向外用力。以上两种做法加在一块,合而言之,就是忠恕之道。

我们这里讲的"消极"并不是贬义的意思,"积极"也不完全是褒义的意思,而是从哲学层面对"己所不欲,勿施于人""己欲立而立人,己欲达而达人"这两种做人方法进行的界定与定位。有时候,特别是在文明共享的现代社会,"己所不欲,勿施于人"这种消极做法产生的威慑力极大。例如,1993年通过的《世界宗教议会走向全球伦理宣言》,就鲜明地强调"己所不欲,勿施于人"的普适意义:

人类的许多宗教和伦理传统都具有并一直维系着这样一条原则：己所不欲，勿施于人！或者换用肯定的措辞，即你希望人怎样待你，你也要怎样待人！这应当在所有的生活领域中成为不可取消的和无条件的规则，不论是对家庭、社团、种族、国家和宗教，都是如此。

道德规则有三类，亦即道德金律、道德银律、道德铜律。道德金律是"己之所欲，施之于人"，自己所想要的，就施加给别人。道德银律是"己所不欲，勿施于人"，自己所不想要的，就不要强加给别人。道德铜律是"人所（不）欲，（勿）施于人"，人们所想要的，就施加给他；人们所不想要的，就不要强加给他。（这里借鉴了黄勇教授的观点。参见黄勇、刘梁剑、李广骁：《道德铜律、美德伦理学与全球地域化时代的中国思想——黄勇教授访谈》，《哲学分析》2014年第1期）

道德金律、银律是从自我、自律出发，要求自我这样做或者不这样做；道德铜律是从他人、他律出发，希望他人这样做或者不这样做。这三个道德规则都是讲如何在复杂的人我关系当中做人的问题，是从《论语》里面衍生出来的。道德金律属于积极做法，道德银律属于消极做法，道德铜律兼具积极做法与消极做法，这里略做说明。

朱熹《论语集注》联系上一章而总结这一章说："克己复礼，乾道也；主敬行恕，坤道也。"因为前一章讲"克己复礼"，这一章讲"己所不欲，勿施于人"，所以朱熹认为"克己复礼"

是乾道,"主敬行恕"是坤道。从"克己复礼"到"主敬行恕",《颜渊》篇这两章可谓一乾一坤、乾坤并建。

12·3 司马牛问仁。子曰:"仁者,其言也讱。"

曰:"其言也讱,斯谓之仁已乎?"子曰:"为之难,言之得无讱乎?"

与前两章一样,这一章也是孔子的学生问仁。司马牛是孔子的学生,虽然在孔门中并不特别有名,但性格特征鲜明。人们也常将这一章与前两章进行对比。

"司马牛问仁",司马牛同样将"仁"这个抽象的问题推给孔子。孔子回答:"仁者,其言也讱。""讱(rèn)"指迟钝。仁者说话是迟钝的。司马牛听了孔子的解释,反问道:"其言也讱,斯谓之仁已乎?"难道说话迟钝就叫作仁吗?孔子的回答与司马牛的反问,两者的意思是不一样的。孔子没有纠缠于司马牛的反问,而是接着说道:"为之难,言之得无讱乎?"孔子将说话与做事联系在一块,认为做任何事情都是很难的,所以说话难道不应该迟钝一点,放慢一点速度吗?言外之意是说,既然做成一件事情很难,说话就更有必要三思而后行了。

《论语》有"二牛":一位是冉伯牛,一位是司马牛。冉伯牛在德行科排名第三(见《论语·先进》),很有名。司马牛则性格急躁,又喜欢说话。司马牛有个哥哥叫作桓魋,又叫向魋,跟孔子过不去。《论语·述而》说:"天生德于予,桓魋其如予何?"说的就是司马牛的哥哥。《颜渊》篇接连有三章讲司马牛,而且也会涉及他的哥哥桓魋。

人们如何比较《颜渊》篇的"问仁"三章呢?《朱子语类》记载:

> 或问:"颜子、仲弓、司马牛问仁,虽若各不同,然克己工夫也是主敬,'其言也讱'也是主敬。"曰:"司马牛如何做得颜子、仲弓底工夫?须是逐人自理会。仁譬之屋,克己是大门,打透便入来;主敬行恕是第二门;言讱是个小门。虽皆可通,然小门便迂回得些,是它病在这里。如'先难后获',亦是随它病处说。"

有人问朱熹:颜渊、仲弓、司马牛这三位学生都向孔子请教"仁"的问题,您是怎么看的?朱熹回答:仁就像一座大房子有三道门,一道是大门,一道是中门,一道是小门。孔子对颜渊讲的"克己复礼",是一道大门;对仲弓讲的"己所不欲,勿施于人",是一道中门;对司马牛讲的"仁者,其言也讱",是一道小门。《颜渊》篇的"问仁"三章,先是给我们打开一道大门,然后给我们打开一道中门,最后给我们打开一道小门。为什么打开这道小门?因为像颜渊这样优秀的学生毕竟很少,大部分学生的资质都像司马牛一样。正如我们身边,最优秀的人肯定很少,大部分人都是平常人。所以,"仁者,其言也讱"不仅是讲给司马牛听的,更是讲给大部分学生听的,也就是讲给我们这些平常人听的。

张岱《四书遇》说:"圣人是说仁者之言,司马牛是说言者之讱,何啻天壤!"圣人是自然而然地说出仁者之言,司马牛是迫不得已地说出言者之讱,两者有着天差地别。性子急的人说话如果不迟钝一些,这个"天壤"哪能消除呢?

12·4 司马牛问君子。子曰:"君子不忧不惧。"

曰:"不忧不惧,斯谓之君子已乎?"子曰:"内省不疚,夫何忧何惧?"

这一章是"司马牛问君子"。孔子回答:"君子不忧不惧。"君子既不忧愁,也不恐惧。司马牛反问说:"不忧不惧,斯谓之君子已乎?"不忧愁、不畏惧,这就叫作君子吗?孔子说:"内省不疚,夫何忧何惧?"如果你向内反省而不愧疚,又有何忧愁、有何恐惧呢?

司马牛为什么要问君子?孔子为什么说"君子不忧不惧"?这与司马牛的哥哥桓魋密切相关。桓魋是个好战分子,作为弟弟的司马牛经常替哥哥担忧。孔子看在眼里,急在心上,所以趁司马牛提问的机会,说君子应当"不忧不惧"。

《论语》多次出现过"不忧不惧"这种表达。如《论语·子罕》说:"知者不惑,仁者不忧,勇者不惧。"《论语·宪问》说:"君子道者三,我无能焉:仁者不忧,知者不惑,勇者不惧。"在孔子看来,"忧""惧""惑"是小人的人格特点,"不忧""不惧""不惑"是君子的人格特点。"内省不疚"一语,又见《礼记·中庸》:"故君子内省不疚,无恶于志。"

"不忧不惧"与"内省不疚"是什么关系呢?"不忧不惧"是对外面说的,"内省不疚"是对里面说的。如果我们对于外面的事物既不忧愁也不畏惧,我们的内心就不会有任何愧疚。孔子回答司马牛问君子,前面讲"不忧不惧",后面讲"内省不疚",正是将外面与里面有机地结合在一起。

12·5 司马牛忧曰:"人皆有兄弟,我独亡。"子夏曰:"商闻之矣:死生有命,富贵在天。君子敬而无失,与人恭而有礼。四海之内,皆兄弟也。君子何患乎无兄弟也?"

司马牛的性格比较急躁。上一章孔子要他"不忧不惧",但这一章他又"忧"了。

司马牛忧愁地说:"人皆有兄弟,我独亡(wú)。"人家都有兄弟,唯独我没有。子夏听到他这么感叹,就说:"商闻之矣:死生有命,富贵在天。君子敬而无失,与人恭而有礼。四海之内,皆兄弟也。君子何患乎无兄弟也?"

"商"是子夏之名。"商闻之矣"指子夏从孔子那里听说。子夏对司马牛说:老师曾经讲过"死生有命,富贵在天",死亡、生存有命运,富裕、高贵在天意,人们都要受到外在的限制。君子的做法应该是:内心恭敬而没有过失,对待人们谦恭而有礼貌。如果你从外在的一面深知"死生有命,富贵在天",从内在的一面做到"敬而无失,与人恭而有礼",那么,四海之内都是你的兄弟,又何必担心没有兄弟呢?

司马牛有个哥哥叫桓魋,但他为什么说自己没有兄弟呢?这是因为桓魋作恶多端,司马牛经常担心哥哥的性命不保,所以,他才忧愁地说"人皆有兄弟,我独亡",觉得人家的兄弟这么好,我怎么就没有这么好的兄弟呢?他要表达的,大概就是这层意思。子夏则拿"死生有命,富贵在天"这一外在的限制,试图劝慰司马牛。

死生、富贵是每个人都会切身感受到的东西,对于人生十分重要。但是,它们受制于一个很抽象的东西——天命。中国古代哲学家经常沉思这个问题。孟子说:"莫之为而为者,天也;莫之致而至者,命也。"(《孟子·万章上》)没有人叫他做,而他竟然做了,这是天意;没有人叫他来,而他竟然来了,这是命运。孔子讲的"死生有命,富贵在天",富含哲理,更是一种生活的智慧;孟子讲的"莫之为而为者,天也;莫之致而至者,命也",饱含沧桑,更是一种哲学的思辨。这两者是有一定区别的。

唐文治曾用《周易·乾卦》的"先天而天弗违,后天而奉天时",进一步审视孔子、孟子的天命观。他认为孔孟的"居易俟命"是君子之学,也就是《周易》的"后天而奉天时";孔孟的"乐天知命"是圣人之道,也就是《周易》的"先天而天弗违"。(《唐文治四书大义·论语大义》)唐文治将《周易》与《论语》《孟子》的天命观联系在一块,认为"后天而奉天时"就是君子之学,"先天而天弗违"就是圣人之道。君子之学是以一颗平常心静候天命的安排,顺其自然,让"死生有命,富贵在天"成为每个人必然的人生;圣人之道是以一颗欢喜心乐观天命的布局,乐享其成,让"死生有命,富贵在天"成为每个人自由的人生。

将孔子"死生有命,富贵在天"的生活智慧与孟子"莫之为而为者,天也;莫之致而至者,命也"的哲学思辨结合起来,大体构成了儒家的天命观。它对中国传统文化产生过很大的影响。我们刚才补充《周易》的"先天而天弗违,后天而奉天时",是为了让这种天命观从君子之学、圣人之道两方面展开,让人们既能居易俟命,又能乐天知命。

如何评价"四海之内皆兄弟"?司马牛忧愁地说"人皆有兄弟,我独亡",子夏用"四海之内,皆兄弟也"劝慰他。这句话在社会上很流行,它是不是符合孔子的思想,是不是符合儒家的思想呢?如果四海之内皆兄弟,父母与你也是兄弟吗?朱熹《论语集注》引用胡寅的话说:

> 子夏四海皆兄弟之言,特以广司马牛之意,意圆而语滞者也,惟圣人则无此病矣。且子夏知此而以哭子丧明,则以蔽于爱而昧于理,是以不能践其言尔。

在胡寅看来,子夏这句话"意圆而语滞",意思很圆满,但语境有滞碍。虽然胡寅没有说明这种滞碍究竟在哪里,但明眼人一眼就能看出,"子夏四海皆兄弟之言"最终有可能变成墨子的兼爱。胡寅认为:如果让孔子劝慰"人皆有兄弟,我独亡"的司马牛,孔子的回答绝不会出现子夏这样的语病。可见,"四海之内皆兄弟"的意思诚然不错,但语境滞碍、不足的地方同样很明显。

胡寅还认为：子夏虽然说了"四海之内，皆兄弟也"，但并不能将它落到实处。因为子夏的儿子死了，他很伤心，眼睛都哭失明了。如果子夏真的相信四海之内皆兄弟，自己失去一个儿子，又有什么呢？胡寅这样说，是为了进一步质疑：如果子夏信服四海之内皆兄弟，他就会像墨子那样兼爱，对于儿子的死，不会有太多的悲伤；但子夏是儒家文学科的，自然不可能真正做到四海之内皆兄弟，儿子死了，他肯定十分悲伤。至此，人们熟悉的儒墨之辨扑面而来。

12·6 子张问明。子曰："浸润之谮，肤受之诉，不行焉，可谓明也已矣。浸润之谮，肤受之诉，不行焉，可谓远也已矣。"

"子张问明"，"明"指明察。子张向孔子请教如何做到明察，孔子回答："浸润之谮，肤受之诉，不行焉，可谓明也已矣。浸润之谮，肤受之诉，不行焉，可谓远也已矣。""浸润之谮（zèn）"，指像流水那样浸灌滋润而让人深信不疑的谗言；"肤受之诉"，指像针扎那样皮肤受刺而让人暴跳如雷的控告。"远"指远见。孔子说：如果谗言、控告在你这里行不通，你就做到了明察；如果谗言、控告在你这里行不通，你就拥有了远见。

子张只是问"明"，但孔子的回答既有"明"又有"远"。孔子用两句话进行回答，但除了"明""远"二字不同，其他词汇都是一样的。那么，"明"与"远"的区别到底在哪里？简单地说,这些谗言、控告在你这里一次、两次行不通,可以称你为"明";这些谗言、控告在你这里多次、无数次行不通,可以称你为"远"。

谎言重复一千遍就变成真理,小人的谗言让人们慢慢深信不疑;针扎在皮肤上,疼得要命,不实的控告让人们瞬间暴跳如雷。这种情况在生活中比比皆是。老话说:"谁人背后无人说,谁人背后不说人。"我们应该保持这样的态度:别人说你的好话,不要将表扬当真;别人说你的坏话,不要将批评当假。别人对你的表扬,可能是客套话;但别人对你的批评,有可能是真的。这也是某种生活智慧。

这一章最重要的问题是"明"与"远",即明智与远见的关系。张岱《四书遇》说:"重覆'浸润'三句,最有意味。盖一时不行,止可谓'明';到底不行,方可谓'远'。"对于孔子的明远之思来说,由"一时不行"而"到底不行",可谓一语破的。

12·7 子贡问政。子曰:"足食,足兵,民信之矣。"

子贡曰:"必不得已而去,于斯三者何先?"曰:"去兵。"

子贡曰:"必不得已而去,于斯二者何先?"曰:"去食。自古皆有死,民无信不立。"

这一章讲"子贡问政",在《论语》中很有名。"问政"就是讨论治国理政的事情。治国理政既有正常的状态,又有非正常的状态。孔子回答子贡说:"足食,足兵,民信之矣。"

一个国家有足够的粮食,有足够的军队,加上人民相信国家,就能得到治理。"足食,足兵,民信"显然是就治国理政的正常状态而言的。但是,子贡作为言语科的代表,不仅要问正常状态下如何治国理政,更要问非正常状态下如何治国理政。

于是,子贡问道:"必不得已而去,于斯三者何先?"如果在这三项当中,迫不得已要去掉一项,您认为是哪一项?孔子说:"去兵。"当然是去掉军队。这下子贡知道了,原来三项当中最不重要的是军队。那么,剩下的两项呢?

于是,子贡又问:"必不得已而去,于斯二者何先?"如果在剩下的两项当中,迫不得已还要去掉一项,您认为是哪一项?孔子说:"去食。"自然是去掉粮食。为什么呢?孔子说:"自古皆有死,民无信不立。"自古以来人都会死亡,与之相比,信任是绝对不能丧失的!唯有人民信任国家,国家才能建立起来;如果人民不信任国家,国家就不可能建立起来。人民的信任是立国之本!这下子贡知道了,原来三项当中最重要的是人民对于国家的信任。

这一章的问答之妙,令人击节称叹。程颐说:"孔子弟子善问,直穷到底。""不是孔子弟子不能如此问,不是圣人不能如此答。"(《河南程氏遗书》卷十九《伊川先生语五》)问答之妙是由提问者与答问者共同烘托出来的。一方面,从提问者看,孔子的弟子善于提问题,而且能够打破砂锅问到底;如果不是孔子的弟子,就不可能这样提问。这里的"孔子弟子"指子贡。子贡列名于言语科,可谓当之无愧、实至名归。另一方面,从答问者看,如果不是孔子,也不可能这样回答。

这一章问答之妙处在于做减法。在孔子的回答中,可以说"足食""足兵""民信"三者是并列的。但是,通过子贡让孔子做减法,减掉军队之后,"足食""民信"的重要性就高于"足兵";再减掉"足食"之后,"民信"的重要性就高于"足兵""足食"。通过做减法,三者的地位高下一目了然,最重要的是"民信"。

"民信"的意义到底在哪里?即使粮食很充足、军队很强大,如果没有人民的信任,就缺少了立国之本。张岱《四书遇》说:"急急然足兵、足食,而民疑之者,荆公是也。赫赫然食足、兵足,而民疑之者,商君是也。"王安石急急忙忙地扩充军备、增加粮食,可人民还是怀疑他;商鞅声势浩大地将粮食储备得很充足、将军队建设得很强大,可人民还是怀疑他。这两个例子再次表明:在治国理政的过程当中,粮食固然重要,军队固然重要,如果迫不得已,只能做一项选择,人民的信任才是最重要的。

与班固大致同时代的古罗马历史学家塔西佗,曾经这样评价一位罗马皇帝:"一旦皇帝成了人们憎恨的对象,他做的好事和坏事就同样会引起人们对他的厌恶。"(《塔西佗历史》)这个著名的"塔西佗陷阱"告诉我们:举凡治国理政,一旦离开了人民的信任、丧失了人民的信任,无论你做了多少事情、做了何种事情,都将很难得到人民的认可。所以,"民无信不立",人民相信国家,既是治国理政取得卓越成效的根本保障,又是治国理政实行良政善治的前提。

12·8 棘子成曰:"君子质而已矣,何以文为?"子贡曰:"惜乎,夫子之说君子也!驷不及舌。文犹质也,质犹文也。虎豹之鞟犹犬羊之鞟。"

棘子成是卫国大夫。"文"指文采,"质"指质地。文质关系是当时的热门话题,棘子成想与子贡深入谈论一下。子贡能言善辩,自然当仁不让。

棘子成对子贡说:"君子质而已矣,何以文为?"我们这些做君子的,追求一个好的本质就足够了,为什么一定要花里胡哨呢?棘子成之所以这样提问,是因为卫国"文胜",风气不正,国君夫人南子极尽奢靡。棘子成对此不以为然,故而发出这样的疑问。

子贡对棘子成说:"惜乎,夫子之说君子也!"你这样谈论君子,有点可惜啊!君子怎么只能保持纯粹的质地呢?怎么不需要文采、文饰呢?你这样看待文质关系,我觉得不妥。但是一旦说出来,就是"驷不及舌"——一言既出,驷马难追。我要告诉你:"文犹质也,质犹文也。"文采犹如质地,质地犹如文采,文采与质地是同等重要的。

文采与质地为什么同等重要?子贡举例说:"虎豹之鞟(kuò)犹犬羊之鞟。""鞟"的意思是将皮上之毛拔下来。我们看到两类不同的动物,第一类是毛发斑斓的老虎、豹子,第二类是毛发一般的狗、羊。如果没有文采,将老虎、豹子的毛发从皮上拔下来,将狗、羊的毛发从皮上拔下来,然后将它们放在一块儿,你还能区分哪些是老虎、豹子的皮,哪些是狗、羊的皮吗？只有依靠毛发的文采，老虎、豹子的皮才不同于狗、羊的皮。所以，文采很重要。

这样看起来，棘子成想要保持"质"，子贡想要保持"文"。他们是否顾此失彼呢？朱熹《论语集注》评价："夫棘子成矫当时之弊，固失之过；而子贡矫子成之弊，又无本末轻重之差，胥失之矣。"棘子成觉得"文"太多了，就想用"质"来矫正；子贡认为"文"很重要，想将棘子成过分重"质"的失误扭转过来，但最终并没有将文质关系完全理顺。在朱熹看来，棘子成的提问有问题，子贡的回答同样有问题，两者都不周延。

"文"与"质"的关系究竟是怎样的呢？《论语·雍也》记载孔子的一句话说："质胜文则野，文胜质则史。文质彬彬，然后君子。""彬"指一半，"彬彬"就是各自一半、平分秋色。孔子认为：质地胜过文采就会粗野，文采胜过质地就会浮华；文采与质地恰如其分、相得益彰，才能成为君子。在棘子成与子贡的文质之辩当中，这种辩证关系没有很好地体现出来，所以朱熹才会批评他们。

12·9 哀公问于有若曰："年饥，用不足，如之何？"
有若对曰："盍彻乎？"
曰："二，吾犹不足，如之何其彻也？"
对曰："百姓足，君孰与不足？百姓不足，君孰与足？"

哀公是鲁国国君。有若即有子，是孔子的学生，与孔子长得相像。当时还有一个人和孔子长得很像,就是阳货(阳虎)。这一章讲鲁哀公向有若询问征税的问题。

鲁哀公向有若询问道:"年饥,用不足,如之何?"今年年成不好,国库的财政收入不够,我该怎么办呢?有若回答:"盍(hé)彻乎?"你为什么不用"彻"呢?"彻"是古代的一种税率,就是十分抽一。有若将"一"当作关键,而鲁哀公将"二"当作关键。鲁哀公说:"二,吾犹不足,如之何其彻也?""二"指十分抽二。我十分抽二尚且感到不足,又哪能十分抽一呢?

以上涉及向老百姓征税的一二之辩:究竟是抽取十分之一,还是抽取十分之二或者更多呢?有若深知"一"还是"二"的争论十分重要,但不会有结果,于是从民本的高度劝告鲁哀公说:"百姓足,君孰与不足?百姓不足,君孰与足?"老百姓如果富足了,君主怎么可能不富足呢?老百姓如果不富足,君主怎么可能富足呢?

对于十分抽一的什一税,《孟子》有过很多讨论。自从文、武、周公以来,各国就实施什一税。后来,鲁国改变了这项制度。公元前594年,鲁国实行初税亩,公田之外再抽十分之一,税率变成十分之二。这件事发生在孔子诞生的几十年前,到鲁哀公时代已经实施很久。鲁哀公觉得十分抽二太少了,想要十分抽三甚至更多,但遭到有若的坚决反对。

铺垫一二之辩的历史背景,是为了更好地敞开有若的君民一体观。朱熹《论语集注》说:"民富,则君不至独贫;民贫,则君不能独富。有若深言君民一体之意,以止公之厚敛,为人上者所宜深念也。"在朱熹看来,有若具有君民一体的思想。张岱《四书遇》说:"问百姓足,曰:治国,犹种树也。欲荣其上,必溉其下;下枯而上则焦矣!君上而民下,只一树也。"治国理政犹如植树:想要枝繁叶茂,就得根深蒂固;只有根深蒂固,才能枝繁叶茂。老百姓与君主的关系就是根深蒂固与枝繁叶茂的关系,两者密不可分。张岱用"治国,犹种树"这个比喻,同样是为了说明有若具有君民一体的思想。

通过这一章的"彻"字,可知有若与孟子同声相应、薪火相传,因为二人都主张十分抽一的税率。《孟子·滕文公上》说:"夏后氏五十而贡,殷人七十而助,周人百亩而彻,其实皆什一也。彻者,彻也;助者,藉也。"《论语》《孟子》相通,这也是一个例证。

12·10 子张问崇德、辨惑。子曰:"主忠信,徙义,崇德也。爱之欲其生,恶之欲其死。既欲其生,又欲其死,是惑也。'诚不以富,亦祇以异。'"

"崇德"指推崇道德,"辨惑"指辨别迷惑。子张性格外向,是急性子。他向孔子询问如何推崇道德、辨别迷惑,孔子的回答包括两个部分。

第一部分讲"崇德":"主忠信,徙义,崇德也。""主"是力主,"忠信"是忠诚、信实,"徙义"是时刻追随道义。孔子说:要推崇道德,就必须力主忠诚、信实,将忠诚、信实当成根本来对待。一经确立"忠信"这个根本,而又时刻追随道义,你就能够"崇德"。孔子认为推崇道德,第一要做到"主忠信",第二要做到"徙义"。

第二部分讲"辨惑":"爱之欲其生,恶之欲其死。既欲其生,又欲其死,是惑也。'诚不以富,亦祇以异。'"与"崇德"相比,孔子对"辨惑"讲得更生动一些,或者说更复杂一点。

如何"辨惑"?孔子没有用"辨"这个词,而是说:"爱一个人就想让他长生,恨一个人就想让他早死。"你爱一个人,就想让他长生;恨一个人,想让他早死,这难道不是迷惑吗?此时,你面对的是两个人,或者是同一人的不同阶段。这是第一层含义,也是"一惑"。第二层含义是:现在,你将两个人变成一个人,或者是将同一人的不同阶段变成同一阶段。然后,你"既欲其生,又欲其死",既想让他长生,又想让他早死,这难道不是迷惑吗?将对两个人的爱恶移植为对一个人的爱恶,或者是将对同一人不同阶段的爱恶移植为对这个人同一阶段的爱恶,这是"再惑"。比起"一惑而再惑"这两层含义,第三层含义可就不好理解了。

关于第三层含义,先看《诗经·小雅·我行其野》说:"成不以富,亦祇以异。"这句诗的原本含义是:一个妇女被丈夫抛弃了,因为丈夫找到了新欢。丈夫之所以找新欢,并不是因为对方家财万贯,而是仅仅因为他见异思迁、喜新厌旧。

孔子将"成不以富,亦祇以异"引作"诚不以富,亦祇以异",将"成"写成了"诚"。孔子引用这句诗,用意应当在于进一步解释"爱之欲其生,恶之欲其死。既欲其生,又欲其死,是惑也"。将这句诗直接翻译，意思是，即使不是因为嫌贫爱富，也是因为见异思迁。可是，它究竟如何与前面讲的迷惑联系起来呢？我一直在想这个问题，但始终没有想明白。另外，我读了朱熹等人的解释，同样觉得不是特别好理解。

这一章的提问者是子张。根据《论语》的记载，子张与子路、樊迟、司马牛的性格差不多，属于性子比较急、向外张扬的那种类型。子张向孔子问"崇德、辨惑"，孔子用"即使不是因为嫌贫爱富，也是因为见异思迁"来解释，可能是想让子张向外张扬的性格有所收敛，不要产生喜新厌旧、见异思迁的心态。这是我目前的一些肤浅体会，但远远没有理清将"诚不以富，亦祗以异"放在这里的深刻含义，期待以后进一步思考。

12·11 齐景公问政于孔子。孔子对曰："君君，臣臣，父父，子子。"公曰："善哉！信如君不君，臣不臣，父不父，子不子，虽有粟，吾得而食诸？"

这一章的字面意思很清晰，我重点讲一讲孔子所理解的君臣父子之道。

我们先翻译后面的"君不君，臣不臣，父不父，子不子"，意思是君主不是君主，臣下不是臣下，父亲不是父亲，儿子不是儿子。与这种翻译相对应，前面的"君君，臣臣，父父，子子"是说君主是君主，臣下是臣下，父亲是父亲，儿子是儿子。"是"这个词具有哲学义，表示存在，表示一种角色存在于某个地方。譬如"父亲是父亲",表明父亲存在于父亲那个角色的位置之上。

这一章的大致意思是,齐景公向孔子询问怎么治国理政。孔子回答:"君主是君主,臣下是臣下,父亲是父亲,儿子是儿子。(如果一个国家做到了这样,那就能够长治久安。)"齐景公听了孔子的回答后说:"你说得好啊!要是在这个国家里面,君主不是君主,臣下不是臣下,父亲不是父亲,儿子不是儿子,即使有大批的粮食,我能有那个命吃吗?"

无论是从儒家思想看,还是从中国传统文化看,君臣父子之道都特别重要。《礼记·大学》说:"为人君,止于仁;为人臣,止于敬;为人子,止于孝;为人父,止于慈;与国人交,止于信。"做君主要止于仁,做臣下要止于敬,做儿子要止于孝,做父亲要止于慈,与国人交往要止于信。仁爱是君道的本质,恭敬是臣道的本质,慈祥是父道的本质,孝顺是子道的本质,诚信是社会交往的本质。《礼记·中庸》说:"曰:君臣也,父子也,夫妇也,昆弟也,朋友之交也,五者天下之达道也。"理顺了君臣、父子、夫妇、兄弟、朋友这五种关系,就好比走上了康庄大道。《孟子·离娄上》说:"欲为君,尽君道;欲为臣,尽臣道。"要想做好君主,就要竭尽君主之道;要想做好臣下,就要竭尽臣下之道。《史记》多次引用《颜渊》篇的这段话,认为"君不君,臣不臣,父不父,子不子"这四种行为是天下之大过。

孔子说"君君,臣臣,父父,子子",《孟子·离娄下》说"君之视臣如手足,则臣视君如腹心;君之视臣如犬马,则臣视君如国人；君之视臣如土芥，则臣视君如寇仇"，两者有何异同呢？南宋的邵博认为：孔子讲的是常理，而孟子将孔子不忍说出的话全部说了出来。(《邵氏闻见后录》卷三)换句话说，孔子讲的"君不君，臣不臣，父不父，子不子"，同样包含了孟子讲的"寇仇"之义。

这一章的提问者是齐景公。齐景公的在位时间很长，跟孔子的关系时好时不好。孔子劝齐景公要"君君，臣臣，父父，子子"，齐景公嘴上说好，就是不做。所以，孔子有生之年看到了齐景公这一脉的齐国被灭掉。历史上的"田氏代齐"，星星之火就是从齐景公时代燎原的。齐景公不能做到"君君，臣臣，父父，子子"，最终导致齐国被田姓大夫取而代之，"姜齐"变成了"田齐"。

**12·12 子曰："片言可以折狱者，其由也与？"
子路无宿诺。**

这一章由两个小节构成，涉及子路的评价问题。前一小节是孔子说的一句话："片言可以折狱者，其由也与？"依据一半的言辞就可以判决案件，大概只有子路能够做到吧！后一小节是这样一句话："子路无宿诺。"子路没有隔夜兑现的承诺。这都是子路急性子的体现，但得到的不是批评，而是赞扬。

"片言"又称"单辞"，亦即单方面的言辞、一半的言辞。我们前面讲"文质彬彬"的"彬"是"一半"的意思，这里的"片言"也是"一半"的意思。每个案件都有被告方、原告方，但子路只根据单方面的言辞就可以将案件判得很好，可见"片言可以折狱"是孔子对子路的赞扬。

"子路无宿诺"，同样是对子路的赞扬。《朱子语类》说："问'子路无宿诺'。曰：'子路许了人，便与人去做这事。不似今人许了人，却掉放一壁不管。'"子路一旦答应了别人，就会帮别人去做这件事，而不是像今天的很多人，答应别人之后就一概不管了。唐代的陆德明对于"子路无宿诺"放在这一章有怀疑，提出这句话可以单列为一章。(《经典释文》卷二十四《论语音义》)

"片言可以折狱"与"子路无宿诺"是有关联的。朱熹《论语集注》引用尹焞的话说："一言而折狱者，信在言前，人自信之故也。不留诺，所以全其信也。"子路之所以依据一半的言辞就能审好案件，是因为他早已取得人们的信任；子路之所以没有隔夜兑现的诺言，是因为子路想将别人对他的信任贯彻到底。换句话说，正是因为人们相信子路，子路才能根据被告一方或者原告一方的言辞审好案件；但子路还不满足于此，他没有隔夜兑现的诺言，就是为了不辜负别人对他的信任，尽量做得更好。

急性子的子路为何得到赞扬？理由就在这里。这一章要与下一章连起来看。

12·13 子曰："听讼，吾犹人也。必也使无讼乎！"

这一章同样与审理案件有关,而且是孔子自道。孔子说:"听讼,吾犹人也。必也使无讼乎!"意思是,说到审理案件,我与别人没有两样。我与别人不同的是,我一定要使得整个社会不再出现诉讼!孔子曾做过鲁国的大司寇,司寇是掌管司法、刑狱事务的官,所以孔子说自己审理案件的做法与别人是一样的。"必也使无讼乎"既与审理案件有关,但又不仅仅是,甚至根本不是一个简单的审理案件的问题。

《史记·孔子世家》说:

> 孔子在位听讼,文辞有可与人共者,弗独有也。至于为《春秋》,笔则笔,削则削,子夏之徒不能赞一辞。弟子受《春秋》,孔子曰:"后世知丘者以《春秋》,而罪丘者亦以《春秋》。"

司马迁认为:孔子审理案件,其实与别人差不多;但孔子之所以能让整个社会不再出现诉讼,靠的并不是审理案件,靠的是《春秋》。这是将"无讼"提升到了社会理想的历史高度。

"听讼"与"无讼"有什么不同呢?朱熹《论语集注》引用范祖禹的话说:"听讼者,治其末,塞其流也。正其本,清其源,则无讼矣。"在范祖禹看来,对于治国理政而言,审理案件只是"治其末,塞其流",但整个社会不再出现诉讼则是"正其本,清其源"。这是孔子讲的"听讼"与"无讼"的区别,实质上是末与本的区别。

这一章与上一章有什么不同呢？张岱《四书遇》认为：一方面，"片言可以折狱"，子路审理案件，是为了更好地维护社会秩序。既然是审理案件，就表明事情已经发生了。也就是说，"折狱"属于事后工夫。另一方面，孔子从不得已的"听讼"追求自觉自由的"无讼"，强调不仅要建立健全各项法律法规，用硬的手段惩前以儆后；更要强化伦理道德教化，用软的手段防患于未然。也就是说，"无讼"不是事后工夫，而是事前工夫。两者的区别在于："'折狱'，是服其心于事后；'无讼'，是化其意于辞先。"

针对子路与孔子的不同，张岱《四书遇》还说："贤人'折狱'，圣人'无讼'，此是圣贤阶级。总之为民上者无他谬巧，只是大事化为小事，小事化为无事，便吃着不尽。"子路是贤人，孔子是圣人。贤人只能做到"折狱"，圣人则能做到"无讼"。贤人将大事变小，圣人将小事变无。对于治国理政来说，从贤人"折狱"到圣人"无讼"，这些做法会让人们受用不尽。

子路会审理案件，孔子更会审理案件，这是子路的"折狱"与孔子的"无讼"两者的异同。我们要将这两章紧密联系在一块儿，更深地体会子路为什么具备"片言可以折狱"的高超技巧，孔子为什么追求"必也使无讼乎"的社会理想。后来升入"四书"的《大学》也说过："子曰：'听讼，吾犹人也。必也使无讼乎！'"孔子的"听讼""无讼"之路在整个"四书"中的思想价值，同样值得我们高度重视。

12·14 子张问政。子曰:"居之无倦,行之以忠。"

子张询问如何做好政事。孔子回答:"居之无倦,行之以忠。"你身居职位毫无倦怠,履行职责竭尽忠诚,就能做好政事。"居"指在其位,"行"指履其责。"居"讲的是内心,"行"讲的是行为。"居之无倦"是指始终如一,从开头到最后都要一个样子;"行之以忠"是指内外如一,从里面到外面都要一个样子。你在自己的位置上就要承担自身的职责,在其位谋其政,始终如一,表里如一,否则就不可能为治国理政发挥出应有的能力。

子张志向远大,性格外向,善于学习,在孔子门下可谓"小子路"。"居之无倦"是孔子想让子张远大的志向能够脚踏实地,做到始终如一;"行之以忠"是孔子想让子张外向的性格能够收敛沉淀,做到内外如一。子张善于学习,孔子相信他在自己的位置上能够做好。这一章是孔子对子张进行政德教育,可见孔子擅长育人之道。

12·15 子曰:"博学于文,约之以礼,亦可以弗畔矣夫!"

这一章是孔子的独白:"博学于文,约之以礼,亦可以弗畔矣夫!"《论语·雍也》说:"子曰:'君子博学于文,约之以礼,亦可以弗畔矣夫!'"除了"君子"二字,这两章一模一样,专业术语叫作"重出"。我们看看这段话的含义:"博学于文"指广博地学习文献,"约之以礼"指用礼数约束自己;如果做到了这样,也就不会离经叛道了。这个"畔"字与"离经叛道"的"叛"是相同的。

"博学于文,约之以礼",简称"博文约礼"。这一说法在《论语》中多次出现,除了刚才讲的两章,又见《论语·子罕》篇的"颜渊喟然叹曰",它是以另一种方式对这句话进行说明的。颜渊感叹地说:夫子很会教育学生,"循循然善诱人,博我以文,约我以礼",用文献让我变得博学,用礼数让我受到约束。以上三章可见"博文约礼"是孔子教育学生的重要方式。

这种方式得到了孟子的继承。《孟子·离娄下》有段话与《论语》的"博文约礼"很像:"博学而详说之,将以反说约也。"这段话可以简称为"博观约取"。意思是,我们要广博地学习,而且详细地解说,目的是什么呢？目的是回到解说的简约。

孔子讲的"博文约礼",涉及知识与教养的关系;孟子讲的"博观约取",涉及学习与思考的关系。孔子希望我们"博文约礼",做到知识与教养相结合;孟子希望我们"博观约取",做到学习与思考相统一。在现实生活当中,我们经常看到有知识未必有教养,会学习未必会思考的现象。其实,教养很重要,因为教养使得知识成为生命的财富;思考很重要,因为思考使得学习成为人生的功课。这些问题促使我们不断回到《论语》《孟子》,让博约之辩既成为我们的理论智慧,又成为我们的实践智慧。

12·16 子曰:"君子成人之美,不成人之恶。小人反是。"

这一章同样是孔子的独白:"君子成人之美,不成人之恶。小人反是。"我们经常使用"成人之美"这个成语。从直译的角度看,"成"指助成,"美"指美好,"丑"指丑恶。孔子教导我们:君子与小人有不同的待人方式。君子总是助成人们的美好,不助成人们的丑恶。但是,小人与此相反。从更直白的翻译角度看,"美"指好事,"恶"指坏事。君子总是助成人们的好事,不助成人们的坏事,而小人与此相反。

"成人之美"一语在其他文献中也出现过。《春秋穀梁传·隐公元年》开篇说:"《春秋》成人之美,不成人之恶。"《大戴礼记·曾子立事》说:"君子不先人以恶,不疑人以不信,不说人之过,成人之美。"有人认为"成人之美,不成人之恶"是一句古语,这种说法是有道理的。但是,这句话之所以广泛而长久地影响人们的精神生活与思维世界,根源在于《论语》。与其说"成人之美,不成人之恶"是一句古老的格言,毋宁说正是因为孔子讲过这句话,它才对人们产生了深刻的影响。

还要分析的问题是:为什么君子能够成人之美,而小人只能成人之恶?它牵涉本体论的问题,而本体论是最抽象的哲学问题。朱熹《论语集注》说:"君子小人,所存既有厚薄之殊,而其所好又有善恶之异,故其用心不同如此。"君子之为君子,小人之为小人,往往跟才性、气质密切相关。才性就是"天命之谓性"。在"天命之谓性"的过程当中,有人得到多一点,有人得到少一些。得之多者,得之厚者,就是君子;得之少者,得知薄者,就是小人。与"才性"相对应的概念是"气质"。"天命之谓性"是讲先天的本性,而气质是后天的。在后天形成气质的过程当中,有人偏向于善良,有人偏向于邪恶,所以有了君子与小人之分。为什么君子、小人并存于我们这个世界? 以上的本体论解读,可以算作简单的回应。

"成人之美"的"成"字,更直白的解释是什么呢? 朱熹说:"'成'字只是'欲'字。"(《朱子语类》卷四十二) 这个"欲"字不是指欲望,而是跟《论语·述而》说的"我欲仁,斯仁至矣"的"欲"字异曲同工。"成人之美"就是"欲人之美"。我想要仁,仁就来了。所以,君子想要人们变得美好起来,不想人们变得丑恶起来,而小人与此相反。

12·17 季康子问政于孔子。孔子对曰:"政者,正也。子帅以正,孰敢不正?"

跟前面两章都是孔子的独白不同,这一章是季康子与孔子的一问一答。季康子就是鲁国季氏的家主季孙肥,同时掌握了鲁国的实际权力。他的掌权不是名正言顺得来的,而是通过一些不合法的手段,巧取豪夺了鲁国的政权。"季康子问政于孔子",季康子向孔子请教如何为政。孔子说:"政者,正也。子帅以正,孰敢不正?"意思是,政事就是端正。你率先端正,谁胆敢不端正? 这实际上是在批评季康子。从这一章开始,接连有三章讲季康子。

孔子的回答包括两层含义：第一层含义是"政者，正也"，为政就是讲正义，正义至上属于政治学原理中的原则问题；第二层含义是"帅以正"，为政就是做表率，表率当先属于政治实践中的行为问题。可见这一章最关键的字眼就是"正"。

除了这一章，《论语》还有很多地方讨论"正"的问题。《论语·子路》说："其身正，不令而行；其身不正，虽令不从。"孔子认为：如果自身端正，即使没有命令，也会自觉遵守；如果自身不端正，即使有命令，也不会真的听从。同一篇又说："苟正其身矣，于从政乎何有？不能正其身，如正人何？"孔子认为：如果端正自己的身份，摆正自己的角色，为政又有什么难的呢？如果不能端正自己的身份，摆正自己的角色，又怎么能让别人端正身份、摆正角色呢？"何有"的意思是"有什么难的呢"。这种表述七见于《论语》，其中，三见于《雍也》篇，而且多与从政有关。显而易见，孔子重视政治与正义的关系问题。

政治为什么要讲正义？孔子为什么看重政治与正义两者的关系？后世儒家在政治与正义的关系问题上为什么深受孔子的影响？这些问题都是值得深究的。

《孔子家语》说："凡上者，民之表也。表正，则何物不正？"君主是老百姓的表率。表率一旦端正了，有什么样的事物不能端正呢？《礼记·礼运》说："故政不正，则君位危；君位危，则大臣倍，小臣窃。"如果政治不能恪守正义，君主的位置就会危险；君主的位置一旦危险，大臣就会产生离经叛道之心,小臣就会暗地里做出大逆不道的事情。《孟子·离娄上》说:"君仁,莫不仁;君义,莫不义;君正,莫不正。一正君而国定矣。"君主仁爱,没有人不仁爱;君主道义,没有人不道义;君主端正,没有人不端正。治国理政就是要让君主自己端正起来,这样整个国家才会端正起来。

先秦有三大儒,就是孔子、孟子、荀子。荀子同样看重政治与正义的关系问题。《荀子·君道》说:

> 请问为国。曰:闻修身,未尝闻为国也。君者,仪也,仪正而景正;君者,槃也,槃圆而水圆;君者,盂也,盂方而水方。君射则臣决。楚庄王好细腰,故朝有饿人。故曰:闻修身,未尝闻为国也。

荀子认为:"君者,仪也",君主是测量的仪器;"仪正而景(影)正",只有仪器端正,测量才会准确。荀子还说:"君者,槃也,槃圆而水圆",君主就像一个槃,只有这个槃是圆的,装进去的水才显得圆全;"君者,盂也,盂方而水方",君主就像一个盂,只有这个盂是方的,装进去的水才显得方正。一句话,君主一旦端正,一切事物就会端正。以上是从正面强调为政与恪守道义的关系。

荀子还从反面指出不恪守正义的后果,就是政治变得不伦不类。荀子讲了一个典故,就是众所周知的"楚王好细腰,宫中多饿死"。楚灵王喜欢那种纤纤细腰,不是喜欢女性的纤纤细腰,而是喜欢男人的纤纤细腰。所以朝中的臣下一个个勒紧裤腰,试图让自己的腰身变成小蛮腰。"楚王好细腰"是一种不端正的审美观。因为君主有这种不端正的审美观,所以导致满朝文武朝着不端正的方向发展。

为政要恪守道义,董仲舒有一番话讲得很好。据《汉书·董仲舒传》记载,董仲舒说:为人君者"正心以正朝廷",只有君主端正了内心,才能让朝廷端正起来;"正朝廷以正百官",只有让朝廷端正了,才能让文武百官端正起来;"正百官以正万民",只有让文武百官端正了,才能让天下万民端正起来;"正万民以正四方",只有让天下万民端正了,才能让四面八方端正起来;"四方正,远近莫敢不壹于正,而亡有邪气奸其间者",只要四面八方端正了,朗朗乾坤之下哪会有邪气为非作歹呢?

综上所述,我们借助这一章的孔子答季康子问,对于为政与恪守道义的关系问题,进行了简略的思想史回顾。通过回顾,我们进一步了解到:儒家认为政治就是正义以及正义的实践与实现过程,政治的本质就是使得天下的万事万物都能归于自身恰当的位置,政治的实践就是使得天下的万事万物实现各归其位的正义之旅。"正义"这个词汇看起来不好解释,其实就是使得天下的万事万物各归其位。

12·18 季康子患盗,问于孔子。孔子对曰:"苟子之不欲,虽赏之不窃。"

这一章也是季康子与孔子的一问一答。"季康子患盗,问于孔子。"季康子担心盗窃问题,向孔子请教。孔子回答:"苟子之不欲,虽赏之不窃。"如果你不贪求,即使奖赏老百姓,他们也不会去偷窃。老百姓与盗窃是什么关系呢?在季康子看来,盗窃作为负面的社会现象,其罪魁祸首就是老百姓。孔子告诉他:如果你自己不贪得无厌,怎么会有老百姓偷窃呢?其中的辩证关系需要理清。

《老子》第三章说:"不尚贤,使民不争;不贵难得之货,使民不为盗;不见可欲,使民心不乱。"社会为什么会产生盗窃问题呢?大致有两方面的原因。一方面,如果人们连最基本的生存需要都不能得到满足,就会将手伸向资源有剩余的人。这一将手伸过去的行为可谓逼上梁山,但实质就是盗窃。另一方面,某人手上有稀缺物品,我想占为己有,所以将手伸了过去。这一行为可谓欲壑难填,但同样是盗窃。在老子看来,如果君主不将那些稀缺的物品当成宝贝看待,人民也就不可能偷窃。

《老子》第十二章说:"难得之货令人行妨。"物品当中比较稀缺的,就是难得之货。再稍微想象一下,如果君主贪得无厌,必然提前将社会物质资源消耗一空。到了这个时候,即使是一般的物质生活资料也会变得稀缺起来。比如每天该吃的饭、该喝的水,一旦变得稀缺起来,也就成了难得之货。所以老子的意思是,如果君主不贪得无厌,这个世界也就不存在难得之货。《老子》第十九章提倡"绝巧弃利,盗贼无有"与"见素抱朴,少私寡欲",只有这样,整个社会才能朴实起来。

老子的想法与孔子的想法固然是不一样的:老子希望减少整个社会层面的物质欲望,实现小国寡民的理想社会;孔子希望在所有社会成员的物质欲望得以满足的前提下,实现文质彬彬的理想社会。但是,老子的思想让我们深切地看到:盗窃作为社会问题,根源不在老百姓,而在统治者本身,贪欲是盗窃问题的根源。在这一点上,孔子与老子的想法是相同的。所以,孔子认为:如果统治者不贪得无厌,即使让老百姓去偷窃,并且给予奖励,他们也不会去偷窃。

这一章的提问者是季康子。孔子为什么特意对他说"苟子之不欲,虽赏之不窃"呢?这是因为孔子点到了季康子上台的内情。公元前492年,季康子的父亲季桓子死了,季康子继位。本来轮不到季康子继位,但他通过"夺嫡"的阴谋手段,继承了季桓子的位置。所以,朱熹《论语集注》解读这一章时引用胡寅的话说:"季氏窃柄,康子夺嫡,民之为盗,固其所也。盍亦反其本耶?孔子以不欲启之,其旨深矣。"

鲁国的政治权力本来是鲁哀公的,现在全部落到了季氏手上,这就是所谓的"季氏窃柄"。季康子本来不具备接替季氏家主的资格,但他用阴谋夺了过来,这就是所谓的"康子夺嫡"。在这两种情况下,老百姓为了解决自身的生存问题,不得不偷窃,也就情有可原了。孔子回答季康子,之所以说"苟子之不欲",就是希望能够斩断盗窃问题的根源。这个"欲"字直接指向季康子以及整个季氏的贪得无厌,而"不欲"正是孔子所要表达的深意。

12·19 季康子问政于孔子曰:"如杀无道,以就有道,何如?"孔子对曰:"子为政,焉用杀?子欲善而民善矣。君子之德风,小人之德草。草上之风,必偃。"

　　季康子向孔子询问如何为政,并提出了自己的实施方案:"如杀无道,以就有道,何如?"季康子说:"如果我杀掉一批人,亲近一批人,这种做法怎么样?"杀掉的一批人就是"无道",亲近的一批人就是"有道"。我们也可以将"无道"解释为坏人,将"有道"解释为好人。季康子觉得杀掉一批坏蛋而亲近那些良民,这种治国理政的做法是可行的。

　　因为前面一章讲到季康子担心盗窃问题,而这一章季康子提出"杀无道,以就有道",所以孔子回答:"子为政,焉用杀?"你为政,哪里需要打打杀杀呢?可见孔子明确反对季康子的做法。孔子不认同打打杀杀,觉得还有一条路可走。与这种强制性的打打杀杀相比,孔子更看重的是怀柔性的"子欲善而民善矣",你想做好事,人们就会跟着做好事。"子欲善而民善矣",既与前面孔子回答季康子的"子帅以正,孰敢不正"若合符节,又能顺理成章地推出这一章的下文:"君子之德风,小人之德草。草上之风,必偃。"

　　君子的品德就像一阵风一样,小人的品德就像一片草一样,这是"君子之德风,小人之德草"的字面意思。一片草与一阵风是什么关系呢?现在这里有一片草,本来直挺挺的,但一阵风吹过来,这片草必然变得弯曲。这片草向哪边弯曲呢?就看风从哪边吹过来。如果一阵风是从左边往右边吹过来,那么,这片草也必然从左边往右边弯过去。这是"草上之风,必偃"的字面意思。

风吹草动，风向草偃。孔子这里讲的"君子之德风，小人之德草。草上之风，必偃"，就是著名的风草之喻。《孟子·滕文公上》说："君子之德，风也；小人之德，草也。草尚之风，必偃。""上""尚"相通。孟子将孔子的风草之喻拿了过来。孔子、孟子的风草之喻是从哪里来的？《尚书·君陈》曾说："尔惟风，下民惟草。"君主就像风一样，下民就像草一样。风草之喻的源头有可能出自《尚书》。

这里我想借用张岱的说法，将季康子与孔子做一个对比。张岱《四书遇》说：

> 康子才说杀，孔子便说善；康子欲杀恶人以成善人，孔子便欲化恶人而成善人。此正是以德易刑之旨。康子如金刚努目，欲以摄伏群魔；孔子如菩萨低眉，欲以慈悲六道。
>
> 康子动一杀念，如火之欲焚。夫子宛宛提出"善"字，如冰之解热，盖欲其化不善而为善也。曰"风"曰"草"，挽见民之易化，不消杀得。

季康子一上来就要"杀无道，以就有道"，但孔子说："子为政，焉用杀？子欲善而民善矣。"张岱是这么评论的："康子才说杀，孔子便说善；康子欲杀恶人以成善人，孔子便欲化恶人而成善人。"二人的显著区别在于：季康子只想用刑法解决问题，但孔子要用道德来代替刑法；季康子只想用打打杀杀那种简单粗暴的方式，但孔子要用道德教化来提升整个社会的治安程度。

张岱还说:季康子就像"金刚努目,欲以摄伏群魔",孔子就像"菩萨低眉,欲以慈悲六道"。季康子动的是杀念,这个杀念就像火即将烧起来;孔子婉约地拿出一个"善"字,对于"杀"字而言,就像一盆冰水可以解除身上的酷热一样,旨在镇定人们暴躁的内心,熄灭人们邪恶的念头。归结起来,"君子之德风,小人之德草",表明老百姓是真的"子欲善而民善矣",老百姓的心都是好的,老百姓是能够被感化的,怎么可以用简单粗暴的打打杀杀来解决问题呢?在张岱看来,风草之喻可谓这一章的画龙点睛之笔。

以上三章都是季康子与孔子之间的问答,由此可见季康子这个人不怎么样。鲁国之所以乌烟瘴气,正是因为有季康子这样的心态。鲁国被季氏把持,长期处于分裂状态,其中的原因是不言自明的。

12·20 子张问:"士何如斯可谓之达矣?"子曰:"何哉,尔所谓达者?"子张对曰:"在邦必闻,在家必闻。"子曰:"是闻也,非达也。夫达也者,质直而好义,察言而观色,虑以下人。在邦必达,在家必达。夫闻也者,色取仁而行违,居之不疑。在邦必闻,在家必闻。"

这一章涉及闻达之辨。"闻"与"达"经常连在一起,构成"闻达"一词。诸葛亮的《前出师表》说:"臣本布衣,躬耕于南阳,苟全性命于乱世,不求闻达于诸侯。"这里就将"闻"与

"达"连在一起。而在本章,孔子明确将"闻"与"达"分开。"闻"与"达"究竟是什么关系呢?我们先做一个简单的了解。

简单地说,"闻"与"达"的区别就是流量为王与品质为王的区别。流量为王是"闻",品质为王是"达"。子张认为通达就是闻名,闻名成就通达,而且闻名不必区分善恶。这是一种功利主义的闻达观,因为它外在地看闻达、求虚名,将闻达关系理解为流量为王。孔子将闻达关系理解为品质为王,认为闻名不是通达,唯有品质才能成就通达,闻名必须纯善无恶。这是一种道义论的闻达观,因为它内在地看闻达、求务实。所以,本章讲的闻达关系是流量为王与品质为王的关系。

联系今天的现实生活,很多人眼里只有流量,不管是好的流量,还是不好的流量,反正只要有了流量就够了。这种做法就是子张所理解的"闻",是功利主义的闻达观。但是,很多有责任感的人并不追求那些不必要的流量,而是安心做好自己,将品质看得至高无上。这种做法就是孔子所理解的"达",是道义论的闻达观。

我们再仔细看这一章。子张问孔子:"士何如斯可谓之达矣?""士"指知识分子,"达"指通达。知识分子怎样做才可以说是通达呢?"达"这个概念是子张先讲的。子张是有远大志向的孔门弟子,但远大的志向有时未必可靠。孔子深知子张的性格,就反问子张:"何哉,尔所谓达者?"你刚才提到的"达",是从哪一个方面来说的?

这时,子张就必须回应孔子的提问。他对孔子说:"在邦必闻,在家必闻。""在邦"指在诸侯那里做官,"在家"指在大夫那里做官,"闻"指闻名。子张说:"老师,我的意思是在诸侯那里做官必定闻名,在大夫那里做官必定闻名。"请特别注意:子张开始提问的时候,用的是"达";现在回应孔子,用的却是"闻"。

子张认为"达"就是"在邦必闻,在家必闻"。孔子听了子张的这一番解释,告诉他:"是闻也,非达也。"在诸侯那里做官必定闻名,在大夫那里做官必定闻名,这讲的是"闻",根本不是"达"!子张觉得"达"就是"闻",两者笼统不分;孔子认为"闻"不是"达",两者严格区分。什么是"达"?什么是"闻"?孔子如何展开自己的闻达之辨呢?

首先,孔子要解决的问题是什么是"达"。孔子说:"夫达也者,质直而好义,察言而观色,虑以下人。在邦必达,在家必达。"这里关键的是三句话。第一句话是"质直而好义"。品德正直,就是"质直";喜好道义,就是"好义";既品德正直,又喜好道义,就是"质直而好义"。第二句话是"察言而观色",既能明察人们的言语,又能洞观人们的容色。"察言观色"也是成语。这两句话都比较好解释。第三句话"虑以下人"不太好解释,我将它理解为时刻考虑如何谦恭待人。

究竟什么是"达"呢?孔子认为:一方面,从内在的通达看,这个人品德正直、喜欢道义,能够察言观色,时时刻刻谦恭地对待别人;另一方面,从外在的通达看,这个人"在邦必达,在家必达",在诸侯那里做官必定通达,在大夫那里做官必定通达。

其次，孔子要解决的问题是什么是"闻"。孔子说："夫闻也者，色取仁而行违，居之不疑。在邦必闻，在家必闻。"这里关键的两句话都不太好解释。第一句话"色取仁而行违"，意思是脸色好像是仁义道德的，可行为恰恰违背了仁义道德。第二句话"居之不疑"就更难解释了。我看了很多《论语》译本，发现没有人能将这四个字直译出来。我采取朱熹《论语集注》的解释，将它理解为自以为是而无所忌惮。

究竟什么是"闻"呢？孔子认为：一方面，从内在的闻名看，这个人的脸色好像是仁义道德的，可行为恰恰违背了仁义道德，自以为是而又无所忌惮；另一方面，从外在的闻名看，这个人"在邦必闻，在家必闻"，在诸侯那里做官必定闻名，在大夫那里做官必定闻名。

以上从流量为王、品质为王的角度，对闻达关系做了一个通俗的解释。落实到孔子的闻达之辨，我们需要抓住两点：一是"质直而好义，察言而观色，虑以下人"，这是"达"；二是"色取仁而行违，居之不疑"，这是"闻"。如果要进一步理解孔子推崇通达、贬斥闻名的闻达之辨，不妨再拿所谓的"闻"做点文章。

先看张岱《四书遇》的解释。张岱说道："达"与"闻"在孔子与子张那里的含义并不一样。上面说了一个"质"字，就是"质直而好义"的"质"；而下面说了一个"色"字，就是"色取仁而行违"的"色"。然后，张岱马上接了一句："胞胎之中，便判男女。"这是什么意思呢？难道君子天生就是君子，小人天生就是小人？难道达人天生就是达人，闻人天生就是闻人？

尽管张岱的点评有些天马行空，但"色取仁而行违，居之不疑"其实就是《论语》《孟子》讲过的乡愿、好好先生。

再看南怀瑾的解释。他对于所谓的"闻"讲了一段人生经历：

> 孔子又告诉子张，他所说的只是闻人——出名的人，往往只做些表面工作。以前某名都有一位先生，非常非常有名，凡是各项募捐，一定请他去。而他拿起笔在捐簿上第一个写，每次一写，就是一笔很大很大的数字，至少等于现在的几十万元，每次都如此大手笔。可是真去向他收捐款，他说："我写这样多，是为你作个倡导，别人看我写了这样多，自然都会多写一点。"此人也确是某名都当年的闻人之一，他这个做法就是"色取仁而行违"。表面上做的都是善事，态度取的是仁，而真正的行为不是那么回事。而且"居之不疑"，他这样搞久了，自己也觉得这样没有什么不对。犹如许多说谎话的人，说成了习惯，就不觉得自己在说谎，对自己这样说，一点也不怀疑对或不对，甚至，认为是应该如此的。像这一类人，虽然也会出大名，但到底不算是达人。成为达人要有达人的条件，达人的道德。(《论语别裁》)

孔子所反对的"闻"具有丰富的含义，南怀瑾的解释让我们看到了它在实际生活中淋漓尽致的体现。

12·21 樊迟从游于舞雩之下,曰:"敢问崇德、修慝、辨惑。"子曰:"善哉问!先事后得,非崇德与?攻其恶,无攻人之恶,非修慝与?一朝之忿,忘其身,以及其亲,非惑与?"

在孔门弟子中,樊迟的性格跟子张有点像,都是外向型的急性子。《颜渊》篇前面有一章讲子张"问崇德、辨惑",而这一章讲樊迟"问崇德、修慝、辨惑",还多问了"修慝"一项。

"樊迟从游于舞雩之下",樊迟跟随孔子在舞雩台下游观。樊迟说:"敢问崇德、修慝、辨惑。""崇德"指推崇道德,"辨惑"指辨别迷惑。"修慝"是什么意思呢?"慝(tè)"字里面有一个"心",象征内心藏有邪恶;"修"指修理、治理、消除;"修慝"指如何消除心里的邪念。樊迟说:"老师,我要向您请教三个问题:如何推崇道德?如何消除邪念?如何辨别迷惑?"孔子说:"善哉问!"你问得好!你的提问很有水平啊!然后,孔子开始接引樊迟。

孔子回答第一个问题说:"先事后得,非崇德与?""事"指工作、劳动,"得"指得到、收获。孔子说:"先劳作后收获,这难道不是推崇道德吗?"

孔子回答第二个问题说:"攻其恶,无攻人之恶,非修慝与?""攻"指批判,"恶"指错误。孔子说:"批判自己的错误,不批判别人的错误,这难道不是消除邪念吗?"

孔子回答第三个问题说:"一朝之忿,忘其身,以及其亲,非惑与?""一朝"指一时之间,"忿(fèn)"指发脾气,"一朝之忿"指一时之间发脾气。"忘其身"指忘记自己的身份,让自己的身份变得不恰当。"以及其亲"指祸害延及父母。孔子说:"你突然之下大发雷霆,将自己的身份搞得颠三倒四,连带父母都受到祸害,这难道不是迷惑吗?"

同样是问"崇德",孔子回答子张说"主忠信,徙义,崇德也",而回答樊迟说"先事后得,非崇德与",两者显然有相关性。同样是问"辨惑",孔子回答子张说"爱之欲其生,恶之欲其死。既欲其生,又欲其死,是惑也",而回答樊迟说"一朝之忿,忘其身,以及其亲,非惑与?"两者显然也有相关性。《论语·颜渊》的这两章可以对照起来阅读,这是我们要知道的。

樊迟经常向孔子提问,孔子有两次用先后之辨接引他。一次是《论语·雍也》记载樊迟问仁,孔子回答:"仁者先难而后获,可谓仁矣。"另一次就是本章记载樊迟请教如何推崇道德,孔子回答:"先事后得,非崇德与?""先难后获""先事后得"都讲到先后关系,而且都是孔子对于樊迟的接引。从分别的角度看,"先难后获"指首先受难,然后收获,通俗地说,就是吃苦在前,享乐在后;"先事后得"指首先工作,然后获得,通俗地说,就是先有耕耘,后有收获。从统合的角度看,"先难后获""先事后得"的意思都是只问耕耘,不问收获;一分耕耘,一分收获。

孔子为什么要用这两个先后关系接引樊迟呢?原因是樊迟的性格跟子张一样,有点外向,有点急躁。芸芸众生如樊迟者多矣,恨不得一口吃成一个胖子。孔子这种接引分明是说:必须"先难后获",先经受苦难,然后有所收获;必须"先事后得",先努力工作,然后得到回报。孔子给樊迟讲的这种人生道理,何其发人深省!

同样是针对樊迟的性格,孔子说:"一朝之忿,忘其身,以及其亲,非惑与?"人总是要有一点脾气的,这是人之常情;一个人如果连一点脾气都没有,似乎不可想象。有脾气,这是一回事;但如何发脾气,又是一回事。你必须在正确的时间、正确的地点、正确的人前发脾气。如果不是正确的时间,不是正确的地点,不是正确的人前,你乱发脾气,后果不堪设想,这就叫作"忘其身,以及其亲"。

朱熹《大学章句》也讲过"忿"的问题:"所谓修身在正其心者,身有所忿懥,则不得其正。""身有所忿懥"的"身"字,其意指"心"。"忿懥(zhì)"指愤恨、愤怒。"身有所忿懥"指心里有愤恨,心里想发脾气。我们正心修身,必须将心里的"有所忿懥"变成"无所忿懥";如果心里老是有怨气,老是想发脾气,就会"不得其正"。

大部分人都有过发脾气的切身经历,而且总有那么一次两次发脾气,会给自己、家人以及朋友、同事造成伤害。如何辨别迷惑?孔子用"一朝之忿,忘其身,以及其亲,非惑与"接引樊迟,正是抓住了少发脾气这一人生大要。如果你是对的,你没有必要发脾气;如果你是错的,你没有资格发脾气。无论对错,人都应当理智、理智、再理智,尽量克制自己的脾气。我们要将《论语》的智慧真正接引到实际的人生当中!

对于这一章的大意,朱熹《论语集注》引用范祖禹的话说:

先事后得,上义而下利也。人惟有利欲之心,故德不崇。惟不自省己过而知人之过,故慝不修。感物而易动者莫如忿,忘其身以及其亲,惑之甚者也。惑之甚者必起于细微,能辨之于早,则不至于大惑矣,故惩忿所以辨惑也。

从"崇德"看,"先事后得"讲了正确的义利关系,人们一旦心里只有利益,肯定不可能推崇道德。从"修慝"看,唯有经常反省自身的过错,而不一味地挑别人的过错,才能真正消除心里的邪念;如果老是认为自己对,老是觉得别人错,心里的邪念就永远不可能消除。从"辨惑"看,人的脾气其来有自,完全无缘无故的脾气极少。如果你此时此刻以及在整个人生中,不能理智地对待你的脾气,不能对发脾气这件事进行理智的思考,并且用具体的措施与手段去掌控脾气,那么,你也就不具备辨别迷惑的能力,就会一直处在迷惑当中。崇尚道德、消除邪念、辨别迷惑,这不是抽象的道理,而是时时刻刻都与我们的生活密切相关。

12·22 樊迟问仁。子曰:"爱人。"问知。子曰:"知人。"

樊迟未达。子曰:"举直错诸枉,能使枉者直。"

樊迟退,见子夏曰:"乡也吾见于夫子而问知。子曰:'举直错诸枉,能使枉者直。'何谓也?"

子夏曰:"富哉言乎!舜有天下,选于众,举皋陶,不仁者远矣。汤有天下,选于众,举伊尹,不仁者远矣。"

这一章包括两个部分：首先是樊迟与孔子之间有了一番问答，然后是樊迟与子夏之间又有了一番问答。

"樊迟问仁"，樊迟向孔子请教什么叫作仁。孔子说："爱人。"仁就是亲爱人们。《论语》仅有这一次将"爱人"当作"仁"的特性或定义，通常说的"仁者爱人"就出自这里。樊迟接着"问知"，这个"知"就是"智慧"的"智"。孔子说："知人。"智就是了解人们。

仁者爱人，智者知人；仁者就是亲爱人们，智者就是了解人们。这么抽象的道理，"樊迟未达"，樊迟哪里能够理解？于是，孔子将它们简化为这样一个问题："举直错诸枉，能使枉者直。"前一个"直"指正直的人，后一个"直"指正直。"枉"与"直"是相对而言的，但如果说"枉"指弯曲或弯曲的人，显然不恰当，这里前一个"枉"其实指邪恶的人，后一个"枉"指邪恶。"错"与"措"相通，可以译作管理。"举"指提举、提拔。孔子告诉樊迟：将正直的人提拔起来，去管理那些邪恶的人，就能使得邪恶的人最后变得正直起来。

讲完这些，孔子说："我已经回答了你的问题，你赶快离开吧！""樊迟退，见子夏"，樊迟从孔子那里退出来，碰见了子夏。樊迟就对子夏说："乡也吾见于夫子而问知。子曰：'举直错诸枉，能使枉者直。'何谓也？"樊迟说："我刚才见到老师，请教什么叫作智。老师给我的回答是'举直错诸枉，能使枉者直'，这究竟是什么意思呢？"

子夏听完樊迟转达的他与孔子的这次对话后，马上说道："富哉言乎！"意思是"举直错诸枉，能使枉者直"这句话的内涵太丰富了！子夏位列四科的文学科，文献学问很渊博。面对孔子作为一般原则而言的"举直错诸枉，能使枉者直"，子夏调动丰富博学的知识，试图进行落地化的解释。为了告诉樊迟"正直者使邪恶者正直"的意思究竟是什么，子夏举了两个与历史有关的例子。

第一个例子是："舜有天下，选于众，举皋陶，不仁者远矣。"舜拥有天下之后，开始从众人里面进行选拔，将皋陶提拔了起来。因为舜将皋陶提拔了起来，天下那些不仁不义者最终得以感化，消失不见了。第二个例子是："汤有天下，选于众，举伊尹，不仁者远矣。"汤拥有天下之后，同样开始从众人里面进行选拔，将伊尹提拔了起来。因为汤将伊尹提拔了起来，天下那些不仁不义者最终得以感化，消失不见了。在子夏看来，舜与皋陶以及汤与伊尹这两个例子，最能说明孔子讲的"举直错诸枉，能使枉者直"。

通过这一章，我们对樊迟、子夏又多了一些认识。尽管樊迟的理解能力不高，但还是比较好学的。樊迟对于自己不懂的东西，就会向老师和同学请教。譬如这一次，樊迟没有理解孔子说的道理，但一看到子夏就去请教。作为文学科的代表人物，子夏不仅具有丰富的历史文化知识，而且能将它们与孔子讲的一般原则具体结合起来，他这一次为樊迟解惑就是体现。所谓"教学相长"，何尝不包括同学与同学之间的互相帮助、共同进步呢？聪明者使愚笨者聪明，子夏帮助樊迟进步，何尝不是"正直者使邪恶者正直"的另一层含义呢？

12·23 子贡问友。子曰:"忠告而善道之,不可则止,毋自辱焉。"

"子贡问友",子贡请教朋友之道。孔子的回答包括三个层次:

第一,子贡的提问预设了某些前提,或者是朋友的心理有问题、想不开,或者是朋友的为人趾高气扬、怨声载道。孔子说:凡是遇到这类情形,朋友之道就是"忠告而善道之",忠言劝告他,善意引导他,态度要端正,方法要恰当。"善道"的"道"就是"引导"的"导"。

第二,如果朋友不听从,怎么办呢?孔子说:凡是遇到这类情形,朋友之道就是"不可则止"。既然忠言与善意在朋友那里行不通,你已尽心了,那就停下来吧!

第三,如果停不下来,结果会如何呢?孔子说:凡是遇到这类情形,朋友之道就是"毋自辱焉"。如果你不停下来,就有可能自取其辱,招致朋友的怨言。

《论语·里仁》的最后一章是子游讲的:"事君数,斯辱矣;朋友数,斯疏矣。"这两个"数"字义为烦琐。你侍奉君主,如果无微不至、面面俱到,反而会自取其辱;你对待朋友,如果啰里啰唆、巨细无遗,反而会渐行渐远。子游同时讲了如何与君主、朋友交往,这一章只讲了如何与朋友交往,但道理是相同的,《论语》的这两章是相关的。

在孔子看来,朋友面临困境之际,你应当"忠告而善道之",竭尽朋友之道;如果朋友听不进去,你应当停下来,否则就会自取其辱。孔子还说过:"所谓大臣者,以道事君,不可则止。"(《论语·先进》)可见"不可则止"不仅是孔子处理朋友关系的重要原则,而且是孔子处理政治关系以及其他社会关系的重要原则。

对于人生的很多事情而言,我们不要老是说"不到长城非好汉",不要老是想"一条道走到底",这样做其实完全没有必要。"不可则止"是人生的大智慧,该放下的就得放下!至于人与人之间的关系,再亲密,该有的分寸还是不能少的。因为说话做事的分寸,往往就是幸福的高度。朋友之间的友谊,有了分寸感,才能够长久,才值得珍惜。把握分寸感是每个人的必修课。守住相互交往的分寸,才能换回别人的信任,才能赢得长久的感情。分寸感其实就是尊重别人,而尊重别人同时就是尊重自己。

12·24 曾子曰:"君子以文会友,以友辅仁。"

《颜渊》篇的最后一章是曾子的独白:"君子以文会友,以友辅仁。"君子用文章会集朋友,用朋友辅助仁德。字面意思就这么简单,但"以文会友,以友辅仁"这八个字在历史上的影响特别大,文章、品德与朋友之道的关联特别深刻。

朱熹《论语集注》解释这段话说:"讲学以会友,则道益明;取善以辅仁,则德日进。""以文会友"是每个人都拿自己的文章献给朋友们研习,"讲学以会友"就会"道益明",大道更加显明;"以友辅仁"是每个人都拿自己的优点辅助朋友们成长,"取善以辅仁"就会"德日进",品德天天进步。"以文会友"跟道相关,"以友辅仁"跟德相关,我觉得朱熹的这个解释很有道理。

我也认可张岱《四书遇》中的说法:

> 凡日用可见处都是"文"。与朋友应接,言动周旋,刻刻处处,有个粲然者在;而就其粲然中有真切不容自已处,如血脉在四肢,如春光在红紫,生生不断,这个是"仁",故曰"矧伊人兮,不求友生"。须知生我者友也。

第一,曾子说"以文会友",这个"文"是否只是文章呢?张岱认为:"文"可以做广义的理解,因为人类生活的所有方面都会用到"文",这个"文"就是文明程度。第二,张岱认为:我与朋友交往,取决于我的内心里面有一个粲然的东西存在。这个粲然的东西在我心里赶都赶不走,就像血液流淌在四肢之中,就像春光表现在红红紫紫的颜色之中。正因内心的光明、自身的强大,促使君子"以文会友,以友辅仁"。

说到交朋友,张岱认为:每个人都不是圣贤,都会有缺陷;缺陷有时也是财富,恰恰是缺陷让朋友们喜欢你。他有一句名言:"人无癖不可与交,以其无深情也;人无疵不可与交,以其无真气也。"(《陶庵梦忆集》卷四《祁止祥癖》)每个人都有自己的癖好,它足以寄托自己的深情;每个人都有自身的瑕疵,它足以体现自己的真气。君子"以文会友,以友辅仁",不能苛求朋友是十全十美的,要允许朋友有个人的癖好,要允许朋友有自身的瑕疵。

在交友的过程当中,道德很重要,生活、心情就不重要吗?我想起《诗经·大雅·既醉》说过:"既醉以酒,既饱以德。"酒喝得很好了,咱们之间的友谊也加强了。喝酒关乎心情,道德是喝酒之外更高层面的事。但是,喝酒这个形而下的行为与道德这个形而上的行为,可以同时存在于我们身上。每个人在成就道德的同时,应当保持个性。一个没有个性的人,一个太抽象的人,不是值得我们肯定的人,不是值得我们向往的人。我引"既醉以酒,既饱以德"这句诗,就是希望我们既陶醉于美德,又陶醉于美酒;既陶醉于人们一致认可的美好道德,又陶醉于嬉笑怒骂皆成文章的个性。

君子"以文会友,以友辅仁""既醉以酒,既饱以德",都是在道德的前提下,谈文章与学问,谈喝酒与个性。生活在现实当中的人们,靠什么将朋友之道巩固、维系下来呢?《礼记·大学》说:"生财有大道",发财要坚持道义;"仁者以财发身",财富对于仁者只是手段,仁者用财富来培养、成就自身;"不仁者以身发财",财富对于不仁者是目的,而且是唯一的目的,是他们的一切。置身于现代社会,衣食住行必不可少,在追求财富的过程中,"生财有道,以财发身"是我们应当坚持、倡导的原则。

最后,小结一下《颜渊》篇。刚才解读这一篇的最后一章,我们提到三点:一是"以文会友,以友辅仁",二是"既醉以酒,既饱以德",三是"生财有道,以财发身"。第一点是讲人文,我们要以人文开启道德境界;第二点是讲性情,我们要以性情丰富伦理生活；第三点是讲财富，我们要以财富成就社会自由。既要"以文会友，以友辅仁"，又要"既醉以酒，既饱以德"，还要"生财有道，以财发身"。这段话同样可以作为我们这次解读《颜渊》篇的结语，目的同样是为了实践并实现学做颜渊、争当先进的理想与抱负。

子路第十三

梁涛 解读

我之前对《孟子》进行过解读，此次主要解读《论语》的第十三篇《子路》和第十四篇《宪问》。我们学习儒学，《论语》是必读书。可以这样说，当你读了《孟子》以后，对《论语》的理解就会更加深入。同样，当你阅读了《论语》以后，也会加深对《孟子》的理解，知道孟子的思想是从哪里来的，与孔子是什么关系。《论语》与《孟子》是相互补充、相得益彰的。不过我们阅读经典时，不论是《论语》还是《孟子》，往往面临一个问题，就是应该从哪里入手？是先读古人的注疏，还是先看今人的著作？我们知道，每一本经典，历史上都会有很多注疏，这些注疏非常重要，是今人理解经典的基础。我们今天对经典的理解，就是建立在古人注疏的基础之上的。以《孟子》为例，历史上有很多著名的注释性著作，最早是东汉赵岐的《孟子章句》，此后有南宋朱熹的《孟子集注》，再后来是清代焦循的《孟子正义》。这些注疏是我们学习《孟子》的重要参考。《论语》也是一样，历史上著名的注疏有三国时期何晏的

《论语集解》、南宋朱熹的《论语集注》、清代刘宝楠的《论语正义》,影响都非常大,是学习《论语》的参考书。不过学习经典,我一般不主张从古人的注疏入手。因为古人的注疏内容比较烦琐,初学者不好掌握;而且古人的注疏有对有错,不可全盘接受。所以最好还是从当代学者的著作着手,一是当代学者的解读通俗易懂,容易理解;二是当代学者吸收了古人的成果,将经典解读得更加准确。当然,这样讲并不是说古人的著作不重要,其也很重要!但我们还是应先从当代学者的著作入手,对经典有大致的了解后,再进一步参考古人的注疏,加深对经典的理解,逐步深入,这样学习起来可能会更容易些。

儒学的发展经历了几个阶段,首先是先秦阶段,代表人物是孔子、孟子、荀子。其次是汉唐阶段,代表人物是汉代的董仲舒、唐代的韩愈等人;总体说来,这个阶段的儒学处于一个低潮,创造性成果不多,尤其是唐代。再次是宋明阶段,这一时期是儒学的一次复兴,海外学者称为 Neo-Confucianism,翻译过来就是新儒学,我们一般称为宋明理学,代表人物是朱熹、王阳明等。我们今天会认为,当时的儒者创立了一套新儒学,提出了自己的学说。其实不是,至少他们主观上并没有这样的想法,他们仍然以阐发孔孟之道为主。在他们看来,孔孟的思想本来人们是理解的,但后来出现了思想混乱,所以他们要重新阐发孔孟之道,解读经典。我们也可以看到,当时学者的著作主要是对早期儒家经典进行注释,如朱熹的代表作《四书章句集注》,就是对"四书"的注释。这些经典先秦时就已经有了,但是朱熹认为汉唐儒者的解读是有问题的,所以他要重新解读一遍。那么朱熹的解读准不准确呢?是不是符合孔孟的原意呢?这个问题比较复杂,因为诠释总是带有诠释者的主观理解,肯定有发挥的成分,但理学家总体来说对孔孟的思想理解得还是非常深刻的,较之汉唐儒者,他们的理解更接近孔孟的思想。所以等大家学习了宋明理学以后再来看先秦儒学,理解就会深入一步。这种情况此后又有出现,近代有一次儒学的复兴,这就是所谓的港台新儒家,他们也是对孔孟的思想重新诠释,出现了牟宗三、徐复观、唐君毅等一批学者。他们是在现代学术的背景下,借用西方哲学重新阐释孔孟思想的,我认为他们对孔孟的理解非常深入,读了新儒家的著作后,再来看《论语》《孟子》,认识又会深入一步。

我研究儒学,就是通过阅读港台新儒家的著作入门的,然后再去看宋明理学家的著作。看了这些人的著作后,再回过头来读经典,就觉得对儒学有所了解了。这些年,我又进入一个新的阶段,开始从前人的解读中走出来。毕竟之前是通过别人的解读来理解儒学的,现在我则直接面对文本,在反复阅读中对儒学有了自己的理解。我觉得港台新儒家、宋明理学家对孔孟的理解,不能说完全不对,但也有不准确、不全面的地方,有些理解甚至是有问题的。所以我要重新诠释,重新解读,我提出"新道统""新四书"就是出于这种考虑。我说的"四书"不同于传统的"四书",不是指《大学》《中庸》《论语》《孟子》这四部书,而是指《论语》《礼记》《孟子》《荀子》。我也不同意韩愈、朱熹的道统说,不认为只有孔子、曾子、子思、孟子才可以列入道统,而主张以根源的文化生命为道统,代表这个道统的包括孔子、七十二子及其后学,以及孟子、荀子,"新四书"反映的就是他们的思想。有人会问,我是不是在建构自己的儒学思想体系?可以这样说。但是这个儒学体系不是凭空来的,而是建立在对孔孟荀子思想的理解之上的,是有根据、有来源的。儒学本来就是这样发展的,"我注六经""六经注我",每一代人对于经典都有自己的理解,都有自己的解读。在这一过程中,传统就一代代传承下来了。只不过我们经历了古今之变,较古人有了发展的观点,故我们对于经典不再是一味地顶礼膜拜,不认为其所说都是真理,而是去发现经典中包含着的常道,并在此基础上进行发展。发展的观念是我们与古人最大的不同。

接下来我们来解读《论语》第十三篇《子路》,本篇一共包含三十章。首先对篇名进行解读,这一篇为什么叫《子路》呢?其实也没有什么特殊原因,只是因为该篇第一章首先出现的两个字是"子路"罢了,《论语》各篇的名称都是这样来的。《子路》篇的主旨是什么呢?如果用一个字概括,就是"政";用两个字概括,就是"为政"。但是也不绝对,该篇虽然有相当一部分内容讨论的是为政问题,但也有部分内容与为政没有关系。另外,我们读《论语》其他篇,也可以发现很多与为政相关的内容,但是并没有放在这一篇。这就涉及古代经典的一个特点,就是它往往没有形式的体系,只有实质的体系。我们今天写文章,要有一个中心思想,然后围绕着中心思想展开论述。编书也是一样,要把主题相同或相近的内容编在一起，而不能把毫不相干的内容放在一起，这是我们现在的思维方式。古人没有这么严格，他们编的书籍往往没有形式的体系。我们读《论语》时就会遇到这个问题，《论语》二十篇，每篇之间是什么关系？每篇之中章与章之间又是什么关系？有人说还是有大致的逻辑结构的，但是要想为每一篇、每一章都找出中心思想，发现其逻辑关系，实际上是做不到的。但没有形式的体系，不等于没有实质的体系，孔子说"吾道一以贯之"，我的思想有一个中心贯穿其中。我开始读《论语》的时候，体会不深，感觉内容比较凌乱，但等到读了二三十遍时，把《论语》的内容融会贯通了，就感觉到孔子的思想的确是"一以贯之"的。尽管没有形式的体系，但有实质的体系。所以我们研读《论语》，包括其他经典时，要注意这一点。我们的思维与古人是不一样了，古人的著作往往比较零散，这就需要我们反复阅读，融会贯通，把握其实质的体系，并梳理出其形式的体系。近来我想写一本关于《孟子》分章的书，因为我感觉《孟子》目前的分章不是很恰当，如果做些调整，主题会更明确，体系也会更清晰。阅读《论语》时也会遇到类似的问题，许多相同或相近的内容是编在不同章节中的，这就要求我们把不同的章节联系起来，阅读这一章要想到另一章，做到融会贯通。

13·1 子路问政。子曰："先之，劳之。"请益。曰："无倦。"

本章意思是，子路问如何处理政事。孔子说："要给下属、百姓做榜样，要勉励他们。"子路请求多说一点。孔子说："不可倦怠。"

子路，即孔子的弟子仲由，字子路，又字季路，鲁国人。子路一开始并不佩服孔子，甚至还欺凌过孔子，后来被孔子的学识折服，做了他的弟子。子路这类人有一个特点，就是当他不认可你时，往往无礼、粗鲁，但一旦被你折服，又非常忠诚。子路对待孔子就是这样，他虽然性情刚直，好勇尚武，却对孔子忠心耿耿，孔子周游列国时，他一直陪同在身旁。他擅长政事，曾做过鲁国贵族季氏的宰。后来孔子客居卫国时，他又做了卫国大夫孔悝封邑蒲的宰，取得不少政绩，深得孔子称赞。孔子设教授徒，分德行、政事、言语、文学四科，子路属政事科。本章记录的就是子路向孔子问政的内容。

子路问如何为政。孔子的回答很简洁，只有四个字："先之，劳之。""先之"的"先"是动词，即身先士卒；"之"是代词，指为政的对象，包括两种人：一是下属，一是百姓。"先之"即身先于下属、百姓，指给下属、百姓带头，为下属、百姓做榜样。"劳之"，很多学者释"劳"为勤劳的意思。按这种理解，"劳之"即使百姓勤劳。《国语·鲁语下》记载公父文伯的母亲敬姜的话："民劳则思，思则善心生；逸则淫，淫则忘善，忘善则恶心生。"这里的"劳"即勤劳之义。按照敬姜的说法，民众勤劳才会产生善心，淫逸则会产生恶心，所以为政、治民就要使民众勤劳工作。很多学者就是根据《国语》的这段材料，将"劳之"解释为使民众勤劳工作，钱穆、杨伯峻都是这样理解的。但是我认为这个解释是有问题的,"先之"是动宾结构,"先"是动词,"之"是代词,作宾语,主语被省去了;如果"劳之"是使民众勤劳,就成使动结构了,变成"使之劳"。"先之""劳之"在同一句中,应该是同一种句式结构,怎么能把前者解释为动宾,后者解释为使动呢?这显然不合适。所以尽管有很多大家都这样理解,但我认为不能成立,毕竟语法才是第一位的。我认为"劳之"的"劳"是慰劳、劝勉的意思。《吕氏春秋·孟夏纪》:"劳农劝民,无或失时。"高诱注:"劳,勉也。"这个"劳"就是勉励的意思。这句话是说勉励、劝告农民,不要失去农时。所以我认为将"劳之"解释为使民众勤劳是有问题的:首先是不符合语法;其次是忽略了"劳"有慰劳、劝勉的意思;最后是把"劳之"解释为勉励民众,更符合语境和语法。

"请益",谁请益?子路请益。子路问政,孔子回答要"先之,劳之"。子路觉得还不够,想请老师多讲一点,于是孔子回答"无倦",不要倦怠。"无倦"的主语是谁呢?是执政者。"先之""无倦"的主语都是执政者,"劳之"的主语自然也应该是执政者,执政者要以身作则,为百姓做榜样,要勉励百姓,所以不能倦怠。逻辑关系非常清楚。如果突然加入一个"使之劳",不仅语法结构变了,逻辑也不通顺。当然钱穆、杨伯峻的解释也可以说通,认为只有让民众勤劳才便于管理,但这是不符合孔子思想的。

13·2 仲弓为季氏宰,问政。子曰:"先有司,赦小过,举贤

才。"曰:"焉知贤才而举之?"曰:"举尔所知,尔所不知,人其舍诸?"

本章大意是,仲弓要做季氏的宰,问孔子如何处理政事。孔子说:"要给下属做榜样,宽恕别人小的过错,举荐贤才。"仲弓说:"怎么知道所有的贤才而举荐他们呢?"孔子说:"举荐你所了解的,你所不了解的,难道别人会舍弃吗?"

仲弓,即孔子的弟子冉雍,以德行著称,深受孔子器重。孔子曾经说"雍也可使南面"(《论语·雍也》),就是夸奖他有治国之才。他是孔子弟子中很有政治才能的人,仕途也不错,做过季氏的宰。我们知道,鲁国当时名义上是国君执政,但实际上国君权力已经旁落,被三个大夫所把持,也就是季氏、叔孙氏和孟孙氏,其中季氏的权力最大,是实际的执政者。按照周代分封制的规定,天下名义上归天子所有,所谓"溥天之下,莫非王土;率土之滨,莫非王臣"。天子无法管理天下所有事务,于是把土地分封给诸侯,这就是国。诸侯也无法管理一国的事务,于是继续分封,把土地分给大夫,大夫的封地就是家。我们读《大学》"修身、齐家",这里的"家"指的就是大夫的封地。大夫没有精力管理自己的封地,他们要找一些专门的管理者,当时叫作宰。季氏虽然只是个大夫,但他是鲁国的实际执政者,仲弓做到了季氏的宰,说明他是很有才干的。

孔子在历史上的一大贡献是开创私学,为学术发展做出重大贡献。在孔子之前,学在官府,只有贵族子弟可以接受教育。孔子在民间讲学,打破了贵族对教育的垄断,吸引了众多弟子前来学习,所谓弟子三千,贤者七十二。那么这些弟子拜孔子为师,向孔子学习的动机是什么?首先当然是敬仰孔子的学识和人格,这是很重要的原因。孔子培养弟子不是为了传教,解决死亡、来世这些终极性的问题,而是提倡学以致用,服务于社会,满足社会的需要。对于孔门弟子来说,他们固然是被孔子的学识和人格所吸引,投身在夫子门下,但学成之后也有个去向的问题,即面临求职、就业的问题。在孔子时代,社会关系出现松动,学在官府被打破。孔子说"自行束脩以上,吾未尝无诲焉"(《论语·述而》),只要愿意学习,象征性送上一点见面礼,我都愿意教诲。这样就给了庶民子弟接受教育的机会,只要努力为学,他们一样有出仕的可能。而社会上也有人才的需要,当时诸侯权力旁落,大夫执一国之政,甚至"陪臣执国命","陪臣"就是大夫的家臣。这些大夫有自己的封地,需要人来管理,这就为孔门弟子提供了机会。从某种意义上说,孔子的私人教育之所以成功,与当时社会的需要是密切相关的。

孔门弟子中很多人都做过大夫的宰,如子游曾为武城宰(见《论语·雍也》)。有一次孔子去武城,"闻弦歌之声",原来子游利用做武城宰的机会推行夫子的礼乐之教。孔子不由"莞尔而笑",虽然嘴上揶揄说"割鸡焉用牛刀",但内心实际上是十分高兴的。(见《论语·阳货》)孔子的另一名弟子子夏曾为莒父宰,也曾向孔子问政,后面我们会谈到。此外,子路曾为季氏宰、卫孔悝宰,冉求为季氏宰,宓子贱为单父宰,闵子骞为费宰,子羔为费郈宰,原思也曾为不知名地方的宰,可见做邑宰是孔门弟子学成后的一个重要选择。

孔子平时教导弟子,也是鼓励他们要积极出仕,如"子使漆雕开仕"(《论语·公冶长》),鼓励弟子漆雕开出仕。在当时,出仕往往就是从大夫的宰做起。孔门弟子也往往将出仕作为求学的一个主要目的。子路说"不仕无义",认为"君子之仕也,行其义也"(《论语·微子》),出仕对于儒者而言就是尽其责任与义务。子夏说"仕而优则学,学而优则仕"(《论语·子张》),出仕有余力就去学习,学习有余力就去出仕。学与仕是统一的,弟子向孔子请教的,往往是关于出仕、为政的问题;孔子向弟子传授的,也是关于出仕、为政的学问。从这一点看,儒学某种意义上也可以说是一门行政管理学,孔子从事的是行政干部培养的工作。孔子弟子很多都是抱着"学而优则仕"的目的投到孔子门下的,他们学成后也往往选择出仕,如做大夫的邑宰。这方面仲弓的成就非常突出,他做了季氏的家臣,孔子称其"可使南面"。古代天子、诸侯临朝面南而坐,南面往往代指天子、诸侯,故孔子实际上是称赞仲弓可以做天子、诸侯。这当然是夸张的说法,是一种修辞,但孔子认为仲弓拥有很高的政治才能则是肯定的。

但是我们需要注意的是,孔子之所以为孔子,绝不仅仅是因为他适应了当时社会的需要,为新兴的大夫阶层培养了一批管理人才。孔子之所以伟大,之所以被后人敬仰,是因为他超脱了狭隘的阶级立场,不只是为执政者培养管家、代理人,而是从天下的角度,着眼于未来文明秩序的建构,培养具有高尚道德情操的君子。所以孔子教授弟子不限于"六艺"等知识的传授,而更看重对道的追求,对人生价值理想的弘扬;孔子创立的儒学就是在春秋末年的乱世重新确立人生价值理想的学说,道才是儒学的核心,所以说"朝闻道,夕死可矣"(《论语·里仁》)。因此孔子不是要求弟子以求职者的身份去满足、迎合执政者的需要,而是以君子、主人的身份去改造、完善社会。当民众与执政者的利益发生冲突时,孔子要求弟子站在民众一方,不能助长统治者的巧取豪夺。如冉求做了季氏的宰,"季氏富于周公,而求也为之聚敛而附益之",季氏比当年的周公都富有,冉求却帮助他聚敛财富。子曰:"非吾徒也,小子鸣鼓而攻之可也。"(《论语·先进》)孔子说这个人已经不是我的学生了——我不承认这个学生了,弟子们可以敲着鼓去讨伐他了。所以孔子固然鼓励弟子积极出仕,但弘道才是更高的人生理想和目标,出仕不过是弘道的手段之一。出仕之外,孔门弟子不乏其他的选择,像子贡选择经商,根据市场行情的变化做生意,"亿则屡中",成为巨富。他的车队来往各国,"所至,国君无不分庭与之抗礼"。而且使孔子的名声"布扬于天下者",正是弟子子贡。(见《史记·货殖列传》)还有一些弟子选择在民间传播学术,如澹台灭明活动于南方,有弟子三百人,在诸侯间很有影响,他却"非公事不见卿大夫",坚持民间立场,保持学术独立。而孔子最欣赏的弟子恰恰是没有出仕经历的颜回。孔子为什么喜欢颜回?显然是因为"其心三月不违仁",颜回最为好学,对道的追求最为坚定。所以在孔子看来,如果不是树立了坚定的仁道理想,不明白出仕的目的是什么,一心只求出仕只可能造就利禄之徒,甚至做出助纣为虐的事情。明白了这一点,再来看孔子对弟子的教诲,就容易理解了。

本章还是谈为政。仲弓做了季氏的家臣,向孔子请教如何处理政事。孔子回答了三点:一是"先有司","先"是身先士卒;"有司"指官吏,古代设官分职,各有所司,故官吏也称"有司"。"先有司",给下属官吏做榜样。二是"赦小过",赦免小的过错。三是"举贤才",举荐贤才,把有才能的人推举出来。在孔子生活的时代,血缘是最基本的社会关系,故"亲亲"是普遍认可的伦理法则。一个人不能不顾及自己的父母兄弟亲人,要对他们承担相应的责任与义务。但治国只讲"亲亲"不行,不能任人唯亲,而要任人唯贤,要超越血缘关系,故"贤贤"逐渐成为重要的伦理法则。三代时主要讲"亲亲""尊尊",虽然也有尚贤的举措,但只是个别行为,尚不普遍。春秋时期尤其是到了孔子时,"亲亲""尊尊"之外,又出现"贤贤"的主张,要求举荐贤才,这是时代观念进步的反映。孔子告诫仲弓要"举贤才",是顺应时代的发展与要求的。

仲弓又问:"焉知贤才而举之?"我要怎么知道全部的贤才而把他们都举荐出来呢?孔子说:"举尔所知,尔所不知,人其舍诸?""诸"是代词,相当于"之"。举荐你所知道的,你所不知道的,别人会舍弃他们吗?举贤才说起来容易,做起来难,因为我们对他人的了解是有限的,有些人会了解多一些,有些人就不太了解,这就须形成举贤才的社会风气或者制度,人人都举贤才,就不用担心贤才会被埋没了。

这里做一点补充,上海博物馆藏竹简中有一篇《仲弓》,内容与本章有关,可以利用二重证据法加深对"仲弓问政"的理解。《仲弓》第一简说:"季桓子使仲弓为宰,仲弓以告孔子。"由此可知,任用仲弓的是季桓子,也就是季孙斯,他是鲁国季氏家族的重要人物。季桓子的父亲季平子,曾经用武力把鲁昭公赶出鲁国,使其客死他国,自己摄行君位,俨然鲁国的君主。鲁定公五年(前505),季平子卒,他的家臣阳虎趁机囚禁了年幼的季桓子,代替其执政达三年之久,这就是所谓的"陪臣执国命"。后季桓子联合孟孙氏、叔孙氏赶跑了阳虎,重新夺回政权。季桓子执政后,孔子一度受到重用,先后为中都宰、鲁司寇,并推行一生中最重要的政治计划——"堕三都"。当时鲁国三桓的势力发展很快,他们利用掌握的私邑与公室对抗,逐渐控制了鲁国政权。而三桓手下的家臣又掌握了私邑,发动叛乱与三桓对抗,形成了上下复杂的矛盾关系。孔子"堕三都"的真实目的是削弱三桓的势力,扩大公室的力量,但他的这一主张又和三桓的利益一致,所以得到三桓的拥护。孟孙氏的家臣公敛处父看破了孔子的计谋,认为没有了孟孙氏的封邑成,也就没有孟氏,所以拒绝堕封邑成,孔子的计划遂告失败。"堕三都"失败后,齐人送来女乐,季桓子三日不朝,在这种情况下,孔子不得已辞官而去,开始周游列国的历程。鲁哀公三年(前492),季桓子卒,临死前想起因自己出走的孔子,不由心生感慨,叮嘱儿子季康子召回孔子。上博简《仲弓》所记,应该是季桓子去世前的事情。

《论语》记录仲弓问政,孔子的回答共有"先有司""赦小过""举贤才"三点,《仲弓》的内容则有所不同,一共回答了四点:"老老慈幼""先有司""举贤才""赦过与罪"。孔子曾讲"老者安之""少者怀之"(《论语·公冶长》),孟子也讲"老吾老以及人之老,幼吾幼以及人之幼"(《孟子·梁惠王上》),故"老老慈幼"——尊敬老者,爱护幼者应是儒家的重要主张,加上这一句,从义理上看是合理的。整理者李朝远先生就认为,传世本《论语》缺记了"老老慈幼"条。当然,《论语》中是否有这一句还需要有文献的支撑,我们知道1973年曾在河北定县(今河北定州)八角廊汉墓中出土过一本《论语》,不过由于该墓早年曾被盗窃并焚烧过,竹简残碎严重,字迹难以辨认。加之当时是"文革"时期,文物考古不受重视,竹简发现后就放在一个仓库里,后来又遇到唐山大地震,库房倒塌,竹简被埋在废墟中,又经历一次损害,保留下来的仅有今本《论语》一半的文字。《子路》"仲弓问政"章有残损,无法做出判断。不过据报道,前不久发掘的西汉海昏侯刘贺墓中也发现了一部《论语》,保存比较完整,字数与今本相当。等这批文献公布后,我们可以看看,是否有"老老慈幼"一句。另外,《论语》讲"赦小过",《仲弓》则说"赦过与罪",相比较而言,后者态度更为激进,也更具有仁道精神。

13·3 子路曰:"卫君待子而为政,子将奚先?"子曰:"必也正名乎!"子路曰:"有是哉,子之迂也!奚其正?"子曰:"野哉,由也!君子于其所不知,盖阙如也。名不正,则言不顺;言不顺,则事不成;事不成,则礼乐不兴;礼乐不兴,则刑罚不

中;刑罚不中,则民无所措手足。故君子名之必可言也,言之必可行也。君子于其言,无所苟而已矣。"

本章翻译过来是,子路对孔子说:"卫君等着您参与政事,您打算从哪里做起呢?"孔子说:"首先必须正名吧!"子路说:"您真是迂腐啊!这名怎么正呢?"孔子说:"仲由,你真是粗野啊!君子对于他所不知道的,应该采取存疑的态度。如果名分不正当,政令就不顺畅;政令不顺畅,事情就办不成;事情办不成,礼乐就不能兴起;礼乐不能兴起,刑罚就不会得当;刑罚不得当,老百姓就会手足无措。所以君子对于名一定要进行规定,规定后一定要可以实行。君子要把名讲通,一点都不能马虎。"

本章论正名,影响很大,也很重要。子路问,卫国的国君等着您处理政事,您打算从哪里做起呢?孔子说,首先必须正名吧。正名是什么意思?我们等会解释,先看子路的反应。子路说:"有是哉,子之迂也!奚其正?"有这样做的吗?您真是迂腐啊!这名怎么正啊?从《论语》的记载来看,孔子的作风是比较民主的,经常与弟子自由讨论。但是听到子路的话,孔子还是忍不住了。"野哉,由也!"仲由,你真是粗野啊!"君子于其所不知,盖阙如也",君子对于他不知道的事情,应该采取存疑的态度。"阙",通"缺"。"阙如",存疑不论的意思。老师这样讲,肯定有自己的道理,你不理解,可以虚心请教,怎么能轻易下结论,甚至指责老师呢?我们知道,子路的性格比较鲁莽,他"性伉直",背长剑,戴有鸡冠的帽子,一度瞧不起孔子,甚至欺凌孔子,后来被孔子的学识所折服,心悦诚服拜孔子为师,性格有了很大的改变。但是江山易改,本性难移,关键时候子路鲁莽的性格又暴露出来了,可见一个人要改变自己的性格,是非常难的。不过,子路有这样激烈的反应,也是有原因的,如果不理解当时的对话背景,是很难读懂这一章的。《论语》有一个特点,它只是记录了当时人们之间的对话,但对话的语境是什么,则往往略去了。阅读经典要知人论世,要回到当时的具体语境中去,这是我们阅读《论语》的一个重要原则。如果不了解当时的语境,不了解子路是针对什么问题发问的,就很难理解他的态度和反应。庆幸的是,关于孔子生平的记载比较多,《史记》中有《孔子世家》,《左传》中也有大量关于孔子生平活动的记载。经过考证,我们可以把孔子的生平活动梳理出来。我写过《孔子行年考》,考证孔子的生平活动。结合这些材料,理清本章的历史背景,才可以真正理解本章的内容。

　　本章所记的是孔子在卫国的事情,子路所说的"卫君",指卫出公辄,他是卫灵公的孙子,蒯聩的儿子。孔子一生多次来到卫国,在卫国生活过很长时间。孔子初到卫国的时候,是卫灵公执政。卫灵公的夫人叫南子,是个非常风流的女人,还带给孔子不少麻烦,《论语·雍也》篇"子见南子"章讲的就是这件事。古代女子恪守妇道,平时只能待在家里,男主外女主内。但南子不甘寂寞,派人对孔子说,每个到我们国家的人,拜访国君的时候都要来拜访我。南子的要求是不符合礼仪的,孔子也不愿意去,但最后不得已还是去了。据《史记·孔子世家》记载,二人是隔着帷幕见面的,孔子向南子行礼,南子向孔子回礼,身上的玉佩叮咚作响。这件事给孔子造成不好的影响,很多人借此抨击儒家,认为孔子喜欢巴结钻营。孔子见南子时,子路很不高兴,孔子不得不诅咒发誓:"予所否者,天厌之!天厌之!"(《论语·雍也》)我如果做得不对,老天厌弃我!老天厌弃我!民国时期山东的大学生排演了一出戏剧,名字就叫《子见南子》,也是拿此事说事,结果惹得孔氏后人大怒,一气之下将学生告上法庭,说明这件事影响深远。那么,孔子为什么要拜访南子呢?首先当然是因为南子的一再要求。孔子见南子时也说了,"吾乡为弗见,见之礼答焉"(《史记·孔子世家》),我之前没有来拜见,现在根据礼仪来答谢。别人提出邀请,你一再拒绝,是不礼貌的。其次还有一个原因,孔子到卫国是寻找出仕机会的,而他知道,南子是能够影响到卫灵公的人物,如果得罪了南子,也就失去了在卫国施展才干的机会,所以犹豫之后还是去拜访了南子。

我们先来介绍一下南子。她是宋国的公主,后嫁给卫灵公。她生性淫乱,出嫁前就曾与宋国公子朝私通。宋朝是个美男子,《论语》曾说到"宋朝之美"。古代没有自由恋爱之说,南子的行为在当时是非常不检点的。更过分的是,她成婚后仍与宋朝勾勾搭搭,还经常把宋朝接到卫国,在一个叫洮的地方相会。奇怪的是,对于南子的行为,卫灵公不仅不阻止,反而纵容。可是,卫灵公的太子蒯聩知道此事后,非常愤怒。有一次他出使路过宋国,听到野外的人唱道:"既定尔娄猪,盍归吾艾豭。""娄猪"是求子的母猪,这里指南子;"艾豭

(jiā)"是漂亮的公猪,这里指宋朝。这两句翻译过来就是:已经满足你们的母猪,为何还不归还我们漂亮的公猪?蒯聩羞愧至极,于是决定派人刺杀南子,但事情泄露,没有成功,只好逃到国外去了。后卫灵公去世,太子蒯聩由于身在国外,失去继承王位的机会,于是卫灵公夫人立蒯聩的儿子辄为卫君,这就是卫出公。但是蒯聩不甘心,在他看来,自己是太子,王位应该是自己的。于是在晋国的帮助下,蒯聩带兵杀回卫国,想重新夺取王位,卫出公也出兵抵抗,形成了父子相争的局面,这就是著名的"卫辄拒父"。而这一切的导火索,就是南子。

了解了这一背景,再来读这一章就容易理解了。卫辄为了对抗父亲蒯聩,于是拉拢孔子,希望他能帮助自己。而对于孔子来说,也面临一个选择:到底是支持父亲,还是支持儿子?如何处理蒯聩与卫辄之间棘手的矛盾?子路想问的,实际上是这个问题。可是孔子却回答,首先一定要正名。孔子说的名不是名称的名,而是名分的名,是"君君,臣臣,父父,子子"的名。君是一个名,但君又不只是一个名称,还包括了君的责任、义务,以及相应的礼义规范,也就是名分。作为君要像个君的样子,要尽君的名分。臣、父、子也是如此。所以孔子说的正名主要不是逻辑学的,而是政治学的,是对君臣、父子人伦关系的调整。从父子关系来看,蒯聩是父,卫辄是子,儿子当然要服从父亲;但是从君臣关系来看,卫辄是君,蒯聩是臣,蒯聩自然要服从卫辄,不能再与卫辄争夺王位。卫国之所以出现当时的混乱局面,就是名分不正引起的,所以孔子说,首先必须要正名。子路一听,直脾气上来了,我想知道您是支持蒯聩还是卫辄,是支持父亲还是国君,您却提出要正名,这名怎么正?这不是迂腐吗?子路学识不够,目光短浅,不理解老师的用心,他关心的是一个具体的问题,想了解孔子如何面对卫国的政治困局。而孔子思考的则是一个更为根本的问题,即造成礼崩乐坏、政治混乱的原因,以及如何消除混乱的问题。至于选边站队,到底支持谁,反而是次要的问题,在这一章中并没有涉及。

在孔子看来,当时社会之所以礼崩乐坏、政治混乱,就是因为"名不正"。以鲁国为例,本来国君是最高执政者,是一国之统率,但是权力反被大夫剥夺了,三桓成为实际的执政者。从名的角度说,"君者,善群也"(《荀子·王制》)。君是能够统领、组织人群者,但是实际上又并非如此。大夫名义上是国君的下属,但三桓实际上又在发号施令,做起了国君应做的事情。这就是名实不副,是造成礼崩乐坏、政治混乱的原因。而要解决这一社会问题,就要正名,使名实重新相副。为什么名实不副会造成政治混乱呢?孔子接着解释:"名不正,则言不顺。"名分不正当,名实不副,政令就不顺畅。这里的"言"不是一般性的言论,主要是指政令,指政令之言。一国之内,谁应该发布政令呢?当然应该是国君。但是鲁国是三桓在发布政令,这合法不合法?严格说来是不合法的,但是事实上又是这么做的。这样发出的政令自然不能顺畅,使人心生疑虑。"言不顺,则事不成",政令不顺畅,事情就办不成。"事不成,则礼乐不兴",事情办不成,则礼乐就不能兴起。"礼乐不兴,则刑罚不中",礼乐不能兴起,刑罚就不会得当。

"刑罚不中,则民无所措手足",刑罚不得当,民众就会手足无措,无所适从。所以名是非常重要的,要解决民众手足无措的问题,首先就要正名。"故君子名之必可言也,言之必可行也",所以君子对于名一定要进行规定,规定后一定要可以实行。这里的"言"是言说之义。君是发号施令的,臣是服从、辅佐君的,这样才讲得通,也可以实行。反过来,如果君要服从臣,臣要指挥君,这样就讲不通,也不可实行了。但是孔子所处的时代恰恰出现了这种情况,所以他要正名。"君子于其言,无所苟而已矣。"这里的"言"疑是"名"之误,君子对于名,不可以马虎,也就是要正名之意。但是没有根据,不好随意改字解经。如果是"言",那就应该是关于"名"的"言",也就是要把名讲通,这件事不能马虎。

我们可以看到,本章是子路与孔子关于政事的对话,子路问的是一个具体的问题,即如何面对蒯聩与卫辄之间权力斗争的问题。孔子则深入一步,思考的是造成政治困局的原因以及如何解决这一困局的问题。孔子的答案是要正名,正名不仅是对卫国讲的,也是针对当时整个社会讲的,是一个普遍性原则。当时礼崩乐坏就是因为"名不正"——名实不符造成的,而要解决这一问题就要正名。至于孔子如何面对蒯聩与卫辄的矛盾,在二者之间做出何种选择,本章则没有说明。不过《论语·述而》篇中有一章涉及这个问题,可以从中了解孔子的基本态度。冉有曰:"夫子为卫君乎?"冉有问,老师会支持卫君吗?卫君就是卫出公辄。子贡曰:"诺。吾将问之。"子贡说,好吧,那我去问问老师。"入,曰:'伯夷、叔齐何人也?'"古人说话比较含蓄,不会开门见山,子贡是来问孔子对于卫辄的态度的,却故意问起伯夷、叔齐。伯夷、叔齐是商末孤竹国的两位王子,伯夷年长,本应该继承王位,但孤竹君有意传位给叔齐,叔齐不愿抢哥哥的王位,要让给伯夷。伯夷以不尊父命为由,逃出孤竹国;叔齐亦不肯立,亦逃之。伯夷、叔齐也曾面临王位继承的问题,但他们不是抢,而是让,与蒯聩、卫辄形成鲜明对比,故子贡用伯夷、叔齐试探孔子对于蒯聩父子相争的态度。孔子说:"古之贤人也。"伯夷、叔齐是古代的贤人,是值得我们学习、崇拜的人。子贡又问:"怨乎?"伯夷、叔齐互相谦让,都没有做成国君,会抱怨吗?孔子说:"求仁而得仁,又何怨。"这是他们的选择,没有什么可抱怨的。听到这里,子贡明白了,"出,曰:'夫子不为也。'"出来对冉有说,老师是不支持卫辄的。为什么呢?因为这涉及家庭与国家,或者说门内与门外的关系问题。郭店竹简《六德》说:"门内之治恩掩义,门外之治义斩恩。"《礼记·丧服四制》云:"门内之治恩掩义,门外之治义断恩。"如果站在家庭的角度,亲情要重于道义;但如果站在国家的角度,责任、道义则大于亲情。伯夷、叔齐兄弟相让,是出于血缘亲情,维护的是家庭伦理。但他们不做国君,一走了之,对于国家则是一种不负责任的态度。所以后人对于伯夷、叔齐的评价是有分歧的,肯定他们,往往是认为家庭关系重于国家道义;批评他们,则是认为国家道义重于家庭关系。孔子肯定伯夷、叔齐,认为他们是"求仁而得仁",所以子贡认为孔子是重家庭关系和血缘亲情的,希望卫辄能像伯夷、叔齐那样,通过礼让化解矛盾,而不是父子相争、兵戈相见。当然礼让也不限于卫辄,同样适用于蒯聩,只要父子二人中有一人能够做到礼让,卫国的政治困局就自然解决了,这实际上是用道德解决政治问题。但是对于这个问题,《春秋公羊传》有不同的说法,文中对此事的评论是:

> 然则曷为不立蒯聩而立辄?蒯聩为无道,灵公逐蒯聩而立辄。然则辄之义可以立乎?曰可。其可奈何?不以父命辞王父命,以王父命辞父命,是父之行乎子也。不以家事辞王事,以王事辞家事,是上之行乎下也。(《春秋公羊传·哀公三年》)

"王父"指卫灵公,"父"指蒯聩。卫灵公令卫辄为君,那么卫辄要听从灵公的命令,还是父亲蒯聩的命令呢?当然是卫灵公的。"不以父命辞王父命",不能因为蒯聩而违背卫灵公的命令,"辞"是违背、不从的意思。"以王父命辞父命,是父之行乎子也",因为卫灵公的命令而不听从蒯聩的命令,这符合子要遵从父的原则。因为灵公是父,蒯聩是子,蒯聩本来就是要遵从灵公命令的。既然灵公已立卫辄为君,作为儿子的蒯聩就应承认这一事实,而不该违背灵公的命令与卫辄争位。更重要的是,灵公立卫辄为君,属于"王事",是国家事务,而蒯聩与卫辄的纠纷只能算是"家事",是家庭事务。如果卫辄想学习伯夷、叔齐,欲让国于蒯聩,就是将家事置于国事之上,是不恰当的。卫辄此时已是国君,应该站在国家的立场,而不是家庭的立场考虑问题。所以《公羊传》的主张是:

"不以家事辞王事",而应"以王事辞家事"。其所维护的是君臣之义,认为父子之情应该服从君臣之义。可见,在"卫辄拒父"的问题上,《论语》与《公羊传》的看法是不同的。《论语》强调礼让,维护的是血缘亲情;《公羊传》重视君臣之义,维护的是"上之行乎下"的尊卑等级。那么,二者哪个更接近孔子的思想呢?我认为是《论语》,早期儒家一般是家庭本位,更重视家庭关系,这就是《六德》所说的"为父绝君,不为君绝父"。秦汉以后的儒家则比较推崇君权,重视君臣关系,《公羊传》反映的是大一统的儒学思想。

《子路》第三章非常有名,人们谈到孔子的正名思想时,就会想到本章。像"名不正,则言不顺",相信大家一定是耳熟能详的,但是本章的具体语境,就不一定了解了。子路的问题是针对"卫辄拒父"提出的,孔子提出正名,则是对那个时代政治困局的回应。不过卫国的情况比较特殊,其"名不正"不是像鲁国那样,发生在诸侯与大夫之间,而是在父子之间,是父子关系与君臣关系何者为重的问题。本章虽然没有提及孔子对于蒯聩、卫辄矛盾的态度,但从《论语》其他章的内容看,他是希望通过礼让化解父子争权的矛盾的。

13·4 樊迟请学稼。子曰:"吾不如老农。"请学为圃。曰:"吾不如老圃。"樊迟出。子曰:"小人哉,樊须也!上好礼,则民莫敢不敬;上好义,则民莫敢不服;上好信,则民莫敢不用情。夫如是,则四方之民襁负其子而至矣,焉用稼?"

本章意思是,樊迟请求学种庄稼。孔子说:"我不如老农。"又请求学种菜。孔子说:"我不如老菜农。"樊迟退了出来。孔子说:"樊迟真是个没有抱负的人!在上位的人重视礼,百姓就不敢不敬;在上位的人重视义,百姓就不敢不服;在上位的人重视信,百姓就不敢不用真心对待。做到这样,四方的百姓都会背着自己的孩子来投奔,哪里用得着自己去种庄稼呢?"

樊迟是孔子的弟子,他向孔子请教如何种田。孔子怎么回答的?"吾不如老农",我不如老农,你去跟老农学吧。樊迟又请教如何种菜。孔子说:"吾不如老圃",我不如菜农,你去跟菜农学吧。"圃"的本义是菜地,这里为动词,指种菜的人。樊迟出去后,孔子说:"小人哉,樊须也!"樊须就是樊迟。孔子说,樊迟真是个小人啊!孔子的这句话容易引起争议,先秦时期的"小人"有两种用法,一是从道德上讲的,指道德低下;一是从身份上讲的,指地位不高的人,即普通人。这句的小人应从后者去理解,是说樊迟是个普通人,意思是樊迟没有追求。"上好礼,则民莫敢不敬;上好义,则民莫敢不服;上好信,则民莫敢不用情。"在上位的人重视礼,百姓就不敢不恭敬;在上位的人重视义,百姓就不敢不服从;在上位的人重视信,百姓就不敢不用真心对待。这里的"情"是情实之义,"用情"就是用真心、实情。在上位的人,也就是执政者如果能做到好礼、好义、好信,"夫如是,则四方之民襁负其子而至矣,焉用稼?"这样的话,四方的百姓就会背着他们的孩子来投奔,哪里还用得着种庄稼呢?"襁"是背负婴儿的背带或布兜,这里用作动词,指背负。

　　本章与"亲亲相隐""唯女子与小人为难养也"一样,是《论语》中最有争议的章节之一,直接涉及对于孔子的理解和评价。在"批林批孔"运动中,本章就是批判孔子四体不勤、五谷不分、轻视劳动人民的一条重要罪状。我觉得今天不必做如此诛心之论,而应从孔子所处的时代以及人们的人生选择角度来理解。孔子生活于贵族等级制度被打破、社会出现流动的时代,特别是出现了"士"这一特殊阶层。士本来属于贵族阶级,是贵族中最低的一个阶层,由于社会流动,阶层固化被打破,凡具有一定知识、文化、技能,且在社会上产生一定影响的人,都可以成为士,士成为一个新的社会阶层。对于贵族而言,士属于精英阶层,负有管理、教化庶民的责任;对于庶民而言,升入新的阶层是他们的期望,而现实也具有了这种机会与可能,尽管只是针对少数人而言。孔子收徒设教,就是要培养一批士人、君子,让他们参与社会的治理,齐家治国平天下,重建礼乐秩序。所以儒家往往是从社会管理者的角度考虑问题的,具有很强的精英性质,这点与墨家、农家不太一样。墨家、农家是下层民众的代言人,其信徒往往是工匠、农夫,是劳动生产者,所以他们具有民粹的倾向,主张"贤者与民并耕而食,饔飧而治",执政者也要参与劳动,甚至是家务劳动。"饔飧"本义指早饭和晚饭,这里用作动词,指做饭。执政者要一边做饭、干家务,一边治理国家,这是农家的理想。儒家当然是不同意的,所以孟子对农家有激烈的批评,他的理由是:"或劳心,或劳力;劳心者治人,劳力者治于人;治于人者食人,治人者食于人:天下之通义也。"(《孟子·滕文公上》)社会本来就是存在分工的,有脑力劳动者,有体力劳动者;脑力劳动者应该从事管理,体力劳动者自然应该从事生产;从事管理的应该被从事生产的养活,从事生产的应该养活从事管理的,这是"天下之通义"。从这里可以看到,儒家是要培养劳心者,培养社会的精英阶层,培养士人、君子,他们更看重的是才能、品格,是治天下的能力。樊迟的选择,显然与孔子的想法是不一致的,有违孔子的教育理念。所以孔子说樊迟这个人甘心做一个普通人,是批评他不求上进。不能说孔子就一定瞧不起耕田种地的人,瞧不起劳动者,只是他对弟子有更高的期许,希望弟子能成为有政治才能的人。如果说孔子有等级观念的话,那就是孔子思想中存在君子与小人、管理者与被管理者的差别,他更看重的是君子、管理者,他要培养的也是管理人才。樊迟甘心做一个耕田种地者,他当然不满意。我们今天讲职业无尊卑贵贱之分,但做人生选择时,还是希望做科学家、工程师、企业家等。当然每个人的能力、天资、机遇不同,任何选择都是值得尊重的。作为一名大学教师,我当然希望学生在学术上能有所成就,成为著名的学者、教授。如果有一个学生对我说,老师,我毕业后想去送外卖,我就会批评他,"小人哉,某某同学",太不求上进了。这样理解,就可以讲通了。

13·5 子曰:"诵《诗》三百,授之以政,不达;使于四方,不能专对;虽多,亦奚以为?"

本章意思是,孔子说:"诵读《诗》三百,授予他政事,不能通达;派他出使四方,却不能独立应对;即使读得再多,又有什么用呢?"

这里的《诗》指《诗经》,《诗经》共三百零五首,所以人们经常说"《诗》三百"。我们今天阅读《诗经》,会把它看作古代诗歌的总集,认为是一部文学作品。但是在春秋时期,《诗》首先是贵族间交流表达的重要媒介。翻阅《左传》,我们会发现贵族交流时经常引用《诗》,两个人见面,我引《诗》一首,对方听到后,马上理解了,因为他们对《诗》都非常熟悉,于是也回《诗》一首,这被看作贵族的修养。孔子继承了这个传统,要求自己的弟子也要学《诗》。孔子教授弟子,主要科目就是《诗》《书》《礼》《乐》,《诗》占有重要地位。《论语·季氏》记载了一件事,有一天,孔子独自站在院子里,儿子孔鲤从庭前路过,看见父亲转身想走。孔子说:学《诗》了吗?孔鲤回答:还没有。孔子说:"不学《诗》,无以言!"你不学习《诗》,连话都不会说。于是"鲤退而学《诗》",孔鲤转身去学《诗》了。孔子为什么说"不学《诗》,无以言"呢?因为古代贵族重视修养,遇到事情不能直白地去说,而要引用《诗》来表达,这样才能显出水平。这就好比今天朋友外出游玩,看到夕阳余晖,孤雁翱翔,有文化的会说:"落霞与孤鹜齐飞,秋水共长天一色。"而没文化的则会说:"哇,好大的鸟,真好看!"又比如被公司炒鱿鱼了,读过诗的会说:"仰天大笑出门去,我辈岂是蓬蒿人。"没读过诗的最多说一句"此处不留爷,自有留爷处"。或许我们今天不太看重这些了,但在古代则不同,《诗》不仅关涉个人的修养,还是社会身份的体现。当然,《诗》的作用不仅限于表达,孔子说:"《诗》,可以兴,可以观,可以群,可以怨。迩之事父,远之事君;多识于鸟兽草木之名。"(《论语·阳货》)"兴"是起兴,是"先言他物,以引起所咏之词也"。"兴"可以激发人的情志,引发对生活的感悟。"观"是"观风俗之盛衰",古代有采诗之官,王者通过所采之诗可以"观风俗,知得失,自考正"。还有一种说法,认为"观"是观志,古人盛行"赋诗言志",通过别人所赋之诗,就可以观得其志。"群"是与人交往,学习了《诗》就可以与志同道合者切磋交往。"怨"是怨刺、批评,可以通过《诗》对不合理的事情做出批评。所以《诗》可以激发人的情志,可以观察风俗盛衰,可以与人交流,可以怨刺、批评。另外,读《诗》还可以认识很多鸟兽草木的名称。但这些都不是最重要的,最重要的是"事父""事君",这在古代属于政治活动,《诗》的价值更多地体现在这个方面。所以在古代,《诗》首先不是文学,而是经学。什么是经学?就是治国的大纲大法,是政治性的。

孔子说,诵读了《诗经》三百首,交给他政事,却做不到通达。"达"是通达,指通晓为政之理。出使其他国家,不能独立应对。"专对",指遇到事情无法回去请示,需要自己做出决断。即使《诗》读了很多,又有什么用呢?所以孔子在本章主要是从政治角度来看待《诗》的,突出的是《诗》的政治功能,这对以后人们对《诗》的理解产生很大影响。

13·6 子曰:"其身正,不令而行;其身不正,虽令不从。"

本章意思是,孔子说:"自己行为端正,不用命令百姓就会遵行;自己行为不正,即使发布命令百姓也不会听从。"

本章论身教。"其"是反身代词,指自己。"身"可以理解为行为。"正"是端正。自己行为端正,不用发号施令百姓也会遵行;自己行为不端正,即使发布命令百姓也不会听从,所以身教胜于言教。这是一个很朴素的道理,也是《论语》中反复强调的思想,如:"政者,正也。子帅以正,孰敢不正?"(《论语·颜渊》)本篇第十三章也说:"苟正其身矣,于从政乎何有?不能正其身,如正人何?"前些年发现的郭店竹简中,也有很多强调身教的内容。如:"下之事上也,不从其所命,而从其所行。上好是物也,下必有甚焉者。"(《尊德义》)下级对于上级,不看你说什么,而看你做什么。上面喜好什么,下面会加倍喜欢。"亡乎其身而存乎其词,虽厚其命,民弗从之矣……上苟身服之,则民必有甚焉者。"(《成之闻之》)自己没有做到而只是嘴上讲讲,讲得再好,百姓也不会听从。上面如果行动上做到了,百姓就会做得更好。可见,身教是儒家的一个重要思想,不仅孔子,孔子之后的儒家学者都非常重视和强调这一思想。

13·7 子曰:"鲁卫之政,兄弟也。"

本章翻译为,孔子说:"鲁国和卫国的政局,真像是一对难兄难弟。"

孔子周游列国,在卫国住过很长时间,他的弟子也有在卫国出仕者,所以他对卫国的政治是比较了解的。从渊源上看,鲁国是周公的封地,卫国是康叔的封地,周公和康叔都是文王的儿子,是兄弟,所以说,鲁国和卫国本来就是兄弟之国。在孔子时代,鲁国和卫国的政治都出现了问题,鲁国是三桓掌权,架空了国君;卫国因卫灵公宠幸南子,引起内乱,导致蒯聩、卫辄父子争位。孔子说:"鲁卫之政,兄弟也。""兄弟"有两层意思,一是说鲁国和卫国本来就是兄弟之国;二是说现在鲁国、卫国的政局都陷入混乱,像是一对难兄难弟。朱熹说:"鲁,周公之后。卫,康叔之后。本兄弟之国,而是时衰乱,政亦相似,故孔子叹之。"后人多是根据朱熹的说法理解本章的。

13·8 子谓卫公子荆,"善居室。始有,曰:'苟合矣。'少有,曰:'苟完矣。'富有,曰:'苟美矣。'"

本章意思为,孔子谈到卫国的公子荆,说:"他善于居家过日子。刚刚有一点家产,就说:'差不多足够了。'稍微多一点时,就说:'差不多完备了。'更多一点时,就说:'差不多完美了。'"

本章可能是孔子在卫国时对公子荆的评论。公子荆,卫国大夫,名荆,字南楚,是卫献公的儿子。春秋时期,诸侯的儿子中继承君位的称为世子,其余皆称为公子。据《左传·襄公二十九年》记载,吴国的公子札到各国去访问,在卫国见到了蘧瑗、史狗、史鰌、公子荆、公叔发、公子朝等人,言谈甚欢,说:"卫多君子,未有患也。"卫国有很多贤能的君子,不会有什么祸患。公子札称赞的君子中,就包括公子荆。本章孔子称赞卫国的公子荆善于居家过日子。"善"是擅长、善于之义。"居室"指居家过日子。"始有,曰:'苟合矣。'"刚有一点家产,就说:"差不多足够了。""苟"是差不多、勉强的意思。"合",足够。"少有,曰:'苟完矣。'"稍微多一点,就说:"差不多完备了。""富有,曰:'苟美矣。'"再多一点,就说:"差不多完美了。"公子荆有君子之称,他的人格风范、处事态度受到时人的肯定。孔子距离公子荆时代不远,对他应该是有所了解的。从本章来看,公子荆之所以"善居室",就在于知足常乐,而不是贪得无厌。公子荆不像一些统治者,总觉得自己的财产不够,总想多搜刮一点。虽然公子荆知足、节制,他的财富却在不断增长,这也是孔子欣赏他的地方。

13·9 子适卫,冉有仆。子曰:"庶矣哉!"冉有曰:"既庶矣,又何加焉?"曰:"富之。"曰:"既富矣,又何加焉?"曰:"教之。"

本章翻译过来是,孔子去卫国,冉有为老师赶车。孔子说:"人口真多呀!"冉有问:"人口已经够多了,还要做些什么呢?"孔子说:"使他们富裕。"冉有又问:"富裕之后,还要做些什么呢?"孔子说:"使他们得到教育。"

孔子到卫国去，弟子冉有为老师赶马车。孔子一生到过卫国多次，本章记录的是哪一次，已不可详考。"仆"是驾车的人，这里用作动词。可能是进入了卫国国境，看到了卫国的民众，孔子感叹道："庶矣哉！"人口真多啊！"庶"是众多的意思，这里指人口多。冉有就问："既庶矣，又何加焉？"人口已经很多了，还要做什么呢？孔子说："富之。"使他们富裕。冉有又问："既富矣，又何加焉？"已经富裕了，还要做什么呢？孔子回答："教之。"使他们得到教育。这里的"富之""教之"都是使动用法。

本章反映了孔子的治国理想，可以概括为六个字：庶之、富之、教之。首先要增加人口，古代地广人稀，不存在计划生育的问题，相反要鼓励生育。其次要改善生活，使民众富裕起来。再次是推行教育，使民众懂得礼义廉耻，"仓廪实而知礼节"。从本章可知，孔子主张"先富后教"，"教"要建立在"富"的基础上。后来有些儒者看到孔子重视教化，加之维护专制统治的需要，便大谈"存天理，灭人欲"，甚至主张"饿死事小，失节事大"，这实际上是"先教后富"，甚至是"教而不富"，与孔子的思想是完全背离的。儒学经过两千多年的发展，内部是非常复杂的，有些人不加区分，抓住一点就全盘否定，是不正确的。我们要分清楚哪些是儒家的真精神，哪些是后儒的扭曲、改造，这样才能把握儒学的精华、实质，也才能为儒学做出辩护。

13·10 子曰："苟有用我者，期月而已可也，三年有成。"

本章意思是,孔子说:"如果有人用我,一年就可以有起色,三年就会有成果。"

"期(jī)月"有两种含义,一指一整月,一指一整年。《中庸》云:"择乎中庸,而不能期月守也。"这里的"期月"指一整月。而本章指一整年。孔子说,如果有人用我,给我从政的机会,一年就可以有起色,三年就可以有成果。可见孔子对自己的政治才能是颇为自负的,对自己的政治理念也是充满自信的。但是孔子又认为,自己才能的施展、理念的实现必须是有条件的,就是有人用我,给我从政的机会。这可以说是孔子及儒家无法克服的内在矛盾,是他们希望得君行道必然面临的困境。本章可能是孔子早年从政前的言论,反映了他对政治实际运作缺乏了解的浪漫心态。

13·11 子曰:"'善人为邦百年,亦可以胜残去杀矣。'诚哉是言也!"

本章意思是,孔子说:"'善人治国百年,就可以遏制残暴之人,废除刑罚杀戮了。'这话真有道理呀!"

"善人",指具有仁德的执政者,犹如下一章的"王者"。"胜残",遏制残暴之人,使之不能作恶。"去杀",废除刑罚杀戮。好人治国百年,就可以遏制残暴之人、废除刑罚杀戮了。这是孔子引用别人的话,可能是当时流行的观点,孔子认为这句话很有道理。

13·12 子曰:"如有王者,必世而后仁。"

本章翻译过来就是,孔子说:"如果有王者出现,也一定要三十年才能使天下归仁。"

"世",古人称三十年为一世。孔子说,如果有王者兴起,一定要有三十年才可以做到天下归仁。孔子的社会理想是天下归仁,使天下人都具有仁德。从消极方面讲,就是"胜残去杀",社会上没有残暴之人,人们自觉遵纪守法,不需要刑罚惩罚。从积极方面讲,则是"老者安之,朋友信之,少者怀之"(《论语·公冶长》),长者得到尊重,朋友得到信任,孩童得到关爱。孔子一生都在努力实现仁,此后孟子提出仁政,就是从孔子的仁发展而来的。

孔子认为只有善人、王者长期执政,才可以做到天下归仁,他把实现仁的社会理想寄托在圣王身上,是一种人治思想,在现实中是行不通的。孟子说:"徒善不足以为政,徒法不能以自行。"(《孟子·离娄上》)实现仁政不仅要有善人,更要有善法,二者具备,才能做到天下归仁。

13·13 子曰:"苟正其身矣,于从政乎何有?不能正其身,如正人何?"

本章翻译过来就是,孔子说:"如果能端正自己的行为,对于从政还有什么困难呢?如果不能端正自己的行为,又怎么能去端正别人呢?"

这一章也是谈身教，与前面第六章内容相近，可以放在一起理解。

13·14 冉子退朝。子曰："何晏也？"对曰："有政。"子曰："其事也。如有政，虽不吾以，吾其与闻之。"

本章意思是：冉求退朝回来。孔子说："怎么回来这么晚啊？"冉求回答："有国政。"孔子说："大概是（季氏的）家事吧。如果有国政，即使不用我，我也会知道的。"

"冉子退朝"，冉子是孔子的弟子冉求，字子有，也称冉有。"子"在古代是尊称，类似于先生，所以孔门弟子一般不称子，只有少数地位较高的称子，如曾子、有子。冉求也称子，说明他在孔门中地位也是较高的。冉求曾做过季氏的家臣，本章所记就是他为家臣时的事情。"朝"，春秋时期诸侯有内朝、外朝之分，《国语·鲁语下》记载："自卿以下，合官职于外朝，合家事于内朝。""合"是共同商议的意思。"官职"是官吏的职责。"外朝"指国之公朝。"家事"指大夫的家内之事。"内朝"指大夫之家朝。我们知道，春秋时期权力下移，各诸侯国往往被大夫把持，像鲁国就是三桓执政。他们在外朝讨论国家的事情，又在内朝听家臣汇报封邑的事务。所以冉求所退的朝指内朝，也就是季氏召集家臣议事的地方。冉求退朝后，这里省略了一句话，"见孔子"，来拜见孔子。冉求虽然出仕做了季氏的家臣，但在学业上所拜的是孔子，所以退朝后经常来看望老师。孔子问："何晏也？"怎么回来这么晚？冉求回答:"有政。"有政务,今天讨论国家大事了。孔子听后说道:"其事也。"你说的恐怕是家事吧。"其"是大概的意思。"事"指大夫的家事。孔子心说,冉求真是家事、国事不分啊,误以家事当国事。"如有政,虽不吾以,吾其与闻之。""不吾以"即"不以吾","以"是用的意思。孔子曾做过鲁国的中都宰、大司寇,并一度摄相事,后因"堕三都"失败,加之季桓子的冷遇,不得已辞官而去,开始周游列国,晚年虽回到鲁国,但已经不担任官职了。孔子虽不在其位,但依然关心鲁国之政,所以说如果真有国家的政事,也就是鲁国的政事,即使不任用我,我不在朝中任职,我也是会听说的。"吾其与闻之"的"其"是表祈使的副词,应该的意思。"与闻",有所听闻。"与",有的意思。"与闻"表示不是被动听说,而是主动听闻。

　　本章是鲁国政治生态的缩影:国君大权旁落,大夫把持国政,三桓尤其是季氏成为鲁国实际的统治者。季氏类似西方僭主,由于没有经过合法的任命程序,不具有合法性,往往只关注家族利益而不顾及国家利益,结果造成家国不分、以家为国的局面。鲁国的国事本来应该由国君主持讨论,但季氏越俎代庖,已经是僭越。国事之外,又召集臣宰商讨家事,更不恰当。孔子对冉求的质疑,表明他对季氏的不满。孔子的态度是,对于季氏的家事我没有兴趣,但对鲁国的国政,即使已经不在其位,也会主动关心。可能囿于当时的环境,孔子对季氏的批评、不满比较隐微,只有了解了当时鲁国的政治生态,才能对本章做出较好的解读。

13·15 定公问:"一言而可以兴邦,有诸?"孔子对曰:"言不可以若是,其几也。人之言曰:'为君难,为臣不易。'如知为君之难也,不几乎一言而兴邦乎?"曰:"一言而丧邦,有诸?"孔子对曰:"言不可以若是,其几也。人之言曰:'予无乐乎为君,唯其言而莫予违也。'如其善而莫之违也,不亦善乎?如不善而莫之违也,不几乎一言而丧邦乎?"

本章翻译为,鲁定公问:"一句话可以兴邦,有这回事吗?"孔子回答:"话不可以这样绝对,不过接近罢了。有人说:'做君主难,做臣子不易。'如果懂得了做君主的难处,不就接近一言兴邦了吗?"定公说:"一句话可以丧邦,有这回事吗?"孔子回答:"话不可以这样绝对,不过接近罢了。有人说:'我做君主没有别的乐趣,只是我说话时没人敢违抗。'如果君主说得对,没有人违抗,不很好吗?如果说得不对,也没人违抗,不就接近一言丧邦了吗?"

定公指鲁定公,《春秋》中一共记载了鲁国十二位国君,分别是隐公、桓公、庄公、闵公、僖公、文公、宣公、成公、襄公、昭公、定公、哀公。孔子出生于襄公二十二年(前551),卒于哀公十六年(前479),经历了四代国君,但襄公、昭公在位时,孔子尚年幼或影响不够,真正有交往的主要是定公、哀公。定公本来是昭公的弟弟,因昭公被季平子赶出鲁国,客死他乡,于是他成为鲁国第二十五任君主。定公即位后,先后任命孔子为中都宰、司空、大司寇,并由大司寇摄相事,一度对孔子较为信任,本章应该是这个时期二人的对话。

定公问：“一言而可以兴邦,有诸?”一句话可以兴邦,有这回事吗？言外之意,如果有,您赶快告诉我吧,这样我就能把国家治理好了。孔子回答：“言不可以若是,其几也。”"几"有两种解释：一是通"冀",指期望,意思是不能如此期望言语的效果。按这种理解,本句不必断开,而应该连读,作"言不可以若是其几也"。二是训"近",接近的意思。本句应断作"言不可以若是,其几也",意思是言语不可能有这样的效果,只是近似吧。我们采取第二种解释。"人之言曰：'为君难,为臣不易。'如知为君之难也,不几乎一言而兴邦乎?"我听人说,做君主难,做臣子也不容易。如果懂得了做君主的难处,不就接近一句话可以兴邦了吗？读到这里,可能会有疑问,为什么孔子会认为懂得了为君的难处,就接近一言兴邦呢？这是因为在儒家看来,治理国家的关键首先在于国君,而对于国君而言,则在于他对治国的态度。从人性来看,人们总是容易看到权力所能带来的好处,而忽视了与权力相伴的责任甚至是风险。朱熹《论语集注》说："知为君之难,则必战战兢兢,临深履薄,而无一事之敢忽。"知道了作为君主的难处,就会战战兢兢,如临深渊,对待政事不敢疏忽、倦怠。虽不敢说由此必然会兴邦,却是兴邦的必要条件和必须经历的一步。

鲁定公又问："一言而丧邦,有诸?"一句话可以失国,有这回事吗？孔子说："言不可以若是,其几也。"话不可以这样绝对,但是近似的还是有的。"人之言曰：'予无乐乎为君,唯其言而莫予违也。'"有人说,我做君主没有别的乐趣,只是我讲的话没有人敢于违抗。可以看到,这里与前面"为君难"是联系在一起的。人们为什么愿意当官呢?当官的最大好处是可以享受权力带来的快感,别人见到你恭恭敬敬,你讲的话不管对不对,别人只能洗耳恭听,还要奉承。孔子又说:"如其善而莫之违也,不亦善乎?如不善而莫之违也,不几乎一言而丧邦乎?"如果君主说得对,没有人敢于违抗,这当然好。但问题是,当君主说得不对的时候,也没有人敢于提出不同的意见,这不就接近一言而失国了吗?

本章"一言而兴邦""一言而丧邦"都是针对国君而言的,是对鲁定公问题的回答。孔子认为国家治理的关键在于国君的态度,这是由当时君主制度决定的。但孔子并不主张一味迎合君主,相反认为当君主做出错误决定时,依然没有人敢于提出不同意见,那就离亡国不远了,这与孔子主张对于君主应"勿欺也,而犯之"(《论语·宪问》)的观点是一致的。

13·16 叶公问政。子曰:"近者说,远者来。"

本章意思是:叶公问为政。孔子说:"使近处的人感到高兴,远方的人前来归附。"

叶公是楚国大夫,姓沈,名诸梁,字子高。因为他被楚昭王封到古叶邑(今河南叶县)为尹,故称叶公,成语"叶公好龙"就与他有关。据说叶公到叶邑上任不久,看到当地水患严重,百姓深受其害,于是便着手兴修水利。当时没有纸张,写东西一般用竹简,但竹简不适合画水利施工图,所以他只好画在自家墙壁上。因为传说龙主管刮风下雨,所以他又在墙壁上画了很多龙,以求风调雨顺。可能是因为这个原因,引申出了"叶公好龙"的传说。叶公在《论语》中出现过三次,一次是问子路孔子是什么样的人,见《述而》第十九章,子路回答不上来,孔子知道后说了那句著名的话:"女奚不曰,其为人也,发愤忘食,乐以忘忧,不知老之将至云尔。"还有一次是与孔子讨论"亲亲相隐"的事,见于本篇第十八章。

本章叶公问如何处理政事,孔子回答:"近者说,远者来。"使近处的人高兴,使远处的人归附。"说",同"悦",高兴的意思。那么如何做到这一点呢?这就是孔子在其他章所讲的,"为政以德,譬如北辰,居其所而众星共之"(《论语·为政》),要靠德来实现了。本章孔子只说为政的目标是做到"近者说,远者来",而没有说实现这一目标的方法,可能他在别处已有论述,故没有展开说明。这样自然会引起人们的质疑,比如墨子曾评论此事:"叶公子高未得其问也,仲尼亦未得其所以对也。叶公子高岂不知善为政者之远者近也,而旧者新是哉?问所以为之若之何也。不以人之所不智告人,以所智告之,故叶公子高未得其问也,仲尼亦未得其所以对也。"(《墨子·耕柱》)在墨子看来,叶公当然知道为政应该使疏远的人亲近,对旧人如新人,他是想知道如何做到这一点。而孔子没有把人所不知道的告诉人,却把人所知道的告诉人。可见叶公没有问到点子上,孔子也没有答到点子上。墨家擅长逻辑分析,故认为孔子的回答不够完满,实际上是避重就轻了。而孔子认为,为政首先要确立德治的理想,至于具体措施本是题中应有之义,反倒不是那么重要了。

13·17 子夏为莒父宰,问政。子曰:"无欲速,无见小利。欲速则不达,见小利则大事不成。"

本章翻译过来是:子夏做莒父的邑宰,问如何处理政事。孔子说:"不贪求速成,不贪图小利。贪求速成反而达不到目的,贪图小利就做不成大事。"

子夏,姓卜名商,是孔子的高足之一。孔子去世后,他的弟子中有两位在学术上影响非常大,一位是曾子,另一位就是子夏。曾子在鲁国也就是今天曲阜一带教学授徒,曲阜有两条河,一条叫洙河,一条叫泗河,所以人们把曾子这一派称为"洙泗之学"。宋代以后,这一派被看作儒家正统,宋儒所构建的道统说中,曾子上接孔子,下传子思,是其中重要一环。子夏在孔子去世后,来到了中原的魏国,做了魏文侯的老师。他教学于西河,从学者有三百多人,人才辈出,"如田子方、段干木、吴起、禽滑釐之属,皆受业于子夏之伦"(《史记·儒林列传》),他这一派被称为"西河之学"。"洙泗之学"与"西河之学"是早期儒家的两个重要学派,二者各有特色:曾子重视内省,重视道德人格的塑造,对儒家传统继承较多,故后世认为它代表了儒家正统;子夏到了魏国后,为了配合魏文侯的变法改革,比较重视功利,同时融合各家之长,所以后世往往认为子夏的思想驳杂,不那么纯粹,对他的评价也不那么高。这实际上是一种偏见。从当时的影响力来看,子夏的西河学派影响力远远超过了其他学派,魏国也是战国初期最强大的国家。

莒父是鲁国的一个城邑,在今山东莒县境内。子夏做莒父的邑宰,向孔子请教政事。孔子回答:"无欲速,无见小利。欲速则不达,见小利则大事不成。""欲"是想要的意思。"见"是贪求、寻求的意思。不要贪图速成,不要贪求小利。因为贪图速成反而达不到目的(成语"欲速不达"就是从这儿来的),贪求小利就做不成大事。《子路》篇记录了多位弟子向孔子请教为政,面对同样的问题,孔子的回答却是不同的,这是孔子因材施教的表现。至于为何告诫子夏不要贪求速成,不要贪图小利,可能是孔子看到子夏志向、抱负远大,虽为其高兴,但又担心其欲速而不达吧。

13·18 叶公语孔子曰:"吾党有直躬者,其父攘羊,而子证之。"孔子曰:"吾党之直者异于是:父为子隐,子为父隐,直在其中矣。"

本章翻译为,叶公对孔子说:"我们乡里有一位很正直的人,他的父亲偷了羊,他便作证揭发。"孔子说:"我们乡里对正直的理解与你们有所不同:父亲为儿子隐瞒,儿子为父亲隐瞒,这是率真、率直的表现啊!"

本章只有短短四十四个字,却影响非常大,甚至可以说是《论语》中影响最大的一章。二十多年前学术界围绕这一章有过一场争论,即亲亲相隐之争,直到今天这一争论还在延续。楚国大夫叶公对孔子说:"吾党有直躬者,其父攘羊,而子证之。""直躬",正直的人。"证"有两种解释,一是作证。

别人丢了羊,告到官府,儿子作证,承认父亲偷了羊。二是告发。儿子看到父亲偷了别人家的羊,主动到官府告发。我倾向于第一种解释。叶公说,我们乡里有一位很正直的人,他的父亲偷了别人家的羊,儿子作证说父亲确实偷了羊。孔子对此有不同的看法,"吾党之直者异于是:父为子隐,子为父隐,直在其中矣"。我们乡里对直的理解与你们有所不同:父亲为儿子隐瞒,儿子为父亲隐瞒,直就体现在其中了,或者说这就是直的表现。本章之所以引起激烈争论,就在于其中的"直"字。批评一方的刘清平教授写文章称,孔子认为"父为子隐,子为父隐"是公正、正直的,这实际上是将特殊的血缘情感置于普遍的道德法则之上,为维护血缘亲情不惜牺牲道德原则,儒家伦理存在深度的悖论。刘教授写这篇文章时,正赶上学界出现儒学复兴的形势,所以一石激起千层浪,引起强烈的反弹。以郭齐勇教授为代表的维护一方则认为,血缘亲情是一切正面价值的源头,抽掉了特殊亲情,就没有了所谓的儒家伦理准则,亲亲相隐恰恰有着深度的伦理学根据。之后双方你来我往,唇枪舌剑,争辩不断,论文发表了几百篇,论文集也编了两大本,还出现了几部专著,其中就有我的一部。本来我对这一问题是不太关心的,也不明白为什么会引起这么大的争议。后来我看了双方的立论,发现有个问题,就是争论双方的观点虽有不同,但都是将"直在其中矣"的"直"理解为公正、正直,也就是说在他们看来,孔子认为"父为子隐,子为父隐"是公正、正直的。所不同的是,一方认为这非常不好,是司法腐败的源头;而另一方则认为这种做法是无可厚非的,甚至是应该提倡的。这样就陷入立场之争,双方争论的是亲亲相隐对还是不对,而不再关注孔子到底想要表达什么。我认为这正是问题的症结所在,争论的双方其实没有真正读懂《论语》,"直在其中矣"的"直"并非如他们所认为的指公正、正直,而是率真、率直。孔子的意思是,父亲为儿子隐瞒,儿子为父亲隐瞒,这是率真、率直的表现,是人情所不能避免的。他不是做道德评价,而是对人们心理情感的描述。孔子不是说亲亲相隐是公正、正直的,是正确的行为,是应该提倡的,而是说当人们知道自己亲人犯法时,其第一反应往往不是去作证揭发,而是想着去隐瞒,这是符合人之常情的。至于偷羊的问题如何处理,本章并没有做出说明。

可能有人会提出疑问:把"直"解释为率真、率直有没有根据呢?这就需要对《论语》中的"直"做分析了。《论语》中"直"字共出现二十二次,它的内涵是比较复杂的,在不同的语境下有不同的含义,既可以指率真、率直,也可以指公正、正直,前者是出于情,后者是入于理。孔子理想的直,是率真、率直与公正、正直的统一,是情感与理性的融合,他称为直道。先来看率真、率直,如孔子说:"孰谓微生高直?或乞醯焉,乞诸其邻而与之。"(《论语·公冶长》)微生高是鲁国人,以直闻名,孔子却不以为然。因为曾经有人向微生高借醋,可是正好他家里也没有醋,他不如实相告(可能是怕别人说他小气吧),反而跑到邻居家借醋,然后又借给来借醋的人。微生高的做法虽然无可指摘,却有惺惺作态之嫌,所以孔子认为他并没有做到直。这里的"直"不是公正、正直,不是个人品质的问题,而是一种性情的流露,是坦率、实在的意思。又比如孔子说:"狂而不直……吾不知之矣。"(《论语·泰伯》)这里的"直"是爽直的意思。狂者往往比较爽直,狂固然是缺点,但爽直则有可取之处。如果一个人比较狂,但又做不到爽直,这个人就不可取了。又如孔子说:"古之愚也直,今之愚也诈而已矣。"(《论语·阳货》)这里的"直"是质朴、耿直之义。古代的人愚笨但是耿直,今天的人愚蠢而又狡诈。还有"好直不好学,其蔽也绞"(《论语·阳货》),这里的"直"是爽直、率直的意思。一个人率性而为,不注重学习,不注意性情的陶冶,就会有偏激、急切的弊端。"绞"是急切、偏激之义。孔子还说过:"恶讦以为直者。"(《论语·阳货》)这里的"直"是率直之义。有些人随意揭露别人的隐私,却认为是直的表现。"讦"是揭露别人的短处、隐私。这些例子都说明,《论语》中的"直"有率真、率直之义。我是陕西人,陕西话中也保留了直的这种用法,比如我们说一个人很直,不是说他公正、正直,而是说他直率,不绕弯子。

当然,《论语》中的"直"也有公正、正直的含义。如孔子说:"直哉史鱼!邦有道,如矢;邦无道,如矢。"(《论语·卫灵公》)史鱼是卫国的大夫。由于卫灵公是个昏君,疏远贤人蘧伯玉,却宠爱小人弥子瑕,于是史鱼就以"尸谏"的形式劝卫灵公近贤人、远小人,所以孔子称赞"直哉史鱼"。这里的"直"是公正、正直之义。国家有道,史鱼像箭一样正直;国家无道,史鱼仍像箭一样正直。孔子说:"举直错诸枉,则民服。"(《论语·为政》)这里的"直"指公正、正直之人。把公正、正直的人选拔上来,放在邪曲之人上面,百姓就信服。以上例子中,"直"都是公正、正直之义,或者是其引申义。

根据上面的分析,《论语》中的"直"在不同的语境下,具体内涵是有所不同的,有时候指率真、率直,有时候指公正、正直。孔子理想的直兼及情与理两个方面,代表了由情及理的实践过程,他称为"直道"。孔子说:"直道而事人,焉往而不三黜?"(《论语·微子》)理清了"直"的含义,我们再来看本章的内容就容易理解了。本章三次提到"直":"直躬""吾党之直者""直在其中矣",三个"直"的内涵其实是不同的。"直躬"的"直",是公正、正直之义,但"直躬"只讲理,不讲情;只讲公正、正直,不顾及亲情,不是孔子理想的直。儒家是情理哲学,既讲情,也重理,故孔子认为"直躬"的做法并不可取。"吾党之直者"的"直",是代表了孔子理想的"直",兼及情和理,是直道。而"直在其中矣"的"直",是率真、率直之义,主要是就情而言的。所以孔子并不是说父亲为儿子隐瞒、儿子为父亲隐瞒是公正、正直的,是符合理的,而是说这是人们情感的自然流露,是符合情的。孔子这样讲主要是对"直躬证父"的回应,而不是对"其父攘羊"整个事件的态度,不等于默认了"其父攘羊"的合理性,或者对此有意回避,视而不见。以往学者由于没有注意到这一点,批评也好,辩护也好,都没有触及问题的实质,反而陷入立场之争。批评者斥责儒家只顾及血缘亲情,不考虑社会正义,实际上是误解;辩护者称亲亲相隐是公正、正义的,本身并没有错,问题更为严重。试想,如果人们只知亲亲相隐,那么丢羊人的利益由谁来维护呢？社会还有没有普遍的公正、正义呢？对于这些问题，显然是难以做出回应的。实际上，孔子在本章只是强调，人们不能因为一点小错就去举证自己的父母、亲人，这不符合人之常情，但是对如何维护丢羊人的利益，并没有做出回答，而是点到为止——或许是因为当时没有讨论，或许是弟子的记录不完整。由此我们可以引申出这样一个问题：父亲犯了法，儿子怎么办？我们不能想当然地认为儒家主张无条件地维护血缘亲情，这不符合儒家的思想，因为"父为子隐，子为父隐"只是情感的自然流露，虽符合情，但不一定符合理，不符合社会的公正、正义，不是直道，不是理想的状态。从情出发，孔子承认亲亲相隐具有一定的合理性；从理出发，就要对"其父攘羊"做出回应，因为自私有财产确立以来，几乎所有的民族都将禁止盗窃列入其道德律令之中，勿偷盗几乎是一种共识，孔子自然也不会例外。只是由于《论语》没有对后者做出明确说明，故还需要结合儒家其他文献进行考证。

前些年公布的上博简中有《内礼》一篇，据学者研究，是属于曾子一派的作品，可以帮助我们了解孔子、儒家对于"其父攘羊"之类问题的态度。《内礼》说：

> 君子事父母，亡私乐，亡私忧。父母所乐乐之，父母所忧忧之。善则从之，不善则止之；止之而不可，隐而任之，如从己起。（第6、8简）

君子侍奉父母，没有自己的快乐，没有自己的忧愁。以父母的快乐为快乐,以父母的忧愁为忧愁。父母快乐,我也快乐;父母忧愁,我也忧愁。"善则从之,不善则止之。"他做得对,我就听从他;他做得不对,我就制止他。所以早期儒家并不认为"天下无不是的父母",并不主张无条件地维护血缘亲情,相反主张"从道不从君,从义不从父"(《荀子·子道》)。所以对待父母的过错,《内礼》主张"止之",具体来讲,就是要谏诤。由此类推,对于"其父攘羊",孔子一定也是主张谏诤的。如果说"隐"是情感的自然流露,是对亲情的适当维护的话,那么"谏"则是审慎的理性的思考,是对社会正义的维护。所以,不能简单地说儒家错误地夸大了血缘亲情的地位,为了血缘亲情就无原则地放弃普遍准则。在重视血缘亲情的同时,儒家对于是非、原则依然予以关注,依然主张通过谏诤来维护社会正义。但问题是,"止之而不可"怎么办?你想制止父亲,父亲不听怎么办?这时你还是不能去举证,而应该"隐而任之,如从己起",把父亲偷羊的事隐瞒下来,自己承担起责任,好像是自己做的一样。这样既维护了父子之情,又维护了社会正义;既符合情,又符合理,是情与理的统一,是直道。所以孔子、儒家对于"父亲犯了法,儿子怎么办"的态度是:第一,不应该举证自己的父亲;第二,应该向父亲进谏,制止父亲的行为;第三,在制止不成功的情况下,要自己承担责任,对父亲造成的损失做出赔偿。

不过,这又涉及另一个问题,儒家是不是主张对于父母、亲人的违法行为都要隐瞒呢?这个问题比较复杂,因为儒家内部本身就是复杂的,不同派别的观点、主张并不完全相同。

以子思为例,他并不主张对父母的过错都要隐瞒,而是要区分过错的大小。马王堆帛书及郭店竹简中都发现有《五行》篇,据学者研究,应该是子思一派的作品。文中谈到,有了大罪就要严厉惩罚,要顾及实际的案情,从严判罚;对于小罪则可以赦免,对亲人的罪行有所隐匿,这是典型的情理主义。在它看来,论罪定罚的界限不仅在于人之亲疏,还在于罪之大小。"其父攘羊"乃顺手牵羊,应当属于"小罪",故是可以赦免的,孝子的"隐而任之"也值得鼓励。但对于"其父杀人"之类的"大罪",则应依法惩办,不能为了个人的亲情而牺牲社会的正义。所以《五行》认为:"不以小爱害大爱,不以小义害大义也。""小爱",可理解为亲亲之爱;"大爱",指仁民爱物之爱。小义、大义意与此相近,前者指对父母亲人的义,后者指对民众国家的义。在子思一派看来,当小爱与大爱发生冲突,小义与大义不能统一时,他们明确反对将小爱、小义凌驾于大爱、大义之上,反对为小爱、小义而牺牲大爱、大义。所以我们对于儒家的思想理解要全面,不能抓住一句话就断章取义,更不能认为儒家只维护血缘亲情,而不顾及社会的公正、正义。

我前些年写了一篇讨论亲亲相隐的文章,主要谈了以上的看法。文章发表后,有一位年轻学者来与我辩论。他说,对于父母、亲人的违法行为只能有两种选择,要么允许隐匿,要么不允许隐匿。一个连自己亲人的违法行为都不许隐匿的社会,一定是个无道的社会,所以文明的社会一定会选择允许亲亲相隐的。我说,假如参与美国"9·11"事件的恐怖分子中,有一位是你的亲人,你是选择知情不告还是主动揭发呢?如果你选择隐瞒不告,那么你把几千个无辜的生命放到哪里去了?难道他们的生命不值得重视吗?你这样做于情于理讲得通吗?关键是,儒家也根本不是这样主张的,他们对于亲亲相隐主要限于"小而隐者",对于"大而显者"的罪行,至少子思一派明确主张"有大罪而大诛之"。所以我觉得有些为儒家辩护的学者,其实是好心办了坏事,他们非要把儒家解释为亲情至上者,然后又去论证亲亲相隐是公正、合理的,是完全正确的,这非但不会使理越辩越明,反而会引起更多的困惑。相反,我的文章发表后,很多学者对我说,如果按你的解释,儒家的主张我们是可以接受的。我说,这不是我的解释,而是儒家本来就是这样主张的,只是以前我们没有真正读懂《论语》,没有理解孔子而已。

所以阅读经典、读懂《论语》是非常不容易的。首先,要有文字训诂的训练。一个"直"字,看似简单,其实内涵是非常复杂的,需要认真辨析,不能望文生义。假如你连基本的文字都没有弄清楚,写再多的文章,又有什么价值呢?其次,文献学的基础也是很重要的。我们不能就《论语》读《论语》,而应将相关的文献结合起来,对儒学有一个整体、全面的理解。最后,义理也是非常重要的。儒学有自己的一套理论话语和思想体系,孔子之后,儒学内部出现分化,不同学派之间的主张和观点也不完全一致,这都需要我们做出详细的辨析。

亲亲相隐的讨论持续了二十多年,由于以前学者对文本存在误读,不仅没有解决问题,反而不断引起质疑。我的文章发表后,本想这下讨论总该告一段落了,可是情况并非如此,争论不仅没有结束,反而又引起新一轮的讨论。不过这次讨论与以往有所不同,之前学者争论的是亲亲相隐对还是不对,现在大家讨论的是孔子的主张到底是什么,亲亲相隐的本意是什么。如廖名春教授认为,"隐"通"檃(yǐn)",并非隐瞒的意思,而应训为纠正。他的根据是,古代有一种工具叫檃栝,以前人们做家具,木头不直,就用檃栝把木头扳直,故檃有纠正的意思。"父为子隐,子为父隐,直在其中矣",意思是父亲纠正儿子,儿子纠正父亲,这就是公正、正直。这与传统的理解完全不同。还有一位台湾学者,把"隐"解释为痛,指隐痛、心痛。父亲为儿子感到心痛,儿子为父亲感到心痛,"直在其中矣"。此外还有其他的说法。可以看到,这次讨论与以往最大的不同是转到了文字的训释上,我认为以往对"直"的理解有误,这几位学者则在"隐"字上下功夫,或解释为纠正,或解释为心痛,还有其他说法。说明大家的认识转变了,认为以往的理解可能有误,目前不是要争论亲亲相隐对还是不对,而是首先应该把孔子的本意搞清楚。虽然他们的具体观点与我不同,但思路则是与我一样的。所以有朋友跟我开玩笑说,你的一篇文章使亲亲相隐之争峰回路转,又引起新一轮的讨论。

13·19 樊迟问仁。子曰:"居处恭,执事敬,与人忠。虽之夷狄,不可弃也。"

本章翻译过来是:樊迟问仁。孔子回答:"平时举止谦恭,做事恭敬认真,待人忠厚诚实。即使到了边远蛮荒之地,这些原则也不可以丢弃。"

樊迟是孔子的弟子,他曾向孔子请教如何种田、种菜,惹得孔子不高兴,本章他向孔子请教什么是仁。仁是孔子的核心概念,某种意义上说,孔子创立儒学就是因为提出了仁。仁非常重要,理解起来也没有那么容易。有学者统计,仁在《论语》中出现过一百零六次,在不同的语境下,面对不同的人,孔子对仁的解说是不完全相同的,他对仁也没有下一个完整的定义,这就增加了我们理解的难度。有学者甚至说,要把孔子的仁解释清楚是非常困难的,它是儒学研究中的一个高难问题。因为要说明什么是仁,就需要把《论语》中关于仁的各种论述都包容进来,这的确是很难做到的。多年以前,我写过一篇讨论孔子仁的文章,结果写得非常艰难,几易其稿。我在那篇文章中提出,仁是成己、爱人的全体和过程。首先,从内容上看,仁包括成己与爱人,是成己与爱人的统一。其次,从性质上看,仁是全体、过程。凡属于成己、爱人活动过程的,都可以看作仁。所以仁是具体的,而不是抽象的;是动态的,而不是静止的。孔子论仁往往是就具体情境而言的,其所论往往是仁的具体呈现,而不等于仁的全部。我们要从孔子关于仁的具体论述中,去体会那个完整、统一的仁。我们阅读《论语》,学习孔子的思想,一个很重要的工作便是理解孔子的仁。如果理解了,《论语》就读进去了;如果没有,说明你还停留在外面,需要继续努力。

樊迟向孔子请教仁。孔子回答了三点:"居处恭,执事敬,与人忠。""居处"指平日的仪容举止。平时的举止要谦恭,做事情要恭敬,待人要忠厚。以上三点中,"居处恭"是平时的自我修养;"执事敬"是对待工作的态度,类似职业道德;"与人忠"是对待他人的态度,属于社会伦理。"虽之夷狄,不可弃也。""之"是前往的意思。"不可弃"有两种理解,一是指"居处恭,执事敬,与人忠"的原则不可被抛弃,二是指一个人做到了以上三点就不会被抛弃。此处选择第一种理解,即使到了偏远的蛮荒之地,这些原则也是不会被抛弃的。为什么呢?孔子论仁有一个重要原则,就是忠恕之道。"己欲立而立人,己欲达而达人"是忠,"己所不欲,勿施于人"是恕,凡符合忠恕的就是仁。"居处恭",行为举止谦恭,是会被普遍接受和尊重的,是能立于人、达于人的,因而是符合仁的。相反,举止傲慢无礼,是不会被接受和尊重的,是无法立于人、达于人的,也是不符合仁的。同样,"执事敬"可以被社会普遍接受,而玩忽职守则不能被接受。"与人忠"也是如此,谁都愿意与忠厚、诚实的人交往,而不愿与虚伪、狡诈的人来往,前者能立于人、达于人,后者则不能。所以本章实际上提出的是自我修养、工作态度、与人交往的三原则,即"居处恭,执事敬,与人忠"。这些原则可以推己及人,可以普遍化,是一种"普世价值",不仅施行于国内,也可以推行于国外。

  本章向孔子提问的是樊迟。关于樊迟,人们往往只注意他曾学种田,学种菜,认为他才情不高。其实樊迟对仁也非常关注,《论语》中记录他曾三次向孔子问仁,除了本章,还有《颜渊》篇:"樊迟问仁。子曰:'爱人。'"《雍也》篇:"(樊迟)问仁。曰:'仁者先难而后获,可谓仁矣。'""爱人"是仁的一个重要内容,"先难而后获"则说明仁是一个过程。孔子关于仁的几个重要论述都与樊迟有关,从这一点看,樊迟对儒学的贡献也是非常大的。

13·20 子贡问曰:"何如斯可谓之士矣?"子曰:"行己有耻,使于四方,不辱君命,可谓士矣。"曰:"敢问其次?"曰:"宗族称孝焉,乡党称弟焉。"曰:"敢问其次?"曰:"言必信,行必果,硁硁然小人哉!抑亦可以为次矣。"曰:"今之从政者何如?"子曰:"噫!斗筲之人,何足算也!"

本章意思是,子贡问:"怎样才可以称得上是士呢?"孔子说:"立身行事知道羞耻,出使四方能不辱君命,这种人就可以称为士了。"子贡说:"请问次一等的呢?"孔子说:"宗族中的人称赞他孝,乡里的人称赞他悌。"子贡说:"请问再次一等的呢?"夫子说:"说到一定做到,干事一定干到底,这是浅陋、固执的小人啊!但也可以说是再次一等的士了。"子贡说:"当今的从政者如何呢?"孔子说:"噫!都是些才识短浅、气量狭窄的人,哪里值得一提啊!"

学习儒学,首先要了解什么是士,这在本篇第四章已经提到。士本来是贵族中最低的一个阶层,到了孔子时代,由于社会的流动,有些上层贵族的地位衰落,下降为士,而有些庶民经过努力,具有一定的学识和影响,上升为士,士成为当时非常活跃的阶层。不过在孔子那里,士不仅仅是一个社会阶层,同时是一种精神信仰。孔子提出"士志于道"(《论语·里仁》),便已说明士是基本价值的维护者,是社会的良心。曾参发扬师教,讲得更明白:"士不可以不弘毅,任重而道远。仁以为己任,不亦重乎?死而后已,不亦远乎?"(《论语·泰伯》)士以仁为最高理想,他们超越了个人的物质利益,关注于人世间的政治秩序和普遍利益。所以从某种意义上也可以说,儒学就是士的哲学。

子贡问:"何如斯可谓之士矣?"怎样才可以称为士?孔子说:"行己有耻,使于四方,不辱君命,可谓士矣。""行己"指立身行事。立身行事要知耻,国君交付的使命能很好地完成,这种人就可以称为士了。我们可以看到,孔子是从内在的品格、修养("行己有耻"),和外在的政治事功、才干("不辱使命"),来理解士的,既具有内在的品格,又具有外在才干的就是士。

"敢问其次?"可能子贡感到孔子的标准太高,一时难以企及,就问次一等的士。孔子说:"宗族称孝焉,乡党称弟焉。"宗族中的人称赞他孝,乡里的人称赞他悌,这样的人也可以称为士。次一等与第一等的士差别在什么地方呢?第一等的士既重视个人道德品质的培养,又具有政治才干;次一等的士虽然也重视个人品质的培养,不过更多的是遵从外在的习俗、规范,因而能得到长辈、邻里的肯定,在事功方面没有特殊的表现。

子贡又问:"敢问其次?"再次一等的士呢?孔子说:"言必信,行必果,硁硁然小人哉!抑亦可以为次矣。""言必信",说到了就一定做到;"行必果",干事一定要干出结果。这不是很好吗？为什么是再次一等的士呢？关键是下一句"硁硁然小人哉"，"硁（kēng）硁"是浅陋、固执的意思。一个人不辨是非，浅薄固执，这实际上是小人，但是他又有优点，待人讲究信用，做事有始有终，这种人就是再次一等的士了。

从上面的论述可以看出，孔子实际上是根据人的主体精神来区分士的等次的，这种精神就是"三军可夺帅也，匹夫不可夺志也"的精神，也就是仁的精神。第一等的士"行己有耻"，根据内在的羞耻感决定自己的行为处事，具有高度的道德自觉。次一等的士谨守孝悌之义，在乡里也能赢得好的名声，但主体性有所不足。再次一等的士固执、浅陋，不能明辨是非，只是刻板地追求"言必信，行必果"，主体性自然更为欠缺了。此后孟子讲"言不必信，行不必果，惟义所在"（《孟子·离娄下》），认为比道德实践更为重要的是义。孟子又说："羞恶之心，义也。"（《孟子·告子上》）义是内在羞恶之心的外在表现，是内心决断的结果。所以孟子注重的是内在意志的决断，将其看作士的根本精神。他提出士应该"尚志"，主张"自反而不缩，虽褐宽博，吾不惴焉；自反而缩，虽千万人，吾往矣"（《孟子·公孙丑上》）。反躬自问，自己理亏，即使面对一个卑贱的人，我也不威吓他；反躬自问，自己是正确的，即使面对千军万马，我也勇往直前。孟子的这些看法，无疑是受到孔子的影响，是对孔子思想的继承和发展。

子贡又问："今之从政者何如？"如今的执政者怎么样？怎么评价他们？孔子回答："噫！斗筲之人，何足算也！""斗筲（shāo）"指斗和筲，斗为木制容器，容量为十升；筲为竹制容器,容量为一斗二升,都是小容器,形容人才识短浅、气量狭窄。孔子称当时的执政者为"斗筲之人",对他们不屑一顾,认为他们是没见识、没胸怀的人,不值一提。言外之意,他们连士都算不上。

13·21 子曰:"不得中行而与之,必也狂狷乎!狂者进取,狷者有所不为也。"

本章意思是,孔子说:"遇不到中庸的人与之交往,那就一定要结交那些狂放、狷介的人!狂放的人勇于进取,狷介的人不入流俗。"

孔子说:"不得中行而与之,必也狂狷乎!""中行"就是中道,《孟子·尽心下》引用本章就是作"中道",中道也就是中庸。孔子曾经说:"中庸之为德也,其至矣乎!民鲜久矣。"(《论语·雍也》)中庸的境界太高了,一般人很难达到,所以找不到中庸之人与其相处,只能找狂者和狷者了。"狂者进取,狷者有所不为也。"狂者与狷者是两个极端,狂者积极进取,狷者有所不为,一个激进,一个保守。狂者志大才疏,自以为是,这是他的缺点;但他勇于进取,无所畏惧,这是他的优点。狷者与之相反,谨慎保守,唯唯诺诺,这是他的不足;但他不随从流俗,不干违背原则的事,这是他的优点。《孟子》曾引用本章,并有所发挥,可以帮助我们理解狂者和狷者。孟子解释,狂者志向大,口气也大,开口就说古时候的人如何,可是一考察他们的行为,却不能与言语吻合。如果连狂者也结交不到，那就找不屑于同流合污的人为友，这就是狷者，是再次一等的人了。在孟子看来，狂者、狷者都有可取之处，最不能容忍的是乡愿，"乡原，德之贼也"。乡愿之所以可恨，就在于他们"同乎流俗，合乎污世"，没有是非原则，一味地取媚于流俗，看似忠诚老实，廉洁清正，却是对道德最大的败坏。

需要注意的是，由于语境与文化心理的变化，今天中庸似乎成为一个负面的概念，人们把中庸理解为没有原则、和稀泥。但在古代，中庸绝对是一个正面的概念，而且是很高的德行，称一个人中庸是对他很高的评价。中庸的含义为什么会发生这么大的转变呢？或许与近代的革命传统有关，在斗争的年代，人们自然不讲中庸。另外，对中庸的理解也与个人阅历有关。我读大学时，比较喜欢孟子，不太喜欢孔子和荀子，认为孔子"温、良、恭、俭、让"，比较中庸；孟子气魄大，"当今之世，舍我其谁"，更像一位狂者；荀子则像一位狷者，他主张"师云而云"，老师说什么就接受什么，反对"不是师法，而好自用"，有推崇权威的倾向。年轻时自然喜欢有狂者胸怀的孟子，但有了一定的阅历后，还是觉得中庸的境界更高。

13·22 子曰："南人有言曰：'人而无恒，不可以作巫医。'善夫！""不恒其德，或承之羞。"子曰："不占而已矣。"

本章翻译为，孔子说："南方人有句话说：'人如果没有恒心，就不可以当巫医。'这话说得好啊！"（《周易》说：）"不能恒久地保持德行，就有可能承受羞辱。"孔子说："这个道理不用占卜就能知道。"

孔子说:"南人有言曰:'人而无恒,不可以作巫医。'""南人",南方之人。南方人说,一个人如果没有恒心,就连巫医都当不好。古代的巫既会占卜,也会看病,一身二职,故称巫医。孔子说"善夫",这句话讲得好啊。"不恒其德,或承之羞。"这句话出自《周易》,是《恒卦》九三爻辞,意思是如果不能长久地保持自己的德行,就不免要承受由此带来的羞辱。这里孔子分别引用南方人和《周易》的话,说明做事情要有恒心,要持之以恒;如果不持之以恒,连巫医都做不成。

后面的"子曰:'不占而已矣。'"与前文是什么关系?一种解释是,这是孔子对所引《周易》文字的评论,意为不必占卜,亦知其结果。按照这种理解,本章孔子引用南人与《周易》之语,又分别做了"善夫"和"不占而已矣"的评论。还有一种解释,是把"子曰:'不占而已矣。'"单独分章,看作与前文不同的另一章,表达的是孔子的易学观。孔子"老而好《易》",但不是用《易》占卜算卦,预测吉凶,而是将其看作人生的教科书。马王堆帛书《要》篇记载:"夫子老而好《易》,居则在席,行则在橐。"古代的书是写在竹简上的,孔子晚年对《周易》痴迷,在家时就将其铺在席子上,出门就背在行囊里。弟子子贡感到疑惑,孔子解释,"我观其德义耳也""吾与史巫同涂而殊归者也"。从表面上看,孔子与巫都喜好《易》,但二者"同涂而殊归",对《易》的理解是不同的。巫用《易》占卜,孔子则"观其德义",学习其中做人的道理,所以是"不占而已矣",并不用来占卜算卦。此处我们赞同第一种解释。

13·23 子曰:"君子和而不同,小人同而不和。"

本章翻译过来是,孔子说:"君子主张和而不要求同,小人要求同而不主张和。"

本章有两个重要概念:"和"与"同"。什么是"和"？什么是"同"？春秋时期郑国大夫史伯解释:"以他平他谓之和。"(《国语·郑语》)不同的事物相互配合,叫作"和"。相同的事物加在一起,就是"同"。"和"可以容纳不同的意见,甚至是反对的意见;"同"只允许有一个声音、一种意见,是一言堂,一个人说了算。

关于"和"与"同",古人有不少论述,如史伯说:"和实生物,同则不继。""和"才能创造万物,"同"则无法长久。举例来说,不同的音符组合在一起,才能奏出和谐的乐曲;不同的食材放到一起,才能煮出美味佳肴;古代有五行说,认为大千世界由金、木、水、火、土五种基本元素组合而成,这都是"和"的表现。如果只有一个音符,只有一种食材,只有一种元素,就无法奏出美妙的音乐,做出美味佳肴,也不能形成大千世界,这都是"同"的局限。

13·24 子贡问曰:"乡人皆好之,何如？"子曰:"未可也。""乡人皆恶之,何如？"子曰:"未可也。不如乡人之善者好之,其不善者恶之。"

本章意思是,子贡问道:"一乡的人都喜欢他,这个人怎么样?"孔子说:"还不能肯定。"子贡又问:"一乡的人都厌恶他,这个人怎么样?"孔子说:"还不能肯定。不如乡里的好人都喜欢他,乡里的坏人都厌恶他。"

  对于本章有几点需要辨析,首先,孔子为什么反对用众人的舆论评判人之好坏,而更看重少数好人、坏人的意见呢?我想应该是他看到了大众舆论的局限性。孔子讲:"唯仁者能好人,能恶人。"(《论语·里仁》)能做出正确判断的毕竟是少数,故孔子对大众舆论持审慎的态度。子曰:"众恶之,必察焉;众好之,必察焉。"(《论语·卫灵公》)众人都厌恶一个人,要认真考察;众人都喜欢一个人,也要认真考察。本来不同的人有不同的意见和看法是正常的,但如果大家都说一个人好,就可能有问题了。都说他好,可能是因为他根本没有原则,"同乎流俗,合乎污世",喜欢讨好、迎合他人,这种人实际上是乡愿,是"德之贼也"。对于这种人,当然不能仅仅因为众人说他好,便肯定他。那么,为什么大家都厌恶的人也不能说他不好呢?一般说来,少数人说一个人不好,情有可原,但所有人都说他不好,应该就是他自身存在问题了。但是我们不能忽略一种情况,任何时代,敢于打破常规,勇于开拓进取的人,往往都是最有争议的人。对于这些人,不在于多少人反对他,而在于有没有人支持他以及支持他的是谁。如果支持他的是好人,是有见识、有智慧的人,这种人反而是应该肯定的。大家都说一个人好,或说一个人不好,舆论一致,孔子认为需要谨慎,不能轻易下结论。好人说其好,坏人说其不好;好人力挺,坏人反对,那基本上可以肯定他是好人了。

其次,如何判断哪些人是好人,哪些人是坏人呢?判定的标准是什么?这在我们今天的确是个问题,但是孔子生活在一个熟人的社会,他所说的又是一个乡里,大家彼此熟悉、了解,会形成一种相对稳定的道德评价。乡里有一些德高望重的人,大家比较认可;也有一些道德品质差的人,为乡人所鄙视,所以不难做出判断。

13·25 子曰:"君子易事而难说也。说之不以道,不说也;及其使人也,器之。小人难事而易说也。说之虽不以道,说也;及其使人也,求备焉。"

本章意思是,孔子说:"君子易于侍奉却难以取悦。如果不按正当的方式取悦,他不会高兴;等他用人的时候,能够量才使用。小人难于侍奉却容易取悦。即使用不正当的方式取悦,他也会高兴;等他用人的时候,却求全责备。"

孔子说:"君子易事而难说也。""说",通"悦",取悦之义。"事",侍奉,指下级侍奉上级。君子易于侍奉却难以取悦。君子做了领导,不摆架子,下级容易与其相处,但是难以取悦,你想奉承他,讨好他,那是不可能的。"说之不以道,不说也",不按正当的方式取悦他,他不会高兴。君子也有人之常情,不是不可以取悦,但要讲原则,要符合规定。"及其使人也,器之。""器"是才能、能力的意思,这里用作动词,指量才使用。君子做了领导,任用别人的时候,能够量才使用。你有才能,就重用你,多给你分配工作;才能不够,就继续培养,按你的才能分配适当的工作,不求全责备。小人就不同了,"小人难事而易说也",小人难以侍奉却容易取悦。小人做了领导,爬上高位,架子马上端起来,做他的下级是很倒霉的事。但是小人容易被取悦,喜欢听好听的话,喜欢被人奉承。"说之虽不以道,说也",即使用不正当的方式取悦他,他也一样高兴,忘乎所以。"及其使人也,求备焉。"他任用别人的时候,只看缺点、不足,求全责备,一味指责别人。

那么,君子、小人为什么会有这样的差别呢?当然与个人的修养有关。《大学》讲:"所恶于上,毋以使下;所恶于下,毋以事上。"不喜欢上级这样对待你,就不要这样对待你的下级;不喜欢下级这样对待你,就不要这样对待你的上级。《大学》认为这是"絜矩之道",是处理人与人关系的基本法则。君子显然就是掌握了絜矩之道,而小人则没有。

13·26 子曰:"君子泰而不骄,小人骄而不泰。"

本章意思是,孔子说:"君子舒泰而不骄傲,小人骄傲而不舒泰。"

《论语》经常将君子与小人对举,分别视为正面、负面人格的代表,告诫人们当近君子而远小人,做君子而不做小人。君子具有仁德,光明磊落,坦坦荡荡,表里如一;小人不具有仁德,阴险自私,处心积虑,患得患失。"君子泰而不骄","泰",舒泰。君子内心光明,从容自在,而又不骄傲自大,自以为是。"小人骄而不泰",小人自以为是,骄傲自大,但实际上内心扭曲,做不到从容自在。

13·27 子曰:"刚、毅、木、讷,近仁。"

本章翻译过来是,孔子说:"刚强、坚毅、质朴、言语谨慎,这四种品德近于仁。"

本章提出四种品德:刚、毅、木、讷。刚是刚强,毅是坚毅,木是质朴,讷是言语谨慎,孔子认为这四种品德接近于仁。我们今天经常说木讷,指人不善于说话,木讷是一个概念。但在孔子时代,木是木,讷是讷,木是一个单独的概念,指质朴,讷才是我们今天所说的木讷。另外,孔子说刚强、坚毅、质朴近于仁,这个容易理解,但为何说讷也近于仁呢?其实如果生活在同时代的希腊城邦的话,人们一定不会认为不善言辞是优点,相反会认为言辞流利才是美德。当时希腊有一批人叫智者,专门教人修辞学,就是教导如何使你的语言更具有煽动性,更能打动人。因为希腊的很多城邦实行的是民主制,能言善辩、语言流畅是公民的基本素质。但是这样又出现了一个问题,就是人们一味地追求修辞,而不管所表达的内容是否合理、真实。所以苏格拉底批评说,表达并不在于言辞的华丽,而在于是否符合真理。如果你表达的是错误的意见,言辞华丽,具有煽动性,只能对政治造成破坏。孔子面对的处境与苏格拉底有所不同,他生活于君主制下,但当时权力出现松动,下层士人开始登上政治舞台,参与基层管理。对于士人而言,谨言慎行才是他们应有的品德。当然孔子与苏格拉底一样,也有对美德本身的考虑。他说:"巧言令色,鲜矣仁。"(《论语·学而》)仁是内在的品质,是内心的坚守,一个人花言巧语,夸夸其谈("巧言"),显然不符合仁。仁也是外在的德行,是恰当的行为,一个人说得多往往就干得少,所以孔子强调要"讷于言而敏于行"(《论语·里仁》)。一个人少言寡语,但做事雷厉风行,这在孔子看来是符合仁的。所以我们不要认为讷本身符合仁,把讷单独拿出来未必符合仁,而是刚、毅、木、讷符合仁。刚、毅是勇猛果断,往往"敏于行",木、讷是质朴守拙,常常"讷于言"。勇猛果断,又质朴守拙;既"敏于行",又"讷于言",如此便近于仁了。

孔子为什么说"近于仁",而不说已经是仁了?这是因为孔子说的仁是最高的德,是我们不断企及而未必能达到的终极目标。仁包含了人类一切美好的品德,如"刚、毅、木、讷","温、良、恭、俭、让"(《论语·学而》),"恭、宽、信、敏、惠"(《论语·阳货》),等等。这些品德都包含于仁,属于仁,但本身不等于仁。具有了这些品德就近于仁了,但不能说就完全达到仁了。令尹子文三次被任命为令尹,三次被免职,喜怒不形于色。有人问孔子令尹子文是否做到了仁,孔子回答做到了忠,却未必可以说做到了仁。陈文子每到一个城邦,见有坏人当政,必弃而违之。有人问孔子陈文子是否做到了仁,孔子回答做到了清——清廉,却未必可以说做到了仁。(见《论语·公冶长》)所以我给仁的定义是:仁是全体,仁是过程,仁是人毕其一生去追求实现的德。所以刚、毅、木、讷只是近于仁,是仁的阶段、部分,但并不等于仁。

13·28 子路问曰:"何如斯可谓之士矣?"子曰:"切切、偲偲、怡怡如也,可谓士矣。朋友切切、偲偲,兄弟怡怡。"

本章翻译过来是,子路问道:"怎样才可以叫作士?"孔子说:"能够诚恳相待,互相勉励,又能和顺相处,就可以叫作士了。朋友之间诚恳相待,互相勉励,兄弟之间和顺相处。"

上文说过,学习儒学首先要了解士。关于士,孔子最经典的论述是"士志于道",士是追求道的。道是最高的理想,故"朝闻道,夕死可矣"(《论语·里仁》)。还有曾子的论述:"士不可以不弘毅,任重而道远。仁以为己任,不亦重乎?死而后已,不亦远乎?"(《论语·泰伯》)士应当有宏大的志向和坚毅的品格,因为他们的责任重、道路远。以实现仁为己任,责任当然很重;只有等生命终止,才能停止追求,道路当然很远。这些是《论语》对士最核心的论述,也是我们理解士的关键。除了以上内容,孔子还从不同角度对士展开论述,如前面第二十章以及本章。本章提问者是子路,问题一样,也是问怎样才可以算是士。但孔子的回答不一样,"切切、偲偲、怡怡如也,可谓士矣"。"切切"是恳切、诚挚。"偲(sī)偲"是相互勉励。"怡怡"是安适自得。与第二十章不同,本章主要是从士人的修养来立论的。士以追求道、实现仁为己任,首先要态度诚恳,遇到困难能互相勉励,又能与人和谐相处,做到这三点就是士了。在孔子时代,与朋友、兄弟相处是不同的,所以孔子又补充一句,"朋友切切、偲偲,兄弟怡怡",对待朋友要诚恳,能够互相勉励,对待兄弟重要的是能和谐相处。

孔子在《论语》中的言论往往是情景化的,针对具体的对象、语境而言,故同一主题往往有不同的论述。孔子认为士的根本是"志于道",本章则说明士的行为表现,突出士的修养。孔子这样回答,可能与提问者是子路有关。据记载,"子路性鄙,好勇力,志伉直"(《史记·仲尼弟子列传》)。子路性情粗鄙,好勇逞强,志气刚直。故孔子告诫他作为一个士首先要态度诚恳,对待朋友要勉励而不是抱怨,更重要的是要学会与他人相处。切切、偲偲、怡怡主要是针对子路说的。当然,切切、偲偲、怡怡也可以看作士的一般规定。

13·29 子曰:"善人教民七年,亦可以即戎矣。"

本章的意思是,孔子说:"善人训练民众七年,就可以让他们去作战了。"

"善人"指好人,也就是仁人,有道之人。"教民",有人说指教化民众,不够准确。从上文来看,"教"是训练的意思,"教民"就是训练民众。训练民众什么呢?就是作战、打仗了。"即戎","即"是就、接近的意思。"戎"是兵。"即戎"就是作战。所以孔子并不是完全反对战争的,符合道义的战争是必要的。但是作战之前,首先要训练民众,如果不训练民众就让他们去作战的话,实际上是在伤害民众。将本章与下一章内容结合起来,更容易理解。

13·30 子曰:"以不教民战,是谓弃之。"

"弃"是抛弃的意思。本章可以翻译为,孔子说:"让没有经过训练的百姓去作战,等于抛弃了他们。"

从以上两章可以看出,儒家不反对战争,"汤武革命,顺乎天而应乎人"(《周易·革卦》)。但是作战之前,要训练民众七年。否则,"以不教民战,是谓弃之"。让民众白白送死,是仁者所不为的。

我们把《子路》篇的内容总结一下。《子路》篇共三十章,涉及内容较多,但核心思想是讨论为政。孔子强调了身教的重要性,认为执政者给百姓做出榜样,给下属做出表率,是政治良性运作的关键。孔子还提到举贤才,认为是国家治理的重要内容。治理一个国家,要遵循"庶之""富之""教之"的次序,首先使人口增多,其次使生活富裕,然后再进行教育。先富后教,是孔子的治国思想。孔子的政治理想则是"近者说,远者来",靠德治赢得天下的归附。面对礼崩乐坏的现实,孔子提出的政治方案是正名,这是孔子政治思想中非常重要的内容,对后世产生深远影响。但如何实现正名,孔子尚没有给出明确说明。此外,《子路》篇还论及"一言以兴邦""一言以丧邦",以及士、仁等,针对子贡与子路相同的问题,孔子给出了不同的回答。这是孔子因材施教,根据弟子的不同性格特点、不同知识水平,给出不同指导的体现。

《子路》篇比较特殊的是"亲亲相隐"章,本章只有短短四十四个字,却成为当代学术的一大公案,争论长达二十余年之久,很多知名学者都卷入其中。我在这一章里表达了自己不同于以往学者的观点。首先,我认为"直在其中矣"的"直",

意思是率真、率直，而不是公正、正直。以往学者不论是肯定派还是否定派，都将"直"理解为公正、正直，认为孔子主张亲亲相隐是合理的，是公正、正直的，这不符合孔子的原意，是对孔子思想的曲解。而且按照这种理解，双方必然会陷入立场之争，或认为亲亲相隐很好，是合理的，或认为很坏，是腐败、社会不公的根源，结果谁也说服不了谁，造成无谓的争论。其实孔子只是说亲亲相隐是人的天性，是人自然情感的流露，具有相对的合理性，但不能绝对化。孔子只是反对儿子举证父亲，但对父亲偷羊的问题则没有做出讨论。根据出土文献，我认为早期儒家对于这一问题的基本态度是，不主张子女举证父母，但可以代父母之过，把父母的过错承担下来。同时，儒家认为要区分大罪还是小罪，大罪按国法处理，小罪可以为亲人适当隐瞒。这些内容在《论语》中并没有出现，是我们根据其他文献做的补充。

宪问第十四

梁涛 解读

《宪问》篇是《论语》的第十四篇,这一篇分章比较多,包含四十五章。和前面的《子路》篇一样,《宪问》篇也是取第一章的前两个字作为篇名。第一章的开头是"宪问耻",故用《宪问》作为篇名。"宪"是孔子的弟子原宪,"问"是提问。

14·1 宪问耻。子曰:"邦有道,穀;邦无道,穀,耻也。""克、伐、怨、欲不行焉,可以为仁矣?"子曰:"可以为难矣,仁则吾不知也。"

本章翻译过来是,原宪问什么是可耻。孔子说:"国家有道,可以出仕获取俸禄;国家无道,还出仕获取俸禄,就是可耻。"(原宪又问:)"好胜、自夸、怨恨、贪欲,这些缺点都没有了,可以称得上仁了吗?"孔子说:"可以称得上难能可贵了,至于能否称得上仁,我就不知道了。"

宪即原宪,字子思。先秦儒家有两位子思,一位是孔子的弟子原宪，另一位是孔子的孙子孔伋。原宪的影响不及孔伋。原宪问什么是耻。孔子回答："邦有道，穀；邦无道，穀，耻也。""穀"是俸禄，这里用作动词，指获取俸禄。国家有道，出仕获取俸禄是可以的；国家无道，还出仕获取俸禄，这样就是可耻的。

古人思考问题比较具体，司马迁曾引孔子的话："我欲载之空言，不如见之于行事之深切著明也。"(《史记·太史公自序》)如果抽象地谈论一个概念，不如用一个具体的事例来说明。什么是耻？似乎很难说清楚，也很难下一个准确的定义，但这并不妨碍我们理解耻，困难的是如何在具体情境下判断我们的行为是否可耻。原宪问耻，可能有所针对，可能是他有意出仕，面临人生的抉择。孔子也理解他的困惑，所以就回答出仕获取俸禄本身没有问题，并不可耻，但如果邦无道，你还为了获取俸禄助纣为虐，这就可耻了。孔子的话对原宪的影响应该是很大的，据记载，孔子去世后，原宪感慨"邦无道"，选择隐居于草泽之中，不再出仕。而子贡做了卫国的相，有一次他带着车队，前呼后拥，来到杂草丛生的破屋前看望原宪。看到原宪衣衫褴褛，面有菜色，子贡心生感慨，说："老同学，没有想到你这么落魄。"原宪说："我听说，没有财产叫作贫穷，学道不行叫作落魄。我只是贫穷，不是落魄。"子贡听后，无地自容，十分羞愧，一辈子都为自己的傲慢感到后悔。(见《史记·仲尼弟子列传》)

原宪接着问："克、伐、怨、欲不行焉，可以为仁矣？""克、伐、怨、欲"是四种不好的品质。"克"是好胜，争强好胜。

"伐"是自夸,自我炫耀。"怨"是怨恨,妒贤嫉能。"欲"是贪欲,贪得无厌。原宪问,如果好胜、自夸、怨恨、贪欲,这些缺点都克服了,可以称得上仁了吗?原宪刚问了"耻",现在又问"仁",在儒家那里,"耻"与"仁"是联系在一起的。孔子平时教导弟子要追求仁,原宪可能有了出仕的想法,就问如果克服了"克、伐、怨、欲"四种缺点,是不是就算做到仁了?可能原宪认为自己已经克服了这些缺点,故想知道自己是否已经做到了仁。孔子回答:"可以为难矣,仁则吾不知也。"做到这点是难能可贵的,至于是不是仁,我就不好说了。我们在上一篇说过,在孔子那里,仁是最高的德,是不断企及而未必能达到的终极目标。做到了"克、伐、怨、欲不行焉",在追求仁的道路上就迈进了一步,可以说接近了仁,虽然难能可贵,但不能说已经做到了仁。因为克服了自身的某些缺点,肯定还有其他不足,谁都不敢说自己十全十美,就算做到了完美,还需要不断地自我完善。仁是超越性的概念,是最高的德,我们一生都在追求仁,但未必能达到仁。所以孔子一般只说"近仁""为难矣",而不轻易承认仁。

以往学者往往把孔子的仁理解为爱人,爱人确实是仁的一个重要内容,孔子也用爱人来定义过仁。但仁显然不限于爱人,还包括修己、成己。"克、伐、怨、欲不行焉"就是修己,是自我完善,但不能简单地将其归于爱人。当然,修己、成己与爱人是联系在一起的,只有修己,具有好的修养才能更好地爱人;只有成己,达到崇高的精神境界才会主动地关爱他人。

14·2 子曰:"士而怀居,不足以为士矣。"

本章的意思是,孔子说:"一个士如果留恋安居家中,那就不配做士了。"

"士而怀居,不足以为士矣。""怀居"就是留恋安居。"居"指家居,安居。一个士如果留恋安居家中,那就不配做士了。为什么?士要以天下为己任,以四海为家,岂能留恋家庭的安逸?"二十亩地一头牛,老婆孩子热炕头",这样的生活,普通百姓可以,士则不行。士应当有更大的抱负、更宽阔的胸怀,不能只贪图个人生活的安逸。

读到这一章,人们可能会想到《论语·里仁》篇的"父母在,不远游",二者是不是矛盾呢?不矛盾。"父母在,不远游"后面还有一句"游必有方","方"是方位、方向。古代交通不便,通信不发达,一个人外出求职、旅行,父母年龄大了,身体不好,突然有了疾病,一时联系不上,而自己不能赶回来服侍父母,这属于不孝。儒家的经典《礼记·玉藻》说:"亲老,出不易方,复不过时。"父母年龄大了,出游时不要改变方向——本来是去齐国,但是又去了宋国,父母不知道,有事联系不上,这样就不行;回来的时候不要逾期——本来说好出去半年,可是过了一年还迟迟不归,这样会让父母焦虑、担心。所以儒家并不反对子女远游,只是囿于当时的交通条件,强调远游的时候一定要告知去向,以便有急事时可以联系得上。现在交通、通信发达,这些都不是问题了,即便身处海外,每天发个微信,报个平安,也非常容易。如果父母生病，买张飞机票很快就能赶回来，远游不再是什么问题。所以学习经典，要掌握其精神实质，而不能停留在文字表面。不能因为孔子讲了"父母在，不远游"，就认为年轻人一定要守在家里。相反，儒家主张士人以四海为家，只想着在家安逸是不配做士人的。

14·3 子曰："邦有道，危言危行；邦无道，危行言孙。"

本章翻译过来是，孔子说："国家有道，说话正直，行为也正直；国家无道，行为正直，说话要谨慎。"

"邦有道，危言危行"，"危"是正，指正直。国家有道，能容纳不同的意见，这个时候自然要直言直行，要敢于讲真话，坚持真理，做符合原则的事。"邦无道，危行言孙。""孙"通"逊"，指恭顺。国家无道，即坏人掌权，昏君当道，这个时候自然要说话恭顺谨慎，但行为仍要正直，不能做蝇营狗苟、违背原则的事。

在孔子生活的时代，没有言论自由，也没有民主制度，所以孔子某种程度上承认明哲保身的合理性。国家无道时，要"危行言孙"，行为要正直，但说话要谨慎，否则会给自己惹来杀身之祸；国家有道时，则要"危言危行"，敢于坚持真理，言论、行为都要公正、正直。

本章是对多数人而言的，讨论的是一般的情况。不过对于"邦无道"，依然敢于"危言危行"的人，孔子当然持肯定、赞赏的态度。孔子主张"无求生以害仁，有杀身以成仁"（《论语·卫灵公》),就是对志士仁人更高的期许。史鱼向卫灵公尸谏,就是"邦无道"而"危言危行"的例子,孔子称赞:"直哉史鱼!邦有道,如矢;邦无道,如矢。"(《论语·卫灵公》)无论国家有道、无道,史鱼都能像箭一样正直,是值得赞叹和敬佩的人。

14·4 子曰:"有德者必有言,有言者不必有德。仁者必有勇,勇者不必有仁。"

本章翻译过来是,孔子说:"有德者一定有(修身立德的)言论,有(修身立德的)言论者不一定有相应的德。仁者一定勇敢,勇敢者不一定有仁。"

"有德者必有言,有言者不必有德。""言"指言论,但关键是什么言论。孔子曾说君子要"讷于言而敏于行"(《论语·里仁》),又说"刚、毅、木、讷,近仁"(《论语·子路》),显然认为有德者不在言多。故本章的"言"非一般的言论,而应该是好的言论,尤其是修身立德之言。有德者对道德生命有深切的感受,故有相应的言论。而能说出类似言论的,不一定有德,因为也可能是耳食之言。同样,"仁者必有勇,勇者不必有仁"。有仁德者一定勇敢,而勇敢者不一定有仁德。儒家论勇,有大勇、小勇之分,大勇是道义之勇,是发自仁义之勇;小勇是血气之勇,是匹夫之勇。仁者必有大勇,小勇未必有仁,如那些一语不合便逞强好勇之人。

14·5 南宫适问于孔子曰:"羿善射,奡荡舟,俱不得其死然。禹、稷躬稼而有天下。"夫子不答。南宫适出,子曰:"君子哉若人!尚德哉若人!"

本章翻译过来是,南宫适问孔子:"(为什么)羿善于射箭,奡擅长水战,都不得好死。而禹和稷亲自耕种却得到天下?"夫子没有回答。南宫适出去后,孔子说:"这个人是君子啊!这个人崇尚德行啊!"

本章是南宫适请教孔子的言论。南宫适是鲁国人,姓南宫,名适,字子容,所以也称南容。《论语·公冶长》篇第一章"子谓南容",指的就是他。"羿善射,奡荡舟,俱不得其死然。禹、稷躬稼而有天下。"羿是夏代有穷国的首领,善于射箭,不重视耕稼,后被他的家臣寒浞所杀,《左传》中有关于他的记载。另外,民间有后羿射日的神话,人们经常将二人混淆,但后羿是传说人物,他与羿不是一个人。奡(ào)是夏代有穷国寒浞的儿子,相传他是一个大力士,曾奉父命灭掉夏的同姓国斟灌与斟鄩,又杀夏帝相。少康复国后,将其杀死。"荡舟"有两种解释,一种说法是奡力量很大,可以在陆地上行舟;另一种说法是划舟,引申为水战。私以为后一种说法比较可靠。南宫适问孔子:"为什么羿善射,奡擅长水战,最后都不得好死。而禹和后稷躬耕土地却得到了天下?""夫子不答。"对于南宫适的问题,孔子没有回答。等到南宫适出去后,孔子才说:"君子哉若人!尚德哉若人!"这个人真是个君子啊!这个人崇尚德啊!孔子为什么不回答南宫适的问题呢?显然他认为南宫适提出了一个很好的问题，他的内心是十分满意的，而且他知道南宫适已经有了答案，不需要自己回答了。所以好的对话就是这样，学生提出好的问题，老师心中暗自窃喜，虽没有做出回应，但彼此已莫逆于心。

那么，孔子与南宫适到底打的什么哑谜呢？南宫适提到了四个人：羿、奡、大禹和后稷，羿可能是北方游牧民族，以狩猎为生，所以善射；奡擅长水战，应生活在水滨，靠渔猎为生；大禹、后稷都是以农耕为生，尤其是后稷，曾为尧舜农官。羿、奡不事耕稼而身亡，大禹、后稷耕田种地而拥有天下。南宫适列举四人的经历想说明什么呢？用孔子的话说就是"尚德"——德方可以立身，德方可以立国。中华民族自古就崇尚德，德与农耕文明密切相关，是建立在后者基础之上的。农耕文明自给自足，不需要对外侵略、扩张，喜好和平，安土重迁。农耕文明一旦建立起来的话，就能维持一种和谐的人际关系，这就是德。相反，游牧或海洋民族，往往以掠夺为生，具有很强的侵略性。强大时攻城略地，四处扩张，可是一旦形势倒转，便土崩瓦解，迅速灭亡，可谓其兴也勃，其亡也忽。羿、奡属于游牧、渔猎民族，善于射箭，擅长水战，尚力不尚德，最后都不得好死。大禹、后稷属于农耕民族，他们以德治天下，因而得以终老其身。所以听到南宫适的问题后，孔子非常欣赏，称赞他是君子，懂得德的重要性。

中国是一个多民族的国家，北方少数民族也是中华民族的一个组成部分，但从历史上看，一直存在着中原农耕民族和北方游牧民族之间的冲突。一旦进入小冰河期，气温下降，北方牧草不生,牛羊大量死亡,北方游牧民族就会南下,与中原农耕民族发生激烈冲突。有学者做过统计,中国历史上的战争、动乱往往发生在小冰河期,这个时候气温剧降,造成北方干旱,粮食大量减产,游牧民族开始南下掠夺,这是由他们的生活、生产方式决定的。

14·6 子曰:"君子而不仁者有矣夫,未有小人而仁者也。"

本章意思是,孔子说:"君子偶尔没有做到仁是有的,但没有小人能做到仁。"

"君子而不仁者有矣夫",初读此句可能会产生疑惑:君子与仁不应该是统一的吗?怎么能把君子与仁分开呢?其实,所谓"君子而不仁者",不是说君子不具有仁德,这样理解就出现了偏差,也不符合孔子的思想,而是说君子也会有不符合仁的时候,行为出现偏差,不符合仁的标准。人非圣贤,孰能无过?君子的个别行为不符合仁,这是有可能的。"未有小人而仁者也",没有小人能够做到仁。"小人"就是不具有仁德的人,他们的所作所为也不符合仁。所以,我们不能因为君子有时候没有做到仁,便认为君子与小人没有差别。虽然君子的行为偶尔会不符合仁,但是小人永远不可能做到仁。

14·7 子曰:"爱之,能勿劳乎?忠焉,能勿诲乎?"

本章翻译过来是,孔子说:"爱一个人,能不勉励他吗?喜欢一个人,能不教诲他吗?"

孔子说:"爱之,能勿劳乎?"这里又出现了"劳"。之前解读《子路》第一章"先之,劳之"时,我认为"劳之"的"劳"不是使……勤劳,而是劝勉、勉励的意思,本章的"劳"与其含义相同。爱一个人,能不勉励他吗?"忠焉,能勿诲乎?""忠"也是爱的意思。《吕氏春秋·权勋》:"其心以忠也。"高诱的注释是:"忠,爱也。"后世说的"忠",更多是对国君而言的,但早期忠的对象要更为广泛。爱一个人、喜欢一个人,不是嘴上说说,而是要勉励他、教诲他。

14·8 子曰:"为命,裨谌草创之,世叔讨论之,行人子羽修饰之,东里子产润色之。"

本章意思是,孔子说:"郑国拟定一项外交辞令,裨谌起草文稿,世叔召集讨论,行人子羽进行修改,东里子产加以润色。"

本章是孔子对郑国政务的评论,称赞郑国人才济济,同心协力,分工明确又相互合作。"为命",撰写外交辞令。"命"指外交辞令。裨谌、世叔、行人子羽、东里子产,都是郑国的大夫。行人是子羽的官职,也就是外交官,所以称行人子羽。东里是子产居住的地方,所以称东里子产。郑国撰写一项外交辞令,裨谌负责起草,拿出样稿,然后世叔召集大家讨论,看有没有不合适的地方,如果有,由子羽进行修改,最后再由子产进行润色。

14·9 或问子产。子曰:"惠人也。"问子西。曰:"彼哉!彼哉!"问管仲。曰:"人也。夺伯氏骈邑三百,饭疏食,没齿无怨言。"

本章意思是,有人向孔子问子产是什么样的人。孔子说:"是个能给人恩惠的人。"又问子西。孔子说:"他呀!他呀!"又问管仲。孔子说:"他是个人才。剥夺了伯氏骈邑三百户,使伯氏吃着粗茶淡饭,却到死都没有怨言。"

有人向孔子问子产如何。子产是春秋时期的政治家,曾为郑国执政,是孔子非常推崇的人物,《论语》中有多处对子产的评论。子产的事迹主要见于《左传》,后人评论:"后半部《左传》,全赖此人生色。"还有学者说:"《春秋》上半部得一管仲,《春秋》下半部得一子产。"甚至有人认为子产的功绩超过管仲,是"春秋第一人"。孔子回答:"惠人也。"子产是善于施恩惠的人。

又问子西。春秋时期有几位子西,一般认为,这里的子西指楚国令尹公子申。据司马迁记载,楚昭王欲用孔子,孔子也准备前往楚国,但因为子西从中作梗而未果。对于这样一个人,孔子感到无话可说,对其未做评论。

又问管仲。管仲也是孔子非常推崇的人物,孔子很少称许一个人做到了仁,却称赞管仲"如其仁,如其仁"(《论语·宪问》)。有人问到管仲,孔子回答:"人也。"有学者认为这里可能缺了一个"仁"字,当作"仁人也"。也有学者认为没有缺字,就是作"人"。是"仁人"还是"人",牵一发而动全身,对本章的理解就会完全不同。认为当作"仁人"者,根据是孔子前面称赞子产是"惠人也",这里肯定管仲是"仁人也",二者正好对应。另外,"人"也可以通"仁",古籍中经常把"人"写作"仁",或者把"仁"写作"人"。但这种理解与下面一句有矛盾,逻辑似乎也不通。"夺伯氏骈邑三百,饭疏食,没齿无怨言。"伯氏是齐国大夫,他的食邑在骈。伯氏有罪,管仲为相,削夺其采邑三百户。但是伯氏吃着粗茶淡饭,到死对管仲也没有任何怨言。这与管仲是"仁人"有什么关系呢?有人认为管仲作为齐国的相,虽秉公执法,但有仁厚之心,故被惩罚的人对其并无怨恨之心。这实际上是称赞管仲执政的能力,他很会处理矛盾,既坚持了原则,又做事圆滑,使被惩罚的人心悦诚服。但这种解释有点牵强,看不出来管仲与仁人有什么关系。所以我倾向于原文作"人也",是说管仲真是个人才啊,他剥夺了伯氏三百户的封地,可是伯氏却无怨无悔,至死也没有抱怨过一句。"人也"是客观陈述,没有价值判断,只是说明管仲很有政治手腕,既打击了政敌,又能让对方不怨恨自己,是个人才。如果是"仁人也",就有价值判断了,但是管仲的上述行为并没有看出与仁有什么关系。孔子虽然称赞过管仲"如其仁,如其仁",但那是针对管仲制止战争、保全中华文明而言的;在个人私德方面,孔子对管仲反倒多有批评。

14·10 子曰:"贫而无怨难,富而无骄易。"

本章翻译过来是,孔子说:"身陷贫穷而不怨恨很难,富有而不骄傲却相对容易。"

贫穷而不怨恨,很难做到;富贵而不骄傲,相对容易。孔子说的"贫"与"富"可能与个人经历有关,是说由个人原因导致的"贫"与"富"。一个人好吃懒做,无所事事,身陷穷困却怨天尤人,甚至作奸犯科,以身试法,这种事情在生活中多有所见。相反,一个人辛苦打拼,历经磨难,富有后轻易不会飘飘然,因为生活教会了他许多。至于生活的常态,身处底层、生活贫困的人往往安于现状,很少抱怨,生活富足或一夜暴富的人反而容易骄傲自大。

14·11 子曰:"孟公绰为赵、魏老则优,不可以为滕、薛大夫。"

本章意思是,孔子说:"孟公绰做晋国赵氏或魏氏的家臣是绰绰有余的,但不适合做滕、薛这样小国的大夫。"

本章是孔子对孟公绰的评论。孟公绰是鲁国大夫,据《史记·仲尼弟子列传》记载,孔子曾向他请教、学习过。"赵、魏"指晋国大夫赵氏、魏氏,不是赵国和魏国。我们都知道三家分晋,这是战国的事情了,春秋时只有晋国,韩、赵、魏是三家大夫,后来他们坐大,把晋国瓜分了,成为三个国家,三家也由大夫升为诸侯。"老"是家臣,春秋时大夫有自己的封地,为其管理封地的称为家臣或者宰,"老"是家臣之长,类似于总管。"优"是有余力的意思。"滕、薛"是春秋时的两个小诸侯国,这两个国家到战国时还存在。《孟子》中有滕文公,就是滕国的国君。滕国在今天山东滕州一带。薛国距离滕国不远,在滕州东南方向,《孟子·梁惠王下》中提到"齐人将筑薛",就是这个地方。不过这时薛国已经被齐国吞并,成为齐国大夫田婴的封地了。孔子评论,孟公绰做赵、魏管家绰绰有余,但不适合做滕国、薛国的大夫。

读到本章我们会产生一个疑问,孟公绰并非什么知名人物,他适合做家臣还是大夫似乎意义不大,孔门弟子为什么会把这段话记入《论语》中呢?这就涉及语境的变化了。孟公绰是孔子非常尊敬的人物,对孔子产生过影响,下一章孔子论成人,说到"公绰之不欲",就是用孟公绰的淡泊寡欲教导弟子。故孟公绰对于今天的读者来说虽然十分陌生,但对孔门弟子来说则是耳熟能详的,是老师经常提及并要求以之为榜样的人物。朱熹对本章有一个分析,他说:"公绰盖廉静寡欲,而短于才者也。"(《论语集注》)淡泊寡欲是孟公绰的长处,但不擅长处理实际政务则是他的不足。赵、魏在晋国虽然是大家,但没有诸侯之事,做他们的家臣地位又很高,不需要事必躬亲。相反,滕、薛虽然是小国,但政务繁忙,大夫位高责重,故孟公绰适合做赵、魏的家臣,而不适合做滕、薛的大夫。孔子曾说"不患人之不己知,患不知人也"(《论语·学而》),又说"知"就是"知人"(《论语·颜渊》),故儒家的"知"主要表现在知人论世上。孔子曾向孟公绰请教、学习,又能了解其长处与不足,是真正做到了知人。

14·12 子路问成人。子曰:"若臧武仲之知,公绰之不欲,

卞庄子之勇,冉求之艺,文之以礼乐,亦可以为成人矣。"曰:"今之成人者何必然?见利思义,见危授命,久要不忘平生之言,亦可以为成人矣。"

本章翻译为,子路问怎样才算成人。孔子说:"像臧武仲那样智慧,孟公绰那样没有贪欲,卞庄子那样勇敢,冉求那样多艺,再加上礼乐的文饰修养,就可以算是成人了。"又说:"现在的成人何必一定要这样呢?见到利能想到义,遇到危险能献出生命,久处穷困仍不忘平日的诺言,也可以说是成人了。"

"子路问成人。"什么是"成人"呢?简单地说,就是人格完善的人。我们知道古代有成人礼,男子的叫作"冠礼",女子的叫作"笄礼"。到了一定年龄,举行成人礼,表示告别童年,进入成年,这是身体上的成人。但还有精神上的成人,即通过自我修养达到人格的完善。成人是儒家贡献给世界的智慧,第二十四届世界哲学大会的主题就是"学以成人"。子路问孔子,怎样才算是人格完善的人?孔子说到了四个人:臧武仲、孟公绰、卞庄子与冉求。臧武仲是鲁国大夫,因为受到排挤,逃到齐国。当时齐庄公执政,很欣赏他,要授予他一块封地。但是他预见到齐庄公地位不稳,不可能长久,就想办法拒绝了。后来齐庄公被杀,臧武仲因为与齐庄公没有多少来往,因而没有受到牵连,避免了一场灾祸。这说明臧武仲是一个很有智慧的人,能够见微知著,预见事情的发展。儒家经典《周易》讲的就是如何预见事物的发展,逢凶化吉,趋利避害,这在古代是很高的智慧。孟公绰在上一章已经提到过,也是鲁国人,孔子曾向他学习,他淡泊寡欲,廉洁自守。卞庄子是鲁国的一个勇士,非常孝顺,母亲在世时,他随军作战,三战三败,朋友看不起他,国君羞辱他。等到母亲去世后,鲁国出兵伐齐,他请求从战,三战三获敌人甲首,以雪昔日败北之耻,后又冲入敌阵,杀七十人而死。冉求是孔子的弟子,曾为季氏宰。一次季康子问孔子,冉求可以从事政治吗?孔子回答:"求也艺,于从政乎何有?"(《论语·雍也》)说明冉求多才多艺。本章孔子说:"若臧武仲之知,公绰之不欲,卞庄子之勇,冉求之艺,文之以礼乐,亦可以为成人矣。"像臧武仲一样有智慧,像孟公绰一样没有贪欲,像卞庄子一样勇敢,像冉求一样多才多艺,再加上礼乐的熏陶,就可以做到成人了。"不欲"也可以看作仁,所以臧武仲之智、孟公绰之不欲、卞庄子之勇,代表了儒家的仁、智、勇"三达德"。具有了仁、智、勇"三达德",又多才多艺,加以礼乐的熏陶,就可以算是成人了。孔子又说:"今之成人者何必然?见利思义,见危授命,久要不忘平生之言,亦可以为成人矣。""要"通"约",穷困的意思。"平生"是平日的意思。今天要成为人格完善的人未必要像臧武仲、孟公绰、卞庄子、冉求等人一样,关键是当看到利的时候能想到义,遇到危险的时候能献出生命,久处穷困也不会忘记平日的诺言,这样也可以说是成人了。

本章主要讨论成人——人格完善的人,怎么才算是成人呢?孔子没有进行抽象地解释说明,而是列出臧武仲、孟公绰、卞庄子和冉求等人，通过几位熟悉的人物对成人做一形象、直观的说明。要想成为人格完善的人，就要见贤思齐，向几位人格典范学习。这种表达的好处是比较形象，容易理解，但概括性不够，不足以道出成人的实质，而且会使人拘泥于某些外在的行为。所以孔子又进一步说明，能够做到见利思义、见危授命、遵守诺言就算是成人了。见利思义是义，见危授命是勇，遵守诺言是信，具有了义、勇、信品格就是成人了。其实，孔子列出臧武仲、孟公绰、卞庄子、冉求等人格典范就是为了说明具有各种美好品质的人就是成人。孔子通过具体人格典范对成人做出形象化的说明，又用义、勇、信等品格对成人做了实质性的规定。

14·13 子问公叔文子于公明贾曰："信乎，夫子不言、不笑、不取乎？"公明贾对曰："以告者过也。夫子时然后言，人不厌其言；乐然后笑，人不厌其笑；义然后取，人不厌其取。"子曰："其然？岂其然乎？"

本章翻译过来是，孔子向公明贾问公叔文子："（我听说）先生不说、不笑、不取，是真的吗？"公明贾回答："这是告诉你的人没有说清楚。先生该说话的时候才说，所以别人不讨厌他说；快乐的时候才笑，所以别人不讨厌他笑；合于义的才取，所以别人不讨厌他取。"孔子说："是这样吗？难道真是这样吗？"

本章是孔子与人讨论卫大夫公叔文子的行为处事。

"子问公叔文子于公明贾",公叔文子,名拔,或作发,一般称公叔拔,是卫国大夫,卫献公之孙。他比较有见识,是卫国的君子之一。公明贾是公叔文子的使臣。据记载,孔子一生多次来到卫国,与公叔文子有过交往,也听到过一些关于公叔文子的传言,故向文子的使臣公明贾询问。"信乎,夫子不言、不笑、不取乎?"这句话是倒装,实际是说"夫子不言、不笑、不取,信乎?"孔子问,我听说先生不言、不笑、不取,是真的吗?公明贾回答:"以告者过也。""以"是代词,此、这的意思。这是告诉你的人说得过分了。"夫子时然后言,人不厌其言",先生该说话的时候才说话,人们就不讨厌他说话。"时"指合乎时宜。"乐然后笑,人不厌其笑",高兴快乐的时候才笑,人们就不讨厌他笑。"义然后取,人不厌其取",符合义然后才取,人们就不讨厌他取。根据公明贾的解释,公叔文子并非不言、不笑、不取,而是该说的时候说,该笑的时候笑,该取的时候才取,故人们不厌其说,不厌其笑,也不厌其取,反而对他非常尊重。孔子听后恍然大悟,"其然?岂其然乎?"是这样吗?难道真是这样吗?从公叔文子这里,孔子也受到启发。

本章虽然是讨论公叔文子,实际涉及行为处事的问题。首先是"时"。孔子虽然不主张多言,但并不反对言,关键还是要合乎时宜。孔子曾经说:"侍于君子有三愆:言未及之而言谓之躁,言及之而不言谓之隐,未见颜色而言谓之瞽。"(《论语·季氏》)跟别人交往的时候容易犯三种过失:一是不该你发言的时候却抢着发言,这样就显得太急躁了;二是该你说话了却吞吞吐吐,给人感觉想隐瞒;三是不懂得别人的感受,别人已没有兴趣了,你还在讲个没完。所以讲话、发言把握时机是非常重要的,交流是两个人的事情,不能只顾及自己的想法,还要考虑他人的感受,将心比心,推己及人,才能达到好的交流效果。其次是情感表达。孔子重视礼,主张"克己复礼"(《论语·颜渊》),所以人们往往会对儒者产生一种循规蹈矩、不苟言笑的感觉。其实并非如此,孔子并不压制人的情感,更不反对人的喜怒哀乐之情,而是强调情感的表达要自然、活泼,不能刻板、机械。郭店竹简《性自命出》称"礼作于情",又说"始者近情,终者近义"。礼恰恰是源自情,是对情的节文、修饰和提升。再次是见利思义。这是儒学的基本主张,前文已有所涉及,这里不再赘述。

14·14 子曰:"臧武仲以防求为后于鲁,虽曰不要君,吾不信也。"

本章翻译为,孔子说:"臧武仲凭借他的防邑请求鲁君立他的后代为大夫,(在当时的情况下,)纵使有人说他不想为难国君,我是不相信的。"

本章是讨论臧武仲立后于防的事,但与前文肯定"臧武仲之知"不同,孔子对臧武仲的做法持批评态度。臧武仲,上文已经提到,是鲁国大夫,鲁襄公时曾为鲁司寇,因得罪季孙氏与孟孙氏,被迫逃亡邾(zhū)国。据记载,臧武仲逃到邾国后,又回到臧氏封邑防,派人给鲁襄公去信,请求鲁君宽宏大量,念其祖父、父亲辅佐历代鲁君的功劳,保留臧氏世袭大夫的身份,使臧氏宗庙祭祀不断,同时他也愿意将臧氏封邑防归还公室,以求赎罪。(见《左传·襄公二十三年》)所以孔子说"臧武仲以防求为后于鲁"。"以防"是利用防。"以"是凭借、利用。"为后",犹言立后。"虽曰不要君,吾不信也。""要(yāo)",学者一般理解为要挟。按照这种理解,这句是说,纵使有人说他不想要挟国君,我是不相信的。

平心而论,臧武仲的要求在当时并不过分,春秋时期大夫逃亡后,保留其子弟封地、身份的事例并非鲜见。况且臧武仲对鲁国公室忠心耿耿,并无叛乱之意。他被逐出鲁国完全是因为孟孙氏、季孙氏的迫害,是政治斗争的牺牲品。那么,孔子为什么不同情他反而对其有所指责呢?朱熹的解释是:"武仲得罪奔邾,自邾如防,使请立后而避邑,以示若不得请,则将据邑以叛,是要君也。范氏曰:'要君者无上,罪之大者也。'"(《论语集注》)朱熹认为臧武仲实际上是要挟君主,襄公若不答应其要求,便会据防邑反叛。这完全是诛心之论,是没有事实根据的。另有学者认为,本章孔子对臧武仲的批评有失公允,不能成立。要搞清楚这个问题,首先需要分析鲁国当时的政治形势。鲁襄公当政时期,鲁国的政权实际上由三桓掌控,由于臧武仲的政治立场倾向公室,故与季孙氏、孟孙氏发生激烈冲突,将臧武仲赶出鲁国的是季孙氏、孟孙氏,收走其封地的也是季孙氏、孟孙氏,襄公并没有多少发言权。季孙氏与臧氏订立盟约时,也是百般刁难,想尽办法给其加上不实的罪名。在这种情况下,臧武仲向鲁襄公写信求情,显然是不合时宜的。所以孔子并非如朱熹所言,是批评臧武仲要挟君主,而是说他给襄公出了难题,为难了君主。

14·15 子曰:"晋文公谲而不正,齐桓公正而不谲。"

本章的意思是,孔子说:"晋文公诡诈而不行正道,齐桓公行正道而不诡诈。"

齐桓公与晋文公都是春秋五霸之一,他们在周天子衰落后,率领中原诸侯尊王攘夷,保全了中华文化,维持了政治秩序。但二人的具体行事还是有高下差别的。先看尊王。齐桓公葵丘会盟,周天子只是派使者赐胙,桓公毕恭毕敬,以礼相待。(见《左传·僖公九年》)而晋文公践土会盟,却召周天子亲自到会,并让周天子赏赐大量礼物。《左传·僖公二十八年》记载孔子评论此事:"以臣召君,不可以训。"对晋文公持批评态度。再看攘夷。下一章讲"桓公九合诸侯,不以兵车",桓公多次联合诸侯抗击少数民族,但又不崇尚武力。例如桓公讨伐楚国,只是指责对方不进贡礼物,藐视王室的权威,楚国承认错误后,便订立盟约,引兵而退。晋文公发动城濮之战,以报答楚国当年的帮助为名,令晋军退避三舍,使楚军放松警惕,贸然进攻,然后趁机将楚军打得大败。故孔子评论"晋文公谲而不正,齐桓公正而不谲",晋文公诡诈而不行正道,齐桓公行正道而不诡诈。"谲(jué)"是欺诈,玩弄权术。

孟子曾经说:"五霸者,三王之罪人也。"(《孟子·告子下》）我们受孟子的影响，往往把齐桓公、晋文公等同视之了。但在孔子看来，二人之间还是有差别的，这种差别就在于齐桓公较多遵从了周礼的精神，而晋文公的诡诈则在一点点侵蚀周礼的精神。

14·16 子路曰："桓公杀公子纠，召忽死之，管仲不死。"曰："未仁乎？"子曰："桓公九合诸侯，不以兵车，管仲之力也。如其仁，如其仁。"

本章翻译过来是，子路说："齐桓公杀了公子纠，家臣召忽因此自杀，管仲却不自杀。"接着说："管仲没有做到仁吧？"孔子说："桓公多次会合诸侯，不凭借兵车武力，全是管仲出的力。谁能比得上他仁，谁能比得上他仁。"

子路曰："桓公杀公子纠，召忽死之，管仲不死。"公子纠是齐桓公的哥哥。齐桓公的父亲齐僖公有很多孩子，僖公死后，他的长子即位，这就是齐襄公。齐襄公在位期间，荒淫无道，政令无常，公子纠、公子小白只好分别逃到鲁国与莒国避难。后来襄公被杀，公子纠与公子小白争夺王位，公子纠失败后被杀。公子小白回到齐国后继承王位，这就是齐桓公。召忽是公子纠的家臣，他对公子纠非常忠诚，公子纠被杀之后，他自杀殉主。管仲也是公子纠的家臣，他为了帮助公子纠夺取王位，曾率兵截击赶回齐国的公子小白，不过他的箭没有射中要害，齐桓公装死躲过一劫。本来管仲已经必死无疑了，但他的好友鲍叔牙是齐桓公的谋士，极力向桓公推荐管仲。于是桓公没有杀管仲反而重用了他,管仲也没有为公子纠自杀。

"曰:'未仁乎?'"这里的"曰"还是子路曰,管仲没有为主人死难,反而转过来帮助公子纠的仇敌,子路问,这样做不符合仁吧?对于这样的问题,孔子是怎么回答的?"桓公九合诸侯,不以兵车,管仲之力也。如其仁,如其仁。"桓公多次会合诸侯,不靠兵车武力就做到了,都是管仲出的力,当然符合仁了。"如其仁"有两种解释,一种说法是"谁如其仁",谁能比得上他仁,省略了"谁"。还有一种说法是"这就是仁","如"作乃、就是讲。从语气上看,"谁如其仁"可能更好,对管仲的肯定更为积极,与下一章对管仲的评价也是一致的。

需要注意的是,子路问仁,针对的是管仲不为公子纠死一事,而孔子回答时则将重点转到"九合诸侯,不以兵车"上,说明孔子论仁实际上有两个标准:一是个人道德修养,这方面孔子对管仲的评价并不高,甚至多有批评,而且孔子不认为一个人在道德修养上可以完全做到仁,也很少轻易许诺仁;二是政治功业,尤其是对中华文明的捍卫,从这一标准看,孔子认为无人能及管仲仁。所以孔子对于政治人物首先是看其大节,看其政治、文化上的贡献,至于个人品行则是第二位的。

14·17 子贡曰:"管仲非仁者与?桓公杀公子纠,不能死,又相之。"子曰:"管仲相桓公,霸诸侯,一匡天下,民到于今受其赐。微管仲，吾其被发左衽矣。岂若匹夫匹妇之为谅也，自经于沟渎而莫之知也？"

本章翻译过来是，子贡说："管仲不是仁者吧？桓公杀了公子纠，他不但不为公子纠殉节，反而做了桓公的宰相。"孔子说："管仲辅佐桓公，称霸诸侯，匡正天下，百姓直到今天还受到他的好处。如果没有管仲，我们大概都要披散头发，衣襟向左开了。难道管仲应当像匹夫匹妇那样，为了一点信用就上吊自杀于沟渠而不为人所知吗？"

本章也是对管仲的评价，与上一章密切相关，将两章结合起来就更容易理解了。管仲是春秋时期著名的政治人物，他辅佐桓公功绩卓著，但贪生投敌又留下人生污点，故孔门内部对他多有讨论，本章是子贡与孔子的对话。子贡问："管仲非仁者与？桓公杀公子纠，不能死，又相之。"管仲不能算是仁者吧？桓公杀了公子纠，管仲是公子纠的家臣，不但不为公子纠殉节，反而又做了齐桓公的相。对于子贡的疑问，孔子的回答是："管仲相桓公，霸诸侯，一匡天下，民到于今受其赐。"春秋时期，周天子地位衰落，诸侯之间互相征战，礼乐秩序荡然无存。桓公在管仲的辅佐下，挺身而出，打出"尊王攘夷"的大旗，对内订立盟约，互信互助，反对兵戎相见；对外联合诸侯，共同抗击少数民族。所以孔子说，管仲辅佐桓公，称霸诸侯，匡正天下，百姓直到今天还享受到他带来的好处。"微管仲，吾其被发左衽矣。""微"是没有。"其"是大概。"披发左衽"，披散头发，衣襟朝左边开，这是当时少数民族的习俗，这里指被少数民族同化。没有管仲,我们大概要像少数民族一样披散头发,衣襟朝左边开,被他们同化了。"岂若匹夫匹妇之为谅也,自经于沟渎而莫之知也?""谅"是诚实、诚信。"自经",自缢,指上吊自杀。"渎"是小沟渠。管仲难道要像普通百姓那样,为了一点小小的信用就上吊自杀,死于沟渠之中而不为人所知吗?所以对于政治人物,不能只看小节,而要看其大节。大节是什么呢?就是对中华文明的捍卫,对民族利益的维护。管仲尽管在生活上有违礼的行为,但他"九合诸侯""尊王攘夷",抵挡北方游牧民族南迁,这是最大的仁!怎么能说管仲不是仁者呢?

14·18 公叔文子之臣大夫僎,与文子同升诸公。子闻之曰:"可以为'文'矣。"

本章翻译过来是,公叔文子的家臣大夫僎,(由于文子的引荐,)与文子一同做了卫国的大臣。孔子听说这件事后,说:"他可以配得上'文'这个谥号了。"

"公叔文子之臣大夫僎",上文我们已经提到,公叔文子是卫国大夫,"文"是他的谥号。古代贵族去世后,会根据其品行给他一个谥号,是对他一生的总结和评价。僎(zhuàn)是公叔文子的家臣,因为后来做了卫国大臣,所以称"大夫僎"。"与文子同升诸公",与公叔文子一同进为公朝之臣。"公"指公朝。僎本来是公叔文子的家臣,由于公叔文子的推荐,与文子一起做了卫国大臣。"子闻之曰:'可以为"文"

矣。'"孔子听说此事后,说文子配得上"文"这个谥号了。孔子为何出此言?这涉及"文"这个谥号。《论语·公冶长》记载,子贡问孔文子的谥号为什么是文。孔子回答:"敏而好学,不耻下问,是以谓之文也。"一个人聪明好学,又愿意向比自己地位低的人请教,所以谥号为文。僎本是公叔文子的家臣,但是公叔文子因为僎有才干,便向国君推荐,让僎和自己一起成为卫国大夫。这没有一定的胸襟是很难做到的,在当时的社会更是难得,所以孔子对公叔文子表示赞叹,认为他配得上"文"这个谥号。

14·19 子言卫灵公之无道也,康子曰:"夫如是,奚而不丧?"孔子曰:"仲叔圉治宾客,祝鮀治宗庙,王孙贾治军旅。夫如是,奚其丧?"

本章意思是,孔子说到卫灵公的无道,季康子说:"既然如此,为什么卫国没有灭亡呢?"孔子说:"有仲叔圉接待宾客,祝鮀管理宗庙祭祀,王孙贾统率军队。像这样,怎么会马上灭亡呢?"

本章是讨论卫国的政治。"子言卫灵公之无道也",卫灵公是卫国国君,他荒淫无道,亲小人而远君子,宠幸弥子瑕,放纵不守妇道的南子,逼走了与南子发生冲突的太子蒯聩。他去世后,引起蒯聩与卫辄的王位之争,令卫国陷入混乱之中。所以孔子说,卫灵公这个人,真是无道啊!"康子曰:'夫如是,奚而不丧?'"康子是季康子,鲁国三桓之一。他执政后,遵从父亲季桓子的嘱托,召回了流落在外的孔子。本章应该是孔子晚年回到鲁国后与季康子的对话,这时孔子已经年近七十。季康子问,卫灵公既然如此不堪,为什么卫国没有灭亡呢?孔子回答:"仲叔圉治宾客,祝鮀治宗庙,王孙贾治军旅。夫如是,奚其丧?"仲叔圉(yǔ)即孔文子,他与祝鮀、王孙贾都是卫国大夫。其中,仲叔圉接待宾客,负责外交事务;祝鮀管理宗庙,负责宗教事务;王孙贾统领军队,负责国防事务。卫灵公虽然无道,但卫国有很多能干的大臣,所以卫国还不会马上灭亡。因此治理国家,君主固然重要,而臣下各守其职,亦同样关键。

14·20 子曰:"其言之不怍,则为之也难。"

本章翻译过来是,孔子说:"一个人说话大言不惭,就很难去实行。"

"怍(zuò)"是惭愧。一个人言过其实,夸夸其谈,却没有羞愧之心,说明他根本就没有想着去做。所以听其言,观其行,一个人越是夸大其词,越是不可相信,这是孔子对人生世事的观察和总结。

14·21 陈成子弑简公。孔子沐浴而朝,告于哀公曰:"陈恒弑其君,请讨之。"公曰:"告夫三子!"孔子曰:"以吾从大夫之后,不敢不告也。君曰'告夫三子'者!"之三子告,不可。孔子曰:"以吾从大夫之后,不敢不告也。"

本章的大意是，陈成子杀了齐简公。孔子斋戒沐浴后去朝见鲁哀公，告诉他："陈恒杀了他的国君，请出兵讨伐他。"哀公说："去告诉那三位大夫吧！"孔子退朝后说："因为我忝列大夫之后，所以不敢不来报告。国君却说'去告诉那三位大夫吧'！"孔子前往三位大夫那里报告，他们不同意讨伐。孔子说："因为我忝列大夫之后，所以不敢不来报告。"

"陈成子弑简公。孔子沐浴而朝，告于哀公曰：'陈恒弑其君，请讨之。'"陈成子，姓田，名恒，因其家族出自陈国，也称为陈恒，是齐国大夫。鲁哀公十四年（前481），陈恒杀了齐简公。消息传到鲁国，孔子非常愤怒。此时孔子已七十一岁，他不顾年老体衰，斋戒沐浴后去拜见鲁哀公，请求出兵讨伐陈恒。孔子请求讨伐陈恒，是出于维护"君臣"关系，认为陈恒弑君是大逆不道的。但是齐国是大国，鲁国是小国，鲁国根本没有能力去讨伐齐国。而且鲁哀公也没有实权，鲁国的权力实际掌握在三桓手里。所以鲁哀公只能回答："告夫三子！""三子"就是指三桓。你去告诉这三位大夫吧，鲁国的事情由他们说了算，告诉我没有用。"孔子曰：'以吾从大夫之后，不敢不告也。君曰"告夫三子"者！'"孔子感慨道，因为我忝列大夫之列（孔子曾做过鲁国的司寇，也是鲁国的大夫），看到乱臣贼子的行径，不敢不来报告，可是国君却对我说，去告诉那三位大夫吧！"之三子告，不可。""之"是动词，前往的意思。于是孔子前往三桓那里报告，可是三桓也不同意出兵，否定了孔子的建议。孔子再次感叹，因为自己忝列大夫之列，不敢不来报告。他认为自己这样做，只是尽其职分罢了。

14·22 子路问事君。子曰:"勿欺也,而犯之。"

本章翻译过来是,子路问怎样侍奉君主。孔子说:"对君主不可欺瞒,而要犯颜直谏。"

"子路问事君",子路问如何侍奉君主。儒家主张出仕,如何事君,也就是处理与君主的关系,成为必须面对的问题,孔门内部对此多有讨论,本章是子路与孔子的对话。孔子回答:"勿欺也,而犯之。""欺"是隐瞒、欺骗。"犯"是冒犯,指犯颜直谏,即使冒犯对方的尊严,也要直言规劝。对待君主,不可阿谀奉承,逢迎欺骗,而应坚持真理,犯颜直谏。所以儒家对于事君的态度,是从道不从君。国家需要一个君主、统治者,但是君主不是最高的,君主之上还有道。当君主违背了道,这时就不能无条件地服从,而应该以道抗势,犯颜直谏,敢于指出君主的错误,"格君心之非"(《孟子·离娄上》)。

孔子确立的"勿欺""犯之"的事君思想,在以后儒家学者那里得到进一步发展。郭店楚简中有《鲁穆公问子思》一篇,记载子思与鲁穆公的对话,反映了子思的事君思想。鲁穆公问子思怎样才算是忠臣。子思回答:"恒称其君之恶者,可谓忠臣矣。"不断指出国君过错的,这才是忠臣。鲁穆公听后,不太高兴。有一位叫成孙弋的大夫拜见,鲁穆公说:我问子思怎样才算是忠臣,结果他回答我,不断指出国君过错的,这才是忠臣。我感到困惑,不是很理解。成孙弋说:子思讲得太好了!为了国君献出生命,这种人是有的;可是不断指出国君过错的人,却是从未有过。因为为国君献身是为了换取俸禄,而不断指出国君的过错根本换不来俸禄,反而远离了俸禄。那么为什么还要这么做呢?那是因为还有更高的道义。为了道义而远爵禄,如果不是子思,我是不会听说这种事的。所以在道义与国君之间,从道不从君,这是儒家的基本立场。

14·23 子曰:"君子上达,小人下达。"

本章的意思是,孔子说:"君子上达天道,小人下循人欲。"

本章只有短短十个字,却非常重要,是理解孔子思想,尤其是其道德形而上学的核心章节。什么是"上达""下达"?"上达"达到哪里?"下达"又达到何处?关于"下达",一般认为是下达财货,或者人欲,分歧不大。关于"上达",则有不同的说法,一种说法是"上达者,达于仁义也"(皇侃《论语义疏》);还有一种说法认为"上达"是达于天道,如清代刘宝楠《论语正义》说:"君子上达,与天合符,言君子德能与天合也。"结合本篇第三十六章"不怨天,不尤人,下学而上达。知我者,其天乎"看,"上达"应该是达于天道。故本章是说,君子上达天道,小人下循人欲。君子把自己的精神向上提升,最终与天合一,天是绝对者,是至善,故上达是人的精神境界自我提升、完善的过程。小人流于情欲,滑向低俗,故下达是精神堕落的过程。

子贡曾经说:"夫子之言性与天道,不可得而闻也。"(《论语·公冶长》)关于子贡的说法,有两种不同的理解:一种是说孔子不关注性与天道,因而也很少谈论,所以弟子自然听不到;还有一种解释,认为孔子并非不重视性与天道,只是在弟子面前不轻易谈这个问题,因此弟子听不到。这两种理解还是有差别的,前者强调孔子根本不重视性与天道,后者则认为孔子其实非常重视性与天道,因为重视反而不轻易谈了。从学术史的角度看,汉唐学者多持前一种观点,宋明以后的学者则往往持后一种观点。为什么性与天道的问题对儒学来说非常重要呢?因为它涉及道德形而上学的问题。我们一般讲的道德,指人与人之间的伦理规范。但是这种规范又是从哪里来的呢?有没有形而上的根据?我们的道德实践能否达到一个更高的形而上的境界呢?这些就属于道德形而上学讨论的问题了。在儒家看来,道德的形而上学根据就是天。孔子说:"天生德于予。"(《论语·述而》)上天赋予我德。这个德是什么呢?从孔子的论述来看,似乎指一种使命,也可以是道德禀赋。总而言之,上天交付给我一种使命,我是带着使命来到这个世界上的,我的一生就是要完成上天交付给我的使命的。所以当孔子处于人生困境的时候,总是与天对话:"知我者,其天乎!"世无人知,唯天知之。这个世界上没有人理解我,理解我的只有天。天是最高的主宰,不仅交付给人使命,还赋予人道德禀赋,我们培养、扩充、完善自己的德行,就可以上达于天或天道,因为天与我是相通的。孔子在这里只说到我("予"),没有说到性,此后《中庸》则直接提出"天命之谓性",认为性是由天赋予的。既然性来自天,那么我们在"尽其性",扩充我们本性的同时,就可以"尽人之性""尽物之性",甚至"赞天地之化育""与天地参",达到天人合一的精神境界了。这样就较好地说明了性与天道的关系,建构起一套道德形而上学体系。所以我们读了《中庸》《孟子》,反过来更容易理解孔子的思想。这就是马克思说的,"人体解剖对于猴体解剖是一把钥匙"。一种学说充分发展以后,就容易理解其早期的观念和想法了。

《论语》中经常将君子、小人对举,讲君子如何,小人如何,那么这是否意味着君子、小人的差别是天生的呢？当然不是。孔子主张"性相近也,习相远也"(《论语·阳货》),人的本性是基本相同的,差别是后天形成的。当然,君子、小人的人格形成后,其表现又会有不同。具体到本章,孔子实际上是强调能够感受到天命的召唤,把自己的精神向上提升者为君子;感受不到天命的召唤,精神向下堕落者为小人。所以本章也可以表述为:上达者君子,下达者小人。君子、小人的差别不是天生的,归根结底,还是个人选择的结果。

14·24 子曰:"古之学者为己,今之学者为人。"

本章大意是,孔子说:"古人学习是为了成就自己,今人学习是为了炫耀给别人看。"

有学者根据本章把儒学称为"为己之学",我认为是恰当的。以往人们谈到儒学,总以为儒学的基本精神是爱人,孔子解释仁就是爱人,而爱人就是要关爱他人,奉献社会,甚至毫不利己，专门利人。其实孔子不仅讲爱人，也讲为己。郭店竹简中"仁"字都写作"㤅"，从身从心，而不是从人从二。"身"在古汉语中可以表示我。如中国最早的一部词典《尔雅》就说："身……我也。""朕、余、躬，身也。"晋郭璞注："今人亦自呼为身。"故仁从身从心，表示心中想着自己，用当时的话说，就是"克己""修己""为己"；用今天的话说，就是要成就自己、实现自己、完成自己。儒家仁学包括了成己、爱人两个方面，既讲"仁者，爱人"（《孟子·离娄下》），也讲"成己，仁也"（《中庸》）。只有成己才能爱人，爱人是建立在为己、成己的基础上的。

"古之学者为己"，古人学习是为了成就自己、实现自己，重点在于"己"。"今之学者为人"，今人学习是为了给别人看，是为了炫耀于人，关注的是"人"。这里的"古""今"不只是时间概念，也是一种价值判断。人类各民族都有古代是黄金时代的看法，故"古"是理想状态，"今"是非理想状态。"古之学者"的态度是正确的、值得学习的；"今之学者"的做法是错误的、需要克服的。

14·25 蘧伯玉使人于孔子。孔子与之坐而问焉，曰："夫子何为？"对曰："夫子欲寡其过而未能也。"使者出。子曰："使乎！使乎！"

本章意思是，蘧伯玉派使者去拜访孔子。孔子与使者坐下，问道："先生近来在做什么？"使者回答："先生想要减少自己的过错,但还没能做到。"使者离开。孔子说:"好一位使者!好一位使者!"

本章是孔子与蘧伯玉使者的对话,既通过使者之口介绍了蘧伯玉的为人,又表达了孔子对使者的赞叹。"蘧伯玉使人于孔子",蘧(qú)伯玉,名瑗,字伯玉,是卫国大夫。前面我们提到,蘧伯玉是卫国的一位贤臣,但卫灵公远君子蘧伯玉而近小人弥子瑕,卫国一位正直的大夫史鱼不得已向卫灵公尸谏。孔子在卫国时,与蘧伯玉有过交往,还曾住在他家,二人算是老朋友了。不过这时孔子已回到鲁国,故蘧伯玉派使者来看望。这一句中的"使"是动词,命令、派遣的意思。"使人于孔子"不太符合语法,应该说"使人见于孔子",省略了一个"见"或者其他表示拜访的动词。"孔子与之坐而问焉,曰:'夫子何为?'"孔子和使者对面坐下,问道:蘧伯玉先生最近做什么呢?这里的"夫子"指蘧伯玉,不是孔子。"对曰:'夫子欲寡其过而未能也。'"使者回答:先生想减少自己的过错,但还没有做到。"使者出。子曰:'使乎!使乎!'"等使者出去后,孔子赞叹道:好一位使者!好一位使者!孔子为什么会有如此感叹?一是这位使者很了解自己的主人。蘧伯玉是一位善于改过的人,《淮南子·原道训》说:"蘧伯玉年五十,而有四十九年非。"所以当孔子问到蘧伯玉时,他回答蘧伯玉想减少自己的过错。二是这位使者很会讲话,表达非常得当。如果只说蘧伯玉想减少自己的过错,会有炫耀其行为之嫌,显得不够谦虚,所以使者又补充说还没有做到,既说明蘧伯玉勤于修身改过,又显得很谦虚。故孔子称赞他是一位合格的使者。

14·26 子曰:"不在其位,不谋其政。"

本章翻译为,孔子说:"不在这个职位上,就不要谋划这个职位上的政事。"

"不在其位,不谋其政","位"是职位。不在这个职位上,就不要谋划这个职位上的政事。这段文字不难理解,你在什么职位上,就做好这个职位上的事情,不要越俎代庖。本章会引起争议,主要是孔子一生栖栖遑遑,席不暇暖,周游列国,却时时关心着天下之政,而他当时只是布衣之身,并不在其位,这是否与他"不谋其政"的主张矛盾呢?是否表示孔子言行不一呢?当然不是。孔子的行为是在谋道,而非谋政。谋政是有条件的,在其位,则谋其政;不在其位,则不谋其政。不在这个职位上,不负责这项工作,当然不能去指手画脚,否则会与负责这项工作的人发生矛盾。但谋道则是无条件的,"士志于道",任何一位士人都应超越个人的利益,去关心天下、民众的福祉。这是孔子一生倡导的士的精神,也是儒家的基本理念,以后又发展出"君子忧道不忧贫""位卑未敢忘忧国"等观念,所以谋道与谋政是不矛盾的。

由谋道也可以发展为谋政,"曹刿论战"就是一个例子。据《左传》记载,齐国攻打鲁国,曹刿请求见国君。他的乡里人说:"肉食者谋之,又何间焉?"这是吃肉的也就是当官的人考虑的事情,你参与什么?曹刿说:"肉食者鄙,未能远谋。"

这些当官的人没有见识，目光短浅，所以不得已我要来谋划。于是曹刿去见了国君，得到信任，指挥军队，终于打败了齐国。

14·27 曾子曰："君子思不出其位。"

本章意思是，曾子说："君子考虑问题不应超出自己的职位。"

本章实际上是引自《易经·艮卦》的象辞："兼山，艮；君子以思不出其位。"艮的经卦是两个阴爻，一个阳爻，像个碗倒扣过来，所以八卦歌诀说"艮覆碗"。艮象征山，也有止的含义。艮的重卦为两山重叠，所以说"兼山"。君子从艮卦卦象得到启发，认识到考虑问题不应超出自己的职位，也就是"不在其位，不谋其政"。可能曾子听到孔子"不谋其政"的教诲，故引《艮卦》象辞以论证夫子之说，后被编入《论语》中，置于上章之下。

14·28 子曰："君子耻其言而过其行。"

本章意思是，孔子说："君子以其言论超出行为为耻。"

本章比较简短，只有一句，是批评言过其行。"耻"是意动用法，以……为耻。"言而过其行"，言论超过了实际行为。言行不一，言行不符，调子唱得很高，行为做不到，是人之通病，其根源在于言易而行难，故君子当以此为耻。此后儒者提出知行合一，是符合孔子精神的。

14·29 子曰："君子道者三，我无能焉：仁者不忧，知者不惑，勇者不惧。"子贡曰："夫子自道也。"

本章意思是，孔子说："君子之道有三，我一样也没能做到：仁者不忧虑，智者不迷惑，勇者不畏惧。"子贡说："这是先生说他自己啊。"

孔子说，君子之道有三个方面，自己一样也没有做到：仁者不忧虑，智者不迷惑，勇者不畏惧。没有做到可能是自谦之辞，孔子实际上强调的是，自己把仁、智、勇"三达德"作为毕生追求的目标。还是子贡理解老师，说"夫子自道也"，认为这是老师在讲他自己。

14·30 子贡方人。子曰："赐也贤乎哉？夫我则不暇。"

本章翻译过来是，子贡喜欢品评他人。孔子说："赐啊，你已经很好了吗？我可没有这个闲工夫。"

"方人"，品评他人。子贡喜欢品评他人，背后议论人。孔子说："赐也贤乎哉？夫我则不暇。"赐是端木赐，子贡是他的字。端木赐，你已经做得很好了吗？我可没有时间评论别人。"不暇"，没有空暇。儒家重修身，主张反省自己，反对苛责他人。孔子说："见贤思齐焉，见不贤而内自省也。"（《论语·里仁》）曾子也说："吾日三省吾身。"（《论语·学而》）反省自己可以不断完善自身，议论他人则往往无事生非。

14·31 子曰:"不患人之不己知,患其不能也。"

本章翻译过来是,孔子说:"不必担心别人不了解自己,需要担心的是自己没有能力。"

"患"是担心的意思。"其"是反身代词,指自己。不必担心世人不知道自己,而应担心自己没有能力,没有真才实学让世人了解自己。这是孔子在《论语》中反复强调的思想,如"不患莫己知,求为可知也"(《论语·里仁》),"不患人之不己知,患不知人也"(《论语·学而》)。不担心别人不了解自己,而应该去了解别人。"人不知而不愠,不亦君子乎?"(《论语·学而》)别人不理解自己,自己也不生气,这不就很有君子风度吗?儒家不同于出世的宗教,而是肯定现实人生,主张积极入世,通过改造现实世界以实现人生的价值和意义,这样便无可避免地面临着被世人承认和理解的问题。孔子说的"人不己知"包含了两个层面:一是自己能力不足,没有得到社会认可;二是有了改造社会的理想、抱负,而不被世人理解。孔子对弟子所论经常涉及前一种情况,而他自己则更多是被后一种情况所困扰。他"志于道,据于德",栖栖遑遑,席不暇暖,却落得"累累若丧家之狗"的地步,被人嘲讽为"知其不可而为之者"(《论语·宪问》)。对于前一种情况,孔子强调与其抱怨别人,不如提高自己,多去理解他人。对于后一种情况,则更不必为"人不己知"担忧了,因为一个怀抱理想的君子、仁者,注定是不被世人、时代理解的。这时候支撑你的不是世人的理解,而是另一种精神力量——天。世人虽不理解我,但还有天理解我,"知我者,其天乎"(《论语·宪问》)。所以当处于困境时,孔子常常与天对话,寻找精神的慰藉。"子畏于匡。曰:'……天之将丧斯文也,后死者不得与于斯文也。'"(《论语·子罕》)如果天要抛弃这个文化传统,后来的人也就无法了解这个文化传统,那么我也没有办法了。但是如果"天之未丧斯文也",如果天不想抛弃这个文化传统,还想让文化传统继续传播下去,那么这个责任就落在我孔丘身上了,这是天赋予我的责任、使命,我的一切努力就是要完成天所赋予的使命。所以即便世人都不理解我,但还有天理解我。这是支撑孔子面对"人不己知"困境时,更为根本的精神力量。

14·32 子曰:"不逆诈,不亿不信,抑亦先觉者,是贤乎!"

本章翻译为,孔子说:"不预先猜疑别人会欺诈,不臆想别人不诚实,但又能提前察觉一切,这就是贤人吧!"

"不逆诈",不预先猜测别人会欺骗自己。"逆"是预料、预想。"诈"是欺骗、欺诈。"不亿不信",不揣测别人不诚信。"亿"通"臆",臆想、臆测之义。"抑亦先觉者,是贤乎!"可是又能提前察觉这一切,这就是贤者吧!"抑"是连词,表转折,可是、但是之义。"亦"是副词,又的意思。与人交往,应当以诚相见,而不是患得患失,老想着别人会欺诈自己,是不诚实的人;但是又能认识到社会的复杂,洞悉到人心的叵测,他人一旦有了欺诈的做法、不诚信的举动,马上就能觉察到。达到这个境界,就是贤者了。

14·33 微生亩谓孔子曰:"丘,何为是栖栖者与？无乃为佞乎？"孔子曰:"非敢为佞也,疾固也。"

本章翻译过来是,微生亩对孔子说:"孔丘,你为什么这样栖栖遑遑呢？难道是想要巧言取媚吗？"孔子说:"我不敢巧言取媚,只是厌恶世俗的固陋啊。"

本章记录时人对孔子的误解,反映的正是"人不己知"的情况。微生亩是孔子同时代的一位人物,由于缺乏记载,他的具体身份已经不可考。微生亩对孔子说:"丘,何为是栖栖者与？无乃为佞乎？"孔丘啊,你为什么这样栖栖遑遑呢？难道是想要巧言取媚吗？"栖栖"是忙碌不安的样子。"无乃",难道、莫非之义。"佞"指巧言取媚。孔子回答:"非敢为佞也,疾固也。"我不敢巧言取媚,只是憎恶世俗的固陋,想要去改变罢了。

孔子目睹社会礼崩乐坏的局面,发现世俗的弊端和固陋,挺身而出,试图通过克己复礼重建政治秩序,改变不良的社会风气。可是在当时人们的眼里,他只是为了哗众取宠,表现自己罢了。所以真正的君子,是很难摆脱"人不己知"的命运的。

14·34 子曰:"骥不称其力,称其德也。"

本章翻译过来是,孔子说:"千里马不只是称赞它的气力,同时是称赞它的品德。"

"骥"是千里马,一日能行千里。"称"是称赞、称扬。千里马常有,而伯乐不常有。真正懂得相马的人,不仅要看它的力,更要看它的德。什么是马之德呢?那就是驯服温顺,听从主人的调遣。如果性子太烈,经常尥蹶子,把主人摔下来,即使跑得再快,也不能算是好马。所以孔子说,千里马称赞的不只是它的力,还有它的德。人才亦是如此,不仅要看他的能力,更要看他的品德。

14·35 或曰:"以德报怨,何如?"子曰:"何以报德？以直报怨,以德报德。"

本章翻译为,有人问:"以德报怨,您认为如何呢?"孔子回答:"那如何来报答德呢？应该以直报怨,以德报德。"

人类报怨的方式有三种:以怨报怨、以德报怨、以直报怨。以怨报怨是最早的一种报怨方式,流行于早期氏族社会。在当时人们的观念中,为本氏族的人复仇,是氏族每一个成员应尽的神圣义务,任何拒绝这一使命的行为,都是不可思议和难以原谅的。古代的复仇往往采取以怨报怨、血亲仇杀的形式,复仇者常常把仇人的整个氏族看作复仇的对象,对氏族中某位成员的伤害,便构成了对受害人整个氏族的伤害,因此往往酿成氏族间大规模的械斗,甚至扩大为灭绝性的战争。如澳大利亚的库尔奈人要将仇人的整个部族加以杀戮,才会得到满足。又如格灵人不但要杀仇人的全家,甚至还要斩尽他们饲养的牲畜,不许有一个生灵存活。中国古代也有"斩草除根"的做法,均是这种非理性复仇心理的反映。《圣经·旧约》言"要以命偿命,以眼还眼,以牙还牙,以手还手,以脚还脚",也是主张以怨报怨,不过是同等的报怨。

历史上也有主张以德报怨的,中国的老子就持这种主张,《道德经》第六十三章:"大小多少,报怨以德。"这句话比较费解,汉代河上公的注释是:"欲大反小,欲多反少,自然之道也。"希望大反而得其小,希望多反而得其少,事物总是向相反的方向发展,这就是"反者道之动",是自然的普遍法则。有了这种认识,就不能只是想着以怨报怨,而应反过来思考,以德报怨。《圣经·新约》言:"有人打你的右脸,连左脸也转过来由他打。""不要自己申冤,宁可让步,听凭主怒;因为经上记着:主说:'申冤在我,我必报应。'"所以主张以德报怨,往往有一种超脱的宗教情怀。老子的"德"不是一般的德,而是天地之德,是自然、无为之德,是从道的角度观察人间事务而采取的行为法则。

孔子既不同意以怨报怨,也不赞同以德报怨,而是主张以直报怨,他对报怨的思考与以上两种观点均有所不同。"或曰:'以德报怨,何如?'"有人问,以德来报怨,您认为如何呢?孔子反问道:"何以报德?"怎么回报对你有德的人呢?别人伤害了你,你报之以德;别人有德于你,你也报之以德,那么这有什么差别呢?难道伤害与施德对你来说都是一样的吗?这完全不符合情理,是不能接受也不值得提倡的,所以孔子主张

"以直报怨,以德报德"。"以德报德"容易理解,别人有德于你,你报之以德,滴水之恩,当思涌泉相报。关键是"以直报怨"该怎么理解?我们前面分析过,《论语》中的直有率真、率直之义,也指公正、正直,前者发于情,后者入于理。理想的直则是既合情,又合理;既率真、率直,又公正、正直,孔子称为直道。那么以直报怨的直到底是哪种意义呢?我认为是直道。孔子是主张以直道报怨的,既考虑到情,也关注到理。从情上讲,别人伤害了你,当然应该报仇,这是人之常情。但是从理上讲,应该以理智的方式报仇,而不应将怨恨之情无限放大,发展为冤冤相报。所以,以直报怨首先是肯定要报怨,同时强调要以公正、正直的方式报怨。如果说以德报怨和以怨报怨是两个极端,那么以直报怨就是中道。以德报怨只讲理不重情,以怨报怨只重情不讲理,以直报怨则既讲理又重情,既从情出发,肯定报怨的合理性,又强调要采取合理的方式报怨。那么什么是合理的方式呢?不同的时代当然有不同的看法,以古代为例,关于复仇是有许多规定的,如复仇前后应向掌管刑法、狱讼的各级长官报告;复仇只限于仇人本身,不得扩及子弟亲属;有正当的理由才可以复仇,自己的亲人有错在先,对方是出于道义杀人,即使同处一个城市,也不得复仇,如果坚持要复仇就是犯罪了;此外,还限定了复仇的时限。人们常说,君子报仇,十年不晚,其实古代法律规定,超出了一定的年限就不允许复仇了。我们今天要建立法治社会,以直报怨当然是要走法律程序,通过法律维护权利、申冤报仇了。

14·36 子曰:"莫我知也夫!"子贡曰:"何为其莫知子也?"子曰:"不怨天,不尤人,下学而上达。知我者,其天乎!"

本章的意思是,孔子说:"没有人理解我啊!"子贡说:"为什么没有人理解您呢?"孔子说:"不抱怨天,不责怪人,从下面学习而上达于天。理解我的只有天吧!"

本章与前面的第二十三、三十一章内容密切相关,可以结合起来讨论。孔子感叹:"莫我知也夫!"没有人理解我。孔子为何有此感叹呢?如果读了第三十一章就容易理解了。古来圣贤多寂寞,一个心怀理想而不随波逐流的人,必然是不会被人理解的。虽然无奈,却是他必须面对的。听到老师的感叹,子贡问道:"何为其莫知子也?"为什么没有人理解您呢?"其"是语气词,无实意。孔子回答:"不怨天,不尤人,下学而上达。知我者,其天乎!"没有人理解我,我要去抱怨吗?不!我既不抱怨天,也不责怪人。那该怎么做呢?"下学而上达"。前面讲过,"上达"是达于天,所以下一句接着说:"知我者,其天乎!"理解我的,恐怕只有上天了!真可谓是世无人知,唯天知之。即便整个世界没有人理解我,但还有天是理解我的,我可以在与天的对话中获得精神的慰藉和无所畏惧的勇气。那么,如何让天理解自己呢?首先要"不怨天,不尤人",以真诚的态度面对天。更重要的是,通过"下学"而"上达"天。你不能坐在那里等着天来理解你,而是要通过"下学",通过你的努力,让天来认识你、理解你。牟宗三先生把"下学上达"概括为"践仁知天",注意到仁而忽略了礼,并不全面。从《论语》中关于学的论述看,学至少包括了仁与礼,故称为"践仁行礼而知天"可能更全面。孔子的这一思想,在儒学史上具有重要意义。

我们知道,殷周以来人们信奉一种至上神,殷人称为帝,周人称为天。所不同者,殷人的宗教还停留在自然宗教阶段,其信奉的神灵不具有伦理的品格,虽然"全能",但非"全善",既可以降福,也可以作祟。面对顽固暴躁、变化莫测的神灵,人们只能通过祈祷、献祭等谄媚手段加以哄诱、安抚之。周人则进入伦理宗教的阶段,较殷人有了很大变化,在他们看来,"皇天无亲,惟德是辅"(《尚书·蔡仲之命》),天庇护的不是一族、一姓,而是真正的有德者,谁有德则授予谁天命,授予人间的统治权。与此同时,周人不再关注祭品的多少,而是感受德的芳香,他们认为人间的德可以散发出一种芳香,上达于天,感动神明。因此周人不再是一味地祭祀、奉献,而是转向对民间疾苦的关注。

周人的宗教信仰虽然有了很大发展,但仍然是一个集体概念,天命被少数贵族所垄断,成为政权合法性的根据。到了孔子这里,则使天与个人产生联系,他一方面说"天生德于予",认为天赋予其德,赋予其道德禀赋或使命;另一方面又提出"下学上达",认为践仁行礼即可知天,打破了自重、黎"绝地天通"以来少数贵族对天命的垄断,使天与个人产生联系,为个人成圣提供了可能。从这一点看,我们可以说孔子创立了一种"新教",一个属于所有士人的"宗教",为士人成圣成贤提供了强大的精神动力。

14·37 公伯寮诉子路于季孙。子服景伯以告，曰："夫子固有惑志于公伯寮，吾力犹能肆诸市朝。"子曰："道之将行也与，命也；道之将废也与，命也。公伯寮其如命何！"

本章翻译过来是，公伯寮在季孙氏面前诋毁子路。子服景伯把这件事告诉了孔子，说："季孙氏已经被公伯寮迷惑了，但我的力量还是能够把公伯寮分尸于街市中的。"孔子说："道将要实行，这是命；道将要废弃，也是命。公伯寮能把命怎么样呢！"

本章涉及孔子的命运观，非常重要。"公伯寮诉子路于季孙。子服景伯以告"，这里提及四个人：公伯寮、子路、季孙与子服景伯。子路是孔子的弟子，大家比较熟悉。季孙指鲁国三桓之一的季孙氏，也称季氏。季氏与孔子生活的时代相当，先后执政的有季平子、季桓子和季康子，这里应该指季康子。公伯寮是鲁国人，姓公伯，名寮，也有人说他是孔子弟子，未必可信。子服景伯是鲁国大夫，姓子服，名何，字伯，谥号景。"诉"，诋毁、诽谤之义。公伯寮在季康子面前诋毁子路，大夫子服景伯知道后，前来告诉孔子，说："夫子固有惑志于公伯寮，吾力犹能肆诸市朝。"这里的"夫子"不是指孔子，而是指季康子。"惑志"指迷惑。"肆诸市朝"指陈尸于街市。"肆"是陈尸。"市朝"是市场与朝廷，这里指街市。季康子被公伯寮迷惑了，听信了他的谗言，但是不要怕，我还是有能力把公伯寮给杀掉的。看来公伯寮地位不高，一个大夫就可以把他杀掉。孔子听后说："道之将行也与，命也；道之将废也与，命也。"先来看什么是"道"。孔子讲"志于道,据于德"(《论语·述而》),"朝闻道,夕死可矣"(《论语·里仁》),故"道"应是指最高理想,指孔子与弟子共同信奉的理想、主张。"道之将行也与",理想将要实现。"与"同"欤",语气词,表赞叹。"命也",这是由命决定的。同样的,理想不能实现,被废弃了,也是由命决定的。"公伯寮其如命何",公伯寮又能把命怎么样呢!这里孔子是不是在宣扬一种宿命论呢?当然不是。孔子为了实现道,栖栖遑遑,席不暇暖,知其不可而为之,当然不是宿命论者了。但他在追求道的过程中逐渐认识到,道能否实现不完全是由个人决定的,还有命在其中发挥作用,甚至可以说是由命决定的。那么,什么是孔子所说的命呢?是不是指冥冥之中有一个定数,把一切都规定好了,我们只能服从,不能反抗,反抗也无用,只能听天由命呢?当然不是。孔子说的命,指一种个人无法控制的外部力量,这种力量既可以是必然性的,表现为社会的合力或形势;也可以是偶然性的,表现为出人意料的某种机遇或巧合等。这种力量对人的吉凶祸福乃至事业成败都会产生深刻影响,或者说吉凶祸福、事业成败就是由命决定的。这种命是运命而不是宿命,宿命是一切都规定好的,只能服从,而运命则是说有一种外部力量对我们产生影响,引起意想不到的结果,但并不是说我们的命运已经被决定了,更不排斥个人的努力。相反,面对无常的命运,个人的努力是非常重要的。

郭店竹简中有一篇《穷达以时》,其中提到"天人之分",对于我们理解孔子所说的命非常有帮助。《穷达以时》说:

"有天有人,天人有分。察天人之分,而知所行矣。"影响世间穷达祸福以及事业成败的,不仅有人,而且有天,天、人各有其分。"分"是职分,"天人之分"是说天、人各有不同的职分。"察天人之分"就是要搞清楚哪些是天所决定的,哪些是人所决定的,这样便知道哪些该为,哪些不该为,知道该如何为了。竹简《语丛一》说:"知天所为,知人所为,然后知道,知道然后知命。"这里的"天所为""人所为"就是强调天、人的职分和作用,也就是"天人之分"。而知道了哪些属于"天所为",哪些属于"人所为",也就知道了道,知道了道也就知道应如何面对命了。那么如何面对命呢?那就是"察天人之分",做好"人所为",静待"天所为"。所以人间的穷达富贵以及事业成败,不完全是由人决定的,人的努力只是一个方面,更重要的是天。"有其人,无其世,虽贤弗行矣。苟有其世,何难之有哉?"(《穷达以时》)只有个人的努力,但外在条件不具备,时运没有到来,再努力也没有作用。时运来了,机会出现了,成功往往唾手可得。所以穷达取决于时运,毁誉在于旁人,这些都属于天,不属于人。而一个人的德行如何则取决于自己,与天无关,所以积极行善、完善德行才是人的职分所在,才是人应该努力追求的目标。了解了这种"天人之分",就明白不应汲汲于现实的际遇,而应"敦于反己",关心自己的德行修养,"尽人事以待天命"。所以,《穷达以时》虽然强调天或者命对于个人际遇的影响,但并没有否定人为的作用,相反,正是通过天人之分甚至是对立,才突显出人之为人的无上价值和尊严。

据学者研究,《穷达以时》是孔门后学对"陈蔡之困"的理论总结,所以对理解孔子的命运观是非常有帮助的。孔子所说的命与竹简所论相似,也是指某种我们无法控制的外部力量,指某种必然性的社会趋势、形势,或者偶然性的机遇、巧合等,这种命对人的穷达祸福以及事业成败发挥着巨大的影响,或者说穷达祸福以及事业成败本来就属于天,是"可遇而不可求"的,是非人力所能控制、掌握的。所以孔子讲"道之将行也与,命也",就是感慨理想能否实现,事业能否成功,从根本上讲,不是由个人而是由时运、机遇等外在的命决定的。"道之将废"也一样。而他讲"公伯寮其如命何",则表示命是由多种因素促成的,不是某个人可以决定的。据《史记·仲尼弟子列传》记载,季康子曾多次向孔子询问子路的德性、才能,还让子路做了自己的宰,显然是想重用子路。如果最终如愿,夫子的理想由弟子子路实现也未可知。虽然由于公伯寮的谗言,让子路失去了季氏的信任,但这只是一时的挫折,并不影响命的全部。既然理想能否实现,除了个人的努力,更多是由外在的命决定的,这种命又不是某个人可以改变的,而是多种因素共同作用的结果,那么最好的态度便应如竹简所说,"敦于反己",做好职分内的事情,尽人事以待天命,而不是听天由命。

我们读《论语》,可以看到孔子经常会讲到命,但孔子讲的命是运命而不是宿命,这点与古罗马是不同的。古罗马有句谚语:愿意的人,命运领着走;不愿意的人,命运拖着走。最能反映欧洲人这种宿命观的就是俄狄浦斯的故事。俄狄浦斯是一个城邦的王子,有神谕说他将弑父娶母。为了避免可怕的神谕应验,俄狄浦斯离家出走,流落他邦。多年后他在路上与人发生争执,失手打死一位老人,此人正是他的父亲。后来他因为破解狮身人面女妖斯芬克斯的谜语,被民众拥护与王妃结婚,成为新的国王,但没想到的是他娶的正是自己的母亲。俄狄浦斯知道神谕应验,痛苦万分,用针刺瞎了双眼,以示对命运的抗争。儒家所讲的命与此是不同的,儒家并不排斥人为的努力,更不认为一切命运都是被安排好的,只是强调人的吉凶祸福、事业成败是人为与命运共同作用的结果。既然命运不是我们可以控制的,那么做好职分内的事,尽人事以待天命就可以了。

14·38 子曰:"贤者辟世,其次辟地,其次辟色,其次辟言。"子曰:"作者七人矣。"

本章意思是,孔子说:"贤人逃避混乱的社会,其次逃避混乱的地方,其次逃避难看的脸色,其次逃避不好的言论。"孔子又说:"这样做的有七个人。"

本章有两个"子曰",所以也有人将其分为两章,但从内容上看,作为一章可能更好。本章前一个"子曰"论贤者逃避的四种情况,分别为"辟世""辟地""辟色""辟言"。"辟"同"避",逃避的意思。首先是"辟世",逃避社会。对社会彻底失望,逃进深山老林,寻找一个桃花源,无何有之乡,不与浊世来往,这是避世。其次是"辟地",逃避某个地方。这个地方坏人当道,所以逃避而去,但还是希望找到一个政治清明的地方,对现实还抱有希望,只是从一个地方逃避到另外一个地方,这是避地。再次是"辟色",逃避难看的脸色。君主本来对你比较尊重,现在连起码的礼貌都没有了,老是给你脸色看,这时候当然要离去,正如《孟子·告子下》言"礼貌衰,则去之",这是避色。最后是"辟言",逃避不好的言论。听到关于君主不好的言论,知道他不是一个明君,或者他身旁有一批小人,风言风语,搬弄是非,这时就要离去了,这是避言。从个人的处境来看,避言程度最轻,只是从言论中感到君主不是可以共事的人,主动选择离去。避色的程度稍重了些,君主已经对你没有好脸色了,你为了尊严不得已而离去。避地的程度更重,此地政治黑暗,没有容身之处,只能逃避而去,但还没有完全失望,期待能找到一个政治清明的地方。避世的程度最重,对政治完全失望了,"滔滔者天下皆是也"(《论语·微子》),只能避世而去,以求独善其身。本章罗列的四种情况,存在程度的差别,从逃避某个人开始,到逃避一个地方,最后到逃避整个社会。所以孔子用"其次"来表达,从程度最高的避世讲到最轻的避言。

　　那么,孔子对于"避"是什么态度呢?从"贤者辟世"的表述看,孔子显然也是承认避世的合理性的,他说"道不行,乘桴浮于海"(《论语·公冶长》),实际上也是避世。不过孔子一生更多是避地,他周游列国,从一个国家到另一个国家,既是寻找出仕的机会,也是避地。至于他说"邦有道,则仕;邦无道,则可卷而怀之"(《论语·卫灵公》),"危邦不入,乱邦不居"(《论语·泰伯》),更是将避地作为出仕的基本原则。孔子一生也不乏避色、避言的情况,如卫灵公"与孔子语,见蜚雁,仰视之,色不在孔子。孔子遂行"(《史记·孔子世家》),这就是避色。朱熹《论语集注》引程氏的话说:"四者虽以大小次第言之,然非有优劣也,所遇不同耳。"他认为避世、避地、避色、避言并没有优劣好坏,只是所处的境遇不同罢了。但是我们要注意,孔子虽然承认避世的合理性,但他更想选择的还是入世,是积极地参与政治,改造社会。在避世与入世、退隐与出仕之间,孔子是有一种紧张和焦虑的,这才是孔子,否则便与当时的隐者没有区别了。在《论语》中,我们经常可以看到孔子与隐者的对话,隐者是对现实彻底失望的人,在他们看来,"滔滔者天下皆是也",坏人到处都是,"与其从辟人之士也,岂若从辟世之士哉?"(《论语·微子》)人世已经不堪,个人无能为力,难道你能改变这一切吗?与其逃避坏人,不如逃避社会。隐者的优点是独善其身,但他们放弃了努力,不再想改变社会,而是选择逃避,他们对孔子也常常采取讥讽的态度。孔子的态度是:"鸟兽不可与同群,吾非斯人之徒与而谁与?"(《论语·微子》)既然我们不能与鸟兽同处,除了人类社会我们还有什么选择呢?社会不完善,政治不清明,正是需要我们去改造、完善啊!所以我认为孔子的态度是避人——逃避坏人,但并不避世,而且他相信社会是可以改造、完善的。从这一点看,他是一个理想主义者,别人称他"知其不可而为之"是准确的,这是孔子与隐者的不同。

"子曰:'作者七人矣。'"这个"子曰"可能是对前一个

"子曰"的补充说明。前一个"子曰"列举了避世、避地、避色、避言四种情况,后一个"子曰"接着补充,这样做的有七个人。这七个人具体是谁,本章没有说明。《论语·微子》列举了古代的七位逸民,分别是伯夷、叔齐、虞仲、夷逸、朱张、柳下惠、少连。学者一般认为,本章的"作者七人"就是指这七个人。逸民指品行超逸、避世隐居的人,本章所说的"七人"可能与他们有一定关系吧。

14·39 子路宿于石门。晨,门曰:"奚自?"子路曰:"自孔氏。"曰:"是知其不可而为之者与?"

本章翻译为:子路夜晚住在石门。到了早晨,看门人问:"你从哪里来?"子路回答:"从孔子那里来。"看门人说:"就是那个知其不可而为之的人吗?"

本章是时人对孔子的评价,我认为概括得非常准确、生动。"子路宿于石门","石门",有人说是地名,也有人说是鲁国城门,但并没有依据。因为后面提到"门曰",所以我推测是指某国的城门。子路去某国办事,到达时天色已晚,城门已经关闭,就在城门口睡了一宿。"晨,门曰:'奚自?'"学者一般将"晨,门曰"断为"晨门曰",将"晨门"理解为看守城门的人,但"晨"没有作动词的用法,"晨门"连读不合适。也有学者认为"晨门"指早上开启城门的人,这是望文生义。本句应断为"晨,门曰","晨"是早晨,"门"才是看守城门的人。到了早晨,看守城门的人问:"你从哪里来?"子路回答:"我从孔子那里来。"从这句话看,子路来到的似乎不是鲁国,而是其他某个国家;或者此时孔子不在鲁国,派子路回鲁国办事。看守城门的人说:"是知其不可而为之者与?"就是那位明明知道做不到还要去做的人吗?看来孔子在当时的影响力已经非常大了,看守城门的人都知道他。朱熹说"盖贤人隐于抱关者也",认为这个人不是普通的看门人,而是隐居在这里的一位贤人。从看门人对孔子的评价看,他是很有见识的。

上一章说到,孔子虽然不否定避世,但他的人生态度还是积极入世的,希望通过参与政治去积极地改造社会,即使暂时无法实现,也不放弃努力,如守门人所说,"知其不可而为之",他实际上是一个理想主义者。在理想主义者看来,很多事情当下不能实现,不等于以后不能实现;这一代不能实现,不等于下一代不能实现,这是理想主义的可贵之处。他们不是从一时一地来看待成败得失的,而是从历史发展的角度进行价值选择和判断的。其实不仅孔子,孔子以后的孟子、荀子,以及其他任何一位真正的儒者都是理想主义者。孟子周游列国,宣扬仁政,最后不得已退出政治舞台,他失望了吗?没有。孟子说恐怕上天还不想让天下得到平治,如果上天想让天下得到平治,"当今之世,舍我其谁?"孟子的理想主义精神其实就是来自孔子。所以说,儒家有一个宏观的视野,不只紧盯当下,而且着眼于未来,着眼于历史的发展,不会因为一时的挫折而灰心,也不会因为一时的困难而放弃。

14·40 子击磬于卫。有荷蒉而过孔氏之门者,曰:"有心哉,击磬乎!"既而曰:"鄙哉,硁硁乎!莫己知也,斯己而已矣。'深则厉,浅则揭。'"子曰:"果哉!末之难矣。"

本章大意是,孔子在卫国击磬。一个背着草筐的人从他门前走过,说:"这位击磬的人,有心啊!"一会儿又说:"磬声硁硁,真是位鄙陋的人啊!(你用乐声感叹)没有人理解自己,这实际上是你自己造成的。(《诗经》中说:)'水深,就扎起腰带涉水而过;水浅,就撩起衣襟走过去。'(你为什么不能跟大家一样呢?)"孔子说:"果真能这样,就没有什么困难的事了。"

"子击磬于卫","磬(qìng)"是一种用玉石或金属制成的打击乐器,形状如曲尺。孔子在卫国时,有一天在家里击磬。"有荷蒉而过孔氏之门者,曰:'有心哉,击磬乎!'""荷"是动词,肩扛的意思。"蒉(kuì)"是草编的筐。有一个背着草筐的人,从孔子门前经过,说道:这个击磬的人,有心啊!孔子击磬不是自娱自乐,而是抒发情感,通过音乐把理想无法实现、抱负不得施展的愤懑之情表达出来。看来这位背筐人是懂音乐的,他从乐声中听出了孔子不是普通人。古人讲知音,最有名的就是伯牙与钟子期,钟子期能从伯牙的琴声中听出他寄托的心声,被伯牙视为知音。后来钟子期去世,伯牙于是绝弦,不再弹琴,因为世上已无知音。"既而曰:'鄙哉,硁硁乎!'""硁硁"是击磬的声音。背筐人又听了一会儿,发现了问题,于是说道:听他击磬硁硁的声音,这个人真是固陋啊!背筐人为什么会这样讲呢?原来他从磬声中听出了孔子的心声。"莫己知也,斯己而已矣。"你用磬声表达的,无非就是没有人理解你吧。后一句"斯己而已矣"比较费解,一般是把这句解释为那你就为你自己吧——既然没有人理解你,那就多为自己着想吧。但这样解释并不合理,与下面的"深则厉,浅则揭"也联系不上。我认为"斯己而已矣",并不是说你就为你自己,而是说这是你自己造成的。"斯"是副词,则的意思。这句就可以翻译为没有人理解你,这是你自己造成的。你为什么不能跟大家一样呢?就是因为你跟大家不一样,所以总觉得别人不理解你;如果你跟大家一样,不要总想着克己复礼、为仁由己,那么大家自然就理解你了,所以问题还是出在你自己身上。接着背筐人引了《诗经》中的一句话:"深则厉,浅则揭。"这句出自《邶风·匏(páo)有苦叶》。"深"指河水深。"厉"是腰带,这里指扎起腰带渡河。"浅"指河水浅。"揭(qì)"为撩起衣襟,这里指撩起衣襟过河。古代桥比较少,过河时要试试河水的深浅,如果河水比较深,超过了膝盖,就用腰带扎紧衣服蹚过河;如果河水比较浅,在膝盖以下,撩起衣襟就过去了。背筐人引用这句诗想要说明什么呢?就是随顺世俗,不要标榜自己。天下皆醉我亦醉,这样就没有违和感了,也不会感叹世人不理解自己了。如果反过来,天下皆醉我独醒,那么你永远都会愤愤不平,永远都会觉得别人不理解自己。孔子听后说:"果哉!末之难矣。""果"是副词,果真。"末"是副词,无、没有之义。果真能随顺世俗、忘却自我的话，那世上就没有什么困难的事了。

本章是孔子在卫国时与一位背筐人的对话，他们并非直接对话，而是隔门而对。虽然没有正式见面，但一问一答，将两种不同的人生观鲜明地表达出来。背筐人认为放下自己，与社会的冲突就消解了，而孔子认为这恰恰是最难做到的事。背筐人显然是位隐者，他与孔子的冲突实际上反映了隐者与儒者的分歧。隐者的态度是避世，由于放弃了对现实的执着，因而显得从容自在。而孔子的内心则充满了焦虑，他虽然不完全否定避世，甚至认为在天下无道时可以"乘桴浮于海"，但内心始终是在出仕与退隐间做艰难的选择，他最终放不下的还是救世之心，这是儒者与隐者的根本不同。从这一点看，背筐人不能算是孔子的知音。

14·41 子张曰："《书》云：'高宗谅阴，三年不言。'何谓也？"子曰："何必高宗？古之人皆然。君薨，百官总己以听于冢宰三年。"

本章翻译为，子张问孔子："《书》说：'高宗谅阴，三年不言。'这是什么意思呢？"孔子说："不只是高宗，古人都是这样。国君死了，百官各尽己职，听命于冢宰三年。"

子张是孔子的弟子，姓颛孙，名师，字子张。他可能比较喜欢表现，孔子评价"师也辟"（《史记·仲尼弟子列传》），批评他谄媚逢迎；又说"师也过，商也不及"（《论语·先进》），子张喜欢表现，所以做事往往过头，子夏遇事谨慎，不够果断，二人正好相反,都没有做到中庸。子张问孔子:"《书》云:'高宗谅阴,三年不言。'何谓也?"《书》指《尚书》,"孔子以《诗》《书》《礼》《乐》教"(《史记·孔子世家》),孔子教授弟子《诗经》《尚书》《礼》《乐》。子张阅读《尚书》,遇到不懂的内容就来请教孔子。"高宗谅阴,三年不言",这句出自《尚书·无逸》篇,"高宗"是殷人的先王武丁,他是商朝第二十三任君主,在位期间任用傅说等人,勤于政事,励精图治,取得不错的政绩,史称"武丁盛世"。"谅阴"这个概念一直存在争议,一般认为指沉默不言,不说话。高宗为什么三年不讲话呢?有人说高宗把政事交给了冢宰,自己不便干预,就不再多言。也有人说高宗为父亲服三年之丧,居丧期间,沉默不言。这些都是以后的解释,子张是看不到的,他读到这句话,感到不理解,就来问孔子,"何谓也?"这是什么意思呢?孔子的回答是:"何必高宗?古之人皆然。君薨,百官总己以听于冢宰三年。""薨(hōng)",指诸侯去世。"冢宰",也称"太宰",类似于后世的宰相。不只是高宗,古人都是这样。国君去世了,百官各尽其职,听命于冢宰三年。这里省略了一句话:新即位的国君就可以三年不问政事了。可见孔子是从三年之丧角度来解释"三年不言"的,所以他说不只高宗如此,古代的制度就是这样规定的,新即位的君主为父亲守丧三年,三年之内是不过问政事的。

"总己",朱熹解释为"总摄己职",后人都采取了这个说法,甚至词典、辞书中也是这么解释的。其实这个解释是有问题的,容易产生误解。朱熹把"己"解释为"己职",这个是对的，但他把"总"解释为"总摄"则不恰当。"总摄"是什么意思呢？"总"有全面、全部的意思，也有统领、统摄的意思，"总摄"把两个含义合在了一起，指全面统摄，这与文义是不符的。宋代的邢昺解释此句为"使百官各总己职，以听使于冢宰"，这个是说得通的，因为他把"总"理解为摄，而不是总摄。后来"总己"发展出总揽大权的意思，如《隋书·皇甫绩传》："宣帝崩，高祖总己，绩有力焉。"《宋书·戴法兴传》："时太宰江夏王义恭录尚书事，任同总己。"这里的"总己"是完全由己的意思，"总"取的是完全、全部之义，而不是统领、统摄之义。所以我们阅读经典，要注意文字训诂的训练，掌握了方法以后，就可以自己做分析判断，而不是人云亦云了。

　　孔子用三年之丧解释"高宗谅阴"，是否恰当呢？现在学者认为，高宗的时候恐怕还没有实行三年之丧，郭沫若曾举出很有力的证据。他发现了武丁时的甲骨文，里面记载了武丁即位的第二年就多次主持祭祀。祭祀是古代的大事，武丁主持祭祀说明他并没有不理政事，所以孔子三年之丧的说法是有问题的。那么"三年不言"如何理解呢？郭沫若认为武丁得了一种奇怪的病，不能讲话，三年之后病好了，他就开口讲话，亲自执政了。他认为"谅阴"的"阴"通"暗"，意为声音哑了。郭沫若说高宗得怪病不能说话，未必成立；但他认为殷代没有三年之丧，孔子的说法不准确，则得到多数学者的认可。孔子的说法虽然未必准确，但对后世的影响非常大。经过儒家的提倡，三年之丧后来成为传统社会普遍实行的制度。我们读《孟子》,就会知道孟子也是提倡三年之丧的。滕文公的父亲去世,他即位后不知道如何处理国事,就派人去向孟子请教。孟子主张实行三年之丧,当时很多人反对,之前也没有先例,但在孟子的鼓励下,滕文公还是实行了三年之丧。

14·42 子曰:"上好礼,则民易使也。"

本章翻译过来是,孔子说:"在上位的人喜好礼,百姓就容易指使。"

本章讲君、民的关系。《子路》篇第四章曾记孔子对樊迟说:"上好礼,则民莫敢不敬;上好义,则民莫敢不服;上好信,则民莫敢不用情。"本章与其内容相近。

14·43 子路问君子。子曰:"修己以敬。"曰:"如斯而已乎?"曰:"修己以安人。"曰:"如斯而已乎?"曰:"修己以安百姓。修己以安百姓,尧舜其犹病诸?"

这段话的意思是:子路问怎样才算是君子。孔子说:"修养自己,使自己做到恭敬。"子路说:"这样就可以了吗?"孔子说:"修养自己,使周围的人安乐。"子路说:"这样就可以了吗?"孔子说:"修养自己,使所有百姓都安乐。修养自己,使所有百姓都安乐,尧舜恐怕都难以做到吧?"

本章论君子,实际上是对儒学基本精神的概括,历来受到学者的重视。孔子授徒讲学就是要培养君子,儒学某种意义上也可以说是君子之学,故子路问孔子,怎么才算是一个君子。孔子回答:"修己以敬。"修养自己,使自己做到恭敬。首先要培养恭敬之心,做人、做事都应如此。子路又问:"如斯而已乎?"做到这样就可以了吗?当然不行,还要"修己以安人",修养自己,使他人得到安乐。"安"有安定、安乐之义。子路接着又问:"如斯而已乎?"做到这样就可以了吗?孔子回答:"修己以安百姓。"修养自己,让百姓得到安乐。接着又补充说:"修己以安百姓,尧舜其犹病诸?""其"是副词,也许、大概。"犹"也是副词,同、同样。"病"是困难、不容易,这里用作动词。"诸"是代词,相当于"之"。修养自己,使百姓得到安乐,尧舜恐怕也难以做到吧?所以说,君子首先要修身,重视个人的修养,进一步去影响他人,影响社会,这也是儒学的基本精神。

《大学》提出的修齐治平,是对本章内容的进一步发挥,也是对孔子思想的发展,所以人们也把儒学称为修齐治平之学。修齐治平之中,修身是本,是根本,齐家、治国、平天下是末,是结果。首先要修身,然后才有可能齐家、治国、平天下,取得相应的功业。所以《大学》讲:"自天子以至于庶人,壹是皆以修身为本。"从天子到普通的百姓,都要以修身为根本,先要修身,然后去齐家、治国、平天下。不过修齐治平只是儒学的一个方面,并不代表儒学的全部,否则人们就会产生疑问,修身有那么大的作用吗?竟然可以治国、平天下?其实在孔子那里,个人的道德修养,只有在满足了民众的物质生活,在一套礼义制度的约束下才能发挥作用。所以孔子一方面提出超越性的仁,用仁唤醒人的道德意识,把人的精神向上提、向外推,通过道德人格的自我完善,"修己以安人""修己以安百姓",主动承担起扶危济贫乃至平治天下的责任;另一方面又十分重视礼,认为"礼乐不兴,则刑罚不中;刑罚不中,则民无所措手足"(《论语·子路》),希望通过"克己复礼",确立和谐的政治秩序。前者是"为政以德"(《论语·为政》),后者是"为国以礼"(《论语·先进》)。"为政以德"强调的是执政者的德性、身教,"为国以礼"则突出礼义制度的重要性,认为礼是人与人和谐相处的制度保障。故从孔子开始,完整的儒学至少包括两个方面:一是修己安人,"为政以德";二是推己及人,"为国以礼"。本章及《大学》主要是对儒学前一方面的概括,虽然重要,但并不等于儒学的全部。以往学者仅仅根据本章及《大学》来理解儒学,只注重道德修养,忽略了制度建构,是不全面的,儒学还有"为国以礼"的方面,这在《礼记》《荀子》那里得到充分体现。近些年我提出将《礼记》《荀子》与《论语》《孟子》结合,作为儒学的"新四书",重建儒学思想体系,就是出于这种考虑。

14·44 原壤夷俟。子曰:"幼而不孙弟,长而无述焉,老而不死,是为贼。"以杖叩其胫。

本章的意思是:原壤蹲坐在地上等待孔子。孔子说:"年幼时不懂得孝顺长者,年长了又没有什么可称说的成就,年岁已大还不死去,真是个祸害人的家伙。"用手杖敲打原壤的小腿。

　　本章记载了孔子与老友原壤的一个小插曲,涉及古代礼仪的问题,值得细心品味。原壤是鲁国人,可能从小与孔子一起长大,二人比较熟悉。《礼记·檀弓下》说他是孔子的"故人",还记载了他们之间发生的另外一件事:原壤的母亲去世,孔子去帮忙料理后事,原壤却登上棺材,说我很久没有唱歌了,于是唱起了一段莫名其妙的歌曲。孔子装作没听见,转身离去。身边的人问,为什么还不和这种人绝交?孔子说,朋友还是不要失去的好。从这里可以知道,原壤有点玩世不恭,母亲去世了,他不仅不悲伤,反而登棺而歌,比庄子鼓盆而歌有过之而无不及。可是孔子虽然对这位故人看不惯,但应该还是有些感情的,不愿轻易绝交。"夷"是蹲踞,蹲坐。"俟"是等待。原壤蹲坐在地上,等着孔子到来。"孙弟"通"逊悌",谦逊孝悌。"无述",没有什么可称述,没有说得出的成就。孔子说,你这个人啊,既粗鲁无礼,又一无所成,还为老不尊,说什么好呢?只能骂你是"贼",祸害人的东西。说完,拿起拐杖朝原壤的小腿打去。

　　初读这一章的时候,我感到很费解,孔子为人"温、良、恭、俭、让",这次为什么发这么大的火?从他挂着拐杖看,孔子这时年龄已经不小了,应该是晚年回到鲁国后的事情,原壤与他年龄相仿,也是一位老人了。可是孔子为什么不留情面,开口就骂,拿起拐杖就打?而且打的是小腿,小腿肉少,皮包着骨头,打上去是非常疼的。后来我明白了,问题就出在这个

"夷"上。"夷"有什么问题呢？这就涉及古代礼仪了。先秦时期还没有桌、椅，古人一般是席地而坐，坐又分为两种姿势：跪坐与蹲坐。跪坐是双膝着地，脚掌朝上，屁股坐在脚跟上。蹲坐则是屁股着地，两腿撇开，像个八字，也称箕踞，因为坐姿像簸箕。古代在正式场合是要跪坐的，如果是随意蹲坐在地上，两腿撇开，是非常不雅观的。这样就理解了孔子为什么生气、发火，甚至要责打原壤了。原壤一大把年纪，却连基本的礼仪都不懂，状如禽兽，不知羞耻，对于这位老友，孔子除了杖打，实在没有办法了。

所以我们阅读经典的时候，要懂一些古代礼仪的知识，否则很多内容是读不懂的，即使文字读懂了，更深刻的文化含义还是没读懂。其实古人对于行为规范是有严格要求的，《礼记》中规定"坐如尸，立如齐"，"尸"是祭祀时扮作父祖受祭的人，也称尸主。尸居于受祭的位置，坐姿必定矜持端庄。"齐"通"斋"，古人祭祀前沐浴斋戒以示恭敬。坐着要像受祭的尸主一样端庄，站立要像斋戒时一样恭敬。"立毋跛，坐毋箕"，站立时不能偏倚一只脚，像腿跛了一样，坐着不能采取箕踞的姿势。在正式场合，要用跪姿，如"主人跪正席，客跪抚席而辞""跪而举之""跪而迁屦""卒食，客自前跪"（《礼记·曲礼上》）。文明源于自我约束，这种约束一方面是出于对他人的尊重，另一方面则是道德意识尤其是羞耻感的萌动和自觉。进入文明阶段后，人们不仅有了他人意识，更有了内在的羞耻感，进而对自己的行为进行约束和规范。

14·45 阙党童子将命。或问之曰："益者与？"子曰："吾见其居于位也，见其与先生并行也。非求益者也，欲速成者也。"

本章翻译为：阙里的一个童子给长辈传话。有人问："他是个要求上进的孩子吗？"孔子说："我看见他坐在长辈的位子上，又见他与长辈并肩而行。他不是要求上进的人，而是个急于求成的人。"

"阙党童子将命"，"阙党"是孔子在鲁国居住的地方，也称阙里。"将命"指传话。孔子所住的街巷里，有个孩子经常给长辈传话。可能这个孩子比较勤快，大人有了事，就让他跑跑腿，传个话。"或问之曰：'益者与？'"有人看到他经常与长辈在一起，就问：他是个要求上进的孩子吗？他跟着长辈是为了好学上进吗？孔子说："吾见其居于位也，见其与先生并行也。"我经常看到他坐在长辈的位置上，看到他跟长辈并肩行走。按照古代礼仪的规定，聚会时孩子要坐在角落，出行时要跟在长辈的身后，所以这个孩子的行为是不符合礼仪的。"非求益者也，欲速成者也。"他不是个要求上进的孩子，是一个急于求成的人。他经常跟着长辈，不是为了提升自己，而是急于让别人知道自己。

本章记载了孔子对街巷里一个孩子的评价，这个孩子可能聪明伶俐，人也勤快，受到长辈的喜爱，经常被叫去传话，久而久之，就有点得意忘形，聚会时经常坐在长辈的位置上，出行时不知谦让，与长辈并肩而行，所以孔子提出善意的批评。

本章给人的启示是，一个人的成长要学习很多东西，其中一个内容就是社会礼仪。如何与人相处，尤其是与前辈、领导相处，是需要学习的。有的年轻人因为工作关系，经常与领导在一起，给领导端茶倒水，陪领导吃饭开会，久而久之，得意忘形，把自己当领导了，说话、办事端起了架子。这样的人不仅没有成长，反而让人反感。我们读到这一章的时候，应该反省一下，自己身上有没有类似的问题。本章看似普通，没有特殊的含义，但是其中蕴含的做人道理，对一个人的成长是有帮助和启发的。

《宪问》篇共四十五章，涉及的问题比较多，主要讨论的是问政的问题。我觉得以下各章比较重要，需要特别关注。首先是第二十三与三十六章，这两章谈"下学上达"，是理解孔子"性与天道"，也就是道德形而上学的重要资料，大家可以结合《中庸》《孟子》做进一步学习、思考，这是理解儒学思想的关键。还有第二十四与四十三章，前者谈为己之学，后者谈君子之学，儒学的基本精神是成己安人，这也是君子之学的基本内容，二者需要结合起来理解。第十六、十七章讨论管仲是否符合仁，也非常重要。孔子论仁实际上存在道德与政治两个不同的维度，前者往往强调道德的自觉与完善，后者则侧重礼乐秩序与政治功业；前者可称为道德化的仁，后者则是政治化的仁，这是理解孔子仁学需要注意的地方，也是读懂以上两章的关键。另外，第三十五章论"以直报怨"，反映了孔子的法律思想，也非常重要。"以直报怨"，人们耳熟能详，真正解释清楚却不容易，我们根据《论语》"直"的多重含义做了解读。最后,《宪问》篇还记载了隐者与孔子的对话,第三十三章是微生亩,第四十章是背筐人,隐者与儒者的关系,尤其是二者的不同追求,也是我们学习《论语》时需要特别注意的。

卫灵公第十五

肖永明 解读

我们首先对第十五篇《卫灵公》进行解题,其次介绍第一章的语境,然后再按照各章顺序进行文字疏通和义理阐发。历代学者的《论语》学成果很多,我在文字疏通和义理阐发过程中会广泛加以吸纳。

首先,第十五篇为什么叫《卫灵公》?我们知道《论语》二十篇都是把篇首的两个字或三个字作为篇名的,《卫灵公》就是取自本篇篇首"卫灵公问陈于孔子"中的前三个字。为什么《卫灵公》篇恰恰排在第十五位呢?南朝时期的学者皇侃说:"卫灵公者,卫国无道之君也。所以次前者,宪既问仕,故举时不可仕之君,故以《卫灵公》次《宪问》也。"《卫灵公》篇之所以排在第十五位,是因为前篇《宪问》中有"宪既问仕"的事件,故而在此将卫灵公作为"不可仕之君"的代表,把这一篇放在《宪问》的后面。这只是一个说法,古往今来对于《论语》二十篇的编排顺序还有许多不同观点。卫灵公是卫国的第二十八任国君,在位时间很长,喜欢猜忌,脾气暴躁,所以皇侃说他是一个"不可仕之君"。但卫灵公有一点备受关注,他擅长识人,知人善任。上一篇《宪问》里,孔子就谈到了卫灵公是无道之君,当时就有人问,既然他是无道之君,为什么卫国还没有灭亡?孔子回答,那是因为他提拔的三位大臣——孔圉、祝鮀和王孙贾相互合作,帮他把国家治理得好。

接着,我们来看《卫灵公》第一章的历史背景。《史记·孔子世家》记载,孔子在五十六岁时担任鲁国大司寇,将鲁国治理得非常好,如贩卖猪羊的商人不敢漫天要价,男女行人都分开走路,掉在路上的东西也没人捡走,各地来的旅客不用向官员求情送礼而能够得到很好的照顾。齐国听到孔子把鲁国治理得如此好,就害怕了起来,认为孔子在鲁国执政下去,一旦鲁国称霸,必然会吞并与之毗邻的齐国。因此齐国挑选了八十位美貌女子和一百二十匹有花纹的马,一起送给鲁君。齐国先把女乐和马安置在鲁城南面的高门外。季桓子身着便服前往观看再三,打算接受下来,就以外出到各地周游视察为名欺骗鲁君,乘机整天到南门观看齐国的美女和骏马,连国家的政事也懒得去管理了。子路看到这种情形便对孔子说:"老师,我们可以离开这里了吧!"

于是孔子离开鲁国到了卫国,卫君看起来欢迎他,但事实上并没有真正采纳他的主张。卫灵公问孔子在鲁国的俸禄是多少,孔子回答俸米六万斗,卫国也照样给了他俸米六万斗,但是没有重用他的意思。过了不久,有人向卫灵公说了孔子的坏话,卫灵公便对孔子产生了猜忌,就派公孙余假用兵仗监视孔子的出入。孔子害怕在卫国无端获罪,居住了十个月便离开了卫国。

之后孔子又在其他地方周游,后来再度回到卫国。卫灵公得知孔子的到来很高兴,并且赶到郊外迎接孔子,问他是不是可以讨伐曾经围困孔子的蒲人,孔子做了回答并给出了建议,但是卫灵公仍没有采纳孔子的意见。孔子第二次在卫国住了较长时间,此时卫灵公年事已高,怠于政事,也不起用孔子。孔子长叹说:"如果有人起用我,一年时间就差不多了,三年就会大见成效。"最终孔子无奈离开。这就是本篇第一章孔子和卫灵公对话的背景。

15·1 卫灵公问陈于孔子。孔子对曰:"俎豆之事,则尝闻之矣;军旅之事,未之学也。"明日遂行。

"陈",即"阵",指军事行伍之列。"俎豆",古代行礼时盛肉食的器皿,代指礼仪之事。

这段话翻译过来是:卫灵公向孔子请教阵法。孔子回答:"礼仪的事情,我曾经听到过;军队的事情,从没学过。"第二天便离开了卫国。

这里就涉及一个问题,孔子是不是真的不懂、不重视军事?其实并非如此。在《论语·子路》篇里,我们至少可以看到两处孔子讨论军事,子曰:"善人教民七年,亦可以即戎矣。""以不教民战,是谓弃之。"由此可见,孔子懂军事也重视军事,甚至觉得要对老百姓进行军事训练。我们知道孔子是不赞成战争的,但是为什么他会在《子路》篇里专门去谈战争,强调练兵,要对民众进行必要的军事训练呢?

我们回到孔子所处的历史环境。当时各诸侯国争战,国家若不修战事,将难以保存,所以我们绝不能把孔子想象成迂腐的书呆子。从根本上看,孔子是站在人道主义的立场去反对战争的,他主张实行德治,要通过礼义教化来治理社会,这是他最根本的治国理念。但是基于现实,他也非常强调权变,强调对民众进行军事训练的必要性。而且他重视军队、重视战备,主要是为了防御外敌的侵略,不是为了侵略别人。他的这种思路在历代的儒家学者那里都得到了继承,包括朱熹、王阳明和曾国藩,他们都反对穷兵黩武和对外战争,但如果面对侵略者的入侵,也会奋死抵抗、殊死搏斗。

岳麓书院创立于宋代,当时书院的儒生主要研习经史,但在1276年的时候,元兵南下把长沙城攻破了,岳麓书院的师生就拿起武器登上长沙城的城头,进行殊死抵抗。史料记载,最后结局非常惨烈,死者十九。这里便有对孔子上述观念的继承。

回到《卫灵公》第一章孔子和卫灵公的对话,孔子之所以不与卫灵公谈军事、政法,事实上是对卫灵公不实行仁德、不修礼义的不满,这反映了孔子与卫灵公之间治国理念的差异。

15·2 在陈绝粮,从者病,莫能兴。子路愠见曰:"君子亦有穷乎?"子曰:"君子固穷,小人穷斯滥矣。"

第二章的文本,也有其自身的历史背景。《史记·孔子世

家》记载:

> 明年,孔子自陈迁于蔡。……明年,孔子自蔡如叶。……去叶,反于蔡。……孔子迁于蔡三岁,吴伐陈。楚救陈,军于城父。闻孔子在陈蔡之间,楚使人聘孔子。孔子将往拜礼,陈蔡大夫谋曰:"孔子贤者,所刺讥皆中诸侯之疾。今者久留陈蔡之间,诸大夫所设行皆非仲尼之意。今楚,大国也,来聘孔子。孔子用于楚,则陈蔡用事大夫危矣。"于是乃相与发徒役围孔子于野。不得行,绝粮。从者病,莫能兴。孔子讲诵弦歌不衰。子路愠见曰:"君子亦有穷乎?"孔子曰:"君子固穷,小人穷斯滥矣。"

孔子在周游列国的过程中,从陈国到蔡国,又从蔡国到叶国,然后又离开叶国回到蔡国。他到蔡国三年以后,吴国去讨伐陈国,楚国则救陈国。楚国听说孔子在陈、蔡两国交界的地方,就派人去聘请孔子,孔子便准备去楚国。陈国和蔡国的大夫认为孔子是一个很能干的人,如果孔子到楚国去,那么陈、蔡两国当权的大夫们就危险了。于是他们派下属把孔子围在陈国和蔡国之间,由此出现了孔子"在陈绝粮"的情况。《史记·孔子世家》里也记载了孔子没有粮食吃,跟随的人都很难受,"莫能兴"。"兴"是起的意思,就是饿得站不起来了。

孔子的弟子子路十分懊恼,对孔子说:"难道君子也有困顿得一筹莫展的时候吗?"孔子说:"君子固然有困顿的时候,但是小人一困顿就无所不为了。""固穷"是固然有穷困潦倒的时候。对于这个词,其实历代不同的注家是有不同的理解的,比如北宋的大儒程颐就把"固穷"解释为"固守其穷",但是不管是朱熹还是之前更早的何晏,他们都把"固穷"理解为固然有穷困潦倒的时候,我们遵从此说。另外,"小人穷斯滥矣",大多连读,但是也有学者主张在"穷"字后面点断,读成"小人穷,斯滥矣"。"滥"是泛滥、溢出来的意思,朱熹《论语集注》引何晏曰"放溢为非"。

这一段文字不多,但非常生动,写出了孔子师生困厄的情形。中间一个"愠"字,我们就可以看出子路刚直的性格,他当时受委屈、发牢骚的情形跃然纸上。子路我们在前面已经有所了解,他是鲁国人,性格非常刚直、好勇、尚武,和孔子相处的时候,他有几次非常没有礼貌,但是孔子对他还是非常欣赏的,对他启发诱导,加以教诲。子路后来做了卫国大夫孔悝的蒲邑宰,政绩突出。孔子曾评价子路"好勇过我,无所取材","不得其死",这可以说是对子路的一个预言,子路最后在卫国的内乱当中,因为救人而被击杀。

这里有一个长期以来不同注家关注的问题,就是怎么看待"穷"?我们今天理解"穷"字,好像仅仅是一个财富经济方面的问题。事实上,穷不只是经济上的贫穷,更是"山重水复疑无路",是山穷水尽、穷途末路。人生在世,不可能总是一帆风顺的,难免伴随苦难、坎坷、挫折,在这个关头最能考验一个人的操守、胸襟、气度。《史记·孔子世家》记载"孔子讲诵弦歌不衰",可谓能安于困境、泰然处之、乐观旷达。这一点给后来儒家学者坦然面对困境、保持操守、保持良好的精神状态以很大鼓励,这也是孔子推崇的君子所应该有的状态。但从另一方面说,小人在这个时候就无所不为了。他们会铤而走险、投机取巧、屈膝变节。《论语》里很多地方都有君子和小人对举的情况。什么是君子？什么是小人？我们可以从很多方面对他们进行界定,但也要注意,君子和小人的区分并没有固定标签,而是要从具体的日常生活的细节上面,从一些大节方面去看他们的表现,具体的行为表现才是判断君子、小人最根本的标准。

清初学者张履祥说:"有耿耿自命,宁死决不为小人者,到穷之难忍,平生操履不觉渐渐放松,始焉滥只一二分,既而三四分矣,又既而五六分矣,到此便将无所不至。"(见《论语集释》)他对人在"穷"的情况下变成小人的过程进行了生动阐述。很多人平时是有操守、有气度的,但是到穷之难忍的时候,就会慢慢放松,刚开始放松一二分,慢慢地放松三四分,然后是五六分,最终无所不至。也就是说,一些人即使平时也注意品德的修养,但碰到极端情况难以忍受的时候,他们就不再去坚持了,最后慢慢放松对自己的警惕和操守,由君子一点一点变成小人。这是以前的儒家学者们非常关注的一个问题。

15·3 子曰:"赐也,女以予为多学而识之者与？"对曰:"然,非与？"曰:"非也,予一以贯之。"

这章涉及一个人物:赐。他复姓端木,名赐,字子贡,是"孔门十哲"言语科的弟子。他的特点是:第一,特别会说话;

第二,特别会做生意,会经商。他比孔子小三十一岁,曾任鲁、卫之相,办事通达。由于他很会说话,在处理国和国之间的关系方面发挥了重要作用;也由于他很会经商,遂成为后人崇拜的财神。当时甚至有人说子贡比他的老师孔子还有能力,子贡坚决否定这种说法,他认为自己与老师差得非常远。《论语·子张》载子贡的话:"譬之宫墙,赐之墙也及肩,窥见室家之好。夫子之墙数仞,不得其门而入,不见宗庙之美,百官之富。"子贡拿房屋的围墙做比喻,说我家的围墙只有肩膀那么高,谁都可以窥探到房屋的美好。我老师的围墙却有几丈高,找不到大门走进去,就看不到他那宗庙的雄伟、房舍的多样。由此可见,子贡对孔子是非常尊敬的。孔子去世以后,子贡非常悲痛,一般给父母守丧是三年,他在孔子的墓旁住下,守丧六年,可见他对老师的感情之深。《论语》里面有关子贡的言论比较多,司马迁在作《史记》的时候对子贡的评价也非常高:"夫使孔子名布扬于天下者,子贡先后之也。此所谓得埶而益彰者乎?"意思是子贡对传播孔子的思想做了巨大的贡献。

　　此章翻译过来是,孔子对子贡说:"赐,你认为我是博闻强识的人吗?"子贡回答:"是的,难道不是吗?"孔子说:"不是的,我有一个根本观念贯穿始终。"

　　这里的"一以贯之"究竟是什么?历代学者在"一以贯之"的"一"字的解释上面,费了很多的笔墨。朱熹《论语集注》说:"子贡之学,多而能识矣。夫子欲其知所本也,故问以发。"孔子希望子贡能有一个最为根本的东西去贯穿他的知识。这就像古代的铜钱,一定要有一根线把这些散钱贯穿起来。对知识学问同样应该融会贯通,深切领悟出一个根本的概念来加以统摄,使之形成一个系统,不能杂乱无章。这是孔子的用意。

此章涉及"一以贯之"和"多学而识",其中的"一"与"多",宋明以来很多学者在这个问题上有很多发挥。他们非常关注普遍性和多样性的关系,往往从"一本万殊""理一分殊"的角度加以阐发,认为整个世界、万事万物各有其表现形式,各不相同,各种各样,但是在这种多样性的背后,又有统一性。这种统一性在理学家看来就是"天理",正因为"天理"的统一性,所以这个世界才和谐。此章也为宋明理学家们阐发"理一分殊"提供了依据。

在《论语·里仁》中也有一个"吾道一以贯之"的说法,子曰:"参乎!吾道一以贯之。"曾子曰:"唯。"子出。门人问曰:"何谓也?"曾子曰:"夫子之道,忠恕而已矣。"这里孔子跟曾子说"吾道一以贯之",曾子回答说知道了,并和他的门人说"夫子之道,忠恕而已矣"。曾子对孔子"一以贯之"的说法表示充分的认同,能够理解孔子思想的深刻含义。但是子贡对孔子说的"一以贯之"并没有表示明确的认同,所以理学家尹焞说,从这里可以看出子贡在境界上、学问的造诣上,和曾子还是有差距的。

15·4 子曰:"由!知德者鲜矣。"

这里的"由",即子路。我们知道所谓的"道德","道"是一个普遍的规则、原理,那么"德"是什么?《论语集注》:"德,谓义理之得于己者。非己有之,不能知其意味之实也。"德是自己所体悟到的东西,能够在自身践行的东西才是德。朱熹说道,如果德不是自己的真正体会,不是自己真正能够践行的,那么不能说真正了解了德是什么。所以孔子说:"仲由!知晓德的人太少了"。

为什么孔子会对子路说这句话?因为之前我们已经看到子路在孔子陈蔡绝粮时的恼怒表现,所以这句话事实上是有针对性的,子路平时所说的一些操守和德行,在危机时没有很好地表现出来,在孔子看来,这就是没有真正地知德,没有把其体现到自己的行为当中,所以是"知德者鲜矣"。真正的"知德"是能够把我们关于道德的认识落实到实践中的。子路在穷困的时候表现出的愤愤不平,是他修养不够的表现,如果子路在日常生活中对道德有真切的体会,就不会表现出"愠见"。所以此章让我们知道什么是真正的"知德"。

15·5 子曰:"无为而治者,其舜也与?夫何为哉?恭己正南面而已矣。"

"南面",古代以面向南为尊位,帝王的座位面向南,故称帝位为南面。

这段话的意思是,孔子说:"不需要劳苦奔波而使天下得到治理的人,大概只有舜吧?他做了什么呢?他只是庄重端正地坐在朝堂上罢了。"

这里的"无为"和"恭己正南面"怎么理解？我们知道"无为"就是孔子所说的"述而不作"。其中的"作"就是有为、创作，当然也可以说是一种发扬。孔子的"述而不作"当然是自谦的说法，说自己只是继承，没有太多的创新。那么舜究竟是怎么样"无为"的？他让非常能干的人做臣子，所以他不用事必躬亲，即修德于己而选贤举能，然后不用亲自操持也能很好地治理天下。这就是孔子对当时治理天下的基本看法。我们看《大学》里说得非常明确，格物、致知、诚意、正心、修身、齐家、治国、平天下，是一个首尾相接的顺序。修身当然是根本，"自天子以至于庶人，壹是皆以修身为本"。"恭己正南面"强调的是以修身为本，进而能够选贤举能，治理好天下，所以在《论语·泰伯》里也说"舜有臣五人而天下治"，孔子对舜的这种治理方式很欣赏。

一般我们会想到无为而治是道家的主张，那么孔子在这里所称颂的舜的无为而治和道家的无为而治有什么样的区别呢？道家的无为而治是崇尚自然，认为天地无为，而我们要效法自然；但是孔子所说的无为而治首先是修德于己，其次是内圣外王，进而达到天下治的结果。

15·6 子张问行。子曰："言忠信，行笃敬，虽蛮貊之邦行矣。言不忠信，行不笃敬，虽州里行乎哉？立，则见其参于前也；在舆，则见其倚于衡也。夫然后行。"子张书诸绅。

"问行",问怎么行得通。"笃",厚也。张栻说:"笃敬者,敦笃于敬也。""蛮貊",形容教化不通、文明未开化之地。"州里",此处指本乡本土。钱穆《论语新解》解释:"州里近处,文化风教相同,蛮貊远,文化风教相异。""参于前",与自己并立而三。"衡",车前横木。"书诸绅","书",写。"绅",垂下的大带。钱穆参考前人,把这个细节解释为"以孔子语书绅,欲其随身记诵而不忘"。

这段话可以理解为,子张向孔子请教怎样才能行得通。孔子说:"言语忠诚老实,行为忠厚严肃,即使到了未开化的地方也能行得通。言语不忠诚老实,行为不忠厚严肃,即使在本乡本土能行得通吗?站立的时候,就看到这几个字在眼前;坐在车里,就看见这几个字刻在横木上。像这样才能行得通。"子张把这些话写在了衣服的大带上,随身记诵而不忘记。

子张是颛孙师的字,他是春秋战国时期陈国人,"孔门十二哲"之一。为人勇武,清流不媚俗,被孔子评为"性情偏激",但广交朋友,主张"士见危致命,见得思义,祭思敬,丧思哀"(《论语·子张》),重视自己的德行修养。《论语·为政》记载"子张学干禄",从这可以看出子张比较关注怎么行得通、怎么才有官职俸禄的事情。孔子针对他的问题,把他的关注从外在引向内在,所以说"言忠信,行笃敬"。孔子要表达的道理是,你要在这个社会上行得通,要获得官职俸禄,一定要内在忠信,行动专一,不能够妄行。这就是孔子对子张的教导。

15·7 子曰:"直哉史鱼!邦有道,如矢;邦无道,如矢。君子哉蘧伯玉!邦有道,则仕;邦无道,则可卷而怀之。"

史鱼,名鲍,字子鱼,也称史䲡。卫灵公时任祝史,负责卫国对社稷神的祭祀,故又称祝鲍。"如矢",指像箭一样直,形容其直言直行。蘧伯玉,即蘧瑗,字伯玉。春秋时期卫国大臣,一生侍奉卫国多位国君,主张以德治国。孔子在卫国时,曾住在蘧伯玉家。

此章用今天的话翻译就是,孔子说:"史鱼真是正直啊!国家有道,他像一支笔直的箭;国家无道,他仍然像一支笔直的箭。蘧伯玉真是君子啊!国家有道,就出仕做官;国家无道,就隐藏起自己。"可见孔子对史鱼和蘧伯玉都非常赞赏。

关于史鱼,历史上有"史鱼尸谏"的典故。春秋时期,卫国有位贤人蘧伯玉,为人正直且德才兼备,但卫灵公不肯重用他;另有一位叫弥子瑕的小人,作风不正派,卫灵公反而委以重任。史鱼看到这种情况,内心很是忧虑,屡次进谏,但卫灵公始终不采纳。后来,史鱼得了重病将要去世,他将儿子唤过来嘱咐:"我在卫做官,却不能够进荐贤德的蘧伯玉而劝退弥子瑕,是我身为臣子却没有能够扶正君王的过失啊!生前无法正君,那么死了也无以成礼。我死后,你将我的尸体放在窗下,这样对我就算完成丧礼了。"史鱼的儿子听了,不敢不从父命,于是在史鱼去世后,便将尸体移放在窗下。卫灵公前来吊丧,见到大臣史鱼的尸体竟然被放置在窗下,如此轻慢不敬,因而责问史鱼的儿子。史鱼的儿子于是将史鱼的遗命告诉了卫灵公。卫灵公听后很惊愕,脸色都变了,说道:"这是我的过失啊!"于是马上让史鱼的儿子将史鱼的尸体按礼仪安放妥当,回去后辞退了弥子瑕,重用蘧伯玉。孔子听到此事后,赞叹地说道:"古来有许多敢于直言相谏的人,但到死了便也结束了,未有像史鱼这样的,死了以后,还用自己的尸体来劝谏君王,以自己一片至诚的忠心使君王受到感化,这样难道还称不上是秉直的人吗?"此章就是孔子对史鱼尸谏的赞颂。

关于蘧伯玉,《论语·宪问》载:

蘧伯玉使人于孔子。孔子与之坐而问焉,曰:"夫子何为?"对曰:"夫子欲寡其过而未能也。"使者出。子曰:"使乎!使乎!"

就是说,蘧伯玉派人来拜访孔子,孔子向来人询问蘧伯玉的近况,来人回答:"他正设法减少自己的缺点,却苦于做不到。"来人走后,孔子对弟子说:"好一位使者!好一位使者!"蘧伯玉是一个富有自省精神的人,与孔子为一生的挚友。孔子在周游列国的十四年中,有十年在卫国,其中两次住在蘧伯玉家,前后达九年。尤其是孔子第二次从外地回到卫国,蘧伯玉已年高隐退,孔子再次在其家设帐授徒。蘧伯玉的政治主张、言行、情操对儒家学说的形成产生了重大影响。

孔子对史鱼和蘧伯玉都加以称赞,史鱼主要是行为正直,孔子对此非常赞赏。同时蘧伯玉有君子之德，国家有道他就出仕，国家无道他就韬光养晦，能屈能伸，达到了一个新的高度，所以孔子对他称赞的程度会更高一点。

15·8 子曰："可与言而不与之言，失人；不可与言而与之言，失言。知者不失人，亦不失言。"

本章翻译成白话文是，孔子说："可以跟他说话却不跟他说，就错失人才；不可以跟他说话却跟他说，就说错了话。智者能够不错失人才，也不说错话。"

此章的意思非常好理解：言语应该因人而发，对可言之人则言，就不会失人；如果在不可与言的情况下还言，就会失言说错话。所以说不管是可言还是不可言，都一定要非常谨慎，有自己的判断标准。不管是失言还是失人，事实上的病根都只是不识人，所以只有智者才能够做到真正的识人。孔子的这一段话对我们在现实生活中的识人说话，有很大的指导意义。

15·9 子曰："志士仁人，无求生以害仁，有杀身以成仁。"

"志士"，指有志之士、忠节之士。"仁人"，指成德之人。"求生"，即苟且求活。"以害仁"的"仁"指仁道。

简单翻译此章就是，孔子说："有志之士和求仁之人，不会贪生怕死而损害仁道，只会牺牲自己的生命来成就仁德。"

这里涉及一个生和死、求生和害仁的问题。按朱熹的说法，"理当死而求生，则于其心有不安矣，是害其心之德也。当死而死，则心安而德全矣"。在生死判断的过程中有一个标准，这个标准高于人对生的贪恋。只有按照这个标准行事，才能对生死做出恰当的判断。但是杀身成仁也不是比较随意的一个说法，一定要合理，以合理的标准做判断。

15·10 子贡问为仁。子曰："工欲善其事，必先利其器。居是邦也，事其大夫之贤者，友其士之仁者。"

"为仁"，行仁。"善其事"，做好此事。"利其器"，使工具变得锋利。"友"，结交朋友。"贤"和"仁"，贤以事言，仁以德言。大夫言贤，士言仁，二者互文。

这段话的意思是：子贡向孔子请教怎样践行仁德。孔子说："工匠想要把活干好，先要使工具锋利。居住在这个国家，就侍奉此国大夫中的贤人，与士中的仁人结交为友。"

本章是说一个人虽然有很好的素质，但是居住在这个国家，如果不去和有仁德的大夫结交，是干不成事情的，就好像一个工匠的工具不锋利就很难完成工作一样。这一点在我们今天的生活中依然有指导意义，要把什么事情完成好，首先要有好的工具。工具可以指思路和方法。

"事其大夫之贤者，友其士之仁者"，也就是说到一个国家也好，到一个单位也好，我们都是处在一个环境里面做事，如果和能干、有品性的人做朋友，就意味着我们能够在这个环境里受到他们的熏陶和影响,与他们切磋交流,获得进步。反之,如果我们结交的这些人不能做事或品质卑劣,我们可能会不进而退。儒家特别强调亲师取友,有好的老师指导,有好的学习对象,这是非常重要的。

15·11 颜渊问为邦。子曰:"行夏之时,乘殷之辂,服周之冕,乐则《韶》《舞》。放郑声,远佞人。郑声淫,佞人殆。"

颜渊,即颜回,字子渊,被后人尊称为"复圣",孔门七十二贤之首。十三岁拜孔子为师,终生师事之,是孔子最得意的门生。"为邦",即治理国家。"夏之时",指夏代的历法。"殷之辂",指殷代天子所乘坐的大车。"周之冕",即周代的礼帽。"《韶》《舞》",即《韶》乐、《武》乐。"舞",通"武"。"放",禁绝,舍弃。"郑声",郑国乐曲。"佞人",有口才但谄媚的人。"淫",使……放纵、沉溺、惑乱,如《孟子》中的"富贵不能淫"。

这段话的意思是:颜渊问治国之道。孔子回答:"用夏朝的历法,乘殷朝的车子,戴周朝的礼帽,音乐欣赏《韶》《武》。舍弃郑国的乐曲,远离巧谄之人。郑国的乐曲让人放纵沉溺,巧谄之人危险。"

夏、商、周三代有自己的制度,根据时代发展的不同,对这些制度加以损益完善。孔子是与时俱进的人,他教导颜渊的治国之道,其实是把历代的精华之处加以吸收,然后因时而变。很多人疑惑,孔子之道和我们今天的社会究竟有什么关系？我们不是因循他提出来的具体制度、主张,而是用孔子所秉承的思想和精神、原则和思维解决今天的现实问题。孔子崇尚三代,但不是完全复古,而是损益地继承和创造性地转化。

15·12 子曰:"人无远虑,必有近忧。"

"虑",思虑。"远"和"近",从时、地两个角度言。钱穆《论语新解》说:"此章远近有两解:一以地言,人之所履,容足之外,皆若无用,而不可废。故虑不在千里之外,则患常在几席之下矣。一以时言,凡事不作久远之虑,则必有日近顷败之忧。两解皆可通。依常义,从后说为允。"

这一章的意思是,孔子说:"人无长远的考虑,必定有眼前的忧患。"

其实从钱穆所说的第一个角度来理解也是很有道理的。如朱熹《论语集注》就引前人说:"人之所履者,容足之外,皆为无用之地,而不可废也。故虑不在千里之外,则患在几席之下矣。"人虽然站在只有两只脚大的地方,但是你不能认为其他的地方就没有用,应该考虑千里之外的地方。如果没有这种考虑的话,那么你在一个小的地方可能也站不住脚。

这一章的意思是提醒人们防患于未然,及早预防可能出现的问题。中国传统文化中的忧患意识非常强,如《孟子》就说"生于忧患而死于安乐"。所以要有《大学》里面所说的格物致知的工夫,不断琢磨思考问题,去了解时代的需求,然后问我们自己现在应该做什么,以及如何着眼于未来,从而避免未来的忧患,这就是"人无远虑,必有近忧"带给我们的启示。

15·13 子曰:"已矣乎!吾未见好德如好色者也。"

这一章的意思是,孔子说:"完了!我从来没有见过像好色那样好德的人。"

"吾未见好德如好色者也"在第九篇《子罕》里也出现过,这里只多了三个字,"已矣乎"。有了"已矣乎",从程度上面就比《子罕》篇更有所强调。在当时的社会里,孔子看到真正好德的人非常少,所以发出这种感叹。

为什么《论语》会两次提到这句话?这和孔子在卫国的具体事件有关。据《史记》以及后来的考证,孔子至卫国月余后,"灵公与夫人同车,宦者雍渠参乘,出,使孔子为次乘,招摇市过之。孔子曰:'吾未见好德如好色者也。'于是丑之,去卫"。卫灵公宠爱南子,而往往做出糊涂的决定。孔子到卫国,本想在卫国做一番事业,可是卫灵公对孔子并不由衷赏识,也没有重用。有一次,卫灵公跟南子出行,邀请孔子一道。三个人在一起坐车不方便,卫灵公就叫孔子坐后面那辆马车,他与南子坐前面那辆马车。结果大家都看见车队这样招摇过市。卫灵公把孔子抛在后面,足见他重色不重德,于是孔子就离开了卫国。

15·14 子曰:"臧文仲其窃位者与?知柳下惠之贤,而不

与立也。"

臧文仲,春秋时期鲁国大夫,博闻强识,不拘常理,一生侍奉鲁庄公、闵公、僖公、文公四位国君。谥号"文",世称臧文仲。孔子对臧文仲的评价比较低,认为他僭越礼制,打击贤良,不"仁"不"知"。有人认为这种偏于负面的评价失之偏颇,有失公允。"窃位",盗窃官位,身居官位而不称职。柳下惠,即展获,字禽,是鲁国的大贤者,曾为"士师"。"柳下"是他的居处,后世也有说是他的食邑,"惠"是他妻子给他的私谥。

为什么说臧文仲是一个窃位者呢?窃位,事实上是指他在这个位置上不称职,有愧于心的意思。从孔子的标准来看,他对臧文仲有这种判断也是非常正常的。在传统的社会里,举贤是一个非常重要的责任,贤人要靠各级官员推选出来。臧文仲和柳下惠处于同一时期,柳下惠是贤能之士,臧文仲明知道柳下惠是贤能之士却不举荐他同朝共事,这就是不称职。如果臧文仲作为一个官员,不知道柳下惠是贤能之士,这只是不明,其罪尚小;但如果臧文仲掩蔽贤能之士,这个罪名就大了,所以孔子认为臧文仲不仁。

臧文仲做了很多的事情,甚至也表现出他极其能干的一面,但是从他在这个职位上面所应该承担的责任和义务来说,他应该去推荐贤能之士,但他没有做到这一点。孔子也是借对臧文仲的评价来倡导选贤举能的风气,让真正能做事情的人有空间和机会。这种思想在当代依然值得推崇。

15·15 子曰:"躬自厚而薄责于人,则远怨矣。"

"躬"即自己。这段话的意思是,孔子说:"多责备自己而少责备别人,就可以远离别人的怨恨了。"

这一章事实上就是告诫我们要多从自身找原因。凡是碰到什么问题,不要归咎于别人,而应从自己身上找原因,反省自己,这样的话就可以远离别人的怨恨,和人保持良好的关系。这一点事实上在我们处理人和人之间的关系上有非常重要的指导意义。它看上去非常简单,但做起来非常不容易。

15·16 子曰:"不曰'如之何,如之何'者,吾末如之何也已矣。"

"末如之何",即不知道怎么办。"也已矣",是句尾虚词。

这段话的意思是,孔子说:"不说'怎么办,怎么办'的人,我对他也不知道该怎么办了。"

本章是说人要认真对待事情,三思而后行,不能凭着冲动和臆测轻率行事。有一些事情我们要防微杜渐,在它还没有发生的时候,就要有可能发生的意识,这就叫"谋之于其未兆,治之于其未乱,何当至于临难而方曰'如之何'也?"(《论语义疏》)如果没有事先周密审慎的考虑,当事情真的发生时就无可奈何了。

15·17 子曰:"群居终日,言不及义,好行小慧,难矣哉!"

"居",聚居。皇侃《论语义疏》解释:"三人以上为群居。""终日",整天。皇侃对这一章前两句的情状有着惟妙惟肖的描写:"群居共聚,有所谈说,终于日月,而未曾有及义之事也。""小慧",私智、小聪明。"难矣哉",指有所上进很难,最终难以成德。郑玄也在他的注中说:"难矣哉,言终无成功也。"

这段话的意思是,孔子说:"一群人整日聚在一起,不谈及道义,还喜欢玩弄小聪明,真是很难成德啊!"

"难矣哉"这种感慨,孔子在其他场合也曾有过。比如,《论语·阳货》中孔子就说:"饱食终日,无所用心,难矣哉!不有博弈者乎?为之犹贤乎已。"句式意思和本章非常接近,孔子说:"整天吃饱了饭,什么心思也不用,真是很难成德啊!不是还有下棋的游戏吗?去下棋也比闲着好。"这是孔子的类似感慨。

这一章是说人们在一起要讨论和道义相关的东西,不能以非道义的小智、小聪明互相诱引。如果整天在一起不讨论那些普遍、长远的原则,而在个人的立场上讨论私人、私欲的相关内容,肯定会离道义越来越远。这也就涉及公和私的问题。在儒家看来,谈论道义才是正言,"好行小慧"不是一种正行。顾炎武《日知录》:"'饱食终日,无所用心,难矣哉!'今日北方之学者是也;'群居终日,言不及义,好行小慧,难矣哉!'今日南方之学者是也。"意思是不同地方的人在这方面有不同的表现。鲁迅《花边文学·北人与南人》:"北方人是'饱食终日,无所用心';南方人是'群居终日,言不及义'。"

可见孔子所说的这种现象,后世学者也在关注。当然这里所说的北方人、南方人,相当于是互文,一些人是"饱食终日,无所用心",另一些人是"群居终日,言不及义"。这一章告诉我们,人们在一起要以道义为重,不应去玩弄小聪明,这样才是修德成德的正道。

15·18 子曰:"君子义以为质,礼以行之,孙以出之,信以成之。君子哉!"

"义以为质",指君子以义为其行事之本。"礼以行之",就是"行之以礼"。"孙以出之","孙"同"逊",《论语正义》引《诗经》解释,将之解读为说话的时候"慎尔出话,无不柔嘉"。

这段话的意思是,孔子说:"君子要以义为本,用礼制实行义,用谦逊的言辞表达义,用诚实来成就义。这才是君子啊!"

这一章我们可以参考先贤的注解以增进我们的理解。《论语注疏》曰:"此章论君子之行也。"程颐说:"此四句只是一事,以义为本。"朱熹说:"义者制事之本,故以为质干。而行之必有节文,出之必以退逊,成之必在诚实,乃君子之道也。"清代的陆陇其在《松阳讲义》中则说:

这一章,就处事上,见君子学问之精。大抵君子学问规模,固极其阔大,而节目又极其细密。故言敬以直内,则必言义以方外；言主忠信，则必言徙义。说一"义"字，已是极细密了，而于义中又有许多条理，不是执了一义硬做去；细密中复细密，无丝毫病痛，《中庸》所谓"小德川流"也。成个君子不是容易的，这个义，只是事之所当然。

"义以为质"一句，便包得"无适无莫，义之与比"一节意思。若义上稍差，这件事就如没质干一般，总做得来惊天动地也不中用。万事有万事的义，一事有一事的义，常事有常事的义，变事有变事的义，须要认得清，立得定，参不得一毫意见，杂不得一毫功利。

有了这义，则这件事大段不差了。然义又不是可径情直遂的，非怕径情直遂坏了这事，只是义中容不得一毫疏忽。有一毫疏忽，事虽无伤，亦可耻也。故必"礼以行之"，使有节文，而无太过不及之弊焉。

义又不是可棱角峭厉的，非怕棱角峭厉坏了这事，只是义中容不得一丝卤莽。有一丝卤莽，事虽克就，深可鄙也。故必"逊以出之"，使去矜张，而有从容和顺之美焉。

既礼行、孙出，则义已入细密了，又恐几微之间，须臾之顷，诚意或不贯彻，一处不贯彻，便有一处的病；一息不贯彻，便有一息的病。不必大段虚伪，然后为义之累。故自始至终，又必"信以成之"。

15·19 子曰："君子病无能焉，不病人之不己知也。"

"病"，即患，忧虑。唐文治说："病，内疚也。君子但病无德无才,不病人之不知己,惟病无能,而后本心可以无病。若病人之不己知,则成心病,而品日坏矣。"

本章的意思是,孔子说:"君子忧虑自己无能,不忧虑别人不了解自己。"

《论语》里有不少地方谈到自己的能力和名利名声之间的关系。《论语·宪问》:"不患人之不己知,患其不能也。"《论语·学而》:"不患人之不己知,患不知人也。"不怕别人不知道自己,担心的是自己不了解别人。《学而》中还说过:"人不知而不愠,不亦君子乎?"人家不了解我的才华、能力、品行,我不感到愠怒、恼火,这就是君子修养的体现。《论语·里仁》:"不患无位,患所以立;不患莫己知,求为可知也。"不要担心没有职位,要担心的是自己有什么能力配得上这个位置,从而赢得社会的肯定和承认。《论语》在不同的篇章里面都表达了这个主题,即能不能获得位置、名声,能不能被别人所了解,这其实不那么重要,重要的是考虑怎样培养自己的品德和能力,值得让别人来了解自己。这一点对于我们为人处世有很大的启示,现在很多人都积极追求地位和名声,但是在自己有没有获取别人尊重的能力方面,没有用心去提高,这是我们当今面临的一个很重要的问题。

什么是根本?什么才是应该努力的方向?《论语》中的这些表述和论断,给了我们非常好的指示。我们看到现在一些高校即将毕业的学生总是担心找不到很好的工作,孔子对我们的教导是,重要的是要努力提高自己,加强自身能力的培养,真正有能力的人不怕没有好的工作。如果你有非常突出的品德和才能，即便短时间内无法获得社会的认可，但是从长远看，是金子总会发光的。

15·20 子曰："君子疾没世而名不称焉。"

"疾"，忧虑。"没世"，犹如"没身"，即去世。"称"，称述、称道。

这句话的意思是，孔子说："君子遗憾于直到去世也没有好的名声让人称道。"

这一章很明显是劝人要加强品德修养。上一章我们谈到不要去追求别人对自己的了解，要加强自身能力的培养，好像没有把"名"放在重要位置。那么这一章为什么对"名"又很重视呢？这中间有矛盾吗？其实并不矛盾，因为此句君子所担心的不是没有名声，他所忧虑的是"实"的问题，是自己没有那么多可以让别人来了解和肯定的实质。这要求我们不断努力提高修养，然后就会有相应的好的名声跟随而来。所以这一章不是要求大家去求名，而是强调实际的修养。

儒家思想中的"名"是重要的教化手段，即所谓的"名教"。对君子而言，留下美好名声当然是非常宝贵的，是对其价值的一种肯定。孔子作《春秋》，乱臣贼子就会因为担心留下不好的名声而有所顾忌。如果大家都不看重名声，那么可能就没有沽名钓誉之人了。另一方面，"名"应该和"实"相匹配，我们不是追求虚名，而是要以好的品行和能力来赢得相匹配的好名声，这才是正确的态度。

15·21 子曰："君子求诸己，小人求诸人。"

"诸"，之于。"求"，责也，指责备、责求。

这句话的意思是，孔子说："君子责求于己，小人责求于人。"

《论语》里有很多章都谈到怎样去处理人和己的关系问题。对君子来说，行有不得反求诸己，即"躬自厚而薄责于人"，对别人不那么苛求。而小人一有问题就会归咎于别人，不知道从自身反省。"求诸己"既是一种修养的境界，又是我们修养的一种途径。如果以这种方式去处理人和人之间的关系，那么每个人的品德都会不断进步；反之，如果什么事情都归罪于别人，那么对自己的要求就会越来越松懈，长此以往则呈现出人格上的君子和小人之别。

15·22 子曰："君子矜而不争，群而不党。"

"矜"，庄重自持。"争"，与人竞辩。"党"，结党营私。

这句话的解释是，孔子说："君子庄重自持却无所争，合群却不结党。"

"矜"和"争"、"群"和"党"究竟有什么样的关联呢？庄重自持是对自身的高度自律，但这常常会被误解为有意标新立异，是要与人相争。其实君子的庄重自持并不是为了去和别人发生争执。合群的这些人容易被误解为要结党营私，但其实对君子而言也并非如此。君子能够与人和睦相处，又能够避免结党营私，这就涉及中庸之道，做到恰到好处是不容易的。

15·23 子曰："君子不以言举人，不以人废言。"

这句话的意思是，孔子说："君子不因为一个人说话好就举荐他，不因为一个人无德就废弃他的善言。"

最理想的状态是，一个人应该言行一致。但是在现实世界中，经常会看到言和行是不一致的，说好话的人不一定就值得推举，一个不那么好的人，他的话也未必就没有价值，就像《论语·宪问》说的"有德者必有言，有言者不必有德"。不因他说好话就去推举他，同时不因为这个人不好而完全不听他的言论，这就要求出于公心，即站在客观立场上来评判。孔子对这些问题看上去没有非常高深抽象的理论，但其背后蕴含了很深刻的道理。

15·24 子贡问曰："有一言而可以终身行之者乎？"子曰："其恕乎！己所不欲，勿施于人。"

"一言"，一字。"行"，奉行。"恕"，推己及人。

这段话是说，子贡向孔子请教："有没有一个字而可以让人终身奉行的？"孔子说："大概是'恕'吧！自己所不愿要的，不要施加给别人。"

前几章已经提到过如"君子求诸己，小人求诸人""躬自厚而薄责于人"之类的话，这些都与本章的意思相类似。20世纪90年代的时候，世界上的一些伦理学家一起开会，说不同的文明、不同的文化，各有自身的价值观念，但不同的文明肯定也有共同的观念，中国文化是否能够提出一句话来，作为价值观念的代表，而成为普遍接受和推广实行的伦理原则？当时就有人提出"己所不欲，勿施于人"。

事实上，"己所不欲，勿施于人"的原则在许多儒家经典里都有展现，如《大学》："所恶于上，毋以使下；所恶于下，毋以事上；所恶于前，毋以先后；所恶于后，毋以从前；所恶于右，毋以交于左；所恶于左，毋以交于右。此之谓絜矩之道。""絜"是度量。"矩"是画直角或方形用的尺子，引申为法度、规则。儒家以"絜矩"来说明君子审己度人、将心比心，使人我之间各得其宜。《大学》举了上下前后左右这么多例子来进行表述，事实上起一个强调的作用，即君子在考虑人和己关系的时候，一定要对自己进行反思，站在他人的角度去考虑问题。我们经常说一个词——感同身受，而感同身受的前提就是"推己及人"，就是"恕"。

南宋的张栻是长期在岳麓书院主教的思想家，和朱熹、吕祖谦一同被称为"东南三贤"。他在注释这一段时说："人之患，莫大于自私。恕者，所以克其私而扩公理也。己所不欲，勿施于人，恕之方也，是所当终身而行之者，极其至，则仁也。忠恕，体用也。独言行恕者，盖于其用力处言之。行恕，则忠可得而存矣。"他主张把个人的情绪克服掉，站在更客观、更普遍的层面考虑问题，这就是一个公和私的问题。

有的人认为圣贤学说太高远，其实孔子所强调的无非是在日用常行之间处理好人与人之间的关系。人不可能不跟周围的人打交道，而在这个过程中，我们所奉行的原则应该是"恕"，应该是"己所不欲，勿施于人"。

15·25 子曰："吾之于人也，谁毁谁誉？如有所誉者，其有所试矣。斯民也，三代之所以直道而行也。"

"之于人"，对于人。"毁"，即称人之恶而损其真。"誉"，即扬人之善而过其实。"试"，试之以得验证。"斯民"，朱熹解释为"此民，即三代之时所以善其善、恶其恶而无所私曲之民"。"三代"，夏商周三代。"直道"，正直之道，无私曲也。

这段话的意思是，孔子说："我对于人，何所贬毁，何所赞誉呢？如果有我所赞誉的人，一定确有所验证。这些百姓啊，就是三代直道而行的人啊。"

此章是说圣人对人无论是赞誉还是批评，都是遵循客观普遍的原则，不从个人的好恶立场出发。在孔子的时代，礼崩乐坏，夏商周三代的很多传统已经被破坏，但孔子依然认为对三代人物，一定要按照客观标准去评判，不管是修己还是安人，我们都要去守护。

关于这一章，有的学者认为，孔子虽然面临人心不古的问题，但是仍然认为老百姓没有古今之异，三代也好，今天也好，都有一些人直道而行，应该对他们加以称颂。如果破坏这个原则，就要进行贬损。所以有的学者说这一章是在阐述孔子作《春秋》，他把褒贬寄予在《春秋》的写作过程中，阐明三代以来普遍的公义。

15·26 子曰："吾犹及史之阙文也，有马者借人乘之。今亡矣夫！"

"及"，赶得上，指见得到。"史"，记事者也，周官有大史、小史、内史、外史等，职责各异。"阙文"，史官记事讲究信实，遇有不确定处即暂付阙如，而不以臆测代之。"阙"，音义皆同"缺"。"亡"，音义皆同"无"。

这段话的意思是，孔子说："我还曾见过史书中存疑空缺的地方，以及有马者乘用前先请人将马调教驯服。现在这种情况已经难得一见了！"

历史上很多学者认为这一章不好解，尤其是"有马者借人乘之"这一句，语义非常突兀，所以有学者怀疑此章是错简，不能去强解。

阙疑是一种理性的态度和精神，实事求是，对未知的问题存疑，然后积极求证，寻求答案，消除疑问。"有马者借人乘之"，很可能是借有马者请能者调教马匹之例，来隐喻国君应当用贤者治国之理，也就是说为政应当选贤举能。我们可以从存疑和选贤两个方面来解这一章。

此章所说的问题还是值得关注的，史官在传统的社会里有着重要地位，例如前面讲的史鱼"邦有道，如矢；邦无道，如矢"。再如《左传·襄公二十五年》记载:"大史书曰:'崔杼弑其君。'崔子杀之。其弟嗣书,而死者二人。其弟又书,乃舍之。南史氏闻大史尽死,执简以往。闻既书矣,乃还。"鲁襄公二十五年(前548),齐国权臣崔杼杀了当时的君主齐庄公。齐庄公死后,太史伯如实记录"崔杼弑其君"。崔杼不愿落一个弑君的恶名被后世指责,便要求太史伯改写为齐庄公病死。太史伯认为史官的职责是如实记录历史,留给后人真相,便拒绝了崔杼。崔杼便杀了他。太史伯死后,太史伯的弟弟太史仲、太史叔先后承担起了史官的职责。崔杼以同样的方法逼迫他们写齐庄公是病死,太史仲和太史叔都认同兄长的看法,写下了"崔杼弑其君",又都被崔杼杀死。在先后死了三位兄长之后,老四太史季就职。崔杼对太史季说:"你的哥哥们都太糊涂了,明明是病死,非不照实写。你要识相,不能像你哥哥们一样,明白吗?"太史季说"明白",提笔写下了"崔杼弑其君"。崔杼终于意识到自己的威逼是没有用的,无可奈何,放了太史季。太史季出来后看到奔来一个抱着竹简的人,询问得知那是南方来的史官(南史氏),为了支持太史兄弟四人而来,决意如果太史季也遭毒手便自己顶上。听到太史季已经成功,他才放心而归。文天祥在《正气歌》里写"在齐太史简",说的便是太史伯四兄弟舍生忘死捍卫历史真相的故事。由此可见,"信实"乃是书史的原则,也是史官的操守。因此,史官在记事时,但遇不确定处,无论是有事不明,还是有字不知,都应暂付阙如,以待后来考证或求教知者,而不应以臆测代之,是为"史之阙文"。"史之阙文"的实质,就是孔子所主张的"敬事而信"。

15·27 子曰:"巧言乱德,小不忍则乱大谋。"

"巧言",即动听讨好的话。孔安国注:"巧言利口则乱德义。"朱熹注:"巧言,变乱是非,听之使人丧其所守。""德",德性。明末的刘宗周针对这句解释:"有言者不必有德,巧言者工于言者也。""小不忍",朱熹注:"如妇人之仁、匹夫之勇皆是。"

这句话的意思是,孔子说:"巧言会扰乱人的德性,小事不能忍会扰乱大计。"

巧伪的言辞、锋利的口辩,是孔子坚决反对的,他认为这会让人丧失德性。《论语》里多次出现巧言,孔子都对其持批判态度,所谓"巧言令色,鲜矣仁"。"巧言乱德"具体包括两个方面:第一是把没理说成有理,看上去滔滔不绝,事实上是乱了是非,最后扰乱了自己德性的修养;第二是别人听了这种巧言可能会被这种言辞引诱,妨碍进德修业,所以巧言不光乱己德也乱人之德。为什么说乱德呢?因为它不是本于内心诚实说出来的东西。至于"小不忍则乱大谋",每个人都是有血有肉、有情感有欲望的,如果对一些事情没有理性,很可能会将自己的欲望流为放纵,这就是"小不忍",它会损害我们的大规划和终极目标。所以谋大事的人应该要有理性,能控制住自己的情感和欲望,这是非常重要的。

15·28 子曰:"众恶之,必察焉;众好之,必察焉。"

"众",众人。"恶",厌恶。"必",必定、一定。"察",审察、考察。"好",喜好、喜欢。古本《论语》可能是"众好之"句在上,《论语集释》中对此有较为详细的考辨。

这句话的意思是,孔子说:"众人厌恶他,一定要考察;众人喜欢他,一定要考察。"

此章孔子告诉我们,在众人所恶当中是有君子的,在众人所好当中也是有小人的。一些人为了大义,冒天下之大不韪,反而遭到众人的嫌弃和批判;同时有一些人为了获得大家的好感和赞誉而沽名钓誉,这两种人都是有的。所以不能以众人的是非完全作为我们的是非,要有一个更客观有效的判断。孟子在这方面也有非常深刻的表述,他说"国人皆曰贤,然后察之",举国之人都说这个人是贤人,那我们也要去细加审察;"国人皆曰不可,然后察之",大家都说这个事情不行,或者这个人不行,我们也要细细地考察。所以无论在什么情况下,都要有自己独立自主的判断,这就是这一章给我们的一个很重要的启示。

15·29 子曰:"人能弘道,非道弘人。"

"弘",扩充、扩大。这句话的意思是,孔子说:"人能将道发扬光大,道却不一定使人宏大。"

钱穆认为:"道由人兴,亦由人行。"也就是说,道的兴起与发展都离不开人,需要人的努力。这便是"人能弘道"。据《朱子语类》记载,有学生问朱熹怎样理解"人能弘道,非道弘人"。朱熹便用扇子作喻,说:"道如扇,人如手。手能摇扇,扇如何摇手?"朱熹的解释有些牵强,但毕竟点出了人的主观能动性。道不会主动弘扬人,而必须要人去弘扬,修德讲学不可缺少。这句话强调的是人的主体性,肯定人的内在价值,宣扬积极进取的精神。张岂之在《论儒学"人学"思想体系》中谈到,这八个字展现了中国思想史上最早的主体意识,认为人有发现和宣传真理的能力。很明显,这样的主体意识是理性的集合,它追求的不是个人的富贵尊荣,而是升华为强烈的历史使命感。孔子一生周游列国,游说诸侯,授徒讲学,删述"六经",堪称人能弘道的典范,激励古往今来的人们自强不息,积极进取,追求真理,创造历史,在他身上我们看到了非常强烈的历史责任感。这就是"人能弘道,非道弘人"的重要背景。

15·30 子曰:"过而不改,是谓过矣。"

这句话的意思是,孔子说:"有了过失不改,这才真说得上是过失了。"

钱穆《论语新解》说:"人道日新,过而能改,即是无过。惟有过不改,其过遂成。若又加之以文饰,则过上添过矣。"孔子的这句话可能不大有名,但与此相类似的话,想必国人都很熟悉:"人非圣贤,孰能无过?过而改之,善莫大焉。"我们每天都要面对新的生活，面对各种各样新的事情，在处理这些事情上面，我们的能力、认识，包括我们自身的局限性，都会使我们犯错，这事实上是再正常不过的，能改正并在这个过程中吸取教训和经验，才是更重要的。

事实上，所谓试错也是成功的重要前提。经常听人说失败是成功之母，这不就是一个试错的过程吗？人类很多知识的积累就是一个试错的过程，就是一个改过的过程。真正的过失是有过还不改，这就真正变成过错了。有的人还文过饰非，用一些谎言去掩饰过错，这就是过上添过。在《左传·宣公二年》里有一句大家非常熟悉的话："人谁无过，过而能改，善莫大焉。"这和孔子此章所说的是一个道理。在《论语》里面，我们发现孔子关于人物改过方面的论述还是比较多的。比如子曰："君子……过则勿惮改。"（《论语·学而》）一个人犯错不可避免，改过亦可得人尊重。还有，子贡曰："君子之过也，如日月之食焉：过也，人皆见之；更也，人皆仰之。"（《论语·子张》）意思是，子贡说："君子有过失，好像日食月食一般：他有过错时，人人可见；他改过后，人人都仰望他。"这就是儒家对于过错的一个基本判断。

15·31 子曰："吾尝终日不食，终夜不寝，以思，无益，不如学也。"

"尝"，曾经。"不如学也"，不学而思，不仅无益，且有害。这句话的意思是，孔子说："我曾经整天不吃，整夜不睡，用来思考,没有益处,不如去学习啊。"

如果只思考以致忘记吃饭、忘记睡觉,但是在此之前又不去学习,确实是一种空中楼阁式的思考。这种思考没有站在前人经验积累的基础上,没有事实依据,缺乏基础,所以不如学习。在《论语》里面特别强调要学习,第一篇第一章就是"学而时习之"。为什么要学习?因为古往今来人类积累了大量的经验知识,就像一个公共的大的蓄水池,在这个水池里面所汇聚的是古往今来聪明人物的智慧经验。我们学习就是让自己接通那个智慧的大池,去吸取营养,获得滋养我们生命、增长我们智慧的能量。相反,如果我们不学的话,就是把自己和人类积累的经验隔绝开来而自我封闭,是以一人之智去匹敌古往今来无数人的智慧,结果是可想而知的。所以孔子说:"学而不思则罔,思而不学则殆。""思而不学"其实是很危险的。这里只讲了"思而不学"的问题,我们也应该注意,"学而不思"同样存在着问题。

15·32 子曰:"君子谋道不谋食。耕也,馁在其中矣;学也,禄在其中矣。君子忧道不忧贫。"

"谋",谋求。"道"和"食",君子心在大道,而不是整日谋求衣食。"馁",饥饿。"在其中",此处指没有主动谋求,馁、禄却不期而至。"忧",忧虑。

这段话的意思是,孔子说:"君子谋求的是道而不是食。耕田种地,饥饿却在其中;学习圣贤大道,俸禄却在其中。君子忧虑道之不明,而不忧虑贫不得食。"

此章的核心是"君子谋道不谋食""君子忧道不忧贫"。我们应该谋求的是道而不是食,忧虑的是道之不明而不是贫不得食。在儒家看来,学者的本分应该是求道,而不是去寻求俸禄。确实,对于一个君子来说,要抓住根本,而不是以末为本,不要把俸禄、衣食作为担心考虑的对象,这些东西会随着谋道的实现而实现。

15·33 **子曰:"知及之,仁不能守之,虽得之,必失之。知及之,仁能守之,不庄以莅之,则民不敬。知及之,仁能守之,庄以莅之,动之不以礼,未善也。"**

"知",同"智"。"守",保持。"得"和"失",指得失于官位,大而言之,即得失于民、得失于国家天下。"莅之",临之,指临民。"动之",即动民。"以礼",按照礼。

这段话的意思是,孔子说:"智达到了,仁德却不能保持,即使得到了,一定会失去。智达到了,仁德能保持了,不用庄敬的心来面对百姓,那么百姓对上也会不敬。智达到了,仁德能保持了,能庄敬地面对百姓,却没有按照礼来鼓舞动员百姓,仍然是不够好啊。"

这一章讨论的是为官治理百姓的方法。得到这个位置当然要有一定的能力和智慧,但是保持这个位置一定要有仁德,如果凭借人的智慧从而获得这个位置,但仁德不够,即使得到禄位最终也会失去。这其中"智"可能是最基本的,但是"仁"

是最关键的。所以我们看到历代以来的著述在讨论这个问题的时候,会说"以知得民,以不仁失民,残刻之害为大",很多人凭借智慧得到权位,但在职位上对老百姓非常残暴,这就失去了民心。我们也可以根据历代的史实来讨论这个问题,像秦代之所以二世而亡,其实就是"以知得民,以不仁失民"。如果只有仁德,但是不用庄敬的心来面对百姓,那么百姓也不会真心认可这样的统治。汉文帝是一位非常仁厚的君主,但是他喜欢清静无为,最后统治也会出问题。所以治理天下不仅要有仁德,还要崇尚法律,这才是最好的治理方式。像唐太宗虽然既能"智"又能"仁"又能"庄",但是他在"礼"这方面还有不足。所以这里强调的是,在治理天下的过程中,智、仁、庄、礼这几点都是非常重要的,缺一项可能都会出问题。

15·34 子曰:"君子不可小知,而可大受也;小人不可大受,而可小知也。"

"不可",不能。"小知",从小处被人知。"大受",担当大任。

这句话简单翻译为,孔子说:"君子难以从小处被人知,却能担当大任;小人不能担当大任,却能从小处被人知。"

此章是说,君子、小人的道德深浅不同,有些人在一些小事情上未必做得好,但他的才能、德行足以担当重任。小人虽器量浅狭,却未必无一长可取,这一点也是我们应该注意的。这也启示我们怎样去观察一个人,有时我们会在一些小的方面苛责一个有特别德行、才能的人而不委以重任,有时又反而从一些小的方面看到一个人能干却忽略了对那人大的德行、能力的关注,这都是失之偏颇的。孔子告诉我们,在考察用人的时候要非常细致审慎。

15·35 子曰:"民之于仁也,甚于水火。水火,吾见蹈而死者矣,未见蹈仁而死者也。"

"仁",仁道。"甚",胜过、超过。"水火",民非水火不能生活,指代生活之所需。"蹈仁",即履仁、行仁。

这段话的意思是,孔子说:"百姓对于仁的需要,应该比水火更甚。我见过因为蹈践水火而死的人,但是没见过因为履仁而死的人。"

孔子此段的感慨里包含了他勉励人为仁的一种期待,即劝人去践行仁道。朱熹曾经解释这一段说:"民之于水火,所赖以生,不可一日无。其于仁也亦然。但水火外物,而仁在己。无水火,不过害人之身,而不仁则失其心。是仁有甚于水火,而尤不可以一日无也。"人离开水火便不能够生活,但是仁德对于人来说,其实更是一天都不能离开的。况且水火能够养人也能害人,仁德只会成就人。既然大家对水火一日也不能离,为什么就不能努力地去践行更为重要的仁德呢?这是孔子所感慨的。在历代很多的儒家学者看来,百姓之所以对仁德没有那么强烈的追求,是因为受到了私欲的蒙蔽,如果能够去除人的这种私欲,那么大家都能够很好地践行仁德,即

《论语·颜渊》所说的"克己复礼为仁"。

15·36 子曰:"当仁不让于师。"

"仁",指行仁之事。"让",谦让。

这句话的意思是,孔子说:"面对行仁之事,即使是老师,也不谦让。"

一般而言,做事情当然要"让于师",在师长面前懂得谦让,但是在行仁的事情上,孔子认为即使在老师面前也不要过于谦逊,应当勇往直前。无论是老师还是学生,在积极行仁方面都是同道共进的,可见孔子对践行仁道的迫切。在中国古代儒家文化里,特别强调师道尊严,对老师有礼貌、做事请示老师等只是一个方面,更重要的是,尊师是因为老师是我们去求道的引路人,所以尊师是基于道义的尊重,和"当仁不让于师"并不冲突。

15·37 子曰:"君子贞而不谅。"

"贞",正也,正而固也。"谅",小信;还可解释为"执一而不知变通",如《孟子·告子下》:"君子不亮,恶乎执?"其中的"亮"通"谅"。

这一句可以翻译为,孔子说:"君子正守其道追求真理,只要合于正道、得理之正,就不必拘执不符合原则和是非底线的小信而不知变通。"

我们都知道，"信"是儒家非常重要的一个道德原则，它和这里所说的"小信"有什么不同呢？我们所讲的"大信"是和道义联系在一起的，是符合道义的，是天下之公；而"小信"是从私人的角度出发的，是一己之私，所以我们不能拘泥于它。《史记·孔子世家》记载孔子过蒲，蒲人要挟孔子，只要不去卫国就把他放了，孔子暂时答应了，但他脱险后就去了卫国。弟子们问这算不算不守信用，孔子认为在受要挟的情况下签订的盟约不符合道义，当然是不算的。

15·38 子曰："事君，敬其事而后其食。"

"事"，侍奉。"君"，君上。"敬其事"，尽力做好分内之事，钱穆说："敬其事，先尽己之心力于所任之职。""食"，食俸禄。

这句话的意思是，孔子说："侍奉君上，先尽力做好分内之事，而把拿俸禄之事放在后面。"

这一点跟我们今天很多人的表现可谓大不同，很多人到一个单位，不一定关注工作事项本身，但肯定关心薪酬。在工作中，不管处于什么岗位，都应有"敬其事"的态度，尽职尽责做好自己的本职工作，自然会拿到令人满意的工资；一味盯着工资而不用心工作，工作做不好，工资被扣也就难免。

15·39 子曰："有教无类。"

"教",教化。"类",种类、类别,钱穆解释:"人有差别,如贵贱、贫富、智愚、善恶之类。"

这句话翻译过来是,孔子说:"人人都应当受教育,不分高低贵贱。"

我们知道人和人之间其实是存在各种各样的差别的,有地域、贫富、善恶等不同,这种差别是客观存在的,有的是自然的差别,有的是社会因素所造成的。作为一个教师,应该坚持一个原则,即不以上述这些不同而区别对待学生。在宋明时代,很多的理学家就对这一点进行阐述,为什么应该有教无类?为什么应该没有区别地去教化一切人?如朱熹所言,人性都是善的,但是现实中又有善有恶,之所以如此,不是这个人天生不善,而是因为他在后天环境的影响下,产生了不良的倾向,老师在教育中不应该因此而放弃这个人。所有的人都应该接受教育,这一点至今仍然值得肯定。

15·40 子曰:"道不同,不相为谋。"

这一章可以翻译为,孔子说:"主张不同,不互相商议。"

此章的"道"指什么,历史上各家注解不同,由此"不相为谋"究竟是什么意思也有不同理解。这些不同的解读,恰恰说明《论语》是一个非常具有生命力的读本,不同的时代、不同的人都可以从中诠释出不同的思想,从而应对不同时代的问题。《论语》之所以成为经典,就在于在不断诠释过程中,其思想和意义不断得以升华。

具体到"道不同,不相为谋",这里的"道"有以下几种解释:

其一,道理。道理有善恶正邪之分,犹如孟子引述孔子的一句话:"道二,仁与不仁而已矣。"朱熹《论语集注》:"不同,如善恶邪正之异。"也就是说,在儒家学者看来,正确的"道"应该只有一个,是至善的、正的,和"道"相对的就必然是不善的、不正的,不存在折中式的既善又不善的"道"。至于这个至善、唯一的儒家之"道"究竟是什么,历代儒家学者有不同诠释。

其二,道术,也就是所谓术业有专攻之术业。如日本学者物双松(荻生徂徕)《论语征》曰:"道,谓道术也。道不同者,如射与御及笙笛与琴瑟是也。非吾所素习,则不精其事,故不相为谋,恐坏其事也。"术业有专攻,专攻不同术业的人,是很难凑到一起来商谋问题的。

其三,志向。刘宝楠《论语正义》曰:"道者,志之所趋舍,如出处语默之类。虽同于为善,而有不同。"后来黄吉村《论语析辨》就直接说:"道——志向也。"志向不同的人,很难强聚到一起共商大计。这与今天的理解也很接近。

其四,主张、意见、路线。这是对上一义再进一步的解释。抱有不同的主张、意见以及处于不同路线的人,也很难聚集到一起讨论商量。

以上不管哪一种解释都可以说得通。我们站在今天的角度再来看"道不同,不相为谋",不同主张的人聚在一起可以互相启发,碰撞出思维的火花。不同领域的人观察事物的角度或视野往往趋于多元,如果能平心静气地坐到一起商量事情,往往能更加全面地考虑到事物的各个方面。

15·41 子曰:"辞达而已矣。"

"辞",文辞,亦有辞令、辞命或专对之辞的意思。"达",通达、通顺。

这句话的意思是,孔子说:"言辞,做到通顺达意就够了啊。"

在说话作文的时候,只要能够通顺达意,把事情说清楚就可以了,不需要太多华丽的辞藻,这是孔子对言辞的基本态度。历代注解的人在这方面也有不同的理解。比如说对这个"辞",有学者认为不一定要很多,也不一定要很少。也有的学者说,这可能是针对当时的外交活动所说的。当时诸侯国之间,会不断地互派使者传达使命,表达国君的意思,在这个过程中,使者一定要把意思表达清楚,而不是强调文辞的华丽,也不一定要长篇大论。

15·42 师冕见,及阶,子曰:"阶也。"及席,子曰:"席也。"皆坐,子告之曰:"某在斯,某在斯。"师冕出。子张问曰:"与师言之道与?"子曰:"然,固相师之道也。"

"师",即乐师。师冕,名冕,为瞽者,即盲人。《日讲四书解义》曾说到为什么要瞽者担任乐师:"古者乐师多用瞽者,以其耳能审音也。""见",指师冕来拜见孔子。"及",至、到达。"阶",台阶。"席",古人席地而坐时所坐的席。"某在斯","某"指人名,"斯"指所在的地方。两个"某在斯"意为孔子给师冕介绍在座的人。"出",离开。"道",方式,此处指礼。《论语注疏》:"道,谓礼也。""然",是、对。"固",确实。"相",扶也,助也。朱熹注:"古者瞽必有相,其道如此。"

本章的意思是,师冕来拜见孔子,走到台阶边,孔子说:"这是台阶。"走到座席时,孔子说:"这是座席。"等大家都坐定了,孔子告诉师冕:"某人在这里,某人在那里。"师冕告辞离开。子张问孔子:"这是与乐师说话的方式吗?"孔子说:"对啊,这确实是帮助乐师的方式啊。"

这里讨论帮助盲人乐师的礼节或者方式。首先可以看出孔门弟子对于孔子的一举一动都非常留心。《日讲四书解义》就说:"当时及门之人,凡于孔子言动之间无弗留心体察。"在日用常行中身体力行是孔门教学的一个特点。另外,我们常常说的"圣人之道"究竟是什么?它既表现为通过言语所表达出来的价值观念,同时指日用常行的礼仪规范。孔子教导我们在日常生活中,怎么样把各种细节把握好,做到恰如其分,各得其宜,这事实上是"圣人之道"的一个体现。《中庸》也说:"道也者,不可须臾离也。"道和人的日常生活紧密联系在一起,如果真的离开这些具体的事情,道也就悬空了。《论语》有魅力的地方就在于弟子们用精练的文字,记录下与孔子生活学习对话的诸多场景,为我们真实再现了儒门学者如何在生活中体悟儒家之道并实践儒家之道的情境。

也有学者进一步发挥,认为孔子去扶助和引导乐师,本质上是在帮助生理上有缺陷的人。那么对于心有疾病而不明的人,孔子又会采取什么样的帮助方式呢?这种说法其实也具有启发性,对待不明道理的人,也应该像孔子对待身体有疾患的乐师一样去细致入微地引导。所谓的学究竟学什么?我们常常以为所学的只是具体的知识,其实忽略了老师在日常生活中的言传身教和行为处事的示范。

季氏第十六

肖永明 解读

此篇之所以名为《季氏》,同样是取自篇首"季氏将伐颛臾"中的"季氏"二字。之所以排在第十六篇,是接上一篇《卫灵公》而来的。皇侃《论语义疏》曰:"季氏者,鲁国上卿,豪强僭滥者也。所以次前者,既明君恶,故据臣凶,故以《季氏》次《卫灵公》也。"邢昺《论语注疏》说:"以前篇首章记卫君灵公失礼,此篇首章言鲁臣季氏专恣,故以次之也。"二人解释基本相似,都是说由于前篇记卫灵公为君不正,所以有此篇记其臣季氏为恶专权的事情。

季氏的形象具体是什么样的呢?季氏,即季孙氏,"孙"为尊称,姬姓,是春秋战国时鲁国的卿家贵族。因为他和叔孙氏、孟孙氏皆出自鲁桓公之后,是专政凌驾于公室的鲁国贵族,所以被人们称为"三桓"。《论语》中关于季氏的叙述有三处极具代表性。

其一:

孔子谓季氏："八佾舞于庭,是可忍也,孰不可忍也?"(《论语·八佾》)

朱熹《论语集注》："佾,舞列也,天子八、诸侯六、大夫四、士二。每佾人数,如其佾数。"这里孔子批评季氏以大夫之位而僭用天子之乐,如果此事尚可忍,则何事不可忍?春秋末期,社会处于土崩瓦解、礼崩乐坏的阶段,违犯周礼、犯上作乱的事情不断发生。季孙氏用八佾舞于庭院,是典型的破坏周礼的事件,甚至有可能进一步做出伤天害理的事情,因而孔子表现出极大的愤慨。

其二:

季氏旅于泰山。子谓冉有曰:"女弗能救与?"对曰:"不能。"子曰:"呜呼!曾谓泰山不如林放乎?"(《论语·八佾》)

朱熹《论语集注》引范祖禹曰:"冉有从季氏,夫子岂不知其不可告也,然而圣人不轻绝人。尽己之心,安知冉有之不能救、季氏之不可谏也。既不能正,则美林放以明泰山之不可诬,是亦教诲之道也。"季氏行旅礼于泰山。按照周礼,诸侯祭封内山川,而季氏作为大夫祭之,属于僭越行为。所以孔子对为官于季氏的弟子冉有说:"你难道不能劝阻他吗?"冉有说:"不能。"孔子说:"唉!难道说泰山神还不如林放知礼吗?"这里涉及两个人——冉有和林放。冉有曾担任季氏宰臣,帮助季氏进行田赋改革而聚敛财富，受到孔子的严厉批评。林放，春秋鲁国人，据史书记载是殷代忠臣比干的后裔，一生致力于礼的研究。他曾向孔子问"礼之本"。孔子称赞："这个问题意义重大呀！就一般礼仪说，与其铺张浪费，宁可勤俭节约；就丧礼说，与其仪式周到，宁可哀恸悲伤。"相传他终生不仕，隐居泰山。

其三：

季氏富于周公，而求也为之聚敛而附益之。子曰："非吾徒也，小子鸣鼓而攻之可也。"（《论语·先进》）

这一段的意思是，季氏比周公还要富有，而冉求作为他的宰臣还帮他搜刮以增加钱财。所以孔子深深责备冉有："他不是我的学生了，你们可以大张旗鼓地去声讨他！"朱熹《论语集注》："周公以王室至亲，有大功，位冢宰，其富宜矣。季氏以诸侯之卿，而富过之，非攘夺（掠夺）其君、刻剥其民，何以得此？……小子鸣鼓而攻之，使门人声其罪以责之也。圣人之恶党恶而害民也如此。然师严而友亲，故己绝之，而犹使门人正之，又见其爱人之无已也。"

从上面三处孔子对季氏所作所为的态度，可见季氏在《论语》里多是僭越礼乐的形象，孔子多给予负面评价。这是我们理解《季氏》这一篇的大背景。

**16·1 季氏将伐颛臾。冉有、季路见于孔子曰："季氏将有事于颛臾。"

孔子曰:"求!无乃尔是过与?夫颛臾,昔者先王以为东蒙主,且在邦域之中矣,是社稷之臣也。何以伐为?"

冉有曰:"夫子欲之,吾二臣者皆不欲也。"

孔子曰:"求!周任有言曰:'陈力就列,不能者止。'危而不持,颠而不扶,则将焉用彼相矣?且尔言过矣。虎兕出于柙,龟玉毁于椟中,是谁之过与?"

冉有曰:"今夫颛臾,固而近于费。今不取,后世必为子孙忧。"

孔子曰:"求!君子疾夫舍曰欲之,而必为之辞。丘也闻有国有家者,不患寡而患不均,不患贫而患不安。盖均无贫,和无寡,安无倾。夫如是,故远人不服,则修文德以来之。既来之,则安之。今由与求也,相夫子,远人不服而不能来也;邦分崩离析而不能守也。而谋动干戈于邦内。吾恐季孙之忧,不在颛臾,而在萧墙之内也。"

我们分开来进行解读,先看第一段:

> 季氏将伐颛臾。冉有、季路见于孔子曰:"季氏将有事于颛臾。"

"颛臾",何晏《论语集解》注引孔安国曰:"颛臾,伏羲之后,风姓之国,本鲁之附庸,当时臣属鲁。季氏贪其土地,欲灭而取之。冉有与季路为季氏臣,来告孔子。"所以这里的"颛臾"其实是个古国名,相传以风为姓的部落首领太皞,在远古时代就建立了颛臾方国。西周初期，成王封其为颛臾王。周天子给颛臾国的主要任务是祭祀蒙山。由于颛臾国小势弱，到了春秋初期就变成了鲁国附庸。"见"，谒见，拜见。"有事"，这里指代用兵。

这一段的意思是，季氏将要讨伐颛臾。冉有、子路去拜见孔子说："季氏快要对颛臾用兵了。"

这段对话的背景是，鲁国大夫季氏当国（僭越），与鲁君产生矛盾，季氏知鲁君会对付他，怕颛臾凭借有利地势帮助鲁国，因而想先下手为强，攻打颛臾。

此处涉及两个人物，季路和冉有。季路，即仲由，字子路，鲁国人。仲由性情刚直，好勇尚武，曾陵暴过孔子，孔子对他启发诱导，设礼以教，子路最终请为弟子，跟随孔子周游列国。后来他又做了卫国大夫孔悝的蒲邑宰，以政事见称，为人伉直，政绩突出。卫国内乱时，子路临危不惧，冒死冲进卫国国都救援孔悝，混战中被蒯聩击杀，结缨遇难，被砍成肉泥。关于冉有，开篇已经介绍过。

再来看第二段：

> 孔子曰："求！无乃尔是过与？夫颛臾，昔者先王以为东蒙主，且在邦域之中矣，是社稷之臣也。何以伐为？"

我们发现，这里有"孔子曰"，《论语》二十篇中，只有这一篇每一章都是"孔子曰"，其他大多数篇章都是"子曰"。这是很有意思的一个事情，为什么会这样呢？钱穆先生说这可能是编辑不谨慎所致,他认为《论语》前十篇编得非常好,后十篇不如前十篇严谨。

"无乃……与",是文言文中的一个固定句式,相当于今天的"恐怕……吧"。"尔是过",责备你。"过"字可看作动词,责备。"是"字是表示倒装用的词,顺装便是"过尔",责备你、归罪于你的意思。"东蒙",即蒙山,在今天山东临沂。"主",主管祭祀者。"社稷","社"指土神,"稷"指谷神。

这一段的意思是,孔子说:"冉求!这不就是你的过错吗?颛臾,从前是周天子让它主持东蒙祭祀的,而且已经在鲁国的疆域之内,是国家的臣属。为什么要讨伐它呢?"

接着看第三、四段:

> 冉有曰:"夫子欲之,吾二臣者皆不欲也。"
> 孔子曰:"求!周任有言曰:'陈力就列,不能者止。'危而不持,颠而不扶,则将焉用彼相矣?且尔言过矣。虎兕出于柙,龟玉毁于椟中,是谁之过与?"

"夫子",指季孙氏。周任,上古时期的史官。"陈力就列,不能者止","陈",陈列,这里是施展的意思。"就",走向,这里是担任的意思。"列",位,职位。"止",辞职。何晏《论语集解》引马融《论语训说》:"周任,古之良史。言当陈其才力,度己所任,以就其位,不能则当止。"就是说,能施展自己的才能,就接受职位;如若不能,就应辞去职务。"危而不持,颠而不扶","危",名词作动词,指遇到危险(摇晃着要倒下)。"持",护持。"颠",跌倒。"扶",搀扶。何晏《论语集解》引包咸注:"言辅相人者,当能持危扶颠。若不能,何用相为?""相(xiàng)",指古代搀扶盲人走路的人(辅助者)。"兕(sì)",独角犀牛。"柙(xiá)",关猛兽的笼子。"龟玉",都指宝物。"龟",龟板,用来占卜。"玉",指玉瑞和玉器。玉瑞用来表示爵位,玉器用于祭祀。"椟(dú)",匣子。马融《论语训说》:"柙,槛也。椟,匮也。失虎毁玉,岂非典守之过邪?"意思是虎、兕从木笼中逃出,龟、玉毁于匣中。比喻恶人逃脱或做事不尽责,主管者应担负责任。

这部分翻译过来就是,冉有说:"季孙大夫想去攻打颛臾,我们两个人都不愿意。"孔子说:"冉求!周任曾经说过:'尽自己的力量去承担职责,实在做不好就辞职。'有了危险不去扶助,跌倒了不去搀扶,那还用辅助的人干什么呢?况且你说错了。老虎、犀牛从笼子里跑出来,龟甲、玉器在匣子里被毁坏,这是谁的过错呢?"

此处是说恶人逃脱和宝物损坏,主管者应该担负责任,作为季氏的家臣,冉有和季路是要负责任的。这里明确地告诉他们,不能够把所有的责任推给季氏。

继续看下一段:

> 冉有曰:"今夫颛臾,固而近于费。今不取,后世必为子孙忧。"

马融《论语训说》:"固,谓城郭完坚,兵甲利也。费,季氏邑。"这里的"费",一说读 bì,同"鄪",古邑名,在今山东费县;一说读 fèi,当地人称费县。

这一段的意思是,冉有说:"现在颛臾城墙坚固,而且离费邑很近。现在不把它夺取过来,将来一定会给子孙留下后患。"

最后一段分开解读,先来看前两句:

> 孔子曰:"求!君子疾夫舍曰欲之,而必为之辞。丘也闻有国有家者,不患寡而患不均,不患贫而患不安。"

"疾",痛恨。"舍",舍弃,撇开。"辞",托词,借口。"有国有家者",指代有国土的诸侯和有封地的大夫。"国",诸侯统治的政治区域。"家",卿大夫统治的政治区域。"不患"两句,朱熹《论语集注》:"寡,谓民少。贫,谓财乏。均,谓各得其分。安,谓上下相安。"这两句或应作"不患贫而患不均,不患寡而患不安"。

这一部分的意思是,孔子说:"冉求!君子痛恨那种不肯实说自己想要那样做而要编造借口来为之掩饰、搪塞的做法。我听说,对于诸侯和大夫来说,不担心民众(衣食)少,而担心财富不均;不担心贫穷,而担心不安定。"

> "盖均无贫,和无寡,安无倾。夫如是,故远人不服,则修文德以来之。既来之,则安之。"

"均无贫,和无寡,安无倾",《论语集解》引包咸注:"政教均平,则不贫矣。上下和同,不患寡矣。小大安宁,不倾危矣。""均无贫",财富分配公平合理,上下各得其分,就没有贫穷。"和无寡",上下和睦,就不在乎民众少。"安无倾",国家安定,就没有倾覆的危险。

这一部分可以理解为,财物分配公平合理,就没有贫穷;上下和睦相处,就不会担心民众太少;社会安定,国家就没有倾覆的危险。如果这样,远方的人还不归附,就发扬文治教化招徕他们。他们归附之后,就要使他们安定下来。

"今由与求也,相夫子,远人不服而不能来也;邦分崩离析而不能守也。"

"相(xiàng)",辅佐。"分崩离析",国家四分五裂,不能守全。何晏《论语集解》引孔安国曰:"民有异心曰分,欲去曰崩,不可会聚曰离析。""守",守国,保全国家。

这句话可以理解为,如今仲由和冉求你们两个人辅助季氏,远方的人不归服,而不能招徕他们;国家分崩离析,毫无凝聚力,却不能保全。

"而谋动干戈于邦内。吾恐季孙之忧,不在颛臾,而在萧墙之内也。"

"干戈",指军事。"干",盾牌。"戈",古代用来刺杀的一种长柄兵器。关于这句,何晏《论语集解》引郑玄曰:"萧之言肃也,萧墙谓屏也。君臣相见之礼,至屏而加肃敬焉,是以谓之'萧墙'。后季氏之家臣阳虎果囚季桓子也。"

这一部分可以理解为,季氏不能修德怀仁,而策划在国内使用武力。我只怕季氏的忧患不在颛臾,而是在内部(家臣)呢。

此处"萧墙之内"有两种解法:一种解法是指季氏家。皇侃的《论语义疏》就说:"臣朝君之位,在萧墙之内也。今云季孙忧在萧墙内,谓季孙之臣必作乱也。"阳货就是季氏的家臣,后来囚禁了季桓子,所以"萧墙之内"就是说季氏的家臣必然会作乱。另一种解法是指鲁君。方观旭《论语偶记》说:"萧墙之内何人?鲁哀公耳。不敢斥君,故婉言之。"方观旭认为当时的鲁哀公欲去三桓,收三家的权,三家都不高兴。季氏害怕颛臾是鲁国的臣属,而且听从鲁君的命令,颛臾在东,鲁军在西,就会形成掎角之势,自己就有可能被灭掉,所以唯有谋伐颛臾才能阻止鲁哀公的企图。孔子指季氏忧在萧墙之内的意思是,季氏并不是担忧颛臾而去攻伐它,实际上季氏伐颛臾是为了抵抗鲁君,想除去鲁君的助力,使自己得以安稳,不必为后世子孙担忧。这里孔子是在谴责季氏的奸人之心,想要抑制他的邪逆之谋。刘宝楠的《论语正义》也赞同方观旭的这一观点。

这一章集中讨论了季氏企图发动战争,攻打小国颛臾的问题,明确表达了孔子反对武力征伐,主张"仁者爱人"的思想。孔子有反战的思想,他不主张首要通过军事手段解决国际、国内的问题,而希望采用礼、义、仁、乐的方式解决问题,这是孔子的一贯思想。

在这一章里,孔子提出了"不患寡而患不均,不患贫而患不安"的思想。朱熹《论语集注》说:"均则不患于贫而和,和则不患于寡而安,安则不相疑忌,而无倾覆之患。""内治修,然后远人服。有不服,则修德以来之,亦不当勤兵于远。"这种思想影响很大,背后体现的是共享的理念及以民为本的思想。我们现在常常说的共同富裕,既是马克思主义的一个基本目标,也是自古以来我国人民的一个基本理想。孔子说:"不患寡而患不均,不患贫而患不安。"孟子说:"老吾老以及人之老,幼吾幼以及人之幼。"《礼记·礼运》具体而生动地描绘了"小康"社会和"大同"社会的状态。按照马克思、恩格斯的构想,共产主义社会将彻底消除阶级之间、城乡之间、脑力劳动和体力劳动之间的对立和差别,实行各尽所能、按需分配,真正实现社会共享,实现每个人自由而全面的发展。"不患寡而患不均"与"不患贫而患不安",强调的就是要重视社会公平,保障社会安定。孔子认为要保障社会稳定,就要使百姓能够安居乐业,就要保障社会的公平和正义。若是无法做到公平,就会致使社会矛盾不断加剧,最终将会危及社会安定。因而,只有倡导公平,确保百姓都能各得其所,国家才能长治久安。

本章虽由对话构成,却有浓厚的论辩色彩,可以分为五步:

第一步,开篇直奔主题,季氏将要对颛臾发起进攻。冉有、季路来见孔子,说:"季氏将要对颛臾展开军事行动。"孔子回答得很直接、很明显,他反对季氏讨伐颛臾,理由充分,态度也很坚决。

第二步,听到孔子的质问,冉有不得不为自己进行辩护,他说:"是季氏想要发兵,作为家臣,我们也不希望他这样做。"于是把一切责任都推到了季氏身上。但是孔子没有就此作罢,继续说:"冉有啊,古时的史官周任有一句话:'根据自己的能力去任职,不能胜任的便不要担任。'站不稳却不扶着,要跌倒了却不搀着,那么扶着盲人走路的人还有什么用处呢?况且,你的话不正确。老虎和独角犀从笼子里出来了,龟板和玉器在盒子里被毁坏了,这又是谁的责任呢?"孔子引经据典,以两个问句的形式对弟子发出责问。在孔子眼中,他的两位弟子没有辅佐好季氏,就是严重的失职。

第三步,在孔子的责问之下,冉有开始为季氏讨伐颛臾寻找合适的借口。这一次,孔子不再留情面,严厉斥责了冉有。孔子明确知道,季氏想要对颛臾动武,一定会为自己找一个借口,但他不会被这样的借口蒙蔽。

第四步,孔子揭穿了季氏讨伐颛臾的真相。他没有直接加以痛斥,而是开始论述正确的治国之道,借此来反衬季氏的无道。一席话道尽了孔子的政治理念,彰显了他所主张的礼义治国思想。

第五步,孔子最后又将话锋转向两位弟子,此话意在提醒季氏不要贸然行动,否则将会引起鲁哀公的猜疑,进而引发内乱。联系鲁国当时的政治形势,可知孔子的一番驳斥和规诫具有现实意义。当时季氏权倾朝野,是鲁国政权的实际掌控者,鲁国国君哀公心有不满,意欲收回季氏的封地以削弱他的权力。季氏之所以想要攻占颛臾,是为了先下手为强,他担心鲁哀公会联合颛臾一起讨伐自己。孔子对鲁国的政治形势有着冷静的体察,对季氏的盘算也心知肚明。孔子反对季氏发兵,是为了不使季氏与鲁哀公的矛盾激化,进而造成国家的内战。

16·2 孔子曰:"天下有道,则礼乐征伐自天子出;天下无道,则礼乐征伐自诸侯出。自诸侯出,盖十世希不失矣;自大夫出,五世希不失矣;陪臣执国命,三世希不失矣。天下有道,则政不在大夫。天下有道,则庶人不议。"

我们一句句来进行解读,首先是第一句:

孔子曰:"天下有道,则礼乐征伐自天子出;天下无道,则礼乐征伐自诸侯出。"

刘宝楠《论语正义》:"盖礼乐征伐,皆黜陟之大权,所以褒贤诛不肖,天子之所独操之者也。此惟治世则然,故曰天下有道。及无道之时,上替者必下陵,礼乐征伐,不待天子赐命,而诸侯辄擅行之。或更国有异政,僭上无等,虽极霸强,要为无道之天下矣。"这里的"礼乐征伐",指制作礼乐及发令征伐的权力。

这句话的意思是,孔子说:"天下有道的时候,制作礼乐和出兵打仗都由天子做主;天下无道的时候,制作礼乐和出兵打仗由诸侯做主。"

"自诸侯出,盖十世希不失矣。"

何晏《论语集解》引孔安国曰:"希,少也。周幽王为犬戎所杀,平王东迁,周始微弱。诸侯自作礼乐,专行征伐,始于隐公。至昭公十世失政,死于乾侯矣。"

这一句是说,由诸侯做主,大概很少有经过十代不垮台的。

"自大夫出,五世希不失矣。"

何晏《论语集解》引孔安国曰:"季文子初得政,至桓子五世,为家臣阳虎所囚。"

这一句是说,由大夫做主,很少有经过五代不垮台的。

"陪臣执国命,三世希不失矣。"

马融《论语训说》:"陪,重也,谓家臣。阳虎为季氏家臣,至虎三世而出奔齐。""陪臣",大夫的家臣。在孔子生活的春秋后期,陪臣基本上专指效忠于大夫的家臣。

那么,大夫的家臣何以"执国命"呢?春秋时期礼崩乐坏,西周分封制基本解体,本应该是天子之臣的诸侯架空天子,展开争霸。而在诸侯争霸的过程中,作为诸侯之臣的大夫发展起来,架空了诸侯,鲁国的三桓就是如此。大夫为了能完全控制国政,一方面扩张自己的领地以扩充实力,另一方面则以世袭制垄断实权官位。不过这样一来,大夫自然无法直接管理自己的领地,只得将领地的统治权下放给自己的家臣(陪臣)代管。大夫的权力基础是自己的领地,而这些领地大部分被家臣控制,大夫自然逐渐被家臣架空,被大夫控制的诸侯国政也随之转移到了大夫的强力家臣(如阳虎)手中,这就是"陪臣执国命"。在这个基础上来看这一句的意思,由家臣做主,很少有经过三代不垮台的,就容易理解了。

"天下有道,则政不在大夫。天下有道,则庶人不议。"

"天下有道,则政不在大夫",何晏《论语集解》引孔安国曰:"制之由君。"即天下有道,国家政权就不会落在大夫手中,而是被君主所掌控。"天下有道,则庶人不议",何晏《论语集解》引孔安国曰:"无所非议。"即天下有道,老百姓也就不会议论国家政治了,因为确实无可非议。

朱熹《论语集注》:"此章通论天下之势。"从这一章也可以看出当时的天下之势与鲁国境况,政之所出从天子—诸侯—大夫—陪臣不断下移,显示出阶层的失序。

孔子多次谈到天下有道、无道的问题,如《论语·泰伯》

言天下有道就出来做官,天下无道就隐居不出。《论语·微子》说:"天下有道,丘不与易也。"天下有道体现在三个方面:礼乐征伐自天子出;政不在大夫;庶人不议。《中庸》就说:"非天子,不议礼,不制度,不考文……虽有其德,苟无其位,亦不敢作礼乐焉。"《孟子·尽心下》:"征者,上伐下也,敌国不相征也。"

天下无道指什么?孔子在这里也讲了三个方面:一是周天子的大权落入诸侯手中;二是诸侯国的大权落入大夫和家臣手中;三是老百姓议论政事。

天下有道与天下无道构成了一对具有区别性特征的互为肯否的对立概念。由此我们也可以理解,孔子所说的天下无道,指东周时期诸侯各自为政,国家四分五裂,而周天子式微,无法号令诸侯的境况。孔子对于这种情况极为不满,认为这种僭越的政权很快就会垮台,他希望回到天下有道的时代去。

《老子》第四十六章也论述了天下有道、无道时的对照:"天下有道,却走马以粪;天下无道,戎马生于郊。祸莫大于不知足,咎莫大于欲得。故知足之足,常足矣。"意思是,治理天下合乎"道",就可以做到太平安定,把战马退还到田间给农夫用来耕种;治理天下不合乎"道",连怀胎的母马也要送上战场,在战场的郊外生下马驹。最大的祸害是不知足,最大的过失是贪欲。知道到什么地步就该满足了的人,永远是满足的。《老子》的这一章主要强调的是反战思想,与孔子所谈重心不同。

16·3 孔子曰:"禄之逮去公室,五世矣;政逮于大夫,四世矣;故夫三桓之子孙,微矣。"

"禄之去公室,五世矣",何晏《论语集解》引郑玄注:"言此之时,鲁定公之初也。鲁自东门襄仲杀文公之子赤而立宣公,于是政在大夫,爵禄不从君出,至定公为五世矣。""五世",指鲁国宣公、成公、襄公、昭公、定公五世。"四世",孔安国注为"文子、武子、悼子、平子",即季孙氏文子、武子、平子、桓子四世。

这一章可以理解为,孔子说:"鲁君失去国家政权已经有五代了,政权落在大夫之手已经四代了,所以三桓的子孙也衰微了。"

刘宝楠《论语正义》引《汉书·楚元王传》:"'禄去公室,政逮大夫',危亡之兆。"朱熹《论语集注》也说"此章专论鲁事",即鲁国礼乐征伐不从天子出的史事。

16·4 孔子曰:"益者三友,损者三友。友直,友谅,友多闻,益矣。友便辟,友善柔,友便佞,损矣。"

"直",正直。"谅",诚实而有信。"多闻",见闻广博。"便辟",马融《论语训说》曰:"便辟,巧辟人之所忌,以求容媚。"我们今天可以理解为偏离正道,故意以谄媚他人回避错误。"善柔",马融《论语训说》言"面柔也",即善于阿谀奉承。"便佞",何晏《论语集解》引郑玄注:"便,辩也,谓佞而辩也。"指巧言善辩,逢迎谄媚,惯于花言巧语。

这一章可以理解为,孔子说:"有益的交友有三种,有害的交友有三种。同正直的人交友,同诚信的人交友,同见闻广博的人交友,这是有益的。同惯于邪道的人交友,同善于阿谀奉承的人交友,同惯于花言巧语的人交友,这是有害的。"

本章讲的是交友的问题,谈到了什么样的朋友对我们有益,什么样的朋友对我们有害。刘宝楠《论语正义》指出:"三友、三乐皆指人君言。直者能正言极谏,谅者能忠信不欺,多闻者能识政治之要。人君友此三者,皆有益也。"意思是,这句是对人君而言的。正直的人能够向人君直言极谏,诚信的人不会去欺骗他,见闻广博的人能够知道治国理政哪些东西是最重要的。作为一国的君主,如果有这三种朋友,那么对他治国理政肯定是非常有利的。事实上,不光是君主需要这三种朋友,我们每一个人都是。从整体上说,这一章就是要告诫人们,要慎重择友。南宋时期的理学家张栻说过,朋友的作用就是要帮助我们成就自己、成就德性。正直的人,你有什么过错,他就会给你指出来;诚信的人,他和你交往的时候非常讲究忠诚心意;见闻广博的人知识面很广,可以给你很多补充。所以和这几种人交朋友的话,你总是能够不断地上进,不断地进德修业,这样你就会不断地提高自己。

至于这里说到的三种有害的朋友,为什么会有害呢?这些人要么阿谀奉承,要么走邪门歪道,要么就花言巧语,和这三类人交朋友,就会使自己的惰性与骄气不断表现出来,使我们的修养不进反退。

16·5 孔子曰:"益者三乐,损者三乐。乐节礼乐,乐道人之善,乐多贤友,益矣。乐骄乐,乐佚游,乐宴乐,损矣。"

"节礼乐",指孔子主张用礼乐来节制人。"骄乐",骄纵不知节制的乐。"佚",同"逸"。"佚游",指放纵性的娱乐。"宴乐",指宴饮取乐。

这章的意思是,孔子说:"有益的喜好有三种,有害的喜好有三种。喜欢用礼乐调节自己,喜欢讲别人的优点,喜欢交许多贤德之友,这是有益的。喜欢骄傲放纵,喜欢懒散闲游,喜欢大吃大喝,这是有害的。"

这就给我们提出一个问题:应把哪一种乐作为真正的快乐?求乐是人之常情,但一定要分清楚,哪些乐对我们有损害,哪些乐对我们有帮助。有些人对快乐的追求只是停留在耳目感官的嗜欲上,这些浮于表面的快乐,最终对自己都是有损害的。《朱子语类》中朱熹对这一问题也有阐述:

> 问"乐节礼乐"。曰:"此说得浅,只是去理会礼乐。理会得时,自是有益。"
>
> 味道问"损者三乐"。曰:"惟宴乐最可畏,所谓'宴安鸩毒'是也。"

朱熹认为最有益的乐是以礼乐来调节自己的性情,这是对自己非常有益的一种快乐。通过礼乐的调节,自己的性情趋于和谐,能恰当地处理事情。他认为对自己损害最大的一种乐,就是大吃大喝的"宴乐"。

在儒家的经典中有非常多关于"乐"的阐述,如"孔颜乐处"。子曰:"饭疏食饮水,曲肱而枕之,乐亦在其中矣。不义而富且贵,于我如浮云。"(《论语·述而》)这是孔子的乐。子曰:"一箪食,一瓢饮,在陋巷。人不堪其忧,回也不改其乐。贤哉,回也!"(《论语·雍也》)这是颜回的乐。周敦颐在《通书·颜子》中对颜回的这种快乐进行了解读,他说:"天地间有至贵至爱可求而异乎彼者(指世俗的富贵),见其大而忘其小焉尔。见其大则心泰,心泰则无不足,无不足则富贵贫贱处之一也,处之一则能化而齐,故颜子亚圣。"孔子和颜回有了更高的追求后,就把世俗所认为的贫贱、富贵看得不那么重要了。周敦颐对乐的解读有助于我们去理解"益者三乐,损者三乐"。

在孔子对"三乐"阐发的基础上,历代都有人对什么是真正的快乐提出自己的看法。如《孟子·尽心上》:"君子有三乐,而王天下不与存焉。父母俱存,兄弟无故,一乐也;仰不愧于天,俯不怍于人,二乐也;得天下英才而教育之,三乐也。君子有三乐,而王天下不与存焉。"意思是,君子有三件快乐的事,而王天下不在其中。父母都健在,兄弟没有病患、怨恨,这是第一件快乐的事;仰头对天不觉得内疚,低头对人不觉得惭愧,这是第二件快乐的事;得到天下优秀的人才并教育他们,这是第三件快乐的事。君子有三件快乐的事,而王天下不在其中。

晚清湘军统帅、洋务运动的积极推动者曾国藩践行理学,又在政治上取得了很大的成就,受到后人崇仰,像毛泽东就说过"愚于近人,独服曾文正"。曾国藩也有他的"三乐":"读书声出金石,飘飘意远,一乐也;宏奖人材,诱人日进,二乐也;勤劳而后憩息,三乐也。"读书铿锵有力,就像金石的声音,这是一乐。第二乐和孟子说的第三乐有相近的地方,"宏奖人材,诱人日进",就是提携人才,教导学生不断进步。第三乐就是辛辛苦苦地做事情,然后有一个休息的时间。孔子、孟子和曾国藩的"三乐"在精神上有继承性,是儒家精神在历史上的回响。

16·6 孔子曰:"侍于君子有三愆:言未及之而言谓之躁,言及之而不言谓之隐,未见颜色而言谓之瞽。"

"愆(qiān)",过失。"隐",孔安国注:"隐匿不尽情实。""瞽",本义是盲人。何晏《论语集解》引周生烈曰:"未见君子颜色所趣向,而便逆先意语者,犹瞽者也。"就是说不能察言观色,也就等同于盲人了。

这章可以理解为,孔子说:"侍奉在君子旁边陪他说话容易犯三种过失:还没有问到你的时候就说话,这是急躁;已经问到你的时候却不说,这叫隐瞒;不看君子的脸色而贸然说话,这是(像盲人一样)不能察言观色。"

需要说明的是,最初"君子"并无明确的道德含义,只是当时对贵族男性的普遍称谓。后来,"君子"被早期儒家赋予道德内核,扩展为"君子之道",并逐渐内化为个体的情感结

构。那么,君子观颜色与小人观颜色有什么样的区别呢?《朱子语类》就说:

> 曰:"'未见颜色',是不能察言观色。"曰:"如此,则颜色是指所与言者。"曰:"向时范某每奏事,未尝看着圣容。时某人为宰相,云:'此公必不久居此。'未几,果以言不行而去。人或问之。云:'若看圣容,安能自尽其言?'自是说得好。但某思之,不如此。对人主言,也须看他意思是如何,或有至诚倾听之意,或不得已,貌为许可。自家这里也须察言观色,因而尽诱掖之方。不可泛然言之,使泛然受之而已。固是有一般小人,伺候人主颜色,迎合趋凑,此自是大不好。但君子之察言观色,用心自不同耳。若论对人主要商量天下事,如何不看着颜色,只恁地说将去便了!"

朱熹在和他的学生讨论这个问题的时候,举了一个例子:有一个官员在整个上奏的过程当中,没有看一眼皇帝的圣容。当时宰相就说这个人肯定在朝堂待不长久。果然过了不久,这个人就因为上奏内容未被采纳,离开了朝堂。那么为什么一定要在上奏的时候注意皇帝的脸色呢?这就属于察言观色。虽然在我们的理解里察言观色好像有贬义的色彩,但是如果在奏事的时候不顾皇帝的反应,而只表达个人的意见,就很难实现合理劝谏的目的。这里的察言观色当然和一般的逢迎、谄媚、投其所好不同,君子的察言观色是为了治理好国家。

朱熹的这段话是在宋代特殊的"与士大夫共治天下"的环境中说的,宋儒认为他们是和皇帝共治天下的,他们是道统的代表,君主是政统的代表,君主的政统只有符合道统的标准时才是合理的。所以朱熹说,在以道义学说规劝君主时也要注意察言观色,注意方法方式。

历代对此章有很精辟的阐发,就是告诉我们在说话时要注意言说的对象,做到恰到好处,而不是通过所谓奉承或者和稀泥取悦于人。要避免"三愆"就要靠平时的训练,平时训练有素,到时候就自然能得体地做事交流。

16·7 孔子曰:"君子有三戒:少之时,血气未定,戒之在色;及其壮也,血气方刚,戒之在斗;及其老也,血气既衰,戒之在得。"

"血气",朱熹《论语集注》说:"形之所待以生者,血阴而气阳也。""斗",《论语正义》曰:"犹争也。""得",孔安国注:"贪得。"

这一章的意思是,孔子说:"君子有三种戒忌:年少的时候,血气尚未稳定,要戒女色(亦泛指其他以外在形式引诱人的事物);到了壮年,血气旺盛刚烈,要戒争斗;到了老年,血气已经衰弱,要戒贪得无厌。"

这一段是孔子对人从少年到老年这一生中需要注意的问题提出的忠告。朱熹也说:"血气虽有盛衰,君子常当随其偏处警戒,勿为血气所役也。"很多学者从这一章中也体会出一些道理,认为血气是人人都有的,不可避免,并且随时可能给人带来负面的影响。圣人也有血气,但是和一般人不同,他除了血气,还有志气,血气有偏颇和衰弱的时候,但是志气不会衰弱,所以这里说的"少年未定""壮而方刚""老年既衰"都是指血气,而"戒于色""戒于斗""戒于得"都是指志气。

那么我们怎么修养自身?简而言之,养志气。用理性、理智来主宰自己,不为血气所动。我们看到有的人年高德劭,受人尊敬,为什么?就是因为他有这种志气,血气虽衰,志气长存。如果我们能够心存义理,不断地进行德性的修养,就有可能把自身血气所带来的负面影响减少到最小。

16·8 孔子曰:"君子有三畏:畏天命,畏大人,畏圣人之言。小人不知天命而不畏也,狎大人,侮圣人之言。"

"天命",上天之所命。皇侃《论语义疏》:"天命,谓作善降百祥,作不善降百殃。从吉逆凶,是天之命,故君子畏之,不敢逆之也。"刘宝楠《论语正义》:"天命,兼德命、禄命言。知己之命原于天,则修其德命,而仁义之道无或失。安于禄命,而吉凶顺逆必修身以俟之,妄为希冀者非,委心任运者亦非也。"钱穆《论语新解》:"天命在人事之外,非人事所能支配,而又不可知,故当心存敬畏。""大人",郑玄注:"谓天子诸侯为政教者。言天子诸侯能为政教,是为贤德之君。""狎",郑玄注:"狎,惯忽也。"孔颖达疏:"谓惯见而忽之,是谓小人狎侮其君上,不加敬也。"

这一章的意思是,孔子说:"君子有三件敬畏的事情:敬畏天命,敬畏贤德高贵的人,敬畏圣人的话。小人不懂得天命,因而也不敬畏天命,不尊重贤德高贵的人,轻侮圣人之言。"

这段话的核心是"畏天命"。儒家对天命的关注,大致可以从两个角度来理解,首先,天命是上天给我们的使命,我们要积极地去接受这种使命,要不断地进德修业。其次,天命是上天对我们的一种限定,这种限定包含不可改变的因素,是我们不能支配的。例如,如果我们没有学音乐的天赋,那么,我们就应该坦然地接受这种人生的局限性,做自己擅长的其他事。这就是所谓"畏天命"的两个方面。

16·9 孔子曰:"生而知之者,上也;学而知之者,次也;困而学之,又其次也;困而不学,民斯为下矣。"

"困",孔安国注:"谓有所不通。"郑玄注:"困而知之,谓长而见礼义之事,己临之而有不足,乃始学而知之。"

这一章的意思是,孔子说:"生来就知道的人,是上等人;经过学习以后才知道的,是次一等的人;遇到困难后再去学习的,是又次一等的人;遇到困难后还不学习的,这种人就是下等的人了。"

这是孔子对"学"的不同表现的划分:生而知之、学而知之、困而学之、困而不学。孔子虽承认有"生而知之者",但他不承认自己是这种人,他说自己是经过学习之后才知道的人。他希望人们勤奋好学,不要等遇到困难再去学习。俗话说,书到用时方恨少,就是讲的这个道理。至于遇到困难还不去学习,就不足为训了。

从此章可见,通往"知"的"学"各异,但"知"是相同的。《中庸》说:"或生而知之,或学而知之,或困而知之,及其知之,一也。"不管我们拥有什么样的天资、天赋和才智,最后学有所成的结果是一致的,只有那种困而不学的人才是无可救药的。

那么,怎么"学"呢?《中庸》说:"有弗学,学之弗能弗措也。有弗问,问之弗知弗措也。有弗思,思之弗得弗措也。有弗辨,辨之弗明弗措也。有弗行,行之弗笃弗措也。人一能之,己百之;人十能之,己千之。果能此道矣,虽愚必明,虽柔必强。"如果没有学会的话,就不要停下来,要去问别人。如果问过还不知道的话,也不要停下来,要学会思考。如果思考后还没有把这个问题想清楚的话,也不要停下来,要学会辨析。如果没有把这个事情辨明,也不要停下来,要学会采取行动。如果踏实地实行了还没有成效,也不要停下来。别人一次就学会的,自己下百倍的功夫也要学会;别人十次就学会的,自己下千倍的功夫也要学会。如果能下得了这些功夫,即使是愚笨的人也会聪明起来,即使是弱小的人也能变得强大。最不可取的就是自暴自弃而不学。

从这里也可以看到,儒家并不认为圣人和凡人之间的界限不可逾越,普通人经过努力学习,不断地提升自我修养,也可以成为圣人。宋明时期的儒家学者从人性理论的角度对人加以分析,认为一方面,每一个人都有共同的人性,这就是天命之性,是上天所赋予我们的纯粹至善本性,任何人都具有,这也是每个人都有可能成为圣人的依据;但另一方面,不同的人有不同的气质之性,就是说每一个人来到这个世界都有各自独特的气质、形体和欲望等。现实中每个人都同时兼有天命之性和气质之性,要想成为圣人,一定要不断地变化提升自己的气质之性,最终使自身行为完全符合天命之性的规范。朱熹就曾比喻,人就像是一盏被罩住的灯,只要去掉了遮蔽,每个人都会发光。

16·10 孔子曰:"君子有九思:视思明,听思聪,色思温,貌思恭,言思忠,事思敬,疑思问,忿思难,见得思义。"

这一章比较好理解,大致意思是,孔子说:"君子有九种考虑:看,要考虑看清楚了没有;听,要考虑听明白没有;面色,要考虑是否温和;态度,要考虑是否恭敬;说话,要考虑是否忠诚;办事,要考虑是否认真;有问题,要考虑向人请教没有;生气,要考虑是否会引起麻烦;看到能获得什么,要考虑是否合理。"

从细节上而言,此处表面上说的是君子处理问题时的九种考虑,但其实可以归结为对礼的解释。九思代表了我们日常生活当中方方面面要注意的事情,时刻要用心去考虑是不是合乎礼义。在这个过程中有一条贯穿其中的线索,就是要用我们的诚心去统率九思,以我们内在的诚意考虑做这个事情是否合理,是不是符合礼义的要求,如此就无时不保持一种内省的状态。自我省察、合乎礼义才是九思给我们的启示。

16·11 孔子曰:"见善如不及,见不善如探汤。吾见其人矣,吾闻其语矣。隐居以求其志,行义以达其道。吾闻其语矣,未见其人也。"

"如不及",如同追赶不上,指为善要孜孜以求。皇侃《论语义疏》引袁乔曰:"恒恐失之,故驰而及之也。""如探汤",如同用手试探热水,指如果不把手迅速拿开,则烫烂其手。"隐居以求其志",隐居以求保持自己的志向。"行义以达其道",好行义事来达其所求之道。

这一章的大意是,孔子说:"看到善良的行为,就担心达不到;看到不好的举动,就好像把手伸到开水中一样赶快避开。我见到过这样的人,也听到过这样的话。以隐居避世来保全自己的志向,好行义事来达其所求之道。我听到过这种话,却没有见到过这样的人。"

此章谈到两种不同层次的人,一种是"见善如不及,见不善如探汤",这种比较容易看到,可以见其人闻其语;另一种是"隐居以求其志,行义以达其道",这种其实是很难达到的,所以只闻其语未见其人。如北宋的理学家陈祥道就说:"'见善如不及,见不善如探汤',好学者能之,故曰'吾见其人'。隐居求志,行义达道,非圣人不能,故曰'未见其人'。"朱熹也说:"真知善恶而诚好恶之,颜、曾、闵、冉之徒,盖能之矣。……求其志,守其所达之道也。达其道,行其所求之志也。盖惟伊尹、太公之流,可以当之。当时若颜子,亦庶乎此,然隐而未见,又不幸而蚤死,故夫子云然。"可见这是一种非常高的要求,是圣人之事或者大人之事,所以"未见其人也"。这也可以视为孔夫子的一种感叹,在春秋末年,这些有着高洁志向的人隐居起来了,所以他感到很孤独。

16·12 齐景公有马千驷,死之日,民无德而称焉。伯夷、叔齐饿于首阳之下,民到于今称之。其斯之谓与?

"千驷",四千匹马,形容马多。"驷",同驾一辆车的四匹马。"首阳",山名。伯夷、叔齐,商朝末年孤竹国君的两个儿子,父亲死后,伯夷、叔齐互让君位而出逃。周灭商后,他们耻食周粟,隐居于首阳山,采薇而食,最终饿死。

这一章的大意是,齐景公有马四千匹,死的时候,百姓觉得他没有什么德行可以称颂。伯夷、叔齐饿死在首阳山下,百姓到现在还在称颂他们。说的就是这个意思吧!

《史记·伯夷列传》载:

> 伯夷、叔齐闻西伯昌善养老,盍往归焉。及至,西伯卒,武王……东伐纣。伯夷、叔齐叩马而谏曰:"父死不葬,爰及干戈,可谓孝乎?以臣弑君,可谓仁乎?"左右欲兵之。太公曰:"此义人也。"扶而去之。武王已平殷乱,天下宗周,而伯夷、叔齐耻之,义不食周粟,隐于首阳山,采薇而食之。及饿且死,作歌。

从这一章我们可以看到,当时人们称赞的是什么呢?人们所称赞的不在富而在德,大家追求的是永恒的道德价值。这一章的基本内容可以说就是尚德不尚富。很多学者在这方面有精辟的阐发,如清末民初的学者唐文治就说道:"孔子盖引古语,而以景公、夷齐事征实之也。庸人与草木同朽,仁人与日月争光,学者当先辨其所志。"《论语注疏》:"此章贵德也。……齐君景公虽富有千驷,及其死也,无德可称。伯夷、叔齐……虽然穷饿,民到于今称之,以为古之贤人。其此所谓以德为称者与?"清人李中孚说:"景公、夷齐,一则泯没无闻,一则垂芳无穷,公道自在人心,三代所以直道而行也。噫!一时之浮荣易过,千载之影样难移,是故君子贵知所以自立。"

这一章告诉我们,一个人的价值,其实和他外在的财富、地位关系不大,主要在其内在的品德。不管哪个文明都会追求不朽,这是一种比较普遍的追求。儒家的不朽是什么?在《左传·襄公二十四年》中就记载了春秋时鲁国的叔孙豹与晋国的范宣子关于何为"死而不朽"的讨论。范宣子认为,他的祖先从虞、夏、商、周以来世代为贵族,家世显赫,香火不绝,这就是"不朽"。叔孙豹则不以为然,他认为这只能叫作"世禄"而非"不朽",真正的不朽乃是"大上有立德,其次有立功,其次有立言,虽久不废,此之谓不朽"。这三不朽是传统儒家士人衡量自己人生价值的重要标准,首先有高尚的德行,其次要有功业,对社会有贡献,再次能提出有创造性的思想学说。如《论语》已经成为我们中华民族文化结构当中非常重要的组成部分,这就是立言,但历史没有给孔子立功的机会。

有的人说,明代的王阳明有德行、有功业、有著书立说,他就是一个在立德、立功、立言三方面都能够被称为不朽的人。

16·13 陈亢问于伯鱼曰:"子亦有异闻乎?"对曰:"未也。尝独立,鲤趋而过庭。曰:'学《诗》乎?'对曰:'未也。''不学《诗》,无以言。'鲤退而学《诗》。他日又独立,鲤趋而过庭。曰:'学礼乎?'对曰:'未也。''不学礼,无以立。'鲤退而学礼。闻斯二者。"

陈亢退而喜曰:"问一得三,闻《诗》,闻礼,又闻君子之远其子也。"

陈亢,春秋末年陈国人,是陈国君主陈胡公的后裔,他也是孔子的弟子。"独立",孔安国注:"谓孔子。"关于"异闻""鲤""趋而过庭",刘宝楠《论语正义》:"异闻者,谓有异教独闻之也。称鲤者,将述对父之语,若当父前,子自称名也。趋而过庭者,礼,臣行过君前,子行过父前,皆当徐趋,所以为敬也。过庭谓东西径过也。"关于"远其子",司马光《家范》说:"远者,非疏远之谓也。谓其进见有时,接遇有礼,不朝夕嘻嘻相亵狎也。""远",意思是远离,避开,不亲近。这里指对自己的儿子不偏向,没有偏爱,没有特殊照顾和过分关照。

这一章的大意是,陈亢问伯鱼:"你在老师(孔子)那里听到过什么特别的教诲吗?"伯鱼回答:"没有呀。有一次他(孔子)独自站在堂上,我快步从庭院里走过。他问:'学《诗》了吗?'我回答:'没有。'他说:'不学《诗》,就不懂得怎么说话。'我回去就学《诗》。又有一天,他又独自站在堂上,我快步从庭院里走过。他问:'学礼了吗?'我回答:'没有。'他说:'不学礼,就不懂得怎样立身。'我回去就学礼。我就听到过这两件事。"

陈亢回去后高兴地说:"我提一个问题,得到三方面的收获,听了关于《诗》的道理,听了关于礼的道理,又听了君子不偏爱自己儿子的道理。"

这一章以陈亢的提问开始,再以陈亢谈他的体会结尾。历代对此章有不同的解读,有人说这一章是在教人学《诗》、学礼,文中非常明确地说到"不学《诗》,无以言""不学礼,无以立"。但也有学者从另外一个角度来解读,当代的易学家程石泉就说:"陈亢所喜者在知诗、礼之重要,并知父之教子,应有义方。所谓'远其子'者,盖为父者,不应亲昵嘻狎,使为子者,失其恭敬之心也。"因为陈亢最后说,问一个事情明白了三个方面的道理,知道学《诗》重要、学礼重要,而且知道父亲应该怎么样教孩子,有人就从"远其子"这个方面发挥,说父亲对儿子不应该过分亲密,不要偏爱,如果父子之间相处得非常亲密的话,就会"使为子者,失其恭敬之心也"。在我们传统的文化当中,父子之间的亲情是最基本的,做儿子的一定要对父亲保持一种恭敬之心,这也是大家非常注意的,所以主张父子之间不要特别亲密,《孟子》中甚至还有易子而教的说法。

虽然历代对此章有不同的解释,但重心还是在《诗》、礼上。为什么"不学《诗》,无以言"?这里"诗"专指《诗经》。

在春秋战国期间，《诗经》被称为《诗》或《诗三百》，到了《庄子·天运》才被称为《诗经》。为什么这部《诗经》那么重要，不学它就连话也不会讲呢？因为《诗经》反映了商周时期的社会生活和政治思想状况，包含许多做官、做人、治国、成家的经验教训可以供后人参考。孔子还说过：把《诗》背熟了，但依然搞不好外交政治，背得再多也是没用的。孔子的话是符合当时实际的，我们翻开一部《左传》就可以看到，当时的政治外交家一开口就是"《诗》曰""《诗》云"，该书引《诗经》达二百一十九条之多。所以孔子这里所说的"言"，应该不是一般意义上的说话，而是指政治上的交际应对。同时因为《诗经》里内容丰富，可以"多识于鸟兽草木之名"，所以这里的"言"也有说话得体、文雅的意思。当时的人不管是说话还是写文章，引《诗》时都不太注意《诗经》的本义，往往断章取义，或者把《诗》的主题进行合乎需要的新诠释。

至于"礼"，其实在传统社会，礼不仅是对社会生活的规范，同时是一种基本的文化精神，渗透到社会生活的各个方面。礼从个人的修养，到人和人之间关系的处理，到治国理政的各个方面，都提供了一套规则、规矩、规范。如果不了解这些规则，在传统社会生活可以说是寸步难行。所以孟子有一句话叫"礼门义路"，礼是我们进入社会的一个门径，不懂礼可以说连进入这个社会的门都没有，这就是"不学礼，无以立"。

16·14 邦君之妻，君称之曰夫人，夫人自称曰小童；邦人

称之曰君夫人，称诸异邦曰寡小君；异邦人称之亦曰君夫人。

"小童""寡小君"，皆谦辞。这一章大致的意思是，国君的妻子，国君称她为夫人，她自称为小童；国人称她为君夫人，与别国人谈到的时候则称她为寡小君；他国人也称她为夫人。

这里列举了一系列关于国君夫人的不同称谓，其实这些称谓的背后涉及儒家的正名思想。在不同的场合、不同的关系中，有不同的称谓。皇侃《论语义疏》就说："当时礼乱，称谓不明，故此正之也。"但也有学者认为，这一章的真实意思其实不可知。比如钱穆就说："本章记入《论语》，其义不可知。……遇古书难解处，当以阙疑为是。"

很多人把此章理解成儒家正名的一种方式，孔子确实特别重视正名，他的正名思想在《论语》中的很多地方都有体现。比如说在《雍也》里孔子就说："觚不觚，觚哉！觚哉！"孔子看到觚，感慨觚不像觚，联想到自己所推行的周礼与今日觚的处境及境遇是如此相似，礼崩乐坏，君不像君，臣不像臣，父不像父，子不像子，大家都不能各守其位，各尽本分。再如《论语·子路》篇：

> 子路曰："卫君待子而为政，子将奚先？"子曰："必也正名乎！"子路曰："有是哉，子之迂也！奚其正？"子曰："野哉，由也！君子于其所不知，盖阙如也。名不正，则言不顺；言不顺，则事不成；事不成，则礼乐不兴；

礼乐不兴,则刑罚不中;刑罚不中,则民无所措手足。故君子名之必可言也,言之必可行也。君子于其言,无所苟而已矣。"

又如《论语·颜渊》篇:

齐景公问政于孔子。孔子对曰:"君君,臣臣,父父,子子。"公曰:"善哉!信如君不君,臣不臣,父不父,子不子,虽有粟,吾得而食诸?"

春秋时期的社会变动,使当时的等级名分受到破坏,弑君弑父之事屡有发生。孔子认为这是国家动乱的主要原因,所以他告诉齐景公,"君君,臣臣,父父,子子",国家要得到治理,首先应该正其名分,恢复周礼所规定的秩序。这一章把"君夫人"的名称从不同的角度进行叙说,事实上也是体现了正名思想。

总体而言,《论语》第十六篇的内容非常琐碎,其实《论语》中记载的很多事情,都是很细的事情。吕留良在《四书讲义》中说道:"《论语》中琐琐屑屑记载细事,都是圣人全身,所谓动容周旋中礼者,盛德之至也。"《论语》虽然记载的都是一些日常生活中的小事,但这恰恰展现了圣人日常生活当中的一言一行、举手投足,他的仪容和进退,都符合礼的要求,体现圣人之道。从第十六篇的内容解读当中,也能够体会到这一点。如果能够结合我们现实生活的各个环节、各个方面去体会,我想收获会更大。其实,正像理学家程颐所说:"今人不会读书。如读《论语》,未读时是此等人,读了后又只是此等人,便是不曾读。"一定要结合我们的日常生活,结合自己的进德修业,真正地在日常生活中去学习、践行和体会《论语》。

阳货第十七

颜炳罡 解读

《阳货》是《论语》的第十七篇,朱熹断为二十六章。其中有三章记录了孔子与当时政治反叛者的关联,从其对待阳货的态度和准备遵从叛臣公山弗扰、佛肸(xī)的召唤来看,孔子并不是无条件地、绝对地反对一切反叛者,而是既坚持自己从政的原则立场,又留下与叛臣合作的弹性空间。因为"怀其宝而迷其邦"乃至迷天下不合乎仁者的心愿,"好从事而亟失时"更不是智者的本怀,而"欲往"是力图发现撬动道易天下的杠杆。当发现这个杠杆是块朽木时,他决然不往。"子之武城"章、"子张问仁"章、"鄙夫不可与事君"章等,是孔子地方治理乃至国家治理理念的正面表达。"六言六蔽"章体现了孔子对学的高度重视。学什么?接下来三章是有关《诗》、礼、乐的章节,可视为孔子对学的内容的回答。孔子对"乡原"、对"道听涂说"者、对"色厉内荏"者、对"巧言令色"者进行大声斥责,这些则显示孔子对人格操守的珍惜和对鄙俗之人的轻蔑!孔子与宰我"三年之丧"的争论和孔子对"女子的看法,批孔者与尊孔者会有不同的理解。"无言"章是对天道的感悟,说明孔子已进入天人合一的境界。

17·1 阳货欲见孔子,孔子不见,归孔子豚。孔子时其亡也,而往拜之。遇诸涂。谓孔子曰:"来!予与尔言。"曰:"怀其宝而迷其邦,可谓仁乎?"曰:"不可。""好从事而亟失时,可谓知乎?"曰:"不可。""日月逝矣,岁不我与。"孔子曰:"诺。吾将仕矣。"

这段话译成白话就是,阳货想见孔子,孔子不想见他,阳货馈赠给孔子一只蒸熟的小猪。孔子趁阳货不在家的时候去拜谢他,在路上遇上了阳货。阳货对孔子说:"过来,我有话跟你说。"说:"怀有一身才能却听任国家迷乱,这可以叫作仁人吗?"说:"不可以。""喜欢有番作为却屡屡错过良机,这可以说是智人吗?"说:"不可以。""时间一天天过去了,岁月是不等人的。"孔子说:"好吧,我将从政。"

这是《阳货》篇的首章,虽然故事性很强,但不交代其历史背景,仍然不好理解。我们先来看这段话发生的历史背景。

阳货,名虎,又称阳虎,是鲁国执政大夫季孙氏的家臣。由于他是季孙氏家的老臣,季桓子是新主,老臣与新主之间在新旧权力交替之际,产生了严重分歧,他毅然将季桓子囚禁起来,秉鲁国之政。阳货的行为虽然不合礼法,但足见其胆识。季桓子本来是鲁国的实际执政者,阳货囚禁了季桓子,代替他职掌了鲁国的国政,也就是孔子批判的"陪臣执国命"。鲁国的命运不掌握在鲁国国君手里,也不掌握在执政大夫手里,而是掌握在大夫的家臣阳货手里。

阳货"陪臣执国命",无论从道义上,还是从威望上,都存在严重不足,所以他特别想见孔子,想让他帮助自己治理鲁国。孔子当时已经四十多岁了,手下培养了一大批弟子,拥有一批治国理政的人才,而且孔子在鲁国有着非常高的声望,阳货想借助孔子的声望,来为他在鲁国的执政加分。

孔子是出山,还是退修诗书,隐而不仕?孔子想有所作为,但不愿意与阳货这种人合作。"陪臣执国命"是礼崩乐坏的一个典型体现,是孔子所批判的,他当然不愿意出山,甚至不想见阳货这种人。阳货怎么办的?他送给孔子一只小猪。按照当时的礼节,大夫对士馈赠,士不在家,则必须亲自登门回访,阳货借助礼节的规定,期待孔子的到来。孔子是一位知礼、懂礼、守礼之人,他不能不去阳货家中答谢,但他又不想见阳货,怎么办?孔子就乘阳货不在家时,去阳货家里,不巧两个人在半路上相见了。既然见到了,孔子也不回避,阳货的年龄比孔子大,社会地位在当时也比孔子高,所以他召唤孔子上前,对孔子进行了一番劝说。

阳货从三个方面试图说服孔子,孔子表面上也答应了阳货出仕。但是孔子真的要和阳货这种不义之人合作吗?当然不会。在那种场合下,孔子答应出仕是为了摆脱阳货对自己的纠缠不休,并且答应出仕与何时出仕不是一回事。

所以从这一章我们可以看出,孔子对破坏礼法的人的态度。阳货的官做得很大,而孔子不过是一介平民,但是并不是阳货赐给孔子官做,孔子就会出来做官;也不会因阳货社会地位高,想见孔子就能见成。由此,大家可以看出孔子的人格操守。在孔子看来,"陪臣执国命"不合乎道义,对于无道之人,孔子是不愿意与其同流合污的。阳货官再大,孔子不攀附,更不趋炎附势,坚守自己出仕的原则。但是做人需要守礼,阳货之流不守礼义,并不是自己不守礼义的理由,进以礼,退以礼,礼仪周全是君子的基本修养。即便与阳货在路上相遇了,孔子也不回避,大大方方,该怎么应对就怎么应对,这体现了孔子的人格修养。

17·2 子曰:"性相近也,习相远也。"

这句话翻译成白话就是,孔子说:"人的本性是差不多的,由于积习、习惯等不同,人的性情差距拉大了。"

有的人说,孔子是圣人,所以他说"性相近也,习相远也";孟子只是大贤,所以讲性善;荀子也只是大贤,所以说性恶。一个言性善,一个言性恶,两个人都没有达到孔子的圣人境界。这个说法对不对?我们认为似是而非。

"性相近"的"性"是什么?孔子没有回答。孟子回答善,荀子回答恶,都是对孔子思想的发展。相近之性是什么?孟子从人之所以为人的本质讲人性相近,相近之性就是善,善的具体体现就是仁义礼智四端。由于后天的扩之充之,人可以成为君子,可以成为大人,乃至成为圣人。荀子认为相近之性是恶,恶的表现是人的欲望,人人都有生理需求,人人都有喜怒哀乐。人有欲望,欲望不加控制,就会走向恶;加以控制,就不会走向恶。实际上,无论是孟子的性善还是荀子的性恶,都是对孔子"性相近也,习相远也"的进一步发挥,不存在孟子的理论不如孔子、荀子的理论不如孔子的问题。

自孔子首发人性问题之后,千百年来争论不休,到孟子那个时代,人性问题的争论非常激烈,各种说法都有,如性有善,有不善;可以为善,可以为不善;有的人性善,有的人性不善,等等。孟子截断众流,认为人性本善,确立了中国人性的主调、主流。此后,人性本善也成为中国人判断人性的一个基本前提。

到了宋明理学家那里,人性分为天地之性和气质之性。天地之性是什么?就是《中庸》所说的"天命之谓性",这个性是善的。气质之性是什么?它指人是禀气而生的,气有清有浊,所以人先天的气质之性就有善有恶。孟子的人性善是从人之所以为人的命理上说的,指的是天命之性或天地之性;荀子的人性恶是从人禀气而生的气质上说的,二者角度不一样,但目标是一样的。性善论是要培养人的善性,让它长之养之,让善端进行成长。性恶论是要变化气质,化性起伪,化去性恶,化浊气为清气,让人成为好人,积善成德。

17·3 子曰:"唯上知与下愚不移。"

这句话可以翻译为,孔子说:"只有上等的智者和下等的愚者不可改变。"

我认为,这样的理解大有问题。在批孔的时代,许多人引用这句话,认为孔子所说的"上知"指的是奴隶主贵族,"下愚"指的是奴隶阶级或劳动人民,"上知"与"下愚"不可改变,代表着人的血缘身份的不平等。后世不少学者认为这一章是接着上一章"性相近也,习相远也"的,更有甚者,认为这两章就是一章,不应分为两章。我认为这两章还是分开为好,因为两章指向不一样。

什么是"上知"?什么是"下愚"?按照传统的解释,只有上等的智者和非常愚昧的人是不可改变的。什么意思呢?有的人天生聪明,有的人天生愚昧,这两者不可教化。这就是把人一生下来就分成三六九等了。有的人生来就是圣人,有的人生来就是愚人,好像永远不可改变。这个道理通吗?

自汉以来,对孔子的这句话注解者多矣,但皆不得善解。他们多将上、下理解为修饰词,又与汉儒的"性三品"相呼应,将上、下理解为社会地位或智慧的上、下。我认为,这里的上、下不是修饰词,而是动词,上即尚、崇尚、推崇,下即轻视、卑视。这里反映了孔子对智慧与愚昧的态度,"上知"即崇尚智慧,"下愚"即贬低愚昧。重新翻译这句话就是,孔子说:"只有崇尚智慧和贬低愚昧的态度是不可改变的。"

人类的历史发展过程就是一个从愚昧走向智慧、由蒙昧走向文明的过程,不管人类社会发展到什么程度,也不论是哪一个国家或民族,崇尚智慧,轻视愚昧,是一种普遍认同的规律。我们如今科学昌明了,但存不存在愚昧?可以说,我们今天仍然没有完全摆脱愚昧，要不然的话，那些歪理邪说、邪教就不可能有市场。所以即使在科学昌明的今天，我们也需要崇尚智慧，崇尚知识，崇尚理性，贬低愚昧，反对迷信。

17·4 子之武城，闻弦歌之声。夫子莞尔而笑，曰："割鸡焉用牛刀？"子游对曰："昔者偃也闻诸夫子曰：'君子学道则爱人，小人学道则易使也。'"子曰："二三子！偃之言是也。前言戏之耳。"

此章翻译为白话就是，孔子到了武城，听到管弦和唱歌的声音。孔子微笑着说："杀鸡何必用宰牛的刀呢？"子游回答："以前我听老师说过：'君子学习了礼乐就会慈爱人民，老百姓学习了礼乐就容易听指挥。'"孔子说："学生们！言偃的话是对的。我刚才是同他开玩笑罢了。"

这一章篇幅不长，但很有画面感；文字不多，但故事情节紧张。遥想当年，孔子带着众多弟子，前来子游治下的武城，远远听到丝竹管弦和满城的唱歌之声。子游是孔子晚年的学生，姓言，名偃，吴国人，是孔门文学科的高足，"孔门十哲"之一，比孔子小四十六岁。他学成之后，来到武城，做了武城的地方行政长官。武城是鲁国的一个城邑，地方不大。孔子和他的一帮学生到子游管辖的武城进行参观、考察，其实也是一种审视与检阅。听闻老师及众同学前来，子游出城迎接，孔子远远地听到从城里传出的弦歌之声。孔子非常重视礼乐教化,他看到自己的学生如此治理武城,心里一定很高兴。然而孔子却说:"割鸡焉用牛刀?"意思是武城这么小的一个地方,哪里用得上礼乐教化呢?子游听到老师如此评价,一定十分意外,又非常紧张,马上说:"从前我听老师说过这样的话:'君子学习礼乐就会仁爱百姓,百姓学习礼乐就容易听从指挥。'"这里须注意,子游说的君子、小人,不是指道德修养上的君子、小人,而是社会位阶上的君子与小人,君子指的是统治者,小人指的是没有官职的平民百姓。孔子听了子游的话,感受到子游的紧张,马上说出自己的真正意图以及对子游做法的评价:"学生们!言偃的话是对的。我刚才不过是与他开个玩笑罢了。"

从这一章我们可以感受到孔子与学生的相处方式,孔子并不是一位板着面孔,天天进行道德说教的老学究,而是有血有肉、有情感、懂生活的智慧长者。孔子告诉我们,地方不管大小,国家不分贫富,都要推行礼乐教化。而礼乐教化是普遍的教化,不仅仅指向为官者,对百姓也要教化。儒家,尤其是儒家的礼乐文化从来不是面向少数贵族、知识精英的奢侈品,而是民众生活的向导。礼乐教化是一种教养,这种教养王公大夫需要,平民百姓也需要,可以说人人需要,家家需要,这样才能实现"人人君子""比屋可封"的儒者理想。

17·5 公山弗扰以费畔,召,子欲往。子路不说,曰:"末之也已,何必公山氏之之也?"子曰:"夫召我者,而岂徒哉?如有用我者,吾其为东周乎?"

公山弗扰,即《左传》记载的公山不狃,复姓公山,名弗扰(也作不狃、不扰),字子泄,鲁国当政者季桓子的家臣。"费",鲁国城邑,鲁国执政大夫季孙氏的封地,在今临沂费县。

此章翻译成白话就是,公山弗扰在费邑发动叛乱,召唤孔子,孔子准备前往。子路不高兴,对孔子说:"没有地方去实现理想就算了,何必到公山氏那里去呢?"孔子说:"那召唤我前往的人,难道会让我白白去吗?如果有任用我的人,我难道只满足于复兴周代礼乐于东方吗?"

公山弗扰征召孔子前去,孔子欲往,子路不高兴了。在孔门弟子当中,子路是很率直的一个人,对孔子多有冲撞,心里有什么马上就把它说出来,敢于表达自己的意见。子路疑惑孔子为什么要到公山氏那里去。孔子告诉他自己想复兴礼乐教化,所以欲往。但是公山弗扰本质上是叛臣,孔子怎么还会到叛臣那里去呢?

学术界历来对这一章有争议,至今不少学者对其持怀疑态度,认为是后人羼入的,因为这一章与孔子的思想反差太大了。但大多数学者只是对内容存疑。今天影响最大的是杨伯峻先生的《论语译注》对本章的解释,他指出:"我们于此等处只能存疑。"钱穆先生的《论语新解》用了三个"或曰",提出种种可能。有的学者认为,这里"召"的主体不是公山弗扰,而是想要除掉公山弗扰的季氏,此说在逻辑上讲不通。还有人怀疑《论语》的编者滥收,孔子不可能身为鲁国大司寇而对公山弗扰之召有兴趣。

其实,这是弄错了"公山弗扰以费畔"的时间。《左传》载:鲁定公五年(前505),季平子卒。因季平子丧事,阳货与季桓子嬖臣仲梁怀产生嫌隙。阳虎欲逐仲梁怀,告公山弗扰,公山弗扰止之。这年秋天,仲梁怀更加骄纵,对公山弗扰不敬。公山弗扰大怒,联合阳虎逐仲梁怀,囚禁季桓子。朱熹认为,这是公山弗扰与阳货"共执桓子,据邑以叛",这就是以费叛。我认为这个说法有道理。公山氏之叛既不是发生于鲁定公八年(前502),也不是鲁定公十二年(前498),而是鲁定公五年(前505),那时孔子作为鲁国大司寇,是镇压公山弗扰叛乱的总指挥。这一年,公山弗扰与阳货共同逐仲梁怀,囚禁季桓子。此事发生在季氏封地的费邑,故称"以费畔"。换句话说,公山弗扰反叛的是权臣季桓子,不是鲁国国君,所以在这个时期,"子欲往"是有一定道理的。

但为什么子路不悦呢?我认为子路有自己的原则,在他看来,实现政治理想,何必到一个叛乱者公山弗扰那里去呢?子路已经达到"可与立",但尚未进入"可与权"的境界,所以对孔子的做法产生疑问。在孔子看来,伸张道义于天下是自己的理想,以自己的理想和主张去改变礼乐崩坏的局面是第一要义,至于个人毁誉可以暂时放下。所以他为了实现自己的政治主张和道易天下的理想,愿意到公山氏之处。当然孔子最终为什么没有去呢?我们猜测原因不在孔子,而是公山氏心不诚、意不坚。

这里强调一点,阅读经典,尤其对于圣人的言行,我们应该抱有一种"同情"的态度来理解,而不是不分是非,横加批判。读《论语》,如果不能体会孔子当时的真实心境,则不能体察孔子处理问题的精微处。

17·6 子张问仁于孔子。孔子曰:"能行五者于天下,为仁矣。""请问之。"曰:"恭、宽、信、敏、惠。恭则不侮,宽则得众,信则人任焉,敏则有功,惠则足以使人。"

这一章翻译成白话就是,子张向孔子问仁。孔子说:"能够推行五种美德于天下,可以称得上仁人了。"子张接着问:"请问是哪五种?"孔子进一步解释:"恭敬、宽厚、诚信、勤敏、慈惠。恭敬就不会招致侮辱,宽厚就会得到大众的拥护,诚信就会得到别人的信任,勤敏就会取得功效,慈惠就能够使用他人。"

子张是孔子晚年的弟子,比孔子小四十九岁,孔子去世的时候子张才二十五岁,但"子张之儒"位列韩非所说的"儒分为八"之首。子张出身低贱,所以他有一个非常强烈的诉求:急切翻身。怎样才能叫翻身?在那个时代,唯一让自己的社会地位发生变化的途径就是做官。子张学干禄,不断问孔子如何做官的问题。而孔子针对不同的人、不同的爱好、不同的性情、不同的人生追求,因材施教,回答的结果也不一样。当子张又问老师什么是仁时,孔子告诉他能践行五种品质的就是仁人了。显然,这五种品质都是为官从政应具备的美德,即要做官就应该具备恭、宽、信、敏、惠五种品质。

做人要温、良、恭、俭、让,当官要恭、宽、信、敏、惠,这句话适合于古代,同样适合于今天。恭就是庄重严肃,老百姓之间可以随意开玩笑,但官员能够随意与百姓开玩笑吗?官员许诺了一件事,然后说我刚才是开个玩笑,能行吗?当然不行。所以要严肃、庄重。宽就是宽厚,老百姓如果心胸狭窄,只能影响自己,影响自己的家庭,影响和同事的关系,当官的人如果心胸狭窄,会导致什么局面?只能任用不如自己的人,比自己好的人、比自己优秀的人统统被排斥。俗话说:"将军额上能跑马,宰相肚里能撑船。"官员要有容人之量,胸怀越大,格局越大,手下的人就越放得开,这样才能干出政绩,才能成就一番事业。信就是讲诚信,官员如果不讲诚信,影响会很恶劣,会失去其他人的信任。敏就是要勤奋,"敏则有功",官员如果不勤奋,就不会有什么实绩。我们改革开放四十多年的伟大成就,离不开各位领导干部所做出的巨大贡献,他们兢兢业业,日夜奔赴在改革的道路上,所以才有我们今天的成功。惠就是恩惠,"分人以财曰惠",能够把自己的财富分给大家就叫惠。懂得分享的人才能够成就大事,当领导不惠及员工,公司挣的钱全是他一个人的时,没有几个人愿意在他手下干。

17·7 佛肸召,子欲往。子路曰:"昔者由也闻诸夫子曰:'亲于其身为不善者,君子不入也。'佛肸以中牟畔,子之往也,如之何?"子曰:"然。有是言也。不曰坚乎,磨而不磷;不曰白乎,涅而不缁。吾岂匏瓜也哉?焉能系而不食?"

本章大意是,佛肸召孔子,孔子打算前往。子路说:"以前我听老师说过:'亲身做过不好事情的人,君子是不会到他那里去的。'佛肸在中牟发动叛乱,您却想去,这怎么解释呢?"孔子说:"是的。我有说过这样的话。不是说有那种坚硬的东西吗?无论怎样磨也磨不薄;不是说有一种洁白的东西吗?无论怎样染也染不黑。我难道是匏瓜吗?怎能终日挂在那里却不让人食用呢?"

佛肸是晋国大夫赵简子的家臣,尝为中牟宰,是与公山弗扰一样的人物。春秋末期,晋国的政治情势比鲁国还要复杂。到孔子时代,晋国世家大族主要有韩氏、赵氏、魏氏、智氏、范氏、中行氏六家,六家各占据一卿位,号称"六卿"。六卿长期把持晋国政权,又相互攻伐。佛肸作为小角色,利用六卿之间的矛盾,兴风作浪。"佛肸以中牟畔",即佛肸反叛赵氏,投靠范氏、中行氏。佛肸来召唤孔子,孔子想去应征。子路表示不理解:"我以前亲耳听您说过:'亲身做了坏事的人,君子是不会到他那里去的。'佛肸据城反叛,您却要去,这是怎么回事?"孔子以"磨而不磷"之坚和"涅而不缁"之白作答。这不由让人想起孟子所说的话:"柳下惠,不羞污君,不卑小官。进不隐贤,必以其道。遗佚而不怨,厄穷而不悯。故曰:'尔为尔,我为我,虽袒裼裸裎于我侧,尔焉能浼我哉?'故由由然与之偕而不自失焉。"(《孟子·公孙丑上》)孔子当然高于柳下惠,他不会与佛肸、公山不扰"由由然与之偕而不自失",佛肸、公山氏"焉能浼我哉"。不少人说"匏瓜"是葫芦,味苦,不能吃。我认为孔子所说的"匏瓜"应当是只能用来观赏而没有食用价值的瓜类植物。孔子不做"匏瓜",意味着一定要让自己有现实价值、实际价值,一定要做出一番事业。

孔子的理想是匡扶天下,挽狂澜之欲倒,扶大厦之将倾,所以即使是佛肸、公山氏之流,只要真正起用他,真正按其理想去执行,他同样可以行王道,一天下,这显示了孔子对自己能力的自信。孔子并不是像章太炎所说是个官迷,一心想当官,如果孔子是官迷,他在鲁国可以做官,在卫国也可以做官。如果像卫灵公那样,只是给他提供一个职位,不实行他的主张,即使食粟六万,他也弃之若敝屣。所以孔子关心的不是有无官做,而是能否实现自己的理想。

联系到孔子的生平,我们再来解读这一章。孔子兼伊尹之任、柳下惠之和、伯夷之清,乃集诸圣之大成。用孔子自己的话说,他是"无可无不可"。后人曾说学孟子易,学孔子难。孟子可以学得来,只要学他那种浩然正气,学他那"富贵不能淫,贫贱不能移,威武不能屈"的气节就可。孔子学不来,孔子的境界是无可无不可。如果孔子果真去了中牟,就可以改造叛党,但学孔子的人去了,不仅无法变易叛党,还可能会沦为叛党。我们今天说,传统社会的反叛者,都有他反叛的理由和根据。但不是说反叛就对,也不是说反叛就不对,应放到当时的历史条件下,结合他们的理想、主张综合加以分析才能衡定。由于时代久远,我们今天不可能完全还原那个时代,不能找出孔子当年要去的原因。

17·8 子曰:"由也,女闻六言六蔽矣乎?"对曰:"未也。"

"居！吾语女。好仁不好学,其蔽也愚;好知不好学,其蔽也荡;好信不好学,其蔽也贼;好直不好学,其蔽也绞;好勇不好学,其蔽也乱;好刚不好学,其蔽也狂。"

这一章的大意是,孔子说:"仲由呀,你听说过有六种美德便会有六种弊病吗?"子路回答:"没有。"孔子说:"坐下！我告诉你。爱好仁德而不爱好学习,它的弊病是会受到别人的愚弄;爱好聪明而不爱好学习,它的弊病是空荡无根;爱好守信而不爱好学习,它的弊病是害人害己;爱好直率而不爱好学习,它的弊病是说话会尖刻伤人;爱好勇敢而不爱好学习,它的弊病是犯上作乱;爱好刚强而不爱好学习,它的弊病是狂妄自大。"

由本章可以看出孔子时代的教学方式。孔子给子路开小灶,主动问子路知道"六言六蔽"吗？子路立即站起来作答。按照传统的教学方式,当老师要教导学生的时候,这个学生应该马上站起来回答老师的问题。孔子看见子路站起来,马上说:"坐下！我告诉你。"

第一种言与弊:"好仁不好学,其蔽也愚。"爱好仁德而不爱好学习,它的弊病是会受到别人的愚弄。仁是孔子思想的核心概念,孔子的学问就是仁学,也可以说儒学就是仁学。仁在孟子的解释下,就是人的"恻隐之心""不忍人之心",是"人之安宅"。在孔子看来,爱好仁但是不爱好学习,会产生一种弊害,就是被人利用这种好心肠愚弄自己。

第二种言与弊:"好知不好学,其蔽也荡。"爱好智慧而不爱好学习,它的弊病是空荡无根。"知",在这里指耍小聪明。看上去很聪明,但是没有知识做底蕴、做支撑,不是真正的聪明。腹中空空,没有真才实学,书到用时方恨少。现实中有人很聪明,但不喜欢读书,不喜欢学习,结果只是口头上夸夸其谈,了无实际。

第三种言与弊:"好信不好学,其蔽也贼。"爱好守信而不爱好学习,它的弊病是害人害己。讲诚信、讲信用没问题,言必行,行必果是一种美德,但一味地死守信、守死信,不知道变通,后果会很严重。鲁国有一个人叫尾生,他和一位女子相约于桥下,结果山洪暴发了,怎么办?他觉得不能因避洪水而失信跑到桥上,所以就抱着桥柱,以防被冲走,结果抱柱而死。他为女子守信而死,但留给女方和家人的是无尽的哀伤,不仅害了自己,也害了女子。所以爱好守信而不爱好学习,它的弊病是害人害己。

第四种言与弊:"好直不好学,其蔽也绞。"爱好直率而不爱好学习,它的弊病是说话会尖酸刻薄。"直"是心直口快,有话就说。直率、坦率当然是美德,但是不分场合的直率,不分场合的口无遮拦,就会尖刻伤人,让人下不来台。这样伤害了别人也伤害了自己。

第五种言与弊:"好勇不好学,其蔽也乱。"爱好勇敢而不爱好学习,它的弊病是犯上作乱。崇尚勇敢是美德,智、仁、勇为三达德,孟子的浩然之气也是一种勇,但是好勇不好学,没有礼乐教养会怎么样?一味地崇尚血气之勇,不懂礼法,不知学习,不善于运用自己的勇敢,就会闯祸作乱。

第六种言与弊:"好刚不好学,其蔽也狂。"爱好刚强而不爱好学习,它的弊病是狂妄自大。刚强也是一种美德,但是不爱好学习,就会沦为狂妄自大之辈。

"六言六蔽",孔子不仅仅是对子路讲的,也是对所有学生讲的;既是对古人讲的,也是对今人讲的。孔子的这一段话可以说是千古不刊之论,直到今天还值得我们认真体会。从这一章里我们可以发现孔子对学习的重视,儒家文化有一个非常重要的特色就是注重学习。学无止境,活到老,学到老,一个家庭要想兴旺发达,家庭成员就应该不断学习;一个民族要想发展进步,族人就应该不断学习;一个国家要想发展进步,人民也要爱好学习。所以,中国人一直讲:"忠厚传家久,诗书继世长。"诗书就是教养,就是学习。只有学习才能够克服我们的性情之偏,才能调整我们生命当中的负面情绪,才能沉淀我们生命中的杂质,才能让我们走向美好。所以只有美德是不行的,要想真正践行美德,就必须学习。

17·9 子曰:"小子何莫学夫《诗》?《诗》,可以兴,可以观,可以群,可以怨。迩之事父,远之事君;多识于鸟兽草木之名。"

这一章翻译成白话是,孔子说:"学生们为什么不学《诗》呢?《诗》可以丰富人的想象力,可以提高观察力,可以激发合群的乐趣,可以学得讥刺的方法。从近处讲,可以用来侍奉自己的父母；从长远说，可以用来侍奉国君；还可以多认识鸟兽草木的名称。"

孔子以诗书礼乐教人，追求的是人格的全面教育和全面发展。有人说儒家人物没有感情，这样说后儒、宋明儒可以，但在孔子那个时代不是这样。儒家人物天真烂漫，喜怒哀乐发而中节。那么儒家的一派天机和真性情体现在哪里？体现在《诗经》中。《诗经》可以兴、观、群、怨，而且记载了许多植物、动物名称，学习《诗经》纵然不能增长德行，提高本领，但是最起码可以掌握一些草木花卉的名称，以及天上飞鸟、地上走兽的名称吧！所以孔子鼓励他的弟子学习《诗经》。

孔子劝弟子学习《诗经》，有一个很重要的特点是学以致用，在家里可以侍奉父母，为国家可以侍奉国君。孔子非常强调《诗经》的政治功能和伦理功能，他曾讲："诵《诗》三百，授之以政，不达；使于四方，不能专对；虽多，亦奚以为？"《诗经》都背下来了，但是让这个人去治国理政，却做不好；出使到各国去，不能独立应对；背得再多，又有什么用呢？古代上层的贵族相交，通常会赋诗言志，委婉表达自己的心志，懂诗的人，大家就心照不宣了。

17·10 子谓伯鱼曰："女为《周南》《召南》矣乎？人而不为《周南》《召南》，其犹正墙面而立也与？"

此章大意是，孔子对伯鱼说："你学习《周南》《召南》诗篇了吗？一个人不学习《周南》《召南》，就像正面对着墙站立一样。"

本章承前一章而来,如果说前一章是用来教育学生,这一章则是用来教育儿子。孔子十九岁结婚,二十岁时儿子降生,鲁国国君知道了此事,送来鲤鱼以示祝贺。孔子感到非常荣幸,于是为自己的儿子起名为鲤。孔鲤,字伯鱼。孔子既是伯鱼的父亲,也是伯鱼的老师。孔子教导孔鲤学《诗》,尤其重视学习《周南》《召南》两组诗篇。《周南》《召南》是《诗经》开头部分的篇名,两篇所讲的都是关于男女夫妇之事和修身齐家之事。在孔子看来,不学习《周南》《召南》,就像面墙而立,什么也看不见,向前一步都不可能。

孔子为什么告诫儿子要学习《周南》《召南》呢?大家知道,孔子教人学习都具有针对性,因材施教,因病发药。孔鲤和他的夫人关系不是很好,孔子应当是见他们夫妻关系不好,所以劝诫儿子应当学习《周南》《召南》,学习后就知道如何处理夫妻关系了。

古人非常重视家庭和睦、和谐,"君子之道,造端乎夫妇"。夫妻关系出现问题,要家庭和睦是不可能的。孔子非常明白这点,所以劝儿子学习《周南》《召南》,处理好家庭关系。由此看来,孔子特别重视因材施教,根据每一个人的实际情况来教导弟子和儿子。

17·11 子曰:"礼云礼云,玉帛云乎哉?乐云乐云,钟鼓云乎哉?"

这一章的大意是,孔子说:"礼啊礼啊,难道仅仅说的是玉器和丝帛等物品吗?乐啊乐啊,难道仅仅说的是钟鼓等器物吗?"

这是孔子对当下时事的一种感叹,也是对礼乐存在与流行的一种批判式反思。孔子重视礼乐,但是礼乐仅仅是玉器、丝帛、钟鼓等形式吗?形式固然重要,但更重要的是内涵,形式体现什么、代表什么很重要。心存敬意而呈上玉帛等物,就是礼;内心和畅而借助钟鼓表达出来,就是乐。丢掉了礼乐的本质,而专注于礼乐的形式,难道还能叫礼乐吗?我们经常说一句话:"千里送鹅毛,礼轻情义重。"只注重形式、器物,而忽略背后的情义,就成了舍本逐末。

我们都知道杨震拒金的故事。东汉时,杨震曾多次举荐王密。一次杨震在赴任途中经过昌邑,此时王密担任昌邑县令,晚上来拜访杨震,拿了十斤金子要送给他。杨震说:"我了解你,你却不了解我啊。"王密没理解杨震的意思,说:"天黑,没有人知道。"杨震说:"天知,神知,你知,我知,何谓无知?"君子爱人以德,君子爱护一个人,爱护的是他高尚的美德。不贪就是一种美德,行贿者要人贪,就不是爱人以德,而是损人以德了。程子讲:"礼只是一个序,乐只是一个和。只此两字,含蓄多少义理。天下无一物无礼乐。且如置此两椅,一不正,便是无序。无序便乖,乖便不和。"所以形式重要,但相比形式,礼乐背后体现的精神才是根本。

17·12 子曰:"色厉而内荏,譬诸小人,其犹穿窬之盗

也与?"

"色",容貌。"厉",威严的意思。"荏",柔弱的意思。"小人",指行为不端的人。"穿",指挖洞穿墙。"窬(yú)",指翻过墙头。

这一章的大意是,孔子说:"有些人看起来非常严厉,但是内心非常怯弱,如果用一类行为不端的人做比喻,就如同挖墙打洞、跳过墙头的盗贼。"

为什么孔子把色厉内荏的人比喻成盗贼小人?孔子最讨厌的就是那种表面上装腔作势,内心非常卑劣的人,这种人的心态和小偷的心态是一样的。孔子用这句话来批判当时的执政者,他们表面上为民父母,盛气凌人,但实际上在谋自己的私利。《孟子》讲:"说大人,则藐之,勿视其巍巍然。"孟子看穿了这些王公大人的本质,就是色厉内荏!现实中有些官员装腔作势,高高在上,很有威严,内心深处却十分卑劣,孔子对这种人表示不屑。

17·13 子曰:"乡原,德之贼也。"

这一章的大意是,孔子说:"乡愿,是对道德的败坏。"

"乡",鄙陋、庸俗的意思。"原",同"愿"。"乡原",指在自己生活的乡村或社区里没有原则,到处讨好他人的人。这种人与鄙俗同流合污,一味讨好世俗,一味迎合他人,没有原则,没有底线。孔子因为乡愿貌似道德而实际上不合乎道德,反而扰乱了道德的标准,所以认为乡愿是对道德的败坏,故而对乡愿深恶痛绝。

对于普通人来说,乡愿与否,关系不大。但对于执政者,由乡愿而形成乡愿政治对社会的危害就大了。什么是乡愿政治?一味讨好人的政治就是乡愿政治。比如西方的选举制度,在无原则的政客的操纵下,一味地追求选民的选票,到处许愿承诺,往往会沦为乡愿政治。《孟子·尽心下》对乡愿有一段精彩的论述:

"孔子曰:'过我门而不入我室,我不憾焉者,其惟乡原乎!乡原,德之贼也。'"曰:"何如斯可谓之乡原矣?"曰:"'何以是嘐嘐也?言不顾行,行不顾言,则曰:古之人,古之人。行何为踽踽凉凉?生斯世也,为斯世也,善斯可矣。'阉然媚于世也者,是乡原也。"万子曰:"一乡皆称原人焉,无所往而不为原人,孔子以为德之贼,何哉?"曰:"非之无举也,刺之无刺也,同乎流俗,合乎污世,居之似忠信,行之似廉洁,众皆悦之,自以为是,而不可与入尧、舜之道,故曰德之贼也。"

乡愿说白了就是好好先生,就是没有原则的世故滑头,儒家对这种人持坚决批判的态度。所以大家应该怎么做?要有原则、有操守,要有自己的行为底线,这才是儒家对人的要求。人可以狂,可以狷,就是不能乡愿。乡愿一旦成为风气,浩然正气就会被贬抑。

17·14 子曰:"道听而涂说,德之弃也。"

这一章翻译成白话是,孔子说:"在道路上听到的消息就到处传播,这是自己丢弃自己的德行。"

道听途说,用今天的话讲就是既信谣又传谣,到处传播小道消息,孔子认为这是败坏自己的德行。当今社会,互联网发达,网上的消息有些是可信的,有些是不可信的,我们在不能分辨真假的情况下,起码要做到不传播。两千多年前孔子的话,放在今天仍然没有过时,仍然有很大的教导意义。

17·15 子曰:"鄙夫可与事君也与哉?其未得之也,患得之;既得之,患失之。苟患失之,无所不至矣。"

"鄙夫",心胸狭窄之人。这一章的大意是,孔子说:"可以同一个心胸狭窄的人共同侍奉国君吗?他未得到官位时,总是害怕自己得不到;得到官位以后,又唯恐失去。如果总是担心失去官位,就没有什么事是做不出来的。"

孔子在鲁国做过五年的大司寇,当过三个月的代理宰相。这段话,应当是孔子有过亲身经历并深受其害才发出的感叹,在当时的朝堂之上就有所谓的"鄙夫"。

怕丢官的人,往往不敢担责,这种人在工作中比比皆是,不求有功,但求无过。为了不丢掉官,也为了能当上更大的官,弑父弑君,无所不用其极。这就是患得患失。回到前文"子张问仁"那一章,孔子认为为政者、当官者应该采取什么态度？或者说应当秉持什么原则？恭、宽、信、敏、惠。

许昌靳裁之有言曰："士之品大概有三：志于道德者，功名不足以累其心；志于功名者，富贵不足以累其心；志于富贵而已者，则亦无所不至矣。"后世有人认为，"志于富贵而已者"，即孔子所谓的"鄙夫"。那些以道德人格作为人生目标的人，认为自己所做的事情是成就天地之大德，对于功业与美名是不放在心上的；那些以功业与美名作为人生目标的人，致力于做一番事业，任何困难、险阻都不能使其退缩，至于荣华富贵他们是不考虑的；而那些以荣华富贵作为人生目标的人，为了自己的利益，什么事都干得出来。一辈子为了功名利禄，跳不出功名利禄的枷锁，就会无所不为。孔子和儒家批判的就是这种无原则、无是非、无标准、无底线，一味以富贵是求的鄙夫、乡愿。

17·16 子曰："古者民有三疾，今也或是之亡也。古之狂也肆，今之狂也荡；古之矜也廉，今之矜也忿戾；古之愚也直，今之愚也诈而已矣。"

"狂"，志愿高。"肆"，指不拘小节。"矜"，矜持自守。"廉"，棱角分明。"忿戾"，愤怒凶暴。

这一章翻译成白话是，孔子说："古代的人有三种毛病，现在的人可能连古人的这些毛病都没了。古代狂妄自大的人不过是肆意直言，不拘小节，现在狂妄自大的人却放荡越礼，毫无底线；古代矜持自守的人不过是棱角分明，不可冒犯，现在矜持自守的人却愤怒凶暴,蛮横无理;古代愚昧不明事理的人不过是简单直率,现在愚昧不明事理的人却一意虚伪欺诈。"

这一章孔子比较了古人和今人身上共存的三种毛病,尽管是共有,但古人之"病"还有可取的一面,而今人之"病"则是彻底的病。孔子感伤春秋末期社会风气的败坏,认为世风日下,人心不古,离淳厚的风俗越来越远了。这种风气能不能改变?当然能改变。孔子讲学一生就是要改变这种风气,他的学生继续他的讲学事业,目的也是想改变这一风气。儒家力图通过一代又一代,一批又一批学者、名贤的努力,再现风俗淳朴的社会,再造良好的社会环境。

17·17 子曰:"巧言令色,鲜矣仁。"

这一章在《学而》篇出现过。"巧",好。"令",善。"巧言令色",即满口说着讨人喜欢的话,满脸装出讨人喜欢的神色。

这一章翻译成白话是,孔子说:"花言巧语,伪装出一副和善的面孔,这种人的仁德是很少的。"

花言巧语,别人愿听什么,他就说什么,装出一副和善的面孔,这种人表里不一,喜欢做表面文章,说到底就是伪善。孔子讨厌这种人,今天的人也应讨厌这种人。

17·18 子曰:"恶紫之夺朱也,恶郑声之乱雅乐也,恶利口之覆邦家者。"

这一章翻译为白话是,孔子说:"憎恶紫色夺去红色的光彩和地位,憎恶郑国的乐曲扰乱了典雅正统的乐曲,憎恶用巧言善辩颠覆国家的人。"

孔子说这些话时肯定有具体的场景,也有具体所指,但今天我们已经无法还原当时的具体情境了。根据孔子的一贯思想,郑国的乐曲是不符合礼的规定的,却大行其道;巧言令色的人是会危害国家的,但是许多人尤其是当政者喜欢任用他们。孔子对这些表示厌恶。

17·19 子曰:"予欲无言。"子贡曰:"子如不言,则小子何述焉?"子曰:"天何言哉?四时行焉,百物生焉。天何言哉?"

这一章译为白话就是,孔子说:"我想不说话了。"子贡说:"您如果不说话,那我们这些学生传述什么呢?"孔子说:"天说什么话了吗?四季照样运行,万物照样生长。天说什么话了吗?"

这一章在《论语》中的地位非常重要,因为它是孔子直接把自己和天相提并论的明证。从思想逻辑与人生境界上看,这应该是孔子七十岁或至少是年过五十进入知天命之年后所发出的感叹。孔子自述生命历程时说:"吾十有五而志于学,三十而立,四十而不惑,五十而知天命,六十而耳顺,七十而从心所欲,不逾矩。"五十只是知天命,未必能体会天道,与天合一;七十而从心所欲,不逾矩的时候,完全与天道合一,孔子的视听言动都是天道流行。他这个时候说

"予欲无言",应是合理的。

此处应该注意:孔子不是不想说话了,而是不想正式讲课了。当时的人及后世学者,往往从圣人所说的话中去发现圣人,而忘记圣人本身,忘记圣人的身体力行。孔子正是借这番话来告诫弟子,不要只关注自己说什么,其实自己的生活本身就是天理流行。这时候的子贡还不能完全理解孔子,说先生不讲课了,那学生传述什么呢?子贡正是借助圣人的言说发现圣人,所以才对圣人之言有疑问。如果是颜子在场,就不会如此发问,当然也不会留下这篇文字了。

的确,四时运行,百物生长,无不是天理显现的实情,不需要天言天说就可以看得到。而孔子之一动一静,无不是妙道精义的发用,怎能单靠言语而显现道呢?这正显示了孔子开导、启示子贡的恳切之情,可惜子贡终究也没有明白这个道理。正如后世学者所言:孔子之道,像日月星辰那样显明,还担心学生不能全懂,所以孔子讲"我想不说话了"。像颜子则当下心里明白,而其他学生不免怀疑,所以才说出"学生传述什么"。又说天说什么啦,不过四时运行不已,百物生生不息而已,说到这里,圣人之意可以说已经非常明白了。

吴道子的《孔子行教像》用了十六个字来评价孔子:"德侔天地,道贯古今,删述六经,垂宪万世。"赞美孔子的德行与天地一般伟大。什么是天德?天德就是自强不息;什么是地德?地德就是厚德载物。所以,实现了自强不息,实现了厚德载物,就是"与天地合其德,与日月合其明,与四时合其序,与鬼神合其吉凶",而这就是孔子的境界。我们讲到孔子的天人合一境界,也就讲到了孔子思想的极致处、高明处。天道流行就是圣道流行,天地的呈现就是圣人之道的呈现。

这一章实际上在孔子的整个思想中起到了非常重要的作用。孔子的思想用当代大儒牟先生的话说,叫作"道德的形上学"。孔子说"予欲无言",他为什么无言?他为什么要跟子贡说"予欲无言"?如果他是跟颜子说"予欲无言",颜子肯定不会问:"子如不言,则小子何述焉?"但是子贡一定会问老师,您不说话,那么我们去传述什么?孔子说:"天何言哉?四时行焉,百物生焉。"天说什么了?天什么也没说,天道自然流行。道在哪里?道无处不在,哪里都有,道就在我们的日常生活当中,就在我们的日常行为规范当中。所以孔子说我们正是通过四时的交替、百物的生长这样一个过程来体察天道。与之相对,我们也可以从孔子的行为、孔子的日常生活当中来体认圣人之道。

朱熹曾经说:"四时行,百物生,莫非天理发见流行之实,不待言而可见。"春夏秋冬的一次次交替,万物的生生不息,都是天道流行的真实呈现。"圣人一动一静,莫非妙道精义之发",圣人的一举一动都是圣人圣道的展现,体现的正是天道流行。从孔子达到与天合一的境界,从其心所欲不逾矩时起,孔子身上呈现的就是天道流行。"岂待言而显哉?"这还要靠言说吗?我们向圣人学习,学习的是什么?难道仅仅学习圣人的言语吗?我们要学习圣人的行为,学习圣人的一举一动,学习圣人的一言一行,学习圣人的生活方式,这才是真正的学习圣道。

朱熹认为孔子"予欲无言"章可以与《论语·述而》的"无隐"章相发。孔子在《论语·述而》中有这么一段话,也是讲给学生的:"二三子以我为隐乎?吾无隐乎尔。吾无行而不与二三子者,是丘也。"孔子说,学生们,你们以为我有什么隐瞒吗?以为我有好多道理没有传授给你们吗?甚至我有什么绝学或独门绝技没有展现给你们吗?他的学生还真有这样怀疑的。学生陈亢就曾问伯鱼:你听到过老师在课堂上没有讲的内容吗?伯鱼告诉他,没有。原来老师在课堂上讲的道理,和他教育儿子的道理是一样的。所以孔子说,你们都以为我有什么隐瞒,其实我对学生完全是君子坦荡荡,没有一点隐瞒,全部教给学生。"吾无行而不与二三子者",我的所有的日常行为,所有的活动,你们都非常清楚,这就是我孔丘。

孔子告诉他的学生,你们要从我的日常生活当中来发现我的学问,不要仅从我留下的言语、文章当中来发现,圣人的行为本身就是一门学问。到了宋明理学那里,有个说法叫"立千年人极",极就是极致,做人要做到极致,给万世留下一个人格的典范,一个榜样,一个楷模,这就是圣人。中国人认为做人是根本,无论是后来的程朱理学还是陆王心学,都把做人看成至高无上的追求,一直到当代新儒家。

孔子的"予欲无言",用我们今天的话说就是一个境界的形上学,孔子追求的是一个人格的境界。前面我们已经提到,孔子对自己的生命历程有一个总结,他只活到七十三岁,所以就说到"七十而从心所欲,不逾矩"。但八十如何?九十如何?一百又如何?孔子以后的两千多年里,没有一个人能够总结出来。我们经常讲如何超越孔子,我想这不是我们能不能超过孔子的问题,是我们能不能延续孔子、接续孔子的问题。

17·20 孺悲欲见孔子,孔子辞以疾。将命者出户,取瑟而歌,使之闻之。

这一章翻译为白话是,孺悲想见孔子,孔子推说有病不能见。传话的人刚出门,孔子就取瑟弹唱了起来,有意让他听见。

这一段话生动描绘了孔子的一个教学场景。孺悲是鲁国人,跟鲁国国君关系不错,《礼记·杂记》记载,鲁哀公曾经派他到孔子那里学习士丧礼。这样说来,孺悲还算是孔子的学生。这个学生是由鲁国国君推荐来的,大概自视高人,不自觉地有些傲慢。孔子为什么要"辞以疾"?拒绝孺悲求见,意在减其锐气。在孔子眼里,无论你是贵族,还是平民百姓,无论你是富人,还是穷人,进入自己门下,有教无类,一视同仁。要见孔子,想向孔子学习,亲身登门,有何不可?孺悲找人传话想见孔子,孔子辞以疾,不是很合理吗?传话的人走出家门,孔子马上取瑟弹唱起来,故意让使者听见,就是为了表明自己没有病,身体很健康。其实在一命一辞之间,教学活动已经开始了。孟子有言:"教亦多术矣,予不屑之教诲也者,是亦教诲之而已矣。"(《孟子·告子下》)不屑于教诲,也是教诲的一种。如果一个人连老师都不屑于教育了,这个人应该如何?

应该自我反省,应该深以为耻。我为什么让老师不屑教育?我应该怎么办才能让老师同意教诲? 当有了这种觉悟的时候,教育自然在其中了,教诲的作用也就实现了。这就叫不教而教,也是教育人的一种方法。

孔子是中国历史上最伟大的教育家,进而言之,孔子是人类历史上最伟大的教育家。历史上著名的儒家人物几乎没有不是教育家的,比如王阳明在赣南领兵打仗"破山中贼"的时候,依然讲学不断,学生从之者众。2021年,全国两会期间,有五十三个政协委员联名提出,以孔子诞辰纪念日为教师节,我认为这个提案很好。在孔子以前,夏商周三代,都有教育,都有学校,但那个时候都是退休的官员到学校里去任教,所谓"学在官府",没有固定的师生关系。教师作为一辈子从事的职业,以传授知识作为谋生的手段,是从孔子开始的,师生一伦是由孔子与其学生共同创建的。

17·21 宰我问:"三年之丧,期已久矣。君子三年不为礼,礼必坏;三年不为乐,乐必崩。旧谷既没,新谷既升,钻燧改火,期可已矣。"子曰:"食夫稻,衣夫锦,于女安乎?"曰:"安。""女安,则为之! 夫君子之居丧,食旨不甘,闻乐不乐,居处不安,故不为也。今女安,则为之!"宰我出。子曰:"予之不仁也! 子生三年,然后免于父母之怀。夫三年之丧,天下之通丧也。予也有三年之爱于其父母乎?"

这一章译为白话是,宰我问:"父母死了,服丧三年,期限太久了吧。君子三年不习礼,礼一定会败坏;三年不演奏音乐,音乐一定会荒废。旧谷已经吃完,新谷已经登场,钻木取火用的木材已经用过一个轮回,服丧一年就可以了。"孔子说:"(丧期不到三年就)吃稻米,穿锦缎,你心安吗?"宰我说:"心安。"孔子说:"你心安,就那样做吧!君子服丧,吃美味不觉得香甜,听音乐不感到快乐,住在房室不觉得舒适安宁,所以不那样做。如今你觉得心安,就那样做吧!"宰我出去了。孔子说:"宰我不仁啊!孩子出生之后,三年才能脱离父母的怀抱。三年丧期,是天下通行的制度。宰我难道没有从他父母那里得到过三年怀抱之爱吗?"

宰我,名予,字子我。他曾白天上课睡觉受到孔子的训斥,孔子的训斥让他警醒,从此学习非常努力,成为孔门言语科的高足,后来在齐国做官。宰我在孔门中是位很有主见的学生,此章他就三年之丧与孔子发生争论。宰我说:"三年之丧,期已久矣。"服丧要三年,时间太长了吧,一年就够了,理由是"君子三年不为礼,礼必坏;三年不为乐,乐必崩"。宰我是位现实主义者,他从客观功用的角度出发,担心三年不去演习礼乐,就会礼坏乐崩。他主张缩短丧期,一年为准,理由是"旧谷既没,新谷既升",旧的粮食已经吃完了,新的粮食已经上市了;"钻燧改火,期可已矣",钻燧改火的木头一年也正好用过了一个轮回。古人不像今人那样取火很容易,在孔子那个时代,要钻木取火,而且在不同的季节,用的木材不同。有的记载说春天取火用榆木和柳木,夏天取火用枣木、杏木和桑木,秋天取火用柞木和楢木,冬天取火用槐木和檀木。每年取火用木都是在这几种木材中周而复始。在宰我看来，守丧一年就可以了，为什么要三年呢？宰我说的"期可已矣"，不是没有道理的。

孔子面对宰我对三年之丧的质疑，反问宰我："食夫稻，衣夫锦，于女安乎？"宰我说："我心安。"孔子说："女安，则为之！"如果你确实觉得心安，你就那样做吧。"夫君子之居丧，食旨不甘，闻乐不乐，居处不安，故不为也"，君子在居丧期间，吃再好的美味都觉得不香，听再美妙的音乐都高兴不起来，居住在舒服的环境里会觉得心神不安，所以守三年之丧。

安与不安，是孔子裁量守与不守的标准。当宰我回答"安"时，孔子说："予之不仁也！"予指的是宰我。为什么说宰我不仁呢？"子生三年，然后免于父母之怀"，一个孩子诞生下来，三年才能够脱离父母的怀抱，而且"夫三年之丧，天下之通丧也"，这一丧期制度的形成客观上是为了回报父母三年的怀抱之恩。

宰我主张短丧，认为一年就可以，是出于社会功利的考虑，"三年不为礼，礼必坏；三年不为乐，乐必崩"。他还找了一条根据，大自然和天体的运行都是春夏秋冬为一次轮回。孔子主张守天下之通丧，他的根据只有一条，心安还是不安。孔子认为每一个人都从父母那里得到三年的怀抱之爱，礼的意义在于报本反始，父母给我三年的关爱，我当然要用三年守丧来回报父母。

宰我要求短丧，只是对三年之丧的否定，发展到墨子，则彻底否定儒家丧制，明确提出短丧薄葬。在墨家看来，守丧三年既妨害社会的生产,也妨害人口的增长,因而父母死后,只要哭着送往墓地,埋葬之后哭着返回即可,然后马上投入生产活动中。这就彻底陷入了实用主义和功利主义,三年之丧在墨家这里已没有存在的空间了。如果说宰我主张的"期可已矣",出发点还是防止礼乐崩坏的话,那么墨家就是要消除礼乐了。这是孔子所担忧的。

17·22 子曰:"饱食终日,无所用心,难矣哉!不有博弈者乎?为之犹贤乎已。"

这一章的大意是讲,孔子说:"整天吃饱了饭,什么事也不花心思,这样不行呀!不是有掷骰子、下围棋之类的游戏吗?干这些也比什么都不干好。"

"博弈","博"是古人经常玩的一种棋戏,"弈"是围棋。孔子在此处不是推崇博弈,而是主张终生进德修业,努力学习。博弈固然说不上高尚,但有的人天天吃饱了饭,无所事事,两害相权取其轻,还是玩玩博弈好一些。

有些人退休后,天天在家无所事事,不是看电视,就是吃饭睡觉,这就成了孔子说的"饱食终日,无所用心"。睡来睡去,既不锻炼,也不与人交流,久而久之,各种毛病就出来了。其实退休了,闲下来后,可以做自己想做、能做的事了,是多么大的幸福!身体好,可以去做志愿者,也可以返聘回单位,什么也不愿意干,孔子说"不有博弈者乎?"不是有掷骰子、下围棋之类的游戏吗?孔子并非教人博弈,"所以甚言无所用心之不可尔"。整天吃饱了饭,无所事事,这是不可以的。人只要活着,大脑就要不停地思索,这比无所用心要好得多。

17·23 子路曰:"君子尚勇乎?"子曰:"君子义以为上。君子有勇而无义为乱,小人有勇而无义为盗。"

这一章的大意是,子路说:"君子崇尚勇敢吗?"孔子说:"君子崇尚道义。君子有勇而无道义就会作乱,小人有勇而无道义就会成为盗贼。"

"尚"是崇尚,"尚勇"就是崇尚勇敢,将勇置于一切之上,看成最为重要的一种德行。子路问老师:"君子崇尚勇敢吗?"孔子明确告诉子路:"君子崇尚道义。"君子之所尚是比勇更根本、更基础的一种品德——道义。对一个人来讲勇气是什么?勇气是做事的一个支撑,而不是评判是非善恶的标准,所以"君子义以为上",把道义放到最高位置。君子崇尚勇敢而无道义,就会犯上作乱;小人崇尚勇敢而无道义,就会变成盗贼。这个地方的君子、小人,不是就德性上说的,而是就人们的社会地位而言的。君子就是居高位的人,他如果只崇尚勇敢,不管是非曲直,没有道义做支撑,就会犯上作乱。小人就是百姓,百姓如果只崇尚勇敢,没有道义做支撑,就会变成强盗。

有人说这段话是子路初见孔子时两个人的对话,我认为有道理。子路,"卞之野人",志气刚强,性格直爽。他初见孔子时头戴雄鸡式的帽子,佩戴公猪装饰的宝剑,好勇斗狠,瞧不起孔子的礼义教化。子路觉得自己很勇敢，自以为勇力可以解决一切问题，所以把勇敢放在第一位，以"君子尚勇乎"向孔子发难。孔子告诉他有比勇敢更重的存在，这就是道义。只有在正确价值观指导下的勇敢，才是有意义的勇；失去了道义做支撑的勇敢，就会给社会带来负面效应，或是犯上作乱，或是变成盗贼。所以，以道义为支撑的勇敢才是真正的勇敢，才是有意义的勇敢。荀子在《荀子·荣辱》篇对"勇"的论述，可视为对孔子思想的注脚。他认为："有狗彘之勇者，有贾盗之勇者，有小人之勇者，有士君子之勇者。争饮食，无廉耻，不知是非，不辟死伤，不畏众强，恈恈然唯利饮食之见，是狗彘之勇也。为事利，争货财，无辞让，果敢而振，猛贪而戾，恈恈然唯利之见，是贾盗之勇也。轻死而暴，是小人之勇也。义之所在，不倾于权，不顾其利，举国而与之不为改视，重死持义而不桡，是士君子之勇也。"尚勇是好品德，但要尚士君子之勇，不能尚狗彘之勇、贾盗之勇、小人之勇。

17·24 子贡曰："君子亦有恶乎？"子曰："有恶：恶称人之恶者，恶居下流而讪上者，恶勇而无礼者，恶果敢而窒者。"曰："赐也亦有恶乎？""恶徼以为知者，恶不孙以为勇者，恶讦以为直者。"

"窒"，阻塞，不通畅，这里指于理不通。"徼"，剽窃，抄袭。"讦"，攻击、揭发别人。

本章大意是，子贡问："君子也有憎恶的人或事吗？"孔子说:"有憎恶:憎恶宣扬别人过错的人,憎恶身居下位而毁谤自己上司的人,憎恶勇敢而没有礼义的人,憎恶果敢而顽固不化的人。"孔子又问:"端木赐,你也有憎恶的人和事吗?"子贡说:"我憎恶剽窃他人之说而自以为聪明的人,憎恶把不谦逊当作勇敢的人,憎恶揭发别人的隐私却自以为直率的人。"

从本章可以看出,孔子和学生之间几乎是平等对话,相互交流看法,多少含有相互学习之意。子贡问老师,君子也有憎恶的人或事吗?孔子开诚布公地回答,然后又反过来问学生对这一问题的看法,相互交心。在这段平等的对话里,师生各抒己见,谈论自己的喜好和憎恶。

人们会问,君子不是心包天地吗?君子不是坦坦荡荡、无所不容吗?君子也有常人的好恶之情吗?亦有自己所讨厌、所厌恶的东西吗?孔子明确回答:"有恶。"君子讨厌到处传扬别人不好的人。这种人见到别人的过失,发现别人的不好后,到处宣扬。君子厌恶身居下位诽谤上位的人。一个职位低的人,不断诽谤比自己职位高的人,他总是这也看不惯,那也不顺眼,两眼只盯着上司的缺点与不足,总以为彼可取而代也。君子厌恶勇敢而不懂礼节的人。勇是一种美德,但勇而无礼,更令人讨厌。因为无礼之人无勇,还不敢为所欲为,而无礼之人有勇,没有道德规范与法制理念的约束,什么事都敢干,这种人对社会的危害更大。君子厌恶固执而不通事理的人。有些人自以为是,刚愎自用,固执己见,顽固不化,不通事理,惹人生厌。

孔子问："赐也亦有恶乎？"子贡厌恶剽窃、抄袭别人的成就而自以为聪明的人。将别人的成果当作自己的功劳，拿出来炫耀，自以为聪明，这种人欺人欺己，欺天欺地。子贡厌恶把不谦逊当作勇敢的人。不逊就是傲慢，把傲慢当作勇敢，可谓无耻之尤！子贡厌恶揭发别人的隐私却自以为直率的人。有些人到处刺探别人的隐私，然后将其播扬，还自认为是一个直率的人。孔子说过："直而无礼则绞。"一味直率，没有礼的节制，说话就会尖刻伤人。孔子又说："好直不好学，其弊也绞。"刺探、宣扬别人的隐私是不德的行为，却自以为是直率，是美德，实际上这是以耻为荣。

好恶是人之常情，圣人也有好恶，孔子说："唯仁人为能爱人，能恶人。"好恶是一种人人都具有的情感，但只有道德高尚的人，他的好恶才能得其中，他才能爱人，能恶人。说到底就是仁者胸怀广大，没有私心，境界高远，不是只看眼前，是非分明。

《大学》有句话说："好人之所恶，恶人之所好，是谓拂人之性，灾必逮夫身。"所好所恶颠倒了，灾害就来了。好恶很重要，一个人的好恶，虽然是个人情感的表达，其背后却有价值观的支撑。一个人的好恶恰恰表明了他是什么样的人，展现了一个人的人格和修养，显露了他的知识水平与对问题的判断能力。我们这一辈子犯的最大的错误，就是"好人之所恶，恶人之所好"，好恶完全颠倒了，以致产生一系列人生的悲喜剧，造成人生的错位。大家都知道，人的好恶会随着年龄、知识的增长而发生变化。晚清小说《老残游记》中逸云的

一段话,很能体现人的好恶的变化:

德夫人道:"……难道你现在无论见了何等样的男子,都无一点爱心吗?"逸云道:"不然。爱心怎能没有?只是不分男女,却分轻重。譬如见了一个才子、美人、英雄、高士,却是从钦敬上生出来的爱心;见了寻常人却与我亲近的,便是从交感上生出来的爱心;见了些下等愚蠢的人,又从悲悯上生出爱心来。总之,无不爱之人,只是不管他是男是女。"德夫人……又问道:"你是几时澈悟到这步田地的呢?"……逸云道:"……我十二三岁时什么都不懂,却也没有男女相。到了十四五岁,初开知识,就知道喜欢男人了,却是喜欢的美男子。怎样叫美男子呢?像那天津捏的泥人子,或者戏子唱小旦的,觉得他实在是好。到了十六七岁,就觉得这一种人真是泥捏的绢糊的,外面好看,内里一点儿没有;必须有点斯文气,或者有点英武气,才算个人,这就是同任三爷要好的时候了。再到十七八岁,就变做专爱才子英雄,看那报馆里做论的人,下笔千言,天下事没有一件不知道的,真是才子!又看那出洋学生,或者看人两国打仗要去观战,或者自己请赴前敌,或者借个题目自己投海而死,或者一洋枪把人打死,再一洋枪把自己打死,真是英雄!后来细细察看,知道那发议论的,大都知一不知二,为私不为公,不能算个才子。那些借题目自尽的,一半是发了疯痰病,一半是受人家愚弄,更不能算个英雄。只有像曾文正,用人也用得好,用兵也用得好,料事也料得好,做文章也做得好,方能算得才子;像曾忠襄自练一军,救兄于祁门,后来所向无敌,困守雨花台,毕竟克复南京而后已,是个真英雄!再到十八九岁又变了,觉得曾氏弟兄的才子英雄,还有不足处,必须像诸葛武侯才算才子,关公、赵云才算得英雄;再后觉得管仲、乐毅方是英雄,庄周、列御寇方是才子;再推到极处,除非孔圣人、李老君、释迦牟尼才算得大才子、大英雄呢!推到这里,世间就没有我中意的人了。既没有我中意的,反过来又变做没有我不中意的人,这就是屡变的情形。"(第五回《俏逸云除欲除尽 德慧生救人救澈》)

逸云是泰山尼姑庵里的一位尼姑,她的上述话道出了自己的爱恨历程与好恶变化:十四五岁,情窦初开,喜欢美男子;到十七八岁,就专爱才子英雄;再到十八九岁,又觉得只有诸葛武侯才算是才子,关公、赵云才算是英雄;变到极致,"除非孔圣人、李老君、释迦牟尼才算得大才子、大英雄"。人的好恶随着岁月、阅历的变化而变化,只有修养到了一定程度,才能摆脱个人主观情绪的困扰,理性、客观地对待一切事与人,其所好所恶才能发而皆中节。

17·25 子曰:"唯女子与小人为难养也,近之则不孙,远之则怨。"

这是《论语》中极为流行的一章,有人说就凭这一句,孔子把世界上一半的人给得罪了。批判孔子的人说,"唯女子与小人为难养也",这是将女子与小人并列,是孔子歧视女性的铁证。这句话真的是这个意思吗?

大家看朱熹怎么来解释这一章,他说:"此小人,亦谓仆隶下人也。"这个地方的"小人",不是指小民,也不是指道德低下的人,而是指奴仆、下人,尤其指宫廷里边给国君服务的那些人。相应地,这里的"女子"应指的是国君身边的那些女子,如卫灵公身边的南子等。

孔子说的每一句话都有具体的场景,《论语》编者对这些场景也许是清楚的,但两千多年过去了,当时具体的语境我们已不可知,这就增加了理解的难度。如孔子说:"吾未见好德如好色者也。"孔子真的是从来没有见过爱好德行就像爱好美色那样的人吗?显然不是。《论语》中孔子表彰了很多君子,像蘧伯玉、颜子等,孔子对他们称颂有加,他们好德不如好色吗?显然不是。孔子还说:"鲁无君子者,斯焉取斯?"鲁国就有不少君子,有不少道德高尚的人,如果没有君子,他的学生的优点从哪学来的呢?孔子"吾未见好德如好色者也"这句话,在司马迁《史记·孔子世家》中还原了历史场景。卫灵公这个人有好贤之名,但没有好贤之实。他出去视察的时候,车队浩浩荡荡。卫灵公和夫人南子并坐在第一辆车上,却安排孔子乘坐第二辆车,孔子感到可耻,于是说:"吾未见好德如好色者也。"孔子的这句话是针对卫灵公的。

"唯女子与小人为难养也"同样如此,这句话本来指的是特殊情况下的一批人,我们今天竟然把它泛化了,好像孔子骂尽天下女子。孔子为什么说他们"难养"?"难养"就是难伺候,即"近之则不孙,远之则怨",过度地亲近这些人,他们就会放肆,没有规矩;疏远他们,他们又抱怨。

还有一种解释,"唯女子与小人为难养也",其中的"女"不是指女性,而是指"汝",这句话就被解释为只有你们这帮人和小人难以伺候。

孔子生活的时代,是以男性为中心的社会,没有男女平权的观念。几千年来,中国妇女乃至世界各地的妇女饱受压迫,直到近代,启蒙思想家大声疾呼:男女平权,女性才慢慢得到解放。当然,孔子是没有男女平权的观念的,但是这不意味着孔子歧视女性。孔子讲求孝道,整个儒家系统都讲求孝道,孝道不只包括孝敬父亲,还包括孝敬母亲。儒家还提倡乾坤并建,乾道是男性,坤道是女性,二者是不可或缺的。

17·26 子曰:"年四十而见恶焉,其终也已。"

这句话的意思是,到了四十岁仍然被人所厌恶,这个人这辈子就完了。

朱子解释,这是"勉人及时迁善改过也"。这个说法很有道理。古人认为十八九岁是弱冠之年,二十岁举行冠礼,三十岁而立,到四十岁是成德之时,一个人应该真正成熟了,社会人格也塑造完成了。这时候重塑他,改变他,无论是男人还是女人，希望都不大。当然，孔子的意思并不是说到了这个时候就什么事都不要干了，依朱子解释，孔子是在勉励时人，必须及时迁善改过，不能再拖了，人生大好的时光所剩不多，只有努力修正自己，向君子人格奋进和努力，此生才不至于"其终也已"。

微子第十八

颜炳罡 解读

《微子》是《论语》的第十八篇,这一篇分章比较少,只有十一章。朱熹《四书章句集注》云:"此篇多记圣贤之出处。"该篇记载了大量隐士、贤人的事情,记事性很强。《论语》一书有言有行,《微子》这一篇多记行,以行代言。这里面牵涉微子、箕子、比干、柳下惠、接舆、长沮、桀溺、荷蓧丈人、伯夷、叔齐、虞仲、夷逸、朱张、少连、大师挚、周八士等人。这些人物当中,既有仁人,也有高士,更不乏隐者,孔子对他们兼有称赞和评论。由这些人的出处进退,衬托出孔子周游天下时的礼节、进退之道。也可以说,在孔子周游天下的过程中,注重了原则性和灵活性的高度统一,体现了孔子"无可无不可"的行事风格。

18·1 微子去之,箕子为之奴,比干谏而死。孔子曰:"殷有三仁焉。"

这一章翻译成白话是,微子远离了商纣王的朝廷,箕子被纣王贬为奴隶,比干因劝谏而死。孔子说:"商朝末期有三位道德高尚的人。"

夏商周三代,夏代的开国之君是大禹,他治水有功,其子启继承了王位。从此以后,公天下变为家天下。夏朝末期,夏桀继位,他是个暴君,汤推翻了他的统治,建立了商朝。但商朝并没有把夏朝的人赶尽杀绝,因为禹是圣王,应该世代享受香火祭祀,所以商汤就建立小国来奉祀禹,这个小国就是杞国。商朝末年,商纣王残暴无道,周武王伐纣灭商,建立周朝。因为商朝开国之君商汤是圣王,应该世代享受奉祀,所以周朝就建立宋国来奉祀他,宋国的开国之君就是微子。微子,名启,商纣王之兄。他见纣王无道,谏而不听,就离开了朝廷。微子与孔子还有血缘关系,微子有个弟弟叫微仲,微子死后,微仲为宋国之君,他是孔子的远祖。

箕子是殷周之际的一位政治家,他是商纣王的叔叔,因封于箕,所以称为箕子。箕子也在朝中做官,他见商纣王暴虐无道,苦心劝谏,商纣王也不听,于是"被发而佯狂",即装疯卖傻。商纣王就把箕子囚禁起来,贬为奴隶。等武王伐纣之后,释放囚徒,箕子就被释放了。周武王还专门拜访箕子,向他讨教治国平天下的大政方针。

比干,我们一般称其为王子比干,在诸葛亮之前,他是智慧的化身。《红楼梦》第三回描述林黛玉"心较比干多一窍,病如西子胜三分",前一句是说她聪明,后一句是描述她的体态。比干是商朝大臣,商纣王的叔叔,也有人说他是商纣王的兄弟。他见纣王无道,不忍心商朝就此败坏在纣王的手里,于是竭力挽回,拼死劝谏,最后被纣王所杀,剖腹挖心。

大概孔子到了宋国,想起这三个人,思慕其高义,感叹其命运,于是发出由衷赞叹:商朝末期有三位仁人。仁人就是道德高尚的人。

这三个人同样面对商纣王,同样面对商王朝大厦将倾的局面,做出了三种不同的选择,一个是离开,一个是被囚,一个是被杀。在孔子看来,选择不同,命运不同,其心是一,这个心就是仁心。三个人都实现了"求仁得仁",所以他们都是仁人。

18·2 柳下惠为士师,三黜。人曰:"子未可以去乎?"曰:"直道而事人,焉往而不三黜?枉道而事人,何必去父母之邦?"

这一章的大意是,柳下惠担任掌管刑狱的官,多次被罢免。有人问:"您不可以离开鲁国吗?"他说:"用正直的原则侍奉上司,去哪里而不被多次罢免呢?用不正直的原则侍奉上司,何必要离开自己的故国家园呢?"

柳下惠并不姓柳下,也不姓柳,他姓展,名获,字子禽(一字季禽)。古人死后,往往用一个字来评价其一生,这叫谥号。"惠",就是他的谥号。谁给他起的这个谥号?据说是他的妻子起的。那么为什么称他柳下惠?一说他住在柳下,一说他的封地在柳下,故后人称他为柳下惠。柳下惠最著名的故事就是坐怀不乱,众所周知,广为流传。

"士师"是典狱官,就是管理刑狱的官。这不是很大的官,柳下惠竟多次被罢免。别人劝他:"你连遭羞辱,为什么还不离开鲁国呢?"他回答:"按公平正直的原则侍奉国君,到哪里不会被多次罢官呢?不按公平正直的原则侍奉国君,为什么一定要离开自己的祖国呢?"用俗语说就是,天下乌鸦一般黑,天下国君皆一般。所以孔子周游列国"干七十余君",终不见用。后来有人说司马迁说得不对,孔子没有到过那么多国家。我认为,孔子"干七十余君"是有可能的。为什么?因为有好多小国是不出名的,可能消失在历史长河中,没有留下它的名字。

这一章其实和孔子关系不大,全文在说柳下惠,为什么会被编入《论语》?有人说:"此必有孔子断之之言而亡之矣。"就是说这章本来有孔子对柳下惠的评价,可惜在流传过程中散失了。这只是猜想,当然有一定道理。不过,也不尽然。因为《论语》中也有其他篇章没有孔子评语,不只是此一处。朱熹认为,柳下惠多次遭到羞辱也不离开鲁国,可见他这个人非常雍容大度,非常随和。柳下惠为什么不生气?第一,柳下惠眼光独到,他看问题非常通达,滔滔者天下皆是,自己走到哪里也摆脱不了这种结局,因而没有必要逃避。第二,柳下惠有自己的人格操守,有自己的坚持,有自己做人的底线。用今天的话说,就是有自己的节操,绝不为了利益牺牲自己的原则,牺牲自己的品格,牺牲自己做人的底线。所以朱熹说他"有确乎其不可拔者",他有怎么也动摇不了的做人原则和底线。

这两点不是历代儒者乃至我们今天应该具备的品格吗？编入《论语》不是合乎常理的吗？

18·3 齐景公待孔子曰：“若季氏，则吾不能，以季、孟之间待之。”曰：“吾老矣，不能用也。”孔子行。

这一章翻译成白话是，齐景公谈到孔子待遇时说："像鲁国国君对待季氏那样对待他，我做不到，以低于季氏而高于孟氏的规格来对待他。"又说："我已经老了，不能用他了。"孔子离开了齐国。

孔子三十五岁那年，季平子和郈（hòu）昭伯因为斗鸡的缘故引发了内乱，鲁昭公率领军队攻打季平子，季平子和孟孙氏、叔孙氏三家联合攻打鲁昭公。鲁昭公战败，逃奔到齐国。此后不久，鲁国大乱。孔子离开鲁国，来到齐国。

当时的齐国国君是齐景公，晏婴为相。齐景公是一位政治家，很愿意有所作为，又有贤相晏婴辅佐，所以此时的齐国处在历史上较好的时代。已过而立的孔子很想在政治上有所作为。齐景公知道孔子的才华与名望，向孔子请教如何来治理国家。孔子回答："君君，臣臣，父父，子子。"齐景公对孔子的治国主张大为赞叹。《史记·孔子世家》对此记载颇详：

　　景公问政孔子，孔子曰："君君，臣臣，父父，子子。"景公曰："善哉！信如君不君，臣不臣，父不父，子不子，虽有粟，吾岂得而食诸！"他日又复问政于孔子，孔子曰：

"政在节财。"景公说,将欲以尼溪田封孔子。晏婴进曰:"夫儒者滑稽而不可轨法;倨傲自顺,不可以为下;崇丧遂哀,破产厚葬,不可以为俗;游说乞贷,不可以为国。自大贤之息,周室既衰,礼乐缺有间。今孔子盛容饰,繁登降之礼,趋详之节,累世不能殚其学,当年不能究其礼。君欲用之以移齐俗,非所以先细民也。"后景公敬见孔子,不问其礼。异日,景公止孔子曰:"奉子以季氏,吾不能。"以季孟之间待之。齐大夫欲害孔子,孔子闻之。景公曰:"吾老矣,弗能用也。"孔子遂行,反乎鲁。

晏婴在齐国的政治地位很高,齐景公非常信任他,他出面反对封赐孔子,孔子在齐国的政治前途也就渺茫了。晏婴的思想和孔子的思想非常接近,他也主张以礼治国,"君君,臣臣,父父,子子"这套理论,晏婴并不否定,他反对的是孔子及其学生进入齐国朝廷。齐景公在晏婴的影响下,借口说自己年老体衰,不能起用孔子。于是孔子就离开了齐国。

《孟子》一书记载,孔子离开齐国的时候,是"接淅而行"的。"接淅"是什么意思?古人淘米时要把米放在笼布上过滤掉水分,再放在笼屉上蒸。"接淅"就是水还没滤干,孔子就带着米离开了齐国。为什么孔子会"接淅而行"?有人说是因为当时有人要加害孔子的性命,所以他走得很匆忙,这是一种解释。按照孟子的本意,孔子离开鲁国的时候,"迟迟吾行",这是"去父母国之道也",即离开自己的父母之邦是非常不舍的,迟迟不前行。而齐国不是父母之邦,孔子在这个地方一分钟也不愿停留,所以赶快离开。这是孔子年轻时候到齐国的一次政治试探性的访问。

本章记载了孔子在齐、去齐的行为,接下来一章讲孔子怎么离开鲁国的。

18·4 齐人归女乐,季桓子受之。三日不朝,孔子行。

这一章的大意是,齐国赠送给鲁国歌姬舞女,季桓子作为鲁国的执政大夫,竟然接受了。季桓子(惑于女乐,)多日不上朝听政,孔子就离开了鲁国。

《论语》对这件事的记述十分简单,《史记·孔子世家》记述较为详细:鲁定公十四年(前496),孔子由大司寇代理宰相职务。齐国人认为孔子掌握了国政,鲁国必将成为霸主,而齐国与鲁国距离最近,鲁国必将对齐国构成威胁。于是齐国挑选了八十位容貌漂亮的女子,都穿着华丽的衣服,教以舞蹈;宝马一百二十匹,披以文彩,送给鲁国。季桓子穿着便装偷偷前往观看再三,准备接受,就以外出巡视各处为名欺骗鲁君,乘机整天前往观看齐国的美女和宝马,连国家的政事也懒得去管理了。季桓子接受齐国的女乐,多日不上朝听政;郊祭时,又不将祭肉分赐给大夫,于是孔子离开鲁国。

说到底,齐国的女乐、宝马都是表面现象,孔子离开鲁国的深层原因是其执政理念与季桓子存在结构性矛盾。孔子的执政理念是强公室、弱三桓,而季桓子作为三家大夫的代表不可能同意此事,这才是孔子离开鲁国的根本原因。孔子这一生只有五年的为政时间,五年中由中都宰升为司空,又升为大司寇,短暂摄相事。孔子在鲁国的仕途如何,不取决于鲁国国君,而取决于季桓子。季桓子作为季孙氏的宗主,实际控制着鲁国的政权。公元前505年,季平子病逝,其家臣阳虎趁机囚禁季桓子,代替季氏在鲁国执政三年。阳虎之乱平定后,季桓子重新执政,因孔子不跟阳虎合作,坚守了他的原则,于是季桓子执政期间就重用孔子,一度与孔子配合比较默契。但是后来孔子为什么非走不可?难道仅仅是因为季桓子三日不朝吗?难道仅仅是因为那块祭祀的肉吗?不是,它有更深层的原因。因在"堕三都"问题上,孔子触及三家大夫的利益,与季桓子产生矛盾,季氏将孔子逼走,于是孔子开始周游列国。

18·5 楚狂接舆歌而过孔子曰:"凤兮,凤兮!何德之衰?往者不可谏,来者犹可追。已而,已而!今之从政者殆而!"孔子下,欲与之言。趋而辟之,不得与之言。

这一章的大意是,楚国的狂人接舆唱着歌从孔子的车子前头走过,歌词说:"凤啊,凤啊!你为什么这么不幸呢?过去的已经无可挽回了,未来的还是可以赶得上的。罢了吧,罢了吧!现在的从政者危险了。"孔子下车,想与他说话。狂人赶快避开,孔子无法和他说话。

李白有诗"我本楚狂人,凤歌笑孔丘",说的就是这回事。楚狂就是楚国的狂人。这个狂人是真狂,还是佯狂?在孔子眼里,他可能是举世皆醉的独醒者,是位隐逸的高人。楚狂不是看不起孔子,在孔子最为落魄的时候,他以凤比喻孔子,足见其独具慧眼。

凤凰、麒麟,在中国古代是祥瑞的象征。这种象征什么时候才出现?有圣人在世的时候才出现,如有文王而凤鸣岐山。楚狂以凤比喻孔子,生在乱世,孔子是何其不幸,但作为人中龙凤,孔子又是何其荣耀!

"往者不可谏,来者犹可追",过去的一切已经无可挽回了,但未来还可以赶得上。楚狂让孔子追什么?追上他,去做一位隐者吗?显然不是。楚狂连声感叹:"已而,已而!今之从政者殆而!"罢了吧,罢了吧!现在的从政者危险了。楚狂不狂,而是佯狂,是一位清醒的政治观察者,对当下政治分析非常到位。他有自己的政治选择,在他看来,天下的国君没有一个是可以侍奉的,而过去孔子一直在努力寻找贤明的国君来实现自己的政治理想,这在楚狂看来是昔日之事,是不可谏的往事;罢了吧,罢了吧,不要做这种无谓的努力了,现在的从政者都非常危险,还是想想未来怎么办吧。孔子从其歌声里发现这是位值得一起讨论问题的人,于是下车与之交流,结果楚狂有意避开了。

"孔子下"三字,一向有不同的解释,一是说孔子下车,一是说孔子下堂。我们认为,下车的可能性比较大,而下堂有点牵强。子"欲与之言",想要跟他说话,楚狂"趋而辟之",赶快避开了,结果孔子没有跟他说上话,是为历史的遗憾。如果孔子与楚狂有一段对话,一定会很精彩。

18·6 长沮、桀溺耦而耕，孔子过之，使子路问津焉。长沮曰："夫执舆者为谁？"子路曰："为孔丘。"曰："是鲁孔丘与？"曰："是也。"曰："是知津矣。"问于桀溺。桀溺曰："子为谁？"曰："为仲由。"曰："是鲁孔丘之徒与？"对曰："然。"曰："滔滔者天下皆是也，而谁以易之？且而与其从辟人之士也，岂若从辟世之士哉？"耰而不辍。子路行以告。夫子怃然曰："鸟兽不可与同群，吾非斯人之徒与而谁与？天下有道，丘不与易也。"

本章是讲孔子周游列国途中与隐者的交往。大意是，长沮、桀溺两个人一起耕种土地，孔子从他们耕种的土地旁边走过，派子路向他们打听渡口的位置。长沮就问："拿着马缰绳的人是谁？"子路回答："是孔丘。"长沮又问："是鲁国那个孔丘吗？"子路回答："是。"长沮说："他已经知道渡口在哪了。"子路问桀溺。桀溺说："你是谁？"子路说："我是仲由。"桀溺说："你是鲁国孔丘的弟子吗？"子路说："是的。"桀溺说："丑恶世道如洪水滔滔，到处都是，你们同谁去改变它呢？而且你与其跟着躲避坏人的人，还不如跟着我们这些躲避恶质社会的人呢。"说完，依然不停地做田里的农活。子路回来后把情况告诉了孔子。孔子很失望地说："人是不能与飞禽走兽合群共处的，如果不同世上的人打交道，还能与谁打交道呢？如果天下太平，我就不会与你们一起来改变它了。"

许多隐者都不是真正的隐者，都没有忘情于政治，而是因对政治失望而不得已选择避世，看起来超然世外，实际上对政治洞若观火,往往成为现实政治的冷静、理性的观察者、分析者与评判者。孔子与他们不同,他没有也绝不会选择避世,他选择避人,他有权利选择与谁合作,不与谁合作,他会避开昏暗、残暴的国君,避开犯上作乱、不守礼法的执政大臣。孔子"干七十余君",目的在于避开昏君,找到贤明之君,这在隐者看来,是孔子对现实政治存有幻想,没有将社会看透。

问题是隐者为什么说孔子是知津者?既然知津,为什么还要问?一般的解释是说孔子周游天下,各处都去过,他应该知道渡口在哪儿,问是多此一举。津是由此达彼的桥梁,通过这个地方可以渡到那个地方。在这里,津已经不是实质上的渡口了,而是指挽救世界的方法,挽救礼崩乐坏的方法,能够把世界由不好变得更好的方法。这样的话,也许能够解释为什么说孔子是知津者了。这是一个隐喻、借喻,借知津来说明孔子知道拯救世界的方法,由不理想到达理想的方法。这样的话,当然是对孔子的一个比较高的评价。

"鸟兽不可与同群,吾非斯人之徒与而谁与?天下有道,丘不与易也",这是孔子对长沮、桀溺的回应,也是对一切隐者的回应。人的力气没有牛大,跑得没有马快,牙齿没有老虎锋利,而人高于庶物,贵于庶物者,何也?人何以是万物之灵?依荀子的话说,"人能群,彼不能群"。合群与不合群,是自然、本能的生存,还是社会性生存,这就将人与动物区别开了。孔子说我们人类已经脱离动物界了,不可能再回到禽兽生活的方式,再回到丛林法则当中,再回到没有政府、没有组织的无序社会状态当中。人类文明已经发展到这一程度了,人只能过人的生活,不能过鸟兽的生活。为人类前途与命运计,人类社会只能向更文明、更发达、更安适的方向发展。回到原始状态中去,与鸟兽同群,如挟泰山以超北海,非不为也,是不能也。

"鸟兽不可与同群,吾非斯人之徒与而谁与?"既然鸟兽不可与同群,那我们与谁同群,与谁一起干事创业呢?每一个个体都是具体的存在,不是抽象的存在,我们生活在现实社会中,注定只能与现实的人打交道,只能生活在当下的社会中。有人说我早生五十年或晚生五十年该有多好,可能吗?不可能。我们只能生活在具体的历史时空中,古人将人的这种限定性叫"命"。我们就生活在这一时空,只能和现在的人打交道,在这一特殊的时空环境中成就自己,实现人的理想价值。

"天下有道,丘不与易也",这句话真正透露了孔子的使命感、担当感。正是因为天下无道,才需要我们;天下有道,孔子及其弟子还会出来改变它吗?在一个有道的世界里面,每个人都享受自己的生活,各尽其能,人人君子,家家和美。天下无道,所以才需我辈,因为我们的社会文明程度还不够高,我们的社会发展程度还不够高。用今天的话说,伟大的中国梦还没有实现,我们的民族还没有实现伟大复兴,所以才需要我们去努力、去奋斗、去想办法早日促成民族复兴。天下无道,正需我辈,沧海横流,方显英雄本色,正是在被需要中,成就自己的人生理想,实现自己生命的价值。

这一章和上一章,最能突显孔子和隐者的区别。孔子与隐者的区别,在于遇见了社会问题,是迎难而上、积极有为、敢于担当,还是退缩、畏难、逃避。迎难而上、积极担当,这是儒家的态度;隐退、明哲保身、自我保护,这是隐者的态度,这一态度为后世道家所传承。

18·7 子路从而后,遇丈人,以杖荷蓧。子路问曰:"子见夫子乎?"丈人曰:"四体不勤,五谷不分,孰为夫子?"植其杖而芸。子路拱而立。止子路宿,杀鸡为黍而食之,见其二子焉。明日,子路行以告。子曰:"隐者也。"使子路反见之。至则行矣。子路曰:"不仕无义。长幼之节,不可废也;君臣之义,如之何其废之?欲洁其身,而乱大伦。君子之仕也,行其义也。道之不行,已知之矣。"

这一章的大意是,子路跟随孔子,却落到了后面,碰到一个老人,用拐杖挑着除草工具。子路问:"您看见我的老师了吗?"老人说:"我手脚不停地劳作,五谷还来不及播种,哪里顾得上你的老师是谁?"说完,便挂着拐杖除草。子路拱着手恭敬地站着。他便留子路到他家住宿,杀鸡、做黄米饭给子路吃,又叫他两个儿子出来相见。第二天,子路赶上孔子,汇报了这件事。孔子说:"这是位隐士。"叫子路返回去见他。子路到了那里,他却走了。子路说:"不做官是不合乎道义的。长幼间的关系,是不可能废弃的;君臣间的关系,怎么能废弃呢?不想玷污自身的清誉,却无视了君臣间的大伦理,这怎么可以呢?君子出来做官,是为了推行道义。主张不能实行,我早就知道了。"

本章不是孔子面对隐者所做出的回应,而是通过子路之口来表明孔子及其弟子对当时隐者的一种态度,或者表达他们不同于隐者的生活态度和政治主张,表明孔子及其弟子积极入世的缘由。

子路跟随孔子周游列国的途中,落在了后面,和孔子的队伍走散了。子路向一位丈人询问孔子的去向,"丈人"就是年龄高的人,这位老者用一根拐杖挑着一个除草的工具。子路问:"您见过我老师了吗?"这个老者竟然回答:"四体不勤,五谷不分,孰为夫子?"在批孔年代里,这句话是批判孔子的有力证据,理由是当时人认为孔子"四体不勤,五谷不分",四肢不劳动,五谷分不清,就是不从事生产劳动的剥削阶级的代表。"四体不勤,五谷不分"还有另一种解释,即老者说的是自己,不是孔子,四肢不停地劳作,五谷还来不及播种,哪有空闲去到处观察你的老师?我们认为,以前一种理解去解释"四体不勤,五谷不分"并以此论断孔子,是对孔子的误解。孔子自幼就是勤奋之人,他小的时候,生活相当穷困,三岁的时候父亲就去世了,由年轻的母亲抚养长大,如果四体不勤,五谷不分,没有生活自理能力,他就无法生存。孔子说自己:"吾少也贱,故多能鄙事。"(《论语·子罕》)"鄙事"就是各种粗活。这些活,贵族子弟是不愿做的,体面的人也不会做,孔子却样样都可以做。孔子的父亲去世前,给他留下仆人了吗?在曲阜给他买好宅院了吗?留下钱安顿孔子及其母亲了吗?统统没有。所以,孔子早年的生活是非常艰辛的。后来孔子还做了乘田、委吏之类的官,实际上就是管理牛羊、仓库的小官。孔子管理牛羊,让牛羊长得膘肥体壮;管理仓库,把账目算得清清楚楚。孔子可谓干一行爱一行,爱一行精一行,用今天的话说就是爱岗敬业的典范,所以怎能说孔子"四体不勤,五谷不分"呢?

孔子说自己的一生是"学而不厌,诲人不倦""发愤忘食,乐以忘忧,不知老之将至"。他的一生是多么勤奋,老了还发愤忘食。人们对此会说,孔子的勤是动脑勤,不是四体勤,但孔子从习礼到弹琴,从驾车到射箭,都很高明,都需要四肢的勤。如《礼记·射义》记载:"孔子射于矍相之圃,盖观者如堵墙。"孔子射箭时大家都来围观,水泄不通,没有力气射箭能拉开弓吗?所以,"四体不勤,五谷不分"这八个字不可能说的是孔子。

老人"植其杖而芸",继续耕作,"子路拱而立",子路只好拱手站在那里。子路与老者对话时,天色已晚,老者"止子路宿",让子路在家里住下来,还"杀鸡为黍而食之",杀鸡为黍以招待子路。"黍"是一种精细的小米,"为黍"即蒸细米饭,说明老者将子路当贵客招待。"见其二子焉",老人还有两个儿子,他把两个儿子喊出来,和子路相见。

在老者家中住了一夜,第二天子路继续追赶老师。"明日,子路行以告",子路见到老师后,就把自己见到老者的事情向孔子做了汇报。孔子说:"隐者也。"这是位隐士、高人。"使子路反见之",让子路返回去再看那位老人。"至则行矣",子路回到见老者的地方,结果这一家人都搬走了。

老者一家为什么要搬家呢?是因为已经被子路发现了,

担心子路找上门,或者担心子路告诉他人,从此隐居生活不再宁静吗?对此子路大发感慨,他说:"不仕无义。长幼之节,不可废也;君臣之义,如之何其废之?欲洁其身,而乱大伦。君子之仕也,行其义也。道之不行,已知之矣。"这是子路借老者行为抒发的一番评论,显示出儒家对待隐者的态度,表明儒家必须出仕的理由。子路认为,不出来做官是不合乎道理的,有理想、有抱负、有治国理政的才能,为什么要隐而不见呢?为什么不出来做官呢?现代知识分子的出路多了,可以当老师,可以当作家,可以当记者,可以当主持人,可以当企业高管,可以自己创业,有各种各样的行当,都可以施展自己的才华。但在孔子那个时代,知识分子的唯一出路就是出来做官,做社会的管理者,这是他们实现自身价值和人生理想的唯一手段。阳货之问:"怀其宝而迷其邦,可谓仁乎?"对隐者很有启发意义。

"长幼之节,不可废也",父子之间、兄弟之间的伦常关系是不可废弃的。这位老者有两个儿子,两个儿子也有长幼之分,他与儿子之间也有父子之伦,他不仅没有废除长幼之节,而且处理得很好。子路不禁反问:"君臣之义,如之何其废之?"长幼之节是血缘伦理,那君臣之义是什么?是社会伦理、政治伦理。长幼之节不可废,君臣之义就能废吗?当然,子路的意思是政治伦理也不能废,它对社会同样重要。

"欲洁其身,而乱大伦。"隐者的通病,就是天下皆浊我独清,天下皆醉我独醒。为了自己的清、自己的醒,难道就能破坏大伦吗?因为政治腐败,官场黑暗,隐者为了保持自己的高洁,不被政治的污泥浊水溅到身上,就不出仕而选择隐退。子路认为这种人为了自身的高洁而乱了大伦,即扰乱了社会最根本的伦理。

君臣一伦是根本伦常,是大伦,隐者避世而居相当于把这个伦常破坏了。"君子之仕也,行其义也。"君子为什么要出仕?目的在于推行仁义,为了实现自己的理想,为了实现社会道义。然而,理想丰满的子路,话锋一转,说"道之不行,已知之矣",理想推行不下去,我早已经知道了。孔子不知道吗?孔子当然知道。知道道之不行,为什么他还栖栖遑遑、到处奔走?为什么还要寻求一位贤明的国君来推行自己的政治理论、政治主张?正是"知其不可而为之",知道自己的主张行不通,还是要勉力去做,这是孔子的精神。

当官是为了什么?子路在这个地方做了回答,这一回答完全可以代表孔子,也可以说是孔子给我们的一个很好的答案。做官不是为了自己,而是为了社会大伦,是为了实现仁道理想于天下,为了伸张大义于天下,简而言之,即为天下生民而做官,不是为了一己之私而做官。

《微子》这一篇中的许多章节都是借事言理,有人物、有场景、有情节、有对话,借助故事以及人物场景对话,阐明儒家的道义,这就叫以事言理。韩国有位学者专门研究《论语》,他跟我说《论语》的许多章节都是独幕话剧,都可以让学生演绎出来,在他的课堂上,他会和学生把《论语》一些章节排成独幕话剧来表演。我认为这一章节就适合话剧表演。

18·8 逸民：伯夷、叔齐、虞仲、夷逸、朱张、柳下惠、少连。子曰："不降其志，不辱其身，伯夷、叔齐与！"谓："柳下惠、少连，降志辱身矣，言中伦，行中虑，其斯而已矣。"谓："虞仲、夷逸，隐居放言，身中清，废中权。我则异于是，无可无不可。"

这一章的大意是，散落在民间的高人有：伯夷、叔齐、虞仲、夷逸、朱张、柳下惠、少连。孔子说："不降低自己的意志，不辱没自己的身份，这是伯夷、叔齐吧！"又说："柳下惠、少连，降低自己的意志，辱没自己的身份，但说话合乎伦常，做事合乎人心，他们只做到了这些。"又说："虞仲、夷逸，过着隐居的生活，说话很随便，能洁身自爱，离开官位合乎权宜。我却和这些人不同，可以这样做，也可以那样做。"

什么叫"逸"？就是散落、安闲之义。"逸民"就是散落、失散在民间的人。一些高人雅士离开了朝堂，当然就是散落了，散落到哪儿呢？散落到民间。在"二十四史"当中，有些史书专门给这些人作传，称《逸民列传》或《隐逸传》。

"逸民"都有谁呢？这里共列举了伯夷、叔齐、虞仲、夷逸、朱张、柳下惠、少连七位。伯夷、叔齐，是《论语》当中经常出现的两个人。他们是商朝末年孤竹国君的两个儿子，都非常有贤能，但是国君特别喜欢叔齐，想把国君之位传给他。伯夷为了弟弟能顺利继位，于是就离开了朝堂，隐居在首阳山下。叔齐觉得国君之位应该是哥哥的，自己不应该当国君，于是他也离开了朝堂，跟随哥哥来到了首阳山下。商朝末年，周武王起兵伐纣，这两个人叩马而谏，就是拉着武王的马劝谏，让他不要去讨伐纣。当然周武王没有听他们的,而是伐纣灭商,建立周朝。作为商朝遗民,这兄弟俩不食周粟,即不再吃周朝生产的粮食,饿死于首阳山。孔子称颂他们,"不降其志,不辱其身",坚贞不屈,气节高尚。

"柳下惠、少连,降志辱身矣,言中伦,行中虑,其斯而已矣。"此句是孔子对柳下惠、少连这两个人的评价。柳下惠为士师,多次被罢免,仍然不离开父母之邦,依然在朝堂做官,是位名贤。少连,东夷人之子,史称他"善居丧"。什么叫"善居丧"? 就是说他在居丧期间的行为合乎规范,成为大家的榜样。

柳下惠多次被免官,但起用他时,他还出来做官。在许多人看来,每一次免官,都是一次羞辱。但柳下惠不这样想,只要国君起用他,他就去做官;只要做官,就要坚持自己的原则,他认为:国君可以罢免我,也可以起用我,但不能改变我做官的原则。从多次被罢免,但仍然出来做官的意义上说,此谓"降志辱身矣"。他不像伯夷、叔齐那样清高,毅然离开朝堂,不食周粟。

什么叫"言中伦,行中虑"? 他们说话合乎伦常,做事合乎人心,没有违背人之大伦,不是"欲洁其身,而乱大伦"的隐者。换句话说,就是"言思忠,事思敬",说话时要考虑是否忠诚,办事时要考虑是否认真。"其斯而已矣",在孔子看来,柳下惠、少连不过如此罢了。放在今天,"言中伦,行中虑"也是非常难能可贵的品德。

虞仲是古公亶父的第二子,也就是周文王的二伯父。古公亶父有三个儿子,老大叫泰伯,老二是虞仲,老三是季历,季历就是周文王的父亲。《论语》有一篇《泰伯》,开篇即说:"泰伯,其可谓至德也已矣!三以天下让,民无得而称焉。"泰伯的德行太高尚了,找不出一个词能恰当地称颂他。作为老二的虞仲与泰伯一样,为了让三弟季历顺利继位,也出走朝堂,来到吴国。泰伯让,虞仲让,季历得以顺利继承王位。此后周文王、周武王一脉相承,才有周之天下。

相传夷逸是周朝一位隐而不见的高人,有人劝他出来做官,他以牛为喻,说:你看到那头牛了吗?我宁愿套上犁头,在田野里耕作,也不愿意披上纹绣,进入太庙作为牺牲。在田野里耕作还可以活命,做了牺牲就成了祭祀时用的牛,虽然很尊贵,还披上纹绣,结局却只有一个,杀了做祭品。出仕做官,就是做牺牲的牛;隐而不见,就是套上犁头在田野里耕作的牛,虽然很辛苦,但自由自在。

孔子评论虞仲、夷逸:"隐居放言,身中清,废中权。""隐居放言","隐居"是说他们不出来做官;"放言"是说他们关心时政,评议朝政。隐和显是相对的,出世与入世也是相对的,夷逸隐居,虞仲也隐居,但他们放胆直言,敢于说话,发出正义的声音。放胆直言的前提是自己身正,没有瑕疵,没有把柄在别人手里,才可以批评别人。"身中清,废中权","身中清"即立身清白,没有污点;"废中权"即弃官不做,合乎权变之道。废与用相对,用就是被国君起用,出仕为官,理民听政;废就是不被用、废弃。废有两种,一种是被国君所废,不再起用;一种是自废,有官而不做,有才而隐居。做一位现实政治的批评者,不出来做官,这是虞仲、夷逸,其虽然隐居,虽然不出仕,但合乎权变之道。

朱张,其事不可考。王弼认为:"朱张,字子弓,荀卿以比孔子。"我认为这不可信,因为子弓,很多人认为即仲弓,他是孔子之后对儒家学说有所继承的人,不会早于孔子,而此章是孔子对其以前高人的总结。另外,仲弓是不会做逸民的,所以仲弓不会是朱张。

最后,孔子自我评价,说自己与前面提到的所有人都不同,自己是"无可无不可"。孔子认为他与伯夷、叔齐不同,与柳下惠、少连不同,与虞仲、夷逸不同,与朱张也不同,他是"无可无不可"。对孔子而言,没有什么绝对的可,也没有什么绝对的不可,可而不可,不可而可,随一心之妙用。

18·9 大师挚适齐,亚饭干适楚,三饭缭适蔡,四饭缺适秦,鼓方叔入于河,播鼗武入于汉,少师阳、击磬襄入于海。

这一章的意思是,大师挚去了齐国,亚饭干到了楚国,三饭缭去了蔡国,四饭缺去了秦国,鼓方叔到了河滨,播鼗武去了汉水,少师阳、击磬襄入居海边。

这一章是说鲁国的乐团是怎么样解体、云散四海的。鲁国一度是中国礼乐文化最为繁盛的地方,也是中国礼乐文化的中心,但是到了孔子时代,礼崩乐坏,乐官四散。

这些人都是鲁国的乐官,都是顶级音乐人才,然而由于鲁国经济财力入不敷出,以及国君昏庸不再重视人才,逼迫这些乐师自谋出路,一个顶级乐团解散了。孔子深为之惋惜!

18·10 周公谓鲁公曰:"君子不施其亲,不使大臣怨乎不以。故旧无大故,则不弃也。无求备于一人。"

这一章的大意是,周公对鲁公说:"一个有道的国君不疏远他的亲族,不使大臣怨恨没有被任用。故旧朋友如果没有大的过错,就不要抛弃他们。不要对一个人求全责备。"

周公是西周时期最伟大的政治家、思想家,是中国礼乐文化系统的重要奠基人,是孔子心目中最理想的人物。孔子三个月不梦周公,就感叹:"甚矣吾衰也!久矣吾不复梦见周公。"孔子的理想就是成为周公式的人物。

鲁公是周公之子,名伯禽,是鲁国的首位国君。周公是位大政治家,他将自己的治国理政经验传授给儿子,就给鲁公说了这番话。周公告诉儿子"君子不施其亲","施",同"弛",即疏远、怠慢的意思。作为一位有道国君,不要怠慢了自己的亲族。西周社会是一个以血缘伦理构成的社会,社会的稳定、权力的巩固都要依靠血缘关系发挥作用。周公治国强调"亲亲""尊尊","亲亲之杀,尊贤之等,礼所生也",用人要用亲人,不能疏远亲人。这是不是就是我们现在所说的任人唯亲呢?当然是。不过,在西周时期"家天下"的局面下,这是巩固政权的主要手段。

"不使大臣怨乎不以",不要使大臣抱怨自己没有被任用。如何对待大臣是对国君的重要考验,有些大臣功高震主,往往对国君的权力构成威胁,而国君担心自己的权力被架空,往往排斥乃至杀功臣。念旧恩、思功臣,是周公执政的重要指导思想。

"故旧无大故,则不弃也",过去的故旧大臣没有大的过错,就不要舍弃他们。这一条还是讲用人政策与用人原则。不忘故旧、不忘老友,这是周公政治思想的特点,也是鲁国的历史文化传统。这一文化传统有利有弊,利在政治有人味,不是冷血政治,是有温度的政治,弊在守成有余而创新、进取不足,是保守主义的政治。

"无求备于一人",不要对一个人求全责备。在周公看来,"金无足赤,人无完人",人有所能,也有所不能,有所长,必有所短,在一个人身上追求完美是不可能的。这些话语对于我们今天使用人才仍有启发意义。

18·11 周有八士:伯达、伯适、仲突、仲忽、叔夜、叔夏、季随、季䯄。

本章大意是,周朝有八位名士:伯达、伯适、仲突、仲忽、叔夜、叔夏、季随、季䯄。

八士的生平与事迹已不可详考,有学者认为八士是周成王时期的人,也有学者认为他们是周宣王时期的人。《春秋繁露·郊语》:"四乳而得八男,皆君子俊雄也。"东汉经学家包咸注:"四乳生八子,皆为显士。"即周朝时期,有位母亲四胎生了八个儿子,这八个儿子都成为有名人士。这在当时是奇迹,所以记载下来了。这兄弟八人按照伯、仲、叔、季来排行,即伯达、伯适、仲突、仲忽、叔夜、叔夏、季随、季䯄。孔子记载这一案例,旨在说明周朝初期之所以繁荣昌盛,在于人才济济。

《微子》篇从"殷有三仁"开始,到"周有八士"结束,该篇从始至终贯穿着对高人雅士的期待,对人才的渴望,贯穿着出仕与隐退之间的冲突与张力。作为人才,作为高人雅士,身处衰世乃至乱世,是出而行道,以道易天下,还是知难而退,明哲保身,千百年来纠结与拷问着知识分子的灵魂。天下腐朽黑暗,"殷有三仁"而纣王不用,商朝灭亡;"周有八士"而见用,周朝兴起;一兴一亡,士命与国运联系在一起。士人命运好则国运好,士人命运衰则国运衰,这是该篇给我们最大的启示。朱熹对该篇有一个总结:"此篇孔子于三仁、逸民、师挚、八士,既皆称赞而品列之;于接舆、沮、溺、丈人,又每有惓惓接引之意。皆衰世之志也,其所感者深矣。在陈之叹,盖亦如此。三仁则无间然矣,其余数君子者,亦皆一世之高士。若使得闻圣人之道,以裁其所过而勉其所不及,则其所立,岂止于此而已哉?"朱熹对《微子》一篇的总结仍然是偏于表面的,没有透过这些表面现象看到其实质,对《微子》篇编纂者的心意还是没有领会到位。

子张第十九

刘瑾辉 解读

《子张》篇共计二十五章,主要阐释学与仕的关系。孔子以君子与小人在过失面前的不同表现,倡导学而不厌、不耻下问。

本篇围绕着"道"展开:首章阐述对士的总体要求;第二章则说明为"道"的正确态度——不但要信"道",而且要坚定不移;第四章和第十二章告诉人们"道"有小大,应区别对待;第五至七章指明实现"道"的途径——勤奋好学;第十四、十七、十八章论"孝",明言要志于"道",首先要从孝敬父母开始;最后四章借不懂"道"之人对孔子的误解,阐述孔子的"大道",赞美孔子之"道"的玄妙高深。

19·1 子张曰:"士见危致命,见得思义,祭思敬,丧思哀,其可已矣。"

"士",上古掌刑狱之官。商、西周、春秋时期士为最低级的贵族阶层,多为卿大夫的家臣。春秋末年以后,士逐渐成为统治阶级中知识分子的通称。士人是中国古代才有的一种特殊身份,是中华文明发展过程中所独有的一个社会精英群体。他们是脱离具体生产劳动的读书人,他们学习知识,传播文化,政治上尊王,学术上循道,周旋于道与王之间。他们是国家政治的参与者,又是中国传统文化的创造者、传承者。"致命",献出自己的生命。"得",段玉裁《说文解字注》:"行而有所取,是曰得也。《左传》曰:凡获器用曰得。从彳(chì,小步慢走的样子),尋(dé)声。""哀",是一种特殊的心理状态,指耳闻、目睹、感触到外物时,内心有所触动而发出的叹息声。

　　本章的意思是,子张说:"士遇见社会和他人危险时能毫不犹豫地献出自己的生命,看见有利可得时能考虑是否符合义的要求,祭祀时能做到严肃恭敬,居丧时能做到悲痛哀伤,这样就可以了。"

　　本章是子张对孔子部分思想的总结。"见危致命,见得思义"是君子之所为,在国家民族需要的时候,君子会毫不犹豫,勇于献身;同样,在有利可图的时候,他们首先考虑这样做是否符合义的规定,这是孔子思想的要义所在。孔子在《论语》中多次强调这点,比如他在《论语·宪问》中曰"见利思义,见危授命",在《论语·季氏》中强调"九思"之一为"见得思义"。子张,即颛孙师,字子张,春秋时陈国人,"孔门十二哲"之一。"十二哲"初名"十哲",始于唐开元八年(720),朝廷接受何休等人建议,命以圣门四科弟子(德行:颜渊、闵子骞、冉伯牛、仲弓；言语：宰我、子贡；政事：冉有、子路；文学：子游、子夏）从祀。宋咸淳三年（1267），升颛孙师为"十哲"之一。清康熙五十一年（1712），升朱熹位居"十哲"之后。乾隆三年（1738），升有若为"十二哲"之一，居颛孙师之后、朱熹之前。"十二哲"配祀于大成殿内，位于殿内东西两端，每端各六位，东面为闵子骞、仲弓、子贡、子路、子夏、有若；西面为冉伯牛、宰我、冉有、子游、子张、朱熹。

"祭思敬，丧思哀"，孔子在《论语·八佾》中也说"临丧不哀，吾何以观之哉""祭如在，祭神如神在""吾不与祭，如不祭"。"祭思敬，丧思哀"又可归纳为"慎终追远"，就是希望慎重地办理父母丧事，虔诚地祭祀远代祖先，认为如此才能"民德归厚"。

子张在孔子思想的基础上，指出士人应具有三种品质：对国家要忠，对社会要义，对故亲要孝。子张弘扬孔子思想，目的是警醒士人做官要选择有道之邦，一旦居其位，就要担其责，当国家遇到危难时应挺身而出，舍生取义，杀身成仁。《荀子·荣辱》曰："先义而后利者荣，先利而后义者辱。"陆九渊《与郭邦逸》云："君子义以为质，得义则重，失义则轻，由义为荣，背义为辱。"都与孔子思想异曲同工。

自古以来，中华民族不乏"见危致命"者。古代岳飞是践行"见危致命"的典范，他精忠报国，美名流芳百世。新时代，中华儿女中"见危致命"者层出不穷。2020年初，新冠病毒在中国肆虐，在无法确知新冠病毒传播途径、传播速度、危害性、病死率的情况下，无数白衣天使临危受命，奔赴抗疫第一线。

他们是践行"见危致命"的表率,是新时代最可爱的人,他们的精神闪烁中华,称誉世界。

19·2 子张曰:"执德不弘,信道不笃,焉能为有?焉能为亡?"

"执",最早见于商代甲骨文,其古字形象是用刑具将一个人的双手铐住,本义指捕捉、捉拿,引申为握着、拿着。"弘",始见于甲骨文,本义指发弓的声音,引申为大、扩充,即发扬光大。"笃",坚定,专一。"亡",同"无",没有。邢昺在《论语注疏》中云:"弘,大也。笃,厚也。亡,无也。言人执守其德,不能弘大,虽信善道,不能笃厚。"

本章的意思是,子张说:"坚守德但未能发扬光大,信仰真理而不能忠实坚守,这样的人有他不多,没他不少。"

本章论述"执德"与"信道"应有的态度,强调不仅要"执德",还要"弘德",应将"德"发扬光大;不但要"信道",还必须"笃",应坚定不移,坚持"遁世不见知而不悔"(《中庸》),做到默默无闻不被理解而不后悔。

看见别人做好事,心里一定肃然起敬;看见人家有好画,心里也很欣赏;读书时感到书中的道理很对,也很开心。但自己没有照着做并弘扬之,此乃"执德不弘"。明知道这个道理是对的,但在处理具体事情的时候,往往受个人性情影响,忘了道理,此乃"信道不笃"。故朱子曰:"有所得而守之太狭,则德孤;有所闻而信之不笃,则道废。"

"执德不弘"是从广度而言的,"信道不笃"是从深度而言的。执德、信道相互发见,互文足义。执德、信道者若既不能推己及人,使其有广度,又不能求己自坚,坚守善道,使其有深度,则空有洁身自好之虚名,而无笃厚成事之功。所以说此等人有之不为多,无之不为少,无足轻重。皇侃《论语义疏》有云:"有德不能弘大,信道不务厚至,虽有其怀,道德蔑然,不能为损益也。"邢昺《论语注疏》亦云:"人之若此,虽存于世,何能为有而重?虽没于世,何能为无而轻?言于世无所轻重也。"李颙《四书反身录》说:"执德是持,守坚定宏,则扩所未扩。信道是心,孚意(情投意合)契笃,则始终如一。既宏且笃,方足以任重致远,做天地间大补益之事,为天地间有关系之人。若不宏不毅,则至道不凝(注意力集中),碌碌一生,无补于世。世有此人,如九牛增一毛,不见其益。世无此人,如九牛去一毛,不见其损。何足为轻重乎?"都是贬抑不弘、不笃之辈。历朝历代,执德与信道者多,弘德与笃道者少,更有甚者,口中执德、弘德,行为失德;人前信道、笃道,私下背道。不管什么时代,失德背道者都为人们所唾弃。

19·3 子夏之门人问交于子张。子张曰:"子夏云何?"对曰:"子夏曰:'可者与之,其不可者拒之。'"子张曰:"异乎吾所闻:君子尊贤而容众,嘉善而矜不能。我之大贤与,于人何所不容?我之不贤与,人将拒我,如之何其拒人也?"

"交",《说文解字》:"交胫也。"本义是反叉两腿而立,引申为彼此连接、接触,后又引申为结交、交情、友谊。"可者与之"的"与",交往、结交。"拒",拒绝、远离。"嘉",本义是美好,引申为赞美、褒扬、表彰,又引申为吉庆、快乐、喜欢等。"矜",本义为仪仗矛,引申为庄重、怜悯、同情。"我之大贤与"的"与",用在分句末,表停顿,兼有舒缓语气的作用。

本章的意思是,子夏的学生向子张请教如何结交朋友。子张问:"子夏怎么说?"对方回答:"子夏说:'可以交往的就和他交朋友,不可以交往的就拒绝、远离他。'"子张说:"我所听到的与此不同:君子不仅尊重贤人,也能容纳众人;既能赞美、推举善人,也能同情、宽容能力弱的人。如果我是十分贤良的人,那对别人有什么不能容纳的呢?如果我是坏人,那别人就会拒绝、远离我,我又怎么能拒绝别人呢?"

这一章记述子夏与子张不同的交友原则。子夏主张交友应慎重而有选择,子张主张广泛结交朋友,多多益善。子夏为人宽厚,所以孔子曾告诉他能结交的人就交,不能结交的人就拒绝、远离;子张为人褊狭,所以孔子曾教育他要能容众。孔子是因材施教,不是朝令夕改。

《论语集解》有云:"友交当如子夏,泛交当如子张。"子张"容",认为交友应泛而觅,子夏"拒",认为交友应慎而择,表面看似矛盾,其实只是落脚点和目标不同,实际上二人各自申发了孔子交友之道的一个侧面,而孔子的交友之道是"对症下药",因人而异。子夏之言接近孔子的"无友不如己者",就如皇侃在《论语义疏》中云:"凡结交取友,必令胜己,胜己则己有日所益之义;不得友不如己,友不如己,则己有日损。故云'无友不如己者'。"意思是凡是结交的朋友,一定要胜过自己。朋友胜过自己,自己每天才会有所进益;朋友不如自己,自己每天都会有所损失。《朱子语类》一书记载朱子对学生讲解这句话时说:"人交朋友,须求有益。若不如我者,岂能有益?""凡人取友,须是求胜己者,始有益。且如人学作文,须是与胜己者商量,然后有所发明。若只与不如己者商量,则好者彼或不知,不是彼或不识。我又只见其不胜己,浑无激励之意,岂不为害!"子张之言接近孔子的"泛爱众,而亲仁"。故孔子曰:"师(子张)也过,商(子夏)也不及。"(《论语·先进》)蔡邕在《正交论》中曰:"商也宽,故告之以拒人;师也褊,故训之以容众。"子夏、子张之言都有启发意义,需因时制宜,因人而异。与人初遇要学子张,泛交博采;与人深交应学子夏,慎重而有选择。或曰子夏、子张皆可取法,但"容""拒"需有度,"容""拒"应适时,区分时间、地点、社会环境等。

19·4 子夏曰:"虽小道,必有可观者焉;致远恐泥,是以君子不为也。"

"小道",指小的技艺才能。"观",本义指有目的地仔细察看,也指有目的地向别人展示,引申为对事物的认识和看法,又引申为观赏及值得观赏的景象。"致",定州汉墓竹简《论语》中为"至",有追求、达到之义。"致远",指追求远大的理想。"泥(nì)",阻塞、阻滞、妨碍。

本章的意思是,子夏说:"即使是小的技艺,也必有可取之处;但依靠它来实现远大目标就行不通了,所以君子不在'小道'上下功夫。"

本章意在说明君子应该有所为有所不为,人生大智慧就是懂得抉择,知道取舍。有远大志向抱负的人,不必倾力于小的技艺。朱熹认为"小道,如农圃医卜之属",即具有专业性质的具体技艺。从本篇第十二章可知子夏精于"小道",此章可视为子夏受到孔子教导后的感悟。诸葛亮《诫子书》云:"夫君子之行,静以修身,俭以养德。非淡泊无以明志,非宁静无以致远。"就是希望君子要以宁静修养身心,以节俭培育道德,以淡泊彰明志向,以心无旁骛追求远大目标,也就是集中心智,专心致志实现自己的理想。子夏认为,"小道"不仅有用,而且可以钻研,既能有益于社会,又能以此谋生并找到乐趣,所以一般情况下,不应贬抑之,但其与"大道"不可同日而语。"大道"指《大学》中所论的"大学之道",是治国平天下之道,胸怀远大,着眼宏观,俯视全局,追求的是造福人类。新时代,中国倡导的"一带一路"建设和人类命运共同体理念,就是造福人类的"大道",是关注人类福祉的大智慧。"小道"与"大道"是相对而言的,只是人生定位和追求目标不同。

19·5 子夏曰:"日知其所亡,月无忘其所能,可谓好学也已矣。"

"亡",同"无",没有。《孟子·尽心上》有"人莫大焉亡亲戚、君臣、上下"。

本章的意思是,子夏说:"天天都能学到一些过去所不知道的东西,每月都不忘自己已经学习和掌握的知识,就可称得上是潜心求学了。"

本章记述学习的基本方法。子夏强调每个人都应该每天反省自己,知道自己的学识修养欠缺些什么,有哪些不知不明,知不足才能积极进取,奋发钻研才能有所进步,有更大的收获。如果一个人每天都能补充自己所不明之学问,不断巩固自己已知之学问,日复一日,月复一月,年复一年,持之以恒,潜心向学,不仅可以称得上是好学,还算得上是博学。孔子给教师的定义是"温故而知新,可以为师矣","日知其所亡"是"知新","月无忘其所能"是"温故","可谓好学也已矣"即"可以为师矣"。求学需要不断知新,同时要常常温故,方可"积土成山""积水成渊"。顾炎武著的《日知录》,就取名于此。子夏所言表面看是论学习方法,实是张扬孔子的教育思想。孔子并不一味强调博闻强识,因为一个人在积累知识的过程中,很多内容都需要认真记忆,不断巩固,并且要在原有知识的基础上再接受新的知识,也就是温故知新。

19·6 子夏曰:"博学而笃志,切问而近思,仁在其中矣。"

"笃",本义为马行走缓慢,引申为深厚、厚重,又派生出牢固、坚定、专一的意思。"志",通"识(zhì)",记住。"笃志",牢固记忆,确实掌握。"切",切实。

本章的意思是,子夏说:"广泛学习而又意志坚定,切实发问而又勤于思考,仁就在其中了。"

本章承接上章之论,子夏再次申发孔子的教育思想,论求仁之道,目的也是教导人如何"学"。"学"一般要经历学、记、问、思四个阶段,这是一个循序渐进的过程。博览群书,广泛深入地学习,难免会产生诸多困惑,有困惑而又能不耻下问,虚心求教,然后再进行切近实际的思考和体悟,才能有所得。《中庸》曰:"博学之,审问之,慎思之,明辨之,笃行之。"学能博学,记能强记,问能切问,思能近思,每一个阶段都做到尽心竭力,这样"仁"就在其中了,也就能知仁、行仁、倡仁了。朱熹对"近思"尤为推崇,他与吕祖谦合编的北宋理学家周敦颐、程颢、程颐、张载等人之语录,取名为《近思录》,一是强调学者要有思想,要有灵魂;二是强调思考问题不要太虚幻,要切近实际,既要有治国平天下的胸怀,又要关注国计民生。此与《论语》"博学而笃志,切问而近思,仁在其中矣"所表达的思想高度一致。

19·7 子夏曰:"百工居肆以成其事,君子学以致其道。"

"百工",泛指各行各业的工匠。"肆",指店铺,也指古代工匠制作物品的作坊。《隋书·裴矩传》云:"令三市店肆皆设帷帐。""致",达到,实现。

本章的意思是,子夏说:"各行各业的工匠在各自的作坊里完成自己的工作,君子专心致志于学才能明道践道。"

本章以"百工成事"喻"君子成道"。百工居肆谋食,君子精学求道;百工以成事为己任,君子以成道为目标。"百工居肆以成其事"虽属"小道",必有可赞之功,必须有人为之;"君子学以致其道"乃"大道",将谋道行仁视为己任,任重而道远,也必须有人为之。成事、成道目标不同,但都需尽心竭力,专心致志,不屈不挠。子夏以百工尽心尽力劳作为喻,劝勉君子要专心致志学习,才能实现大道。皇侃《论语义疏》曰:"言百工日日居其常业之处,则其业乃成也。……君子由学以至于道,如工居肆以成事也。"子夏认为百工在肆中专心勤奋工作,才能胜任职位,完成任务;君子要像百工一样,日日勤于学,潜心学,才能明道、行道、倡道。此章强调的是成事、谋道者都需有目标、有追求,不遗余力,履其职,胜其位。

19·8 子夏曰:"小人之过也必文。"

"文",最早见于甲骨文,像一个站立着的人形。本义指文身,引申为花纹、纹理,后又引申为文饰,也就是掩饰错误。

本章的意思是,子夏说:"小人犯了错误一定会掩饰。"

本章子夏告诫君子若有错必改,不加掩饰,就还是君子;若文过饰非,那就是错上加错,君子也会变为小人。《论语·卫灵公》曰:"过而不改,是谓过矣。"《孔子家语·执辔》曰:"过而改之,是谓不过。"一般人犯错误,多属无心之失,非主观为恶也。若犯错后不敢承认,不能积极改正错误,还要加以文饰掩盖,那就是错上加错,实是自欺欺人,此乃小人所为。与小人相反,君子有过错,不仅敢于承认,还勇于改正,仍不失君子本色。所以本篇下文记载子贡言:"君子之过也,如日月之食焉:过也,人皆见之;更也,人皆仰之。"意指君子犯错好比日食月食,偶尔有一点点阴影,大家都看得见;一旦他改正错误,人们依然仰望他。换言之,过而能改,不影响形象之高大、光辉之耀眼。

19·9 子夏曰:"君子有三变:望之俨然,即之也温,听其言也厉。"

"俨",昂头也。"俨然",庄严的样子。"即",本义是就食,引申为就、接近、靠近。"温",本字为"昷(wēn)",最早见于甲骨文,后演变为形声字"温",从水,昷声。其本义为加热浴盆里的水,引申为适中的热度,派生出不冷不热、性情柔和等意思。"厉",本义为磨刀石,引申为严格、严肃、凶猛。

本章的意思是,子夏说:"君子有三种变相:远远地望着,觉得他庄重严肃;接近他,觉得他温和可亲;听他说话,又觉得他严厉不苟。"

本章论不同视角下君子给人的不同感觉,通过其言谈、举止、神情、姿态,展示了一位君子的风度和气质魅力。君子有三种变相:远望之可敬不可亲,实际上一与他亲近,又觉得非常温和,听他讲话,哪怕是聊天,内容也非常庄重严肃,不随意,不轻率。朱熹《论语集注》云:"俨然者,貌之庄。温者,色之和。厉者,辞之确。"钱穆《论语新解》云:"君子敬以直内,义以方外,仁德浑然(完整不可分割)。望之俨然,礼之存。即之也温,仁之著。听其言厉,义之发。人之接之,若见其有变,君子实无变。"指出三种变化反映的是君子不同气质的外化,"君子三变",其实是变而未变,变而不离其宗,变而不失君子风度和气质。"君子三变"是人们在接触君子的时候,由远而近、由浅入深的不同感觉和认知。《论语·述而》云"温而厉,威而不猛,恭而安",与本章所言"俨、温、厉"较为相近。子夏在此强调"俨、温、厉"应成为君子固有的品质,既是自勉,也是勉励后学。"君子三变",一般人是无法兼得的,唯有孔子浑然一体,自然流露,恰如从不同视角赏玉,既能观得美玉的碧波玲珑,又能欣赏到美玉的冰清高洁。

19·10 子夏曰:"君子信而后劳其民;未信,则以为厉己也。信而后谏;未信,则以为谤己也。"

"信",本义为言语真实,引申为诚实不欺,又引申为信用,即能履行诺言而令对方不疑。"劳",本义是费力、劳苦,引申为疲劳、劳累,此处有役使之义。"厉",此处有折磨、虐待之义。"谤",义为公开指责别人的过失。《说文》:"谤,毁也。"

本章的意思是,子夏说:"君子必须取得信任之后才能去役使百姓,否则百姓就会认为是在饱受虐待。君子必须得到信任之后才能去进谏,否则君王就会认为你在诽谤他。"

此章谈为人处世的道理,强调不管自己处在什么地位,信是立世前提。在社会生活中,信是非常重要的。君子做事,务必要取信在先,否则陷于猜忌,往往会事倍功半。孔子特别强调信,"人而无信,不知其可也"(《论语·为政》),强调信是做人的基本要求。"子以四教:文,行,忠,信"(《论语·述而》),"文"为礼乐制度,道之显者谓之文,是孔子教育弟子的一个重要方面;"行"为德行,是做人的基本原则;"忠""信",是个人的优秀品质,也是立人之本。孔子以德作为育人之纲,强调从四个方面培育学生,"信"是四教之一。子夏认为要役使百姓或进谏君王,必须以取得信任为前提,"信则人任焉"(《论语·阳货》),否则会惹来诸多麻烦。

此章前两句谈如何做领导,具备怎样的品质才能指使他人;后两句讲如何做别人的下属,即如何做好辅臣。一个君子要想顺利役使自己的下属,必须要在下属面前建立起诚信,否则就得不到下属信任,不被下属信任也就无法正常役使下属。作为下属,对自己的领导提出意见和建议前,先要评估一下自己在领导心目中是否建立起信任:若领导对你信任,方可提出建议;若你在领导心目中没有建立起信任,就侃侃而谈,领导就会认为你在诽谤他,那就麻烦了。所以领导与下属之间,要相互有信,下对上敬信,上对下信任,才能共谋大计,成就事业。

19·11 子夏曰:"大德不逾闲,小德出入可也。"

"大德""小德",一般认为指大节、小节。也有人认为"大德"指从不违背道德法则的上贤之人,小德指偶有出格言行的次贤之人。"逾",逾越、违背。"闲",《说文》:"闲,阑也。从门中有木。"本义为木栏,此处指界限,引申为伦理道德原则。"不逾闲",即不超越界限,有坚守伦理道德规范之义。"出入"二字,重在"出"字,即有所失之义。"可",允许、可以。

这一章的大意是,子夏说:"重大的品德原则不能违背,小的生活细节有点差错是可以原谅的。"

在大节、小节的问题上,儒家向来主张:作为有君子人格的人,应当顾全大局,着眼于大是大非,而不在细枝末节上斤斤计较。《荀子·王制》云:"孔子曰:'大节是也,小节是也,上君也;大节是也,小节一出焉,一入焉,中君也;大节非也,小节虽是也,吾无观其余矣。'"这是对孔子这段话的诠释,主张大的原则性问题不能出错,小节问题偶有出入,不要过分责备。换言之,大节不放过,小节可权宜。《孟子》曰:"言不必信,行不必果,惟义所在。"强调一切唯"义"是从,"义"乃大德,其余可权宜。也就是说,大德、大原则不可以轻易改变,小的毛病、细节问题不必过分责备。朱熹《论语集注》说:"大德、小德,犹言大节、小节。闲,阑也,所以止物之出入。言人能先立乎其大者,则小节虽或未尽合理,亦无害也。"即一个人大德守得住,小德虽有瑕疵,亦可也。朱熹接着又引吴氏曰："此章之言，不能无弊。"刘向《论甘延寿等疏》言："论大功者不录小过，举大美者不疵细瑕。"白居易在《策林四·议文章》中亦云："然臣闻大成不能无小弊，大美不能无小疵。"不过话说回来，如果不注意小节，也会影响大节，关键在于怎样认识大节和小节，确定什么是大节和小节，这甚为重要。同时，在特定的情境下，小节也会损害大节。子夏之言，是个人对别人的要求，宽以待人应该说是可取的；如果对己而言，则要严于律己，坚持"勿以恶小而为之，勿以善小而不为"。

19·12 子游曰："子夏之门人小子，当洒扫应对进退，则可矣，抑末也。本之则无，如之何？"子夏闻之，曰："噫，言游过矣！君子之道，孰先传焉？孰后倦焉？譬诸草木，区以别矣。君子之道，焉可诬也？有始有卒者，其惟圣人乎！"

"抑"，文言助词，表转折，相当于"但是""不过"。"倦"，本义指人体因疲劳而不能挺直，引申为疲劳、厌烦、懈怠。有学者认为此处的"倦"与前面的"传"字意思一样，即传授。"诬"，本义是说假话冤枉别人，引申为欺骗、歪曲。

本章的意思是，子游说："子夏的学生，做些打扫和迎送客人的事情是可以的，但这些不过是末节小事，根本的东西没有学到，这怎么能行呢？"子夏听到后，说："唉，子游说错了！君子之道，先传授哪一条呢？后传授哪一条呢？这就像草和木一样，都是分类区别的。君子之道怎么可以随意歪曲，欺骗学生呢？能按次序有始有终地教授学生，恐怕只有圣人吧！"

子游,姓言,名偃,字子游,亦称"言游""叔氏",春秋末吴国人,"孔门十二哲"之一,曾为武城宰。子游和子夏在如何教授学生的问题上产生了分歧,其实他们之间没有根本的不同,不过是教育方法有异,引导学生的入门路径不同而已。子游重本,批评子夏传授给学生的是枝节末学;子夏认为传道应由浅入深,循序渐进,批评子游一开始就教以大道,大多数情况下会让学生产生迷茫、厌倦和挫败感。子游树立高标,直指根本;子夏遵循规律,循序渐进,循循善诱。两者本无优劣,只是方法路径有别。子夏从小道入手,并非忽略大道;子游重大道,也未尝不传授学生小道。朱熹《论语集注》云:"程子曰:'君子教人有序,先传以小者近者,而后教以大者远者。非先传以近小,而后不教以远大也。'又曰:'洒扫应对,便是形而上者,理无大小故也。故君子只在慎独。'又曰:'圣人之道,更无精粗。从洒扫应对,与精义入神贯通只一理。虽洒扫应对,只看所以然如何。'又曰:'凡物有本末,不可分本末为两段事。洒扫应对是其然,必有所以然。'又曰:'自洒扫应对上,便可到圣人事。'愚按:程子第一条,说此章文意,最为详尽。其后四条,皆以明精粗本末。其分虽殊,而理则一。学者当循序而渐进,不可厌末而求本。盖与第一条之意实相表里,非谓末即是本,但学其末而本便在此也。"强调成才成德需循序渐进,本末应相表里。程树德《论语集释》引元人许谦《读四书丛说》云:"读此章者颇易失旨,但见'言游过矣'四字,便谓子游之言全非。盖子游但言门人虽知洒埽之末,不即举大学之本以教之;子夏则言教之当有序。子游未尝讥子夏教洒垾之非,而子夏亦未尝言不教以大学也。"许谦认为子游、子夏虽各执己见,但并不讥刺彼此,后人要辩证全面地理解二人之言,不能误解其意,也不能执其一端。

19·13 子夏曰:"仕而优则学,学而优则仕。"

"优",本义是充足、宽裕,这里应该是有余力的意思。本章的意思是,子夏说:"做官还有余力的人,就可以去学习;学习还有余力的人,就可以去做官。"

本章直接谈"学"与"仕"的关系。学界对此章有不同的理解:其一,圆满完成工作之后还有余力,就应该去学习、进修,不断提高自己;学习、研究之余要多参与社会实践,并以所学验之于社会。其二,做官处理好政事后还有余力,就应广泛地去学习以求更好;学习学好了还有余力,就可以去做官以便推行仁道。

关于"优"字的理解有两种,一种说法认为,"优"即裕也,意为有余力或有时间。本章的意思就是做官有余力就努力去学习,进修学业有余力就可以去做官。朱熹《论语集注》云:"优,有余力也。仕与学理同而事异,故当其事者,必先有以尽其事,而后可及其余。然仕而学,则所以资其仕者益深;学而仕,则所以验其学者益广。"另一种说法是将"优"解为优良、优异。本章的意思就变成做官已经有成绩了就进一步努力去学习,学习有成果了便可去为官。皇侃《论语义疏》云:"故学业优足则必进仕也。"这样一来,"优"字在前后两句话中意思不同,让人难以理解。正如金人王若虚在《论语辨惑》中说:"旧说以仕优为优闲有余力,学优为德业优长,岂有一字而二义?不若皆训为有余力也。"刘宝楠《论语正义》曰:"古者大夫士,年七十致事,则设教于其乡,大夫为大师,士为少师,是'仕而优则学'也。学至大成乃仕,是'学而优则仕'也。"这种说法较为勉强,大夫士到了七十岁不再从政后,"设教于其乡",是教书而非读书,这样就变成"仕而优则教"了。南怀瑾《论语别裁》认为,古人的可爱处就是"仕而优则学",尽管地位高了,还要不断求学。"学而优则仕",学问高了,当然出来为天下人做事。然而到了现代,大多是"学而优则仕","仕而优则学"就少了,常见"仕而优则舞""仕而优则牌",甚至不乏"仕而不优则商",值得深思。

19·14 子游曰:"丧致乎哀而止。"

"丧",指居丧。"致",达到。"哀",指悲戚。"止",本指停止,此有足够之义。

本章的意思是,子游说:"居丧,充分表达悲哀就可以了。"

学者对本章有不同的理解,一是认为本章是劝人节哀,不要因为悲伤哀痛过度而伤神伤身。皇侃《论语义疏》云:"虽丧礼主哀,然孝子不得过哀以灭性,故使各至极哀而止也。"二是认为本章强调居丧时应内心尽哀,不去追求表面的丧礼仪式。朱熹《论语集注》言:"致极其哀,不尚文饰也。"《论语·八佾》篇有"林放问礼之本",子曰:"丧,与其易也,宁戚。"孔子认为就丧礼而言,与其铺张浪费,宁可悲哀过度,强调真诚才是礼的本质。《礼记·檀弓上》云:"子路曰:'吾闻诸夫子:丧礼,与其哀不足而礼有余也,不若礼不足而哀有余也。'"孔子更讲求人的内心对已故亲人的哀戚,而非外在的礼仪表现形式。从《论语》《礼记》中可知,儒家对于居丧,还有以礼节制,以免过度毁伤生者的一面,故兼顾内外是儒家对于居丧的完整态度。孟子强调"厚葬"和"三年之丧",批驳墨家"节葬"乃无父无母。实际上,墨家的"节葬"并不反对尽哀,其根据"节用"原则,主张"节葬",即葬礼要节俭,守丧期要缩短,这与孔子思想是异曲同工的。

19·15 子游曰:"吾友张也为难能也,然而未仁。"

"张",指孔子弟子子张。"难能",指不易做到。"未仁",未完全达到仁的境界。

本章的意思是,子游说:"我的朋友子张的水平可以说是很难达到的了,然而还没有达到仁的境界。"

魏王肃《孔子家语注》云:"子张不务立仁义之行,故子游激(抨击)之以为未仁也。"认为子游批评子张"不务立仁义",未能达到仁的境界。朱熹《论语集注》曰:"子张行过高,而少诚实恻怛(恳切)之意。"认为子张才高意广,人所难能,而心驰于外,不能全其心德,未得为仁。纵观《论语》,孔子极少以仁来赞许一个人,说明达到仁的境界是非常困难的。在孔子弟子中,子张是比较突出的,他把仁作为自己追求的目标,修道之时既重理论又重实践。子张的缺点是言行偏激,这不符合中庸之道,因此说"未仁"。在本章中,子游的目的并不是贬低子张。仁道当为人人可行之道,高广或平易只是不同进路。而子张务求高广,大多数人难能同行,因此说他已超乎常人,但并不足以称为仁。

一般认为,此章是孔子去世后,孔子弟子的自我和相互评价之言。子游首先肯定子张的确是个了不起的人,他的学问一般人很难达到,他所做之事一般人也很难做到。他有责任感,勇于担当,但对仁义的追求、修养还没有达到夫子那样仁的境界。此处强调的是,唯有圣人能真正达到仁之境界,一般人需终身修行,不懈努力。

19·16 曾子曰:"堂堂乎张也,难与并为仁矣。"

"堂堂",盛大的样子,形容容貌庄严大方,有时也指有志气、有气魄。本章的意思是,曾子说:"仪表堂堂的子张,别人难以和他共成仁德。"

继上一章子游对子张评点之后,本章记述曾子对子张的评价。曾子(前505—前434),名参,字子舆,春秋末年鲁国南武城(今山东嘉祥)人。是孔子晚年的弟子,与其父曾点同师孔子,是儒家学派的重要代表人物之一。

"仁",从人从二,天地相爱有生即仁。因其有生,故仁为一切生命的中心。《说文》曰:"仁,亲也。"《韩非子·解老》

有云:"仁者,谓其中心欣然爱人也。"仁的意思是两个人愿意走在一起,表明相互之间都有亲近的要求,因此其本义是两个人亲近友爱,其核心指人与人相互亲爱。仁字蕴含着中国人之世界观、价值观、人生观:《周易·系辞上》曰"一阴一阳之谓道",阴阳有生即仁,此乃世界观;以仁为参照是善恶好坏的起源,此乃价值观;以仁为己任,亲爱苍生,此乃人生观。孔子认准仁对人类具有普世价值,所以建立了一个以仁为核心、孝悌为体用的思想体系,并将仁作为道德原则、道德标准、道德境界予以大力宣扬。

朱熹《论语集注》曰:"堂堂,容貌之盛。言其务外自高,不可辅而为仁,亦不能有以辅人之仁也。范氏曰:'子张外有余而内不足,故门人皆不与其为仁。子曰:"刚毅木讷近仁。"宁外不足而内有余,庶可以为仁矣。'"何晏《论语集解》曰:"言子张容仪盛,而于仁道薄也。"基本都认为子张虽仪表堂堂,但薄于仁道。清王闿运《论语训》云:"亦言子张仁不可及也。难与并,不能比也。曾、张友善如兄弟,非贬其堂堂也。"认为此章是说子张的仁德之大,非一般人能及,本义并不是贬其徒有堂堂仪表,内无仁德,而是批评其难以共同为仁。近人程树德《论语集释》言:"况曾子一生最为谨慎,有口不谈人过之风,故知从前解释皆误也。"也认为曾子重在批评子张不善与人共同为仁。《论语·先进》篇言"师也辟",说明子张较偏激,难以和别人共同成就仁德,由此可知,曾子并不是贬低子张仁德低下。

19·17 曾子曰:"吾闻诸夫子:人未有自致者也,必也亲丧乎!"

"诸",之于。"致",通"至",到了极点。"亲丧",父母之丧事。

本章的意思是,曾子说:"我听老师说过:人不可能自动地将感情发挥到极致,(如果有,)一定是在父母去世的时候。"

此章强调人心之善,亲丧之时便会真切显现。朱熹《论语集注》曰:"致,尽其极也。盖人之真情所不能自已者。"说明人的情感不会随时随地自动发挥到极致。《中庸》有云:"喜怒哀乐之未发,谓之中;发而皆中节,谓之和。"喜、怒、哀、乐等情绪是人们在受到外界刺激时的正常反应,在未受到外在刺激时,人的内心是平静的、自然的。但人在处理各种事情时,必然会受到外界各种环境因素的触动,从而产生各种各样的情绪变化,并通过表情、行为等反映出来。"人未有自致者"的意思是人们并不会随时、自主、尽情地抒发自己的情感,感性和理性结合才是人的情感完整的表现。通常情况下,人的各种情绪总是受到理性的约束。因而,人们通常的表现都是偏理性的而不是偏感性的。但是,理性并不是任何时候都能占上风的,情感的表达在受到理智约束的同时,还受到外在环境的影响,在特定情况下,情感也会摆脱理智约束,真情得以尽情流露。什么样的外在刺激能使人的情感尽情流露呢?"必也亲丧乎!"一定是在父母去世的时候。因为子与父母,本天性之至亲,居丧之时,乃人世间之大变故,只有此时其哀痛迫切之诚，发于至情而无法控制，内尽其心，无丝毫勉强和做作。也就是说，见人心之良，最真切者莫过于亲丧之时。

19·18 曾子曰："吾闻诸夫子：孟庄子之孝也，其他可能也；其不改父之臣与父之政，是难能也。"

"其他"，指其他人，一般人。"难能"，指很难做到。

本章的意思是，曾子说："我听老师说过：孟庄子的孝，其他人也是可以做到的；但他不更换父亲的旧臣及其政治措施，是其他人难以做到的。"

本章意在强调，圣君能任用父之良臣，发扬父之善政，此乃大孝于天下也。孟庄子，即仲孙速，鲁国大夫，当时人皆称其有孝行。孟庄子之孝，表现在生事尽礼，死事尽哀。曾子认为生尽礼，死尽哀，其他人还是可以做到的。但孟庄子在父亲去世后，其父所用之臣仍用，其父所行之政仍行，以父亲之心为心，无专断适己之意，不是一般人可以企及的。因为孟庄子志在立身行道、济世行仁，以此彰显父亲仁道之举、爱民之心，所以曾子认为孟庄子之孝乃孝之大者也。孝的内核是爱，爱要扩展到爱天下人，就是大孝于天下。因此汉唐之后，有"求忠臣必于孝子之门"之说，认为发自内心孝顺父母的人，若出来从政，一定会有责任感，一定能忠于国家，爱天下百姓。之所以说孟庄子"其不改父之臣与父之政，是难能也"，是因为常言道"一朝天子一朝臣"，孟庄子能大孝于天下，任用父亲所用之良臣，继续发扬父亲的善政，是非常难得的。社会发展到今天,我们对于"不改父之臣与父之政"是需审慎与辨析的,不能机械地固守之。因为"父之臣"需能适应国家发展需要,方可不改;"父之政"即使是仁道,在坚持大方向的前提下,也需要随着环境条件的变化而随机应变。"不改"是相对的,"改"是必然的。如传说中"禹改鲧(gǔn,大禹之父)道",后世未闻有谓禹之不孝者也。

19·19 孟氏使阳肤为士师,问于曾子。曾子曰:"上失其道,民散久矣。如得其情,则哀矜而勿喜。"

"孟氏",指鲁国权臣孟孙氏。鲁桓公生公子庆父,其后为孟孙氏,是孟子先辈。阳肤,春秋时鲁国人,曾子弟子。"士师",古时司寇下属官员,掌管禁令刑狱、财物诉讼等。"民散",本指情义乖离,不相维系,此处指百姓心里没有法纪概念。"哀矜",指哀怜、怜悯。

本章的意思是,孟氏任命阳肤当法官,阳肤向曾子求教。曾子说:"国家政教不行,人民心里早已没有法纪概念了。审案时,不应以查清案情为喜,而应哀怜罪人。"

本章赞扬曾子的爱民之心。孟孙氏请曾子的学生阳肤做士师,阳肤上任前向曾子请教如何履职。曾子告诉他,若君王失其道,忽视政教,社会混乱,百姓心目中也就没有法纪概念了,这种情形存现越久,违法行为也就越多。"如得其情,则哀矜而勿喜",曾子认为应该把社会的实际情形与法治结合起来,这是执法人员应该具有的认知和态度。断案的人应了解社情民生,了解犯罪者的犯罪动机和社会深层原因,若是社会问题导致人犯罪,那么办案的时候,对犯罪的人应该持有一种怜悯悲痛的心情,将减少和避免犯罪视为为政者的责任。所以在厘清案情之后,不应居功自喜,而应无比的悲痛和怜悯。曾子认为统治者应尽的职责是仁政德治,教化百姓向善。若百姓敢于以身试法,说明统治者既缺乏德治,也缺乏对百姓的教化,应承担相应的责任。所以法官若有爱民之心,就不要因为审出犯人犯法的实情,便认为这是履行自己的职责而沾沾自喜。故朱熹《论语集注》有云:"谢氏曰:'民之散也,以使之无道,教之无素(质朴不加修饰的素质)。故其犯法也,非迫于不得已,则陷于不知也。故得其情,则哀矜而勿喜。'"《论语·颜渊》曰:"听讼,吾犹人也。必也使无讼乎!"也就是说,法官不要因为明察秋毫、破案如神而沾沾自喜,真正能令法官欣慰的是天下无讼。天下无讼靠的是德治和教化。

19·20 子贡曰:"纣之不善,不如是之甚也。是以君子恶居下流,天下之恶皆归焉。"

纣,指商纣王,名受,又称帝辛,纣是他的谥号。他是商代最后一个君主,历来被认为是一个暴君。"不如",比不上。"甚",严重。"君子恶居"之"恶(wù)",讨厌。"下流",指地势低洼、各处来水汇集的地方。"天下之恶"的"恶(è)",坏事。"归",强加。

本章的意思是,子贡说:"商纣王的坏,并不到传说中的那种程度。所以君子厌恶处在地势低洼、恶水汇集的地方,天下一切坏名声都归到自己的身上了。"

纣是历史上有名的暴君,据史料看,纣有文武才能,对东方的开发、文化的发展和中国的统一,都曾有过贡献。传说纣宠爱妲己,贪酒好色,刚愎自用,拒纳忠言;制定残酷刑法,残害百姓;又大兴土木,无休止地役使人民。后周武王会合西南各族伐纣,在朝歌牧野(今河南淇县西南,牧野实际上指殷都朝歌的远郊地区,而不是一个地名)一战,纣兵败,逃入城内,引火自焚而死,商遂灭。

此章强调圣贤要亲君子、远小人,否则会出现众小人之恶集于己身的局面。"纣之不善,不如是之甚也",子贡之言内在的含义是,舆论对一个人的评价往往带有从众心理和惯性思维,说某人好,要说得比某人实际状况还要好;说某人坏,则要说得比某人实际状况还要坏。因此劝诫君子要注重修身,不要居于污秽汇集的地方。朱熹《论语集注》亦曰:"喻人身有污贱之实,亦恶名之所聚也。子贡言此,欲人常自警省,不可一置其身于不善之地。非谓纣本无罪,而虚被恶名也。"也就是说,人不能为不善之事,一旦迈进污秽之地,就会成为众矢之的,百恶就会集于一身。《列子·杨朱》篇云:"天下之美,归之舜、禹、周、孔;天下之恶,归之桀、纣。"之所以"天下之美,归之舜、禹、周、孔",就是因为他们是圣人;之所以"天下之恶,归之桀、纣",就是因为他们是荒淫残暴之君王。程树德《论语集释》有云:"千古恶名纣独当之,纣岂无一毫之善哉?特亲小人而远君子,集众小人之恶为纣一人之恶耳。"清李渔《闲情偶寄》有云:"传奇无实,大半皆寓言耳。欲劝人为孝,则举一孝子出名,但有一行可纪,则不必尽有其事。凡属孝亲所应有者,悉取而加之,亦犹纣之不善,不如是之甚也,一居下流,天下之恶皆归焉。"李渔认为传说没有事实依据,只是用来寄托意味深长的道理。换言之,就是劝人向善,人一旦为恶,天下之恶都有可能归之。"尽信《书》,则不如无《书》"(《孟子·尽心下》),庆幸的是,古代圣贤不仅富有智慧,还能从历史真实的角度,客观评价历史人物。但这也警醒人们:千万不要做坏事、居恶地,否则就如居低洼污秽之处,坏事恶名总会笼罩在自己头上。

19·21 子贡曰:"君子之过也,如日月之食焉:过也,人皆见之;更也,人皆仰之。"

"日月之食",即日食和月食。"更",改正。"仰",仰望,敬仰。

本章的意思是,子贡说:"君子的过错好比日食、月食:他犯过错,人们都看得见;他改正过错,人们都还继续敬仰他。"

此章以日月食的变化为喻,赞扬君子不像文过饰非的小人,不隐瞒掩盖自己的过错,还能公开改正自己的错误,具有光明磊落的胸襟。人非圣贤,孰能无过?犯了错能光明正大承认并改正错误,不加掩饰,此乃君子所为。君子犯错改过,其品格恢复如初,既不影响其本有的光辉,也不影响人们对其尊崇。换言之,君子不怕有过,而怕掩饰,错了就勇于承认,大家都看得见;承认并改正错误,人们就会像对待太阳、月亮一样,仍然会仰望他。"更"是君子的风度,就是敢于直面问题,勇于修正错误,因为君子其心向善,求仁成德,虽然偶尔也会犯错,但那不是他的本意。就像太阳和月亮一样,其作用是照亮大地,但也避免不了会有日食、月食的出现。故钱穆说:"君子有过,本出无心,亦不加文饰,故人皆见之。或说:以君子之德位,为瞻望所集,故苟有过,不得掩。"为什么君子犯错人们都能看得见呢?因为君子德高位尊,本就是人们瞩目的对象,而且君子光明磊落,犯错之后不文过饰非,所以君子一旦有错,所有的人都会看到。君子之所以能够成为君子,不是因为其永远不会犯错,而是因为他从来不回避过错,而且能及时主动地纠正错误。君子一旦纠正了自己的错误,就如同太阳和月亮恢复了光明一样,照样被人们敬仰。

19·22 卫公孙朝问于子贡曰:"仲尼焉学?"子贡曰:"文武之道,未坠于地,在人。贤者识其大者,不贤者识其小者,莫不有文武之道焉。夫子焉不学?而亦何常师之有?"

卫公孙朝,指卫国大夫公孙朝,因别国亦有同名之人,故加"卫"以示区别。仲尼,孔子的字。"焉",哪里,什么地方。"坠",落,引申为失传。"人",指人世间传播。"识(zhì)",记住,把握。"大",纲领。"小",细节。"常师",固定的老师。

本章的意思是,卫国的公孙朝向子贡问道:"仲尼的学问是从哪儿学来的?"子贡说:"文王、武王的治国之道还没有失传,仍留在人间。贤能的人把握其根本,不贤能的人只能了解其细枝末节,可以说文武之道无处不在。我的老师(孔子)无处不学习,为什么一定要有固定的老师传授呢?"

此章意在说明善于学习的人,随时随地都可以学到有益的东西。孔子学说承继周文王、周武王之道,并没有固定的老师教授。换言之,孔子肩负着上承尧、舜、禹、汤、文武、周公之道,并把它发扬光大的责任,不需要专门的老师传授给孔子,在当时也没有人能传授仁学大道。由此表明孔子"不耻下问""学无常师"的求学过程。从子贡的回答来看,卫国的公孙朝所问,有表示怀疑和质问的意味。盖当时孔子"祖述尧舜,宪章文武(以尧舜之道为祖而述之,以文武之制为宪而章之)"的学说已经普遍流传,所以公孙朝才会问仲尼是从哪里学到这些的。言外之意似乎说孔子的学说没有师承,没有来历,没有根据,乃旁门左道。子贡的回答很清楚也很合理,一是说明文武治国之道没有失传,仍在世间流传,故孔子学术有本有根;二是强调善学者无常师。鲁守宗周传统,"周礼在鲁","齐一变,至于鲁;鲁一变,至于道"(《论语·雍也》),孔子占据地利之便,能够更多地接触"文武之道",而且孔子敏而好学,"入太庙,每事问"(《论语·乡党》),"择其善者而从之"(《论语·述而》)。孔子见贤思齐、无处不学,故学无常师。据记载,孔子曾问礼于老子,问官制于郯子,向师襄学琴,向苌弘学乐,正因学无常师,才成就其博学多闻、融会贯通的名声。同时,孔子一心向善,遍寻仁道,在对"二帝三王"治道理论化的基础上,形成了深深影响中华文化的仁学思想体系。

19·23 叔孙武叔语大夫于朝曰:"子贡贤于仲尼。"子服景伯以告子贡。子贡曰:"譬之宫墙,赐之墙也及肩,窥见室家之好。夫子之墙数仞,不得其门而入,不见宗庙之美,百官之富。得其门者或寡矣。夫子之云,不亦宜乎!"

叔孙武叔,姬姓,叔孙氏第八代宗主,名州仇,谥武,春秋时鲁国司马。子服景伯,即子服何,春秋时鲁国大夫。"以",拿,把。"宫墙",围墙。赐,即端木赐,复姓端木,字子贡。"及",到。"仞",一人之高。一仞,旧有七尺、八尺、五尺六寸之说,尺不同,实皆以一人之高为数。"官",房舍。"百官",指各种各样的房屋。俞樾《儿笘录》云:"官者,馆之古文也。"

本章的意思是,叔孙武叔在朝廷中对各位官员说:"子贡比他的老师仲尼还要贤能。"子服景伯把这话告诉了子贡。子贡说:"就像房舍的围墙,我家的只有肩膀那么高,站在墙外很容易看见我家的好东西。但我老师家的围墙有几个人那么高,找不到进院的大门,就看不见里面宗庙的富丽堂皇和房屋的绚丽多彩。能找到大门而进院的人或许很少吧。所以叔孙武叔说出这样的话,不也是很自然的吗?"

此章旨在说明人需要有高深的学识修养和宽广的胸襟,方可尚美和知圣。子贡在孔子去世后,不失时机地向时人宣扬老师的至道大德。据说子贡在初入孔门时,也曾觉得自己比孔子强。东汉王充《论衡》有云:"子贡事孔子,一年自谓过孔子,二年自谓与孔子同,三年自知不及孔子。当一年、二年之时,未知孔子圣也,三年之后,然乃知之。"对于高深的学说,很难一目了然,随着子贡对孔子的了解由浅入深,才逐步认识到孔子学说的博大精深。当叔孙武叔认为"子贡贤于仲尼"时,子贡以"宫墙"为喻,一方面说明孔子学说的高深,自感与老师相差甚远;另一方面暗喻叔孙武叔之流尚未初窥孔子之道,难知圣道。故叔孙武叔之言,属无知之言。朱熹《论语集注》曰:"不入其门,则不见其中之所有,言墙高而宫广也。"说明圣人之道犹如高墙之内瑰宝,一般人难以窥见。程树德《论语集释》有云:"贤人之道卑浅易见,圣人之道高深难知,此子贡以墙室取譬之意也。"子贡说自家的墙只有肩膀那么高,人家站在外面就能看到里面的摆设与物件,好坏美丑一目了然。换言之,自己的学问、修养、做人的程度,易被人了解。而老师家的围墙,有数十尺之高,在墙外是无法了解老师的学问修养的,一般人连老师家的门在哪里都找不到,那么围墙之内宗庙的富丽堂皇和房屋的绚丽多彩就更不可能知晓了。子贡善于言辞,他没有直接批评叔孙武叔的无知,而是用一个比喻说明一个人缺乏高深的学识修养和宽广的胸襟,就无法尚美和知圣。

19·24 叔孙武叔毁仲尼。子贡曰:"无以为也!仲尼不可毁也。他人之贤者,丘陵也,犹可逾也;仲尼,日月也,无得而逾焉。人虽欲自绝,其何伤于日月乎?多见其不知量也。"

"毁",《说文》:"缺也。"此处指诋毁。"无以为",不要这样做。"逾",超越。"多",用作副词,只是。

本章的意思是,叔孙武叔诋毁仲尼。子贡说:"不要这样做!仲尼是诋毁不了的。其他人的贤德就像小山,是可以超越的;但仲尼的贤德就像太阳和月亮,是没法超越的。如果有人要自绝于太阳和月亮,那对太阳和月亮又有什么损害呢?只不过说明其太自不量力罢了。"

此章言人自避光明,不会损害日月,只会让自己走向黑暗而毁灭。人若诽谤圣人,就似自绝于日月。孔子生前就得到弟子们敬仰,去世后更是得到弟子们的竭力维护。一旦遇到有人想诋毁孔子,弟子们就会主动地站出来维护老师。应该说,孔子之所以成为我国伟大的思想家、教育家,根本原因是他学识渊博,品德高尚,贡献卓越,同时得益于他的弟子对其学术思想的推举、继承和发扬光大。所以,当叔孙武叔欲诋毁孔子时,子贡借机盛赞孔子之德如日月朗照。子贡维护师道之尊严,把孔子比喻为日月,认为孔子的学识修养就像太阳和月亮一样高悬天空,高不可攀,是任何人都无法达到的,也是任何人都诋毁不了的。叔孙武叔居心叵测,自不量力,只能自取其辱。程树德《论语集释》有云:"叔孙武叔毁仲尼,究竟何损于仲尼?徒得罪名教,受恶名于万世,适足以自损耳。"人欲毁谤圣人,就如自绝于日月。换言之,人欲自避光明,无损于日月之明亮,只会让自己渐渐走向黑暗而毁灭。

19·25 陈子禽谓子贡曰:"子为恭也,仲尼岂贤于子乎?"子贡曰:"君子一言以为知,一言以为不知,言不可不慎也。夫子之不可及也,犹天之不可阶而升也。夫子之得邦家者,所谓立之斯立,道之斯行,绥之斯来,动之斯和。其生也荣,其死也哀,如之何其可及也?"

陈子禽,即陈亢,字子亢,一字子禽,春秋末年陈国人,孔子弟子。"知",同"智"。"邦家",指封国和采邑,此处偏指国。"道(dǎo)",同"导",引导。"绥",本义指登车时用以拉手的绳索,引申为安抚。"和",同心协力。

本章的意思是,陈子禽对子贡说:"你很谦恭,仲尼怎么能比你更贤良呢?"子贡说:"君子一句话就可以显示出他的智慧,也可以显示出他的无知,所以说话不能不谨慎。老师的学问修养是没人能比得上的,就像天不能搭着梯子爬上去一样。如果我的老师治理一个国家,他要百姓立于礼,百姓就会立于礼;他引导百姓,百姓就会按他的指引前进;他安抚百姓,远方的百姓就会前来归顺;他动员百姓,百姓就会齐心协力。我的老师生得荣耀,去世后总有人怀念,我怎么能赶得上他呢?"

此章陈子禽认为子贡谦恭严谨,学识修养已达到完美程度,比孔子更贤能。陈子禽也是孔子的学生,他认为孔子的学识修养未必比子贡好,一是怀疑贬低老师,二有逢迎拍马的嫌疑。子贡借回复陈子禽,进一步赞扬孔子的品德和智慧,反映孔门后学对先师的敬仰。孔子处在一个天下无道的时代,他的学说不被当时社会广泛接受,生前身后常被误解、诽谤。盛名在外的子贡常挺身而出,维护先师。子贡在上章与此章分别把孔子比喻成日月、苍天,说明别人只能仰望孔子。

此章子贡与前两章回复不同,他认为一个人的言谈可显示其智慧学问。也就是说,当一个人口一开,其有多少学识、修养如何,一听便知,所以言语要特别谨慎,乱开口会反映出自己的无知与愚昧。子贡认为,孔子的思想是中国文化的代表,从修身齐家到治国平天下,都离不开孔子的学说。所以孔子生得荣耀,去世后人们总是怀念他。汪荣宝《法言义疏》有云:"夫子殁后,诸弟子切劘(mó,切磋相正)砥砺(相互勉励),以成其学。故当时以有若似圣人,子夏疑夫子,而叔孙武叔、陈子禽皆以子贡贤于仲尼,可见子贡晚年进德修业之功,几几乎超贤入圣。"每当有人无视、毁谤孔子时,孔门弟子就会挺身而出,昌明正道,其中以子贡功劳最大,而将其言语置于本篇之末,以显子贡不仅尊重老师,还能申发张扬师道。故朱熹《论语集注》引谢氏曰:"观子贡称圣人语,乃知晚年进德,盖极于高远也。夫子之得邦家者,其鼓舞群动,捷于桴鼓(鼓槌与鼓,比喻响应迅速)影响。人虽见其变化,而莫窥其所以变化也。盖不离于圣,而有不可知者存焉,此殆难以思勉及也。"说明一个人即使每天立于圣人之侧,或者每日拜读圣人之书,但欲真正理解、全面把握圣人之道也是很难的。

最后对本篇做一总结。本篇辑录的多为孔子弟子的言行,以子夏最多,其次是子贡。这些语录反映了孔子弟子各自的思想倾向和性格特征,如子张的恢宏、子贡的敏锐、子夏的笃实。孔子弟子不同的思想倾向说明孔子思想具有解释、发挥和发展的空间。子贡对孔子的思想把握较为全面深刻,对孔子的评价是弟子中极具代表性的,对孔子在中国思想史上地位的确立产生了深远的影响。

子贡是孔子的得意门生,他与孔子接触很多,关系密切。从《论语》中可知,他的领悟能力强,对孔子所说能举一反三,触类旁通,孔子表扬他能"告诸往而知来者"(《论语·学而》)。子贡很有钻研精神,善于提出问题,对孔子学说有颇多发挥,孔子的许多重要思想就是在回答子贡的问题或在同子贡的交谈中阐发出来的。

《论语》的许多篇章中都有子贡对孔子思想具体、准确而生动、传神的描述。子贡最早意识到孔子思想对于中国文化的伟大意义,本篇中子贡对孔子的颂扬,并非只是出于学生对老师的敬仰之情而表达的溢美之词,而是一个具有广博知识、丰富阅历和卓越眼光的学者、政治家和外交家,对切身感受其思想、学问和人格超绝的历史人物恰如其分的赞美。子贡对孔子的评价与颂扬,凸显以下几点:

首先,孔子对中华文化具有承前启后、继往开来之功。子贡曾言孔子是文武之道的继承者,在儒家学术体系中,文武之道代表了中国古代优秀的文化传统。"文武之道,未坠于地,在人",子贡所说的文武之道并非只是周朝建立初期统治者的政治理念,而是植根于中华大地、活在中国人心中并被中华民族世代传承的文化传统。"贤者识其大者,不贤者识其小者",子贡赞扬孔子学无常师,凡有益于社会、能造福人类的学问无所不学,从而把握了文武之道的根本精神,继承发扬了优秀的文化传统。子贡实际上将老师推举为其之前两千余年中国古代文化最伟大的总结者。

其次,孔子的思想博大精深,非常人可以探知。子贡很有才华,善于辞令,擅长外交,还富有经商才能。在《论语·公冶长》中,孔子称他是一个很宝贵的器具;在《论语·雍也》中,孔子说他通达,从政没有什么困难。子贡才华出众,本篇鲁国大夫叔孙武叔说他"贤于仲尼",既有贬孔之意,又有挖坑之嫌。子贡敏锐洞察,用及肩之墙自比,以数仞之墙喻孔子,这不仅仅是自谦,亦是基于自知之明和对孔子思想意义的深切感知与推崇而作喻,应该说是实事求是的。子贡善于观察,具有极强的感知力,擅长处理实际事务,他说"不得其门而入,不见宗庙之美,百官之富",是因为孔子的思想涉及人文学科理论的许多基本问题,揭示了人生的意义,探索了完善人格的途径以及提升人格精神境界的方法,是治国平天下的学问,对人类社会关系的确立和社会文明的发展影响极大。言下之意,没有一定的生活阅历、学术造诣和较高认知水平的人,是无法探知孔子的思想的。

再次,宣示孔子在中国思想史上不可替代的地位。《资治通鉴》曰:"是故才德全尽谓之圣人,才德兼亡谓之愚人,德胜才谓之君子,才胜德谓之小人。"孔子可谓知行完备的至善之人,即才德全尽之圣人。子贡喻孔子为日月,将其提升到极其崇高的地位，反映子贡对孔子的崇拜。他认为孔子是不可超越的，将批评孔子之人视为自绝于日月，言之过激，这在一定程度上会影响学术争鸣，妨碍思想的自由发展。孔子作为古代文化的总结者，可视为中国数千年文明发展的精神导师，其贡献是无与伦比的。孔子也是儒家学说的创立者，当今西方思想家将儒家文化视为东亚文化代表，认为其是当今和未来世界最有活力的伟大的精神文化之一，这也是对孔子历史地位的一种肯定。因此，子贡对孔子的评价显示了其非凡的智慧和远见卓识。

尧曰第二十

刘瑾辉 解读

《尧曰》篇侧重谈论的是治国平天下的学问,重点论述如何治国。本篇共三章,第一章论古圣贤的治国方略,第二章述孔子的治国方略,第三章既是对《尧曰》篇内容的概括,也是对《论语》全书的总结。

本篇只有三章,《齐论》《鲁论》中这三章是合在一起的,同于今本。《古论》则又把后面两章分出,列为第二十一篇,题为《从政》,古人称为"两《子张》"(《汉书·艺文志》如淳注)。其中前两章字数较多,看似与前面篇章的短小精悍很不相符,故后世学者对此篇的真实性常有质疑,如崔述《洙泗考信录》就认为此篇不足信。程树德《论语集释》说:"《尧曰》一章是《论语》全书后序,古人序文常在篇末。"他还以《庄子》有《天下》、《史记》有《自序》为例。翟灏《四书考异》也持这种观点。这种观点在一定程度上肯定了本篇的逻辑性,既然是后序,肯定不会是零章碎句的杂凑。其实,本篇不但主题鲜明单一,形散神不散,而且多与前面篇章有所映照,是《论语》主体内容的一部分,其中存在的是文献流变的问题,而非真伪问题。

本篇第一章篇幅较长,大略可分为四个层次,为便于阅读,将其分为四个小节进行解读。

20·1·1 尧曰:"咨! 尔舜! 天之历数在尔躬,允执其中。四海困穷,天禄永终。"

此节明言,欲避免"天禄永终",就必须"允执其中"。尧,传说中的中国父系氏族社会后期的部落联盟首领,他把君位禅让(指统治者生前把首领之位让给血亲之外的人。"禅"意为在祖宗神灵面前大力推荐,"让"指让出帝位)给舜,史称"唐尧",后被尊称为"圣君"。"尧曰",下面引号内的话是尧在禅让帝位给舜时说的话。"咨",即"啧",表赞叹。舜,传说中受尧禅位的君主,他又把君位禅让给禹。据说他的眼睛有两个瞳仁,故又名重华。"天之历数",天命,这里指帝王更替的次序。古代帝王都说自己之所以为帝,是由天命所决定的。"允",公平,真诚。"执",坚持,持守。"中",中正不偏,无过无不及。

本节的意思是,尧说:"啧啧! 舜啊! 上天赋予的大任已经落到你的身上,你要忠诚地执行中庸之道。如果四海百姓都陷于贫苦穷困,那么上天赐予的禄位也就会永远地终止了。"

在中国五千多年的文明进程中,早期君王大体实行禅让制,"尊贤使能,俊杰在位"。君主轮流做,但为政以德的传统始终未变,从尧舜圣王开始,一脉相传。此段文字,多引用古文《尚书》,不是纯粹抄录,目的是强调时代在更迭,社会在变化,但圣王政治传统没有变。

这一部分是尧将帝位禅让给舜时,对舜的告诫之辞,重点是"允执其中"。尧舜时期,人们认为帝王是上天选派下来管理天下万民的人,并不认为这是美差或权力的象征,而认为是身挑重担的苦差。做好了,百姓满意了,是帝王分内之事;做得不好,既有负于上天的信任,也愧对黎民百姓。故王位对于帝王来说意味着一种责任和担当。所以受天命登上帝位并不值得沾沾自喜,因为接过先王交付的重担后就需要全身心投入,竭力做好各项工作,不仅不能有负先王赏识,更不能有负天意民心。否则,天怒人怨,天就会收回所授之权。而衡量神圣使命完成得如何,就要看是否出现"四海困穷"的局面。一旦出现"四海困穷",民不聊生,百姓走投无路,说明君主既不能顺天意,也不能遂人意,就会天舍人弃,也就"天禄永终"了。

20·1·2 舜亦以命禹。

曰:"予小子履,敢用玄牡,敢昭告于皇皇后帝:有罪不敢赦。帝臣不蔽,简在帝心。朕躬有罪,无以万方;万方有罪,罪在朕躬。"

周有大赉,善人是富。"虽有周亲,不如仁人。百姓有过,在予一人。"

此节强调,若天下不治,责在君王,不能怪罪臣下,更不能责罚百姓。"命",告诫。禹,传说中受舜禅位的君主,姒(sì)姓,亦称大禹、夏禹。以治水闻名天下,曾划分天下版图为九州。"履",商汤的名字。他曾为商族首领,任用伊尹执政,积聚力量后灭掉夏桀,建立商朝。"敢",谦辞,胆敢,斗胆。"玄牡",黑色公牛,宰杀后用为祭品。"皇皇",伟大。"后帝",古代指最高的天神。这里"后"和"帝"是同一个概念,指天帝。"帝臣",天帝之臣。古人有三种理解,一种认为指桀。皇侃《论语义疏》:"此明有罪之人也。帝臣,谓桀也。桀是天子,天子事天,犹臣事君,故谓桀为帝臣也。"另一种认为指天下贤人。朱熹《论语集注》:"言桀有罪,己不敢赦。而天下贤人,皆上帝之臣,己不敢蔽。简在帝心,惟帝所命。"还有一种认为指汤。"简",本指阅,此处意为知道。"朕",我,帝王自称。"赉(lài)",赏赐。"周亲",指至亲。"周",最。

本节的意思是,舜也以尧诫己之辞诫禹。(商汤)说:"我斗胆用黑色的公牛来祭祀,向伟大的天帝祷告:有罪的人我不敢擅自赦免。天帝的臣仆(的善恶)我也不敢掩蔽,都由天帝的心来分辨、选择。我本人若有罪,不要牵连天下万方;天下万方若有罪,都由我一人承担。"周朝大封诸侯,使善人都富贵起来。(周武王说:)"我虽然有至亲,不如有仁德之人。百姓如果有过错,责任都在我一人身上。"

舜将帝位交给禹的时候,也是行大礼,向天地祭告。后面两段是商汤和周武王伐桀诛纣时的誓言。可以看出,随着社会的发展,文化越来越发达,帝王更加意识到肩负的责任重大。"敢用玄牡,敢昭告于皇皇后帝",《墨子》引《汤誓》有此文,《尚书·汤誓》无此文,《汤诰》有之,与此小异。"敢用玄牡",因为慎重才斗胆用黑色的公牛做祭品。此处有两种说法,一是说当时人间尚白,故用黑牛祭告上天;二是说当时人间尚黑,故用黑牛祭告上天,表隆重。"敢昭告于皇皇后帝",代表全国百姓,向伟大的、威严的、高不可知的天帝祈告。"帝臣不蔽,简在帝心",天帝的臣仆如果有过错,我绝不敢掩蔽,敬请天帝明辨、警示并给予惩戒。"朕躬有罪,无以万方",自己所犯错误,不会推卸责任,更不会怪罪臣下或百姓。"万方有罪,罪在朕躬",此句与下文的"百姓有过,在予一人"意思一致,如果百姓有过错,责任全在帝王。这是帝王最重要的政治德性,是中国文化政治哲学的精神,也是中国政治领导哲学的大原则,虽然很难做到,但非常值得倡导。

20·1·3 谨权量,审法度,修废官,四方之政行焉。兴灭国,继绝世,举逸民,天下之民归心焉。

此节明言,若希望国家强盛,民心归附,必须谨慎地制定度量衡的标准,审查修订各项法律规章,恢复废弃的官府工作,确保政令天下通行。"谨",谨慎。"权量","权",秤锤,指量轻重的标准;"量",斗斛,指量容积的标准。宋蔡节《论语集说》云:"权,秤锤也,所以定轻重;量,斗斛也,所以定多寡。""法度",就是法律制度。朱熹《论语集注》云:"法度,礼乐制度皆是也。"皇侃《论语义疏》曰:"法度,谓可治国之制典也,宜审谛分明之也。""废",废弃。"官",职官。"四方之政",指天下的政令。"行",畅通。"兴",恢复,使之兴起。"灭国",被灭亡的诸侯国。"继",接续。"绝世",断绝的家族。"举",收揽任用。"逸民",本指节行超逸、避世隐居的人,此处指亡国后被遗落的人才。

本节的意思是,谨慎地制定度量衡的标准,审查修订各项法律制度,整顿废弃职守的官府工作,使政令得以通行天下。恢复被灭亡的诸侯国,接续即将断绝的家族,收揽任用被遗落的人才,使天下百姓真心归附。

"谨权量,审法度,修废官,四方之政行焉。"汉儒认为此及后一节乃孔子之言,皇侃《论语义疏》认为此乃"二帝三王"所修之政。"谨权量,审法度",就是谨慎制定各种标准和各项规章制度,同时应"权",随时事变化而改变度量和法律制度。中国文化讲究"经权"之道,即大原则不变,也就是标准、制度基本稳定,方法、措施可以随机应变。"修废官"有两层意义,第一层意义是,尧、舜、禹以后,经过殷商时期,政治荒废,到了周朝重新整顿起来;第二层意义是,任何一个制度、一条法规、一项行政措施,依《周易》"穷则变,变则通,通则久"的道理,不可能永远保持一成不变。换言之,法久则生变,变则通,通则盛而久。时移世易,人的生理、思想、情感也是随时变、随地变,不变是不可能的。有时很好的计划,施行下去,到了基层,经过空间或者时间的转换,计划赶不上变化,就会出问题,所以"修废官"等于说应把握好兴废之间的分寸。"四方之政行焉","四方"即天下,保证政令在天下得以通行,百姓即可安居乐业,国家即可长盛不衰。本节强调"谨权量,审法度,修废官",政令才能通行天下;"兴灭国,继绝世,举逸民",天下之民就会归附,"然而不王者,未之有也"。

20·1·4 所重:民、食、丧、祭。宽则得众,信则民任焉,敏则有功,公则说。

此节旨在说明,政宽就能得到百姓拥护,诚实就能赢得人民信赖,勤勉就能建立功绩,公平就会使百姓愉悦。"宽",宽厚。"得众",得民心。"信",诚实。"任",信任。"敏",勤勉。"公",公正,公平。"说",同"悦",高兴。

本节的意思是,百姓看重的是:粮食、丧礼、祭祀。为政宽厚就会得到百姓的拥护,行事诚实就会得到人民的信赖,执政勤勉就能建立功绩,公平就会让百姓高兴。

"所重:民、食、丧、祭。"此句断句有分歧,一种为"民、食、丧、祭"四者并列,何晏《论语集解》引孔安国曰:"重民,国之本也。重食,民之命也。重丧,所以尽哀。重祭,所以致敬。"另一种将"民"前置,"食、丧、祭"三者并列。《论语集注》引《武成》曰:"重民五教,惟食、丧、祭。"我认为此句应理解为"民所重:食、丧、祭",因为"民"和"食、丧、祭"不属于同一个逻辑层次,不应该并列。

"宽则得众,信则民任焉,敏则有功,公则说。"《论语·阳货》云:"子张问仁于孔子。孔子曰:'能行五者于天下,为仁矣。''请问之。'曰:'恭、宽、信、敏、惠。恭则不侮,宽则得众,信则人任焉,敏则有功,惠则足以使人。'"两段文字有相似之处,有人据此认为本节的"公则说"由后人所加。

百姓所重视有三:民以食为天,故重食;逝亲需尽哀,故重丧;缅怀祖先以致敬,故重祭。重食,生民所依。重丧、祭,则生者哀思,思亲怀古。为政宽厚,得民心;行事诚实惠民,民拥戴;勤勉为政,定有功绩;施政公平公正,百姓欢呼。任何时代为政者若能做到这几点,百姓定会信赖、支持、拥护,国家就能长治久安。

关于此章编撰之意义逻辑,历来多有争议。柳宗元《论语辩》云:"《论语》之大,莫大乎是也。是乃孔子常常讽道之辞云尔。彼孔子者,覆生人之器者也。上之尧舜之不遭,而禅不及己;下之无汤之势,而己不得为天吏。生人无以泽其德,日视闻其劳死怨呼,而己之德涸然无所依而施,故于常常讽道云尔而止也。此圣人之大志也,无容问对于其间。弟子或知之,或疑之不能明,相与传之。故于其为书也,卒篇之首,严而立之。"柳宗元认为孔门弟子推尊孔子,以为祖述尧舜,宪章文武,故缀之于先王之后,有以王道自任之意。柳宗元之说,无文献支撑,实难求证。钱穆《论语新解》对此章与《论语》全书之关系有见解:"盖此章既非孔子之言,又非其门弟子之语,而自尧、舜、禹、汤而至武王,终以孔子,其次序有条不紊,其为全书后序而出于编订者某一人或某几人之手,殆可无疑。"此说也因文献不足,仅作扩大见闻录之。

20·2 子张问于孔子曰:"何如斯可以从政矣?"子曰:"尊五美,屏四恶,斯可以从政矣。"子张曰:"何谓五美?"子曰:"君子惠而不费,劳而不怨,欲而不贪,泰而不骄,威而不猛。"子张曰:"何谓惠而不费?"子曰:"因民之所利而利之,斯不亦惠而不费乎?择可劳而劳之,又谁怨?欲仁而得仁,又焉贪?君子无众寡,无小大,无敢慢,斯不亦泰而不骄乎?君子正其衣冠,尊其瞻视,俨然人望而畏之,斯不亦威而不猛乎?"子张曰:"何谓四恶?"子曰:"不教而杀谓之虐;不戒视成谓之暴;慢令致期谓之贼;犹之与人也,出纳之吝谓之有司。"

此章是子张向孔子求教为政之道,孔子所言乃为官行政要领。"尊",尊重。"屏(bǐng)",排除。"惠",施惠。"费",花费,浪费。"泰",安适,庄重。"正其衣冠,尊其瞻视",指面对自己敬仰的人,要先整理好自己的仪容,以示恭敬、尊重;然后仰望尊容,翘首以待,侧耳聆听。"俨然",庄重、严肃的样子。"教",教育。"虐",虐待。"戒",告诫。"视",发令,要求。"成",完成。"暴",粗暴。"慢",迟缓。"贼",伤害,害人。"犹之",犹如,如同。"司",苛刻,小气。

本章的意思是,子张问孔子:"怎样才能治理政事呢?"孔子回答:"尊重五种美德,排除四种恶政,这样就可以治理政事了。"子张问："五种美德是什么？"孔子回答："君子要给百姓以恩惠而自己却无所耗费，使百姓劳作而不使他们怨恨，追求仁德而不贪图财利，庄重而不傲慢，威严而不凶猛。"子张又问："怎样才能给百姓以恩惠而自己无所耗费呢？"孔子说："看人民在哪些方面能得利，就引导他们去做这些方面的事，不就是给百姓以恩惠而自己无所耗费吗？选择可以使百姓劳作的事再去让他们劳作，谁又会怨恨呢？想要得到仁德就得到了仁德，怎么还会贪图财利呢？君子不管人口多少，不管年龄大小，都不敢怠慢他们，不就是庄重而不傲慢吗？君子衣冠整齐，庄重严肃，人人见了都很敬畏，不就是威严而不凶猛吗？"子张问："四种恶政是什么？"孔子回答："不经教化便加以杀戮叫作暴虐；不加告诫便要求成功叫作粗暴；起先懈怠而突然限期完成叫作害人；给人财物却出手吝啬叫作器量狭小。"

　　这一章孔子讲了"五美四恶"，这是他政治主张的基本观点，其中包含有丰富的"民本"思想，如"因民之所利而利之""择可劳而劳之"，他反对"不教而杀""不戒视成"的暴虐之政。从这里可以看出，孔子对德治、礼治社会有自己独到的见解，在今天仍不失其重要的借鉴价值。

　　孔子强调为政以德，统治者要修仁成德，先正其身，做好本职工作，才能要求百姓更多。本章可谓孔子谆谆告以治世的良方妙药。他反对暴民、虐民、害民之政，提倡统治者在教化百姓的同时，也要爱民赏民，调动百姓的积极性。在《论语·颜渊》中子张就曾以如何执政的问题问于孔子，孔子回答:"居之无倦,行之以忠。"这主要是针对臣如何奉君而言的。此章子张又问政于孔子,孔子的回答更为详尽,且与《颜渊》篇侧重点不同,是从统治者对百姓的态度而言的,倡导要实行德政,反对滥施暴政和刑罚。

本章孔子详细阐述了治国之道,意义尤为深远。诚如清杨名时《论语札记》说:"此章溯流穷源,见微知著,抉尽病根,只在贪、骄、猛三字,而王道圣学,直昭揭日月而行。"

本章安排在前章之后,上承先圣先王言行事迹,更可见儒家济世安民的理想与追慕圣贤的取向,以及孔门后学对于孔子承继先王之道的认知。

20·3 孔子曰:"不知命,无以为君子也;不知礼,无以立也;不知言,无以知人也。"

这一章孔子再次向君子提出三点要求,即"知命""知礼""知言",这是君子立身处世需要特别注意的问题。"命",天命。"礼",礼节。"立",立足。"言",言语,说话。

本章的意思是,孔子说:"不懂得天命,就不能做君子;不知道礼仪,就不能立身处世;不善于分辨别人的话语,就不能真正了解他人。"

《论语》一书最后一章重点谈君子人格,表明此书主旨就在于塑造具有理想人格的君子,培养治国安邦平天下的志士仁人。此章为《论语》末篇末章,孔子强调君子要三知:"知命""知礼""知言"。此处的"命"为"天命"。孔子自述人生各时期的不同境界时,就说"五十而知天命",人需对"天命"有所敬畏。"君子有三畏",其中一个就是"畏天命"。郭店楚简《穷达以时》说:"遇不遇,天也。"这里的"天"和"时"就是指"天命"。"天命"是人力之外的决定性因素,它可左右人生的穷达祸福,影响人生的升降沉浮,也就是说,如果时运不佳,即使是贤能之人,同样无法获得施展才能与伸张正义的机会。

孔子所讲的"命",其真正意义指的是宇宙的某一法则,人事、物理、历史的命运,人对其没有办法转变,现在我们称它为"时代的趋势"。势在那里的时候,只要顺势而为,充分施展自己的才华,穷达祸福往往就掌控在自己的手里。所以这个"命"有时很难讲,也许我们的"八字"早就定了,当然这个"八字"不是指生辰八字,而是"生于忧患,死于安乐"八个字。中国古代"天命之谓性"的"命"又是另一种解释,可释为宇宙生命之命。如果我们把这一章的"命"解释为生命之命,又牵涉哲学问题了,也是非一言可尽的。孔子这里说"不知命,无以为君子也",就是指一个人不知道时代的趋势,对于环境没有了解,既不能有前知之明,又不能顺势而为,那就无法成就事业。

孔子所处的是"无道"的乱世,他本人"有德而无位",虽然胸怀天下,却难以施展自己的才华,无法实现自己的政治抱负。他对自己所处的时代有一个清醒的认识,即"道之将行也与,命也;道之将废也与,命也"(《论语·宪问》)。但这并不意味着儒家放弃行道的努力,《孔子家语·在厄》记载他的言论："芝兰生于深林,不以无人而不芳;君子修道立德,不为穷困而改节。"他认为君子面对人生的态度,首先是认识"命",对于时代未知、人力所不能及的部分有所认识和尊重,同时不因"命"而改变自己的节操,因为人的穷达自己是无法完全决定的,而人的德行、才智的增长却只能取决于自己,与"天"和"命"无关。这也和《论语》首篇首章的"人不知而不愠,不亦君子乎"相照应,自身有贤能,而不为人了解,这是由天命所致,而非我自身的原因,所以我并不恼怒,这是君子所为。

"不知礼,无以立也。"这个"礼"包括了中国文化,简单来说,包含一切礼义。中国传统文化的哲学道理、人生道理要懂得,假使不懂,就无法站立在这人世间。孔子重礼,有学者甚至认为礼是孔子思想的核心。孔子所推重的周代文明,其制度架构的基础即"礼乐文明"。礼是实现社会和谐的重要载体,孔子所言的"君君,臣臣,父父,子子"就是希望社会中的每个人都能遵守自己应遵守的礼仪,这样社会才会和谐,诚如有子所说的"礼之用,和为贵"。如果一个人不知礼,就会受到别人的耻笑、唾骂乃至疏离,《诗经·鄘风·相鼠》就有"人而无礼,胡不遄死"之语。可见,"礼"与今日的"法"较为相近,是人立足社会的基本条件。《论语·泰伯》云:"兴于《诗》,立于礼,成于乐。"《诗》有着强大的感染力,可以启迪心智,陶冶性情,使人懂得人生的真谛;"礼"能使人行为规范,熏陶人格,卓然自立于社会群体之间;"乐"可陶冶情操,使修身、治学得以完成。《论语·季氏》

中孔子教导伯鱼也说："不学礼，无以立。"这些都和本章的表述是一致的。孔子十分精通各种礼仪，所以鲁国大夫孟僖子在临终前曾嘱咐他的两个儿子孟懿子和南宫敬叔向孔子拜师学礼。

孔子还强调"知言"的重要性。言由心生，通过对人的言语、言论的考察分析，便可以了解一个人的修养，从而择善而交。"不知言，无以知人也。"依字面解释，不知道如何说话，就无法做人行事。人怎么会不"知言"呢？其实这里的"言"指的是言语文化，比如《论语》中蕴含着孔子的人生经验，告诉我们的是做人做事的道理，我们不能深切理解，就无法很好地为人处世。

总之，一个人若能知命、知礼、知言，自身所行就会合乎礼义，就能交于他人、立足社会，就能正确体悟人生。人之为人，必须生活于社会群体之中，能知命、知礼、知言，君子人格便能卓然树立。

在《论语》最后一篇中，孔子先是总结了古代的政治思想。第一章前半部分按照历史的顺序，依次引用了古代圣王的话语，这实际上是用孔子的"述而不作"的方法来表达其政治理念；后半部分则提出了孔子的治国大纲。具体表现在以下几个方面：

首先，爱民富民。尧说："四海困穷，天禄永终。"而尧的继位者舜又将这一教诲传给大禹，《论语》以此强调爱民富民是古代圣王世代相传的政治理念。而"天禄永终"之说则是警醒统治者，若不实行爱民之政、富民之策，百姓穷困，就会造成失位亡国的灾难性后果。这一理念在孔子提出的治国大纲中得到了反映,孔子特别重视"民"和"食"。而在第二章中孔子又重申了这一理念("因民之所利而利之"),并且把它列为从政者必须遵从的"五美"之首。所有这些充分显示了爱民富民理念在孔子政治学说中的重要地位。

其次,宽和施政。孔子常强调宽容温和,不仅将其当作个人的美好品质和日常生活中待人接物应有的态度,而且将其提升为治国理政的基本原则,内涵十分丰富。宽和施政的主张,主要是针对当时各国实行苛政的社会背景提出的。孔子认为苛政猛于虎,因此他竭力提倡宽和的政治,反对严刑峻法和苛捐杂税。在本篇中,孔子对宽和的政治理念又有了进一步的展开,强调政策的实施、官役的派遣、法令的执行都不能祸害百姓,都要考虑到百姓的利益。在第二章中,他主张"择可劳而劳之",就是选择百姓愿意、能够做的事让他们去做,只有如此才会"劳而不怨"。孔子特别憎恨统治者事先不动员、不做好准备,却要求立刻成功;不及时下达政令,却要求限时完成任务,百姓稍有延误,就加以惩罚;对这些做法,孔子愤怒地斥为"暴"和"贼"。孔子宽和施政理念的又一表现是他对当时犯人的同情之心。他破除了统治阶级的偏见和世俗之见,不将犯罪行为完全归罪于犯罪个体,而是寻找造成犯罪现象的社会、政治原因。在《颜渊》篇第十八章中,孔子把盗窃归因于统治者的多欲;而在本篇第二章中,他又把犯罪行为归罪于统治者事先不对百姓加以教育,甚至提出"不教而杀谓之虐",这些都流露出孔子对处于苦难中的百姓的深切怜悯之心。

再次,敬重百姓。在第二章中,孔子要求具有一定地位和权力的人,不可以骄横跋扈,要敬重他人。他们待人的态度要庄重而不傲慢,威严而不凶猛。遇到管辖范围内的百姓,不论他们人多还是人少,年龄大还是年龄小,都不可怠慢。这是要求尊重普通百姓的人格。

最后,执政者应有责任感和担当意识。前文精心选择的古代文献里,远古英明的圣王都主动承担治国中出现问题的罪责。商汤说:"朕躬有罪,无以万方;万方有罪,罪在朕躬。"周武王也表示了同样的态度,说:"百姓有过,在予一人。"此理念同孔子"其身正,不令而行;其身不正,虽令不从"(《论语·子路》)的思想一致,因而也反映了孔子的政治理念,强调执政者应有责任感和担当意识。

自"子曰:学而时习之"开始,到"不知言,无以知人也"结束,《论语》全部二十篇连起来,都是学问。学问不是知识,不是文字,学问是用人生修养来体验的,随时随地来学习,才能达到"知命"而"自立"的境界。那么,怎样才能算得上真正读了《论语》呢?至少要做到以下几点:一是不断阅读,反复斟酌,断其字句,领会其深层内涵;二是用圣人的智慧之光指引人生航向,修身成德,成就事业;三是倡导学《论语》,宣扬、践行孔子思想,尊孔崇儒,共推中华优秀传统文化。

明末心学大家刘宗周曾说:"第二十篇历叙尧、舜、禹、汤、文、武之传,而终之以夫子之论政,又推本君子之学。内圣外王,于斯为至矣。……尧授舜,言祈天永命之道,而推本于

'执中',其旨微矣。中之为义,从方所得名而实不落方所,其在道体亦然。浑然至善,中而已矣。圣人为天地立心,为生民立命,为万世开道统,亦准诸此而已矣。圣人立天命人心之极,而修道以立教者,更无偏倚之私、过不及之弊。"关于道统,曾有人说自韩愈《原道》始,儒家道统即已清晰。非也!事实上,儒家道统自《论语·尧曰》起就已经明晰。换言之,首论道统者,《论语》也。

《尧曰》篇是《论语》终篇,终篇想表达什么呢?朱熹《论语集注》引杨氏曰:"《论语》之书,皆圣人微言,而其徒传守之,以明斯道者也。故于终篇,具载尧舜咨命之言,汤武誓师之意,与夫施诸政事者,以明圣学之所传者,一于是而已,所以著明二十篇之大旨也。《孟子》于终篇,亦历叙尧、舜、汤、文、孔子相承之次,皆此意也。"《论语》终篇具载"尧舜咨命之言,汤武誓师之意,与夫施诸政事者",即孔子倡导尧舜之道,以明圣学之所传者。也就是说,《论语》将"治统"与"道统"合一,即将实践上升到理论,事实上将孔子归入儒家统系。

《孟子》终篇提到圣人之道的继承问题,"由尧、舜至于汤,五百有余岁……由汤至于文王,五百有余岁……由文王至于孔子,五百有余岁……由孔子而来,至于今,百有余岁。去圣人之世,若此其未远也;近圣人之居,若此其甚也。然而无有乎尔,则亦无有乎尔!"(《孟子·尽心下》)孟子从"五百年必有王者兴"(《孟子·公孙丑下》)的观点出发,历述历史上那些具有里程碑性质的圣人,同时对圣人之道的不继深感忧虑,以"舍我其谁"(《孟子·公孙丑下》)的豪气,隐然以大道继承者自居。

唐韩愈尤重孟子,并且推举孟子学说。韩愈在《原道》中,详细排列圣人传承谱系,即儒家道统。《原道》云:"斯吾所谓道也,非向所谓老与佛之道也。尧以是传之舜,舜以是传之禹,禹以是传之汤,汤以是传之文、武、周公,文、武、周公传之孔子,孔子传之孟轲,轲之死,不得其传焉。"在韩愈的道统论中,孟子被视为孔子之后儒家道统的唯一继承人。韩愈曾说:"始吾读孟轲书,然后知孔子之道尊,圣人之道易行。"所以他主张:"故求观圣人之道,必自孟子始。"韩愈所排列的道统就是儒家"道"的传承系统,通过这个传承系统使自己所推崇之道的合法性获得了历史性依据。但是"道"在中国古代是一个共名,各家思想都言道。所以韩愈又给他所说的儒家之道的含义进行了界定:"博爱之谓仁,行而宜之之谓义,由是而之焉之谓道,足乎己无待于外之谓德。仁与义为定名,道与德为虚位。……凡吾所谓道德云者,合仁与义言之也。"这样不仅使儒家的道与其他的道区分开来,而且使儒家的道落到了实处。所以他特别标明儒家的道并不仅仅用于个人的修养,而且完全适用于治国理民的实践。

宋儒提出道统并且完善道统学说。北宋理学家包括孙复、张载、二程等都为道统站队。其中,孙复提出"尊王明道""崇儒排佛"的主张,并延展了道统传承的队伍,他在《孙明复小集》中言:"吾之所为道者,尧、舜、禹、汤、文、武、周公、孔子之道也,孟轲、荀卿、扬雄、王通、韩愈之道也。"二程进一步进行阐述,并且提高"四书"的地位。宋儒理学和孟子的学说有很密切的联系,于是孟子的地位进一步上升。朱子延续了二程的理念,正式将这种传承命名为道统。朱子还强化了道统概念,将其追溯至孔子、三王。朱子在《中庸章句序》中言:"《中庸》何为而作也?子思子忧道学之失其传而作也。盖自上古圣神继天立极,而道统之传有自来矣。"朱子特尊二程,认为他们是孟子之后的道统传人,而自己是二程之后儒家道统的继承者。

康熙在《日讲四书解义序》中曰:"朕惟天生圣贤,作君作师,万世道统之传,即万世治统之所系也。自尧、舜、禹、汤、文、武之后,而有孔子、曾子、子思、孟子;自《易》《书》《诗》《礼》《春秋》而外,而有《论语》《大学》《中庸》《孟子》之书。……盖有四子,而后二帝三王之道传;有四子之书,而后五经之道备。四子之书,得五经之精意而为言者也。孔子以生民未有之圣,与列国君、大夫及门弟子论政与学,天德王道之全,修己治人之要,俱在《论语》一书。《学》《庸》皆孔子之传,而曾子、子思独得其宗。明新止善,家国天下之所以齐治平也;性教中和,天地万物之所以位育,九经达道之所以行也。至于孟子,继往圣而开来学,辟邪说以正人心,性善仁义之旨著明于天下。此圣贤训辞诏后,皆为万世生民而作也。道统在是,治统亦在是矣。"他对道统的推崇与维护,也正是为了宣扬清王朝治统的正统性,同时自然而然地将自己归入儒家道统之中。

中国民主革命的先驱孙中山说:"中国有一个道统,尧、舜、禹、汤、文、武、周公、孔子相继不绝,我的思想基础,就是这个道统,我的革命,就是继承这个正统思想,来发扬光大!"明言自己接续儒家道统。

清末民初的唐文治说:"唐柳宗元谓:'《论语》之大,莫大乎《尧曰》一篇,是乃孔子常常讽道之辞。……'文治谨案:柳氏之说是也。盖治统者原于道统,尧以是传之舜,舜以是传之禹,禹以是传之汤,汤以是传之文、武、周公,文、武、周公传之孔子。《尧曰》一篇以孔子之道统,继尧、舜、禹、汤、文、武、周公之治统也。……至知命、知礼、知言三者,乃又示万世学者继续道统之全功。……是道统也,亦治统也。综全篇数百言中,天下万世之学术、治术包括而无不尽。呜呼!神乎微乎!……二千数百年之后有王者起,其必来取法乎!"

综上所述,不管是圣贤伟人还是帝王,不管是否能践行儒家仁学,都视仁爱天下是正统善道,都欲将自己归入道统之中,自言是道统的接续者。他们起码主观上是认可儒家仁爱思想的,其崇仁理念是可嘉的。

附　录

一、南怀瑾在《论语别裁》中提出,读《论语》必须了解几个前提:

(一)《论语》是孔门弟子们所编记,先贤们几经考据,认为它大多是出于曾子或有子门人的编纂，这个观念比较信实而可靠。

（二）但是当孔门弟子编辑此书的时候，对于它的编辑体系，已经经过详密的研究，所以它的条理次序，都是井然不乱的。

（三）所以此书不但仅为孔子和孔门弟子们当时的言行录，同时也便是孔子一生开万世宗师的史料，为汉代史家们编录孔子历史资料的渊源。由此可知研究《论语》，也等于直接研究孔子的生平。至于效法先圣，自立立人以至于治平之道，那是当然的本分事。

（四）可是古代书册是刻记于竹简上的，所以文字极需简练，后来发明了纸张笔墨，也是以卷幅抄写卷起，但因古代的字体屡经变更，所以一抄再抄，讹误之处，不免有所脱节，因此少数地方，或加重复，或有脱误，或自增删，都是难免的事实。

（五）古代相传的《论语》有三种，即《鲁论》二十篇，和《齐论》二十二篇，又在孝景帝的时期，传说鲁恭王坏孔子故宅的墙壁，又得《古文论语》。但《古文论语》和《齐论》，到了汉魏之间，都已逐渐失传，现在所传诵的《论语》，就是《鲁论》二十篇了。

（六）至于《论语》的训诂注疏，历汉、唐、宋、明、清诸代，已经有详实的考据，我们不必在此另作画蛇添足的工作。至若极言性命心性的微言，自北宋五大儒的兴起，也已经有一套完整的努力，我们也不必另创新说，再添枝叶。

二、梁漱溟将《论语》总结为十四种态度(见梁漱溟著,李渊庭、阎秉华整理《梁漱溟先生讲孔孟》):

一是"仁"。仁是人原本的心,以敏锐直觉流露于外。仁者的生活,是人原来的生活,听凭当下的直觉,不是学习理智,努力习惯的矫揉造作的生活。

仁,分问仁、亲近仁人、仁极容易做、仁极难做、违仁、不仁。仁是生命的直觉,生命合适的理,表现为慈爱、柔嫩、真挚、敦厚、慎重。

要使生命合乎自己生命之理,不是难事,"仁远乎哉?我欲仁,斯仁至矣"。要恰恰好,实在很难。离了丝毫就成了违仁。人心,不走原来路。见到一个可怜的人,直觉想帮他,但习惯和理智让你有防备心,助人念头搁置下来,仁心被牵制。心落在别物上,看不见当下,这就是不自然,是不仁。

二是"乐"。乐的态度是安和自在。到达乐,有两个途径,向外找,满足欲求;取消欲求,取消问题。所谓的问题,可以不成问题。乐者,是生机的活泼,是生机畅达,生机畅达有两个条件:调和和新波澜。儒家的生活,不需要找乐子。乐在心上,放下找的时候便是乐。

"仁者不忧",仁者的生命是自己涌现出来的,不用外面去拨动。

乐有三种:与苦对应的乐、依赖于环境的乐、无条件的乐。孔子的乐是无条件的乐,无论贫富贵贱,一样开心。

三是"讷言敏行"。讷言敏行是少说多做。多言,"恐人陷于不仁",不仁者,是对许多事不觉得不安,此种状况成为习惯就陷入了不仁。"君子耻其言而过其行",说的比做的多,是很羞耻的事。"巧言令色,鲜矣仁",一个人讲话表情谄媚、辞令华丽,这样的人达到仁的不多。"力行近乎仁",一个人只要埋头苦干就接近仁的状态了。

四是"看自己"。"古之学者为己,今之学者为人",为己是为兴趣学,为人是为利益学。为己不自私,为人自私。"君子求诸己,小人求诸人",君子有问题在自身找原因,小人有问题在别人身上找原因。

五是"看当下"。当下即心,看当下是心在心那个地方,盯住你的心。心是生活中的决定部分,心与生活不能分开,而人心容易滑脱。"出门如见大宾,使民如承大祭",出门的时候,仿佛是去见重要的人一样,保持心在这儿,不会心不在焉,会一直注意对方的言行,所以心在当下是仁。如果能做到老实人和小孩的状态,就生活在看自己、看当下的状态。

六是"反宗教"。"未知生,焉知死""未能事人,焉能事鬼",别瞎琢磨鬼神、生死的事情。宗教和看当下的态度相反,宗教来自人的情志不安,心中觉得痛苦,找宗教求得安慰。将私心无限放大,不是孔子提倡的态度。

七是"毋意必固我"。孔子有四件事不做:毋意、毋必、毋固和毋我。毋意,不瞎猜。毋必,通权达变,根据事情的状态,调整做法。毋固,不固执己见。毋我,不以自我为中心。

八是"非功利"。"君子喻于义,小人喻于利""放于利而行,多怨"。君子做事是非功利的,不问对社会有没有帮助,对他人有没有帮助。非功利的生活是凭借趣味的,依靠直接和内心的良知。追求功利,会失去生活的乐趣,丧失好的行为。好的行为,取决于人的和乐心理。

九是"非刑罚"。"道之以政,齐之以刑,民免而无耻;道之以德,齐之以礼,有耻且格。"拿法律刑罚治理社会,百姓求不犯罪,没有羞耻心;用道德礼制引导百姓,百姓有羞耻心,有归服心。

十是"礼乐"。礼是自然的,是天理,不是人为。礼是人情的要求,不是人情外的假形式,不在乎繁文缛节,是发自真性情的,率真、质朴是真的礼。真性情被扭曲,礼就是假的。礼是合乎人性的,合乎人发自本心的、活泼的、当下的东西。美好的教化通过礼乐来完成。

十一是"孝弟"。孝悌是内部灵活、自然的心理外化,成为社会教条。孝悌没有错,是生命里自然的心情。孝悌,是对你身边的人好,发自内心地爱他们,你的内心是柔软的、活泼的。所谓孝悌,就是人伦间的父慈子孝,兄友弟恭,是那颗柔嫩和乐的心。

十二、十三是"不迁怒,不贰过"。怒是正常的事情,迁怒是把痛苦转嫁给别人。"不贰过"有两层意思:知过和改过。"不迁怒"和"不贰过"之间有联系。做错事,首先要知"过",知"过"是件难事。过是松懈了,人一松懈,就会犯错。"不贰过"意味着不懈,重新觉醒,所以不懈是觉醒的状态。

十四是"天命"。君子有三畏:畏天命、畏圣人之言、畏大人。天命是宇宙流行趋势。要有成就,不能没有凭借,不能不要缘法,外面的条件很重要。外面的条件有两面,顺的是好机缘,逆的是不好的机缘。求学不求学,不是天命;成功不成功,是被决定的,需要外面的条件。为不为在自己,成不成在天。真正的听天由命,是尽自己的力量去拼搏,做听天命、尽自己心力的人。